GENEVA LEE

BLACK DIAMONDS

GENEVA LEE

Black DIAMONDS

Roman

Deutsch von Charlotte Seydel

blanvalet

Die Originalausgabe erschien 2020 unter dem Titel »Backlash«
bei Quaintrelle Publishing+Media, New York.

Penguin Random House Verlagsgruppe FSC® N001967

2. Auflage

Umschlaggestaltung und -motiv: © Johannes Wiebel | punchdesign,
unter Verwendung von Motiven von Shutterstock.com (Beata Becla; Mixov)
LA · Herstellung: sam
Satz: Uhl + Massopust, Aalen
Druck und Bindung: CPI books GmbH, Leck
Printed in Germany
ISBN 978-3-7341-1088-7

www.blanvalet.de

*Für alle Lehrer, die dieses Buch lesen –
ich weiß eure Arbeit mehr zu schätzen,
als ihr ahnt.*

ADAIR

HEUTE

Ich dachte, mein Leben sei bereits die Hölle, doch dann trat der Teufel höchstpersönlich durch meine Tür. Sein Gesicht mit dem niederträchtigen Grinsen war mir vertraut. An jenem Tag blickte ich in blaue Augen – in die Augen des einzigen Mannes, den ich jemals lieben werde – und sah dort nichts als Hass.

Baudelaire hat gesagt, der charmanteste Trick des Teufels sei es, einen davon zu überzeugen, dass er nicht existiere.

Doch Sterling Ford *ist* der Teufel, und sein Trick ist es, mich davon zu überzeugen, dass das mit uns etwas Ernstes sei. Vor fünf Jahren. Letzte Nacht. Ganz egal. Immer wieder falle ich auf seine Lügen herein.

Einen Monat hat er gebraucht, sich wieder in mein Herz zu schleichen und mich in sein Bett zu bekommen. Das Wort *dumm* beschreibt mein Verhalten nicht annähernd. *Leichtsinnig*? Vielleicht. *Selbstzerstörerisch*? Auf jeden Fall. Und jetzt hat er vor, mir das Herz herauszureißen. Doch ich habe ihn durchschaut. Wir werden sehen, wie es ihm gefällt, bei seiner Rückkehr ein leeres Bett vorzufinden.

Ich sitze im Auto und blinzele die Tränen fort, als er mit Zeus die Straße heruntergelaufen kommt. Sterling wirkt ebenso unbeschwert wie der riesige Hund, den er adoptiert hat. Ich stehe an einem Stoppschild an der Kreuzung, als sie auf sein Apartmenthaus, den Twelve and South Tower, zugehen. Mein Magen verkrampft sich, und ich überlege, mich zu ducken.

Was ich nicht tue.

Ich verstecke mich nicht mehr vor diesem Mann. Ich laufe nicht mehr vor ihm oder vor seinen Lügen davon. Ich gehe einfach. Vorher hätte ich noch seine Wohnung in Brand stecken sollen. Das wäre eine unmissverständliche Botschaft gewesen. Vielleicht würde er dann aufhören, mit mir zu spielen. Ich mustere seinen schwarzen Begleiter auf vier Pfoten und spüre, dass ich ihn liebe – den Hund, nicht den Mann. Zeus hat ein gutes Zuhause verdient. Wenigstens geht sein Herrchen mit Tieren besser um als mit Menschen.

Ich beobachte ihn über den Rückspiegel. Sterling bleibt am Eingang stehen, um einer Frau mit Kinderwagen die Tür aufzuhalten, und kurz frage ich mich, was passieren würde, wenn er hochsähe. Mein Wagen steht direkt in seinem Blickfeld, er würde den Roadster sofort erkennen. Ich stelle mir vor, wie er mich entdeckt. Er würde herüberkommen und dann? Mich fragen, wohin ich fahre? Was würde ich sagen? Würde ich es ihm erklären? Fast höre ich mich sagen: *Deine Freundin hat dir geschrieben. Da fand ich, ich sollte gehen.* Das wäre allerdings verdammt zivilisiert. Vielleicht würde ich Antworten verlangen? Aber eigentlich will ich seine Ausreden gar nicht hören. Sterling verdient nicht eine einzige Sekunde von meiner Zeit. Er hat mir genug Zeit gestohlen. Fünf Jahre meines

Lebens sind weg. Wut kocht in mir hoch, und jetzt wünschte ich doch, er würde mich sehen. Vielleicht hätte ich bleiben und ihn zur Rede stellen sollen. Um die Antworten zu bekommen, die *ich verdiene.*

Er betritt das Gebäude, und ich komme wieder in der Realität an. Natürlich wird er mir nicht hinterherlaufen. Er wird nichts erklären. Erst als mich ein lautes Hupen zusammenschrecken lässt, merke ich, wie fest ich das mit Leder umspannte Lenkrad umklammere – als wäre es mein einziger Anker. Die Ampel ist längst grün, und ich schieße über die Kreuzung und entferne mich in rasendem Tempo von den Trümmern unserer Liebe.

Ich bin froh, dass er mich nicht gesehen hat. Ich muss der Wahrheit ins Gesicht sehen, die ich die ganze Zeit direkt vor Augen hatte: Sterling Ford ist nicht zurückgekommen, weil er mich liebt, sondern weil er mich hasst.

Das hier ist kein Spiel. Es ist Krieg.

ADAIR

FÜNF JAHRE ZUVOR

Es ist genau das passiert, was ich befürchtet habe.

Meine Freunde haben mir eine Überraschungsparty geschenkt – das Letzte, was ich heute Abend wollte – und jetzt schlendert ein offensichtlich genervter Sterling auf mich zu.

»Wo wolltest du hin?«, frage ich.

Er sieht nicht hoch. Die Hände in den Hosentaschen vergraben, starrt er wütend die Auffahrt hinunter. »Mir sind das hier zu viele Leute«, murmelt er. »Ich wollte weg. Ich dachte, dir ist es egal, ob ich da bin.«

Wie kann er das denken, nachdem ich ihm klargemacht habe, dass er der Einzige ist, den ich heute sehen will? Meine Kehle schnürt sich zu. »Du wärst einfach abgehauen? Ich wollte doch mit dir …«

Wieder verstumme ich. Wenn ich eine große Sache aus dem Verlust meiner Jungfräulichkeit mache, hält Sterling mich nur für noch unerfahrener. So soll es auf gar keinen Fall ablaufen. Ich bin nicht irgendeine Jungfrau, die auf ihre

Hochzeitsnacht wartet. Der erste Sex meines Lebens schien mir nur eine gute Möglichkeit zu sein, meinen Geburtstag zu vergessen. Ich dachte, das würde er verstehen, doch da habe ich mich wohl getäuscht.

Sterling sieht auf und mustert mich einen Moment lang mit undurchdringlicher Miene. Schließlich schüttelt er den Kopf. »Du schienst beschäftigt zu sein«, sagt er und klingt jetzt eher müde als sauer. »Ich bin nicht so der Partymensch und wollte dir nicht den Spaß verderben.«

»Das weiß ich.« Ich zwinge mich zu lächeln. »Wir können uns davonschleichen, nachdem …«

»Da bist du ja!«, jubelt Poppy. »Ich habe dich schon überall gesucht.«

Hin- und hergerissen blicke ich von meiner besten Freundin zu meinem Freund.

Sterling deutet mit dem Kopf in ihre Richtung. »Geh nur. Ich warte.«

»Auf keinen Fall.« Ich zerre an seinem Arm, bis er die Hand aus der Hosentasche zieht und sie mit meiner verschränkt. »Ich lasse dich nicht aus den Augen.«

»Klar.« Er klingt alles andere als überzeugt, schließt sich uns jedoch an.

Die Party hat sich in den Tanzsaal verlagert, wo sogar ein DJ auflegt. Ein Champagnerturm ist aufgebaut, und die Bar hat geöffnet. Die Geschenke wurden ebenfalls hereingebracht und neben einem Tisch mit Gläsern voller Süßigkeiten und kleinen Plastikkugeln, auf denen »Süßes oder Saures« steht, aufgebaut. Poppy hat an alles gedacht, was meine Mutter gemacht hätte, bis hin zu Halloween-Süßigkeiten und Geschenken für die Gäste.

»Geh nicht weg«, befiehlt sie mir. »Ich will, dass du gleich deine Geschenke auspackst.«

Ich zwinge mich zu lächeln und so zu tun, als würde ich mich amüsieren.

»Wie geht es dir?«, fragt Sterling und lässt meine Hand los.

Eilig fasse ich wieder seine Hand und schüttele den Kopf. »Für meine Mutter war es das Schönste, Geburtstagspartys für mich zu organisieren. Jedes Jahr stand unter einem Motto, das mit Halloween zu tun hatte. Ich weiß, Poppy meint es gut, aber mir fällt nur alles auf, was meine Mutter nicht getan hätte.«

»Wie zum Beispiel?«, fragt er.

»Sie hätte sich ganz bestimmt auf Champagner beschränkt und keine harten Sachen ausgeschenkt«, erkläre ich. »Meine Mutter fand es nicht gut, wenn Minderjährige trinken.«

»Aber Champagner war okay?« Hinter seiner verwirrten Miene blitzt etwas Dunkles auf.

»Sie sagte immer, Trinken ist eine Flucht.« Ich höre ihre Stimme in meinem Kopf. »Aber Champagner ist eine Erfahrung.«

Der Schmerz ist wieder da und wird durch den Gedanken an sie noch verstärkt. Ich räuspere mich und versuche, ihn zu verdrängen. »Was Süßes?«

Sterling zuckt die Schultern. Er will eigentlich nicht hier sein, und das kann ich verstehen. Dennoch verstärke ich meinen Griff um seine Hand. Wir bahnen uns einen Weg zu dem Tisch mit den Süßigkeiten, und Sterling nimmt sich eine Plastikkugel, während ich ein Stück belgische Schokolade auswickele.

»Was ist das?« Er hält sie hoch.

»Süßes oder Saures. Es ist Halloween.« Ich versuche, fröhlich zu klingen, aber vermutlich hört er mir die Anspannung an.

Er klappt die Kugel auf und macht große Augen.

»Was hast du bekommen?« Ich recke den Hals, um hineinzusehen, und sehe eine zusammengefaltete Banknote.

Sterling faltet sie auseinander, und das Konterfei von Ulysses S. Grant kommt zum Vorschein.

»Nicht schlecht.« Ich nehme ebenfalls eine Kugel, öffne sie und finde darin ein Kondom. Panik erfasst mich, und ich mache sie schnell wieder zu.

»Süßes oder Saures?«, fragt er.

Ich schlucke. »Schwer zu sagen. Auf jeden Fall nicht so gut wie deins.«

»Behalt du das.« Er hält mir den Fünfzigdollarschein hin. »Du hast Geburtstag.«

»Auf keinen Fall. Du hast das Geld bekommen.« Als er ein finsteres Gesicht macht, nehme ich eine weitere Kugel und werfe sie ihm zu. »Vielleicht gefällt dir die hier besser.« Die Kugel mit dem Kondom lasse ich beiläufig auf den Tisch zurückfallen, während er die neue öffnet.

»Das ist schon besser«, murmelt er und holt eine Gummiente heraus.

»Die ist süß«, sage ich.

Ehe ich noch eine Kugel nehmen kann, schwebt Poppy mit strahlendem Lächeln auf uns zu. »Ich kann es nicht erwarten, dass du mein Geschenk auspackst.«

»Komm mit«, flehe ich Sterling an, als sie sich bei mir einhakt und mich mit sich zieht.

Er winkt ab und steckt die Plastikkugel in die Hosentasche. »Pack deine Geschenke aus. Ich gehe nicht weg.«

Warum klingt er so resigniert? Ich lasse mich von Poppy zum Geschenketisch führen. Als ich mich kurz umdrehe, sehe ich gerade noch, wie Sterling eine der beiden Kugeln zurück auf den Tisch legt. Poppy überreicht mir das erste Päckchen, und ich switche in den Gastgebermodus. Es macht mir nicht besonders viel Spaß, aber es scheint in meiner DNA zu liegen. Der Fluch der Frauen des Südens. Mein Blick springt zu Sterling, doch er unterhält sich mit Cyrus und sieht nicht her. Oder vielmehr unterhält sich Cyrus mit ihm. Zumindest ist er nicht allein. Ich entspanne mich und konzentriere mich auf das Geschenk, das sich als Tiffany-Armband von Cyrus erweist. Poppy findet den Herzanhänger supersüß.

»Er ist so aufmerksam«, sagt sie bedeutungsvoll, und ich frage mich, wie viel Champagner sie getrunken hat.

Ich sehe hoch, um mich bei ihm zu bedanken, doch er ist verschwunden – zusammen mit Sterling.

STERLING

HEUTE

Im Fahrstuhl benimmt sich Zeus wie ein Welpe, springt an mir hoch und will mir das Gesicht ablecken. Auch von dem armen Percy kann ich ihn kaum fernhalten, doch den alten Hausangestellten scheint es nicht zu stören.

»Ist schon okay, Mr. Ford«, versichert er mir, als ich Zeus von ihm fortzerre.

»Entschuldigen Sie.« Sanft packe ich Zeus am Halsband und knie mich hin, um ihn im Zaum zu halten. »War ein aufregender Tag für ihn. Wir hatten Besuch.«

»Besuch?«, fragt Percy mit wissendem Lächeln. »Eine hübsche Dame vielleicht?«

Natürlich war er Adair begegnet. Er bedient den Fahrstuhl nur tagsüber, wenn die Leute häufiger kommen und gehen. Bei dem Gedanken an sie kann ich mir ein albernes Grinsen nicht verkneifen und nicke.

»Bin ihr schon begegnet«, bemerkt er. »War heute Abend etwas still, aber ein Hingucker. Werden wir Miss …«

»MacLaine.« Ich gebe ihm den Namen, auf den er aus ist.

Er fragt aus rein beruflichem Interesse. Er kennt die Leute gern, die hier ein und aus gehen aber ich sehe, wie sich seine Augen unter den buschigen Augenbrauen ganz leicht weiten, als er begreift, wer mich da besucht.

»Werden wir Miss MacLaine in Zukunft häufiger sehen?«, fragt er gelassen. Das ist Percy – durch und durch professionell. Er ist diskret.

»Ich weiß nicht, wer von uns sie mehr mag: ich oder der Hund.«

»Wenn der Hund sie mag, ist sie ein guter Mensch«, merkt Percy an.

»Sie hat mich ihm vorgestellt.« Ich kraule Zeus hinter den Ohren.

»Ah, du hast die zwei also zusammengebracht, mein Junge?«, fragt Percy Zeus, der mit einem begeisterten Bellen antwortet.

»So ungefähr«, murmele ich. Der Hund hat uns tatsächlich zusammengebracht – wieder zusammengebracht.

»Nun, wir sehen uns morgen. Vielleicht ja auch Miss MacLaine, wenn sie wieder vorbeikommt. Meine Schicht ist zu Ende«, sagt Percy, als wir meine Etage erreichen. »Sie beide werden den Rest des Abends die Knöpfe selbst bedienen müssen, wenn Sie noch mal weggehen.«

Ich unterdrücke ein Lächeln. Percys altmodische Art hat etwas. Ich finde den konservativen Süden selten charmant, aber die Vorstellung, dass Percy sich darauf freut, meinen Damenbesuch zu unverfänglichen Zeiten zu mir zu befördern, ist so süß wie der Eistee bei Hennie's Hot Chicken. Wenn er wüsste, dass ich heute Nacht bei Adair alle möglichen Knöpfe drücken werde … »Ich glaube, das kriege ich hin.«

Sobald wir den Fahrstuhl verlassen, rast Zeus zur Wohnungstür. Wir freuen uns, dass sie da ist und auf uns wartet. Kaum sind wir in der Wohnung, bleiben wir allerdings abrupt stehen, weil uns eine unheimliche Stille begrüßt. Ich werfe meinen Schlüssel auf den Tresen, löse die Leine von Zeus' Halsband und sehe mich um. Alles ist an seinem Platz, aber alles fühlt sich falsch an.

»Adair?«, rufe ich. Zeus schiebt seine nasse Nase in meine Hand und jault, als er ihren Namen hört. Mir wird mulmig, doch ich sage mir, dass er nur ein Leckerli haben will. Das ist alles. Wenn ich mir überlege, wie ungeduldig ich auf unserem Spaziergang war – wie begierig darauf, zu der Frau in meinem Bett zurückzukommen –, kann ich es ihm nicht verübeln. Ich hole eins aus der Dose in der Küche und werfe es ihm hin.

Aber Zeus lässt es einfach liegen. Das ist der zweite Hinweis, dass etwas nicht stimmt. Stattdessen springt er jaulend und mit hängender Zunge in Richtung Schlafzimmer.

Panik erfasst mich, und ich kann mich nicht rühren. So ist das, wenn man ein Déjà-vu hat. Man bleibt wie angewurzelt stehen, bis die Angst einen zwingt, sich zu bewegen. Was ich jetzt tue, und zwar so ruhig wie möglich. »Lucky? Bist du da?«

Wahrscheinlich ist sie in der Dusche oder wieder eingeschlafen. Es gibt absolut keinen Grund zu vermuten, dass etwas nicht in Ordnung ist. Abgesehen von der stillen Wohnung und dem beunruhigten Hund – einem Hund, der sie genauso sehr liebt wie ich. Ich bin nicht so dumm zu glauben, dass wir uns ein Happy End verdient hätten. Es gibt Dinge, die sie nicht von mir weiß – Dinge, die ich ihr erzählen muss.

Als sie nur ein Name auf meiner Schwarzen Liste war, habe ich mir deshalb keine Sorgen gemacht. Aber jetzt?

Jetzt liegen die Dinge anders.

Jetzt steht sie auf einer anderen Liste. Einer, die ich für meine selbst gewählte Familie reserviert habe. Eine Liste von Menschen, für die ich sterben würde. Es ist eine erlesene Gruppe.

Ich bleibe in der Küche stehen, öffne einen Schrank und hole ganz hinten eine Glock heraus. Sie ist entsichert. Was erwartet mich in meinem Schlafzimmer?

Aber womit auch immer ich gerechnet habe, damit nicht. Das Schlafzimmer ist leer. In der Dusche läuft kein Wasser, auf dem Boden liegen keine Klamotten. Nirgends eine Spur von ihr, bis auf das ungemachte Bett, in dem ich sie vor zwanzig Minuten zurückgelassen habe, und ein Hauch von Magnolie, der noch in der Luft hängt. Ich will mir einreden, dass sie im Bad ist. Ich lasse die Waffe sinken, plötzlich weiß ich, dass ich allein bin. Das Zimmer fühlt sich kalt an, als wäre ihm jegliches Licht und jegliche Wärme entzogen worden. Sie ist nicht da. Ich spüre ihre Abwesenheit ebenso deutlich, wie ich es spüren würde, wenn sie da wäre. Etwas fehlt. Hier klafft eine große Lücke. Ohne es zu wissen, habe ich Platz für sie geschaffen, was ich erst jetzt bemerke, da sie weg ist.

Auf dem Bett ist noch der Abdruck ihres Körpers zu erkennen. Ich sehe, wo noch vor wenigen Minuten ihr Kopf auf dem Kissen gelegen hat. Einen beängstigenden Moment lang frage ich mich, ob jemand sie entführt hat. Ob ich sie in eine Welt mit hineingezogen habe, über die sie nichts weiß. Ob jemand sie gerade von seiner eigenen Liste streicht.

Dann bemerke ich, überall verteilt, herausgerissene Buchseiten.

Einzelne Schnipsel sind auf dem Bett verteilt, und der Anblick zerreißt mir das Herz. Ich muss nicht erst nachsehen, welches Buch sie auf den Nachttisch geworfen hat. Ich weiß, welches es ist. Natürlich wusste sie, wo ich es aufbewahre. Eine Hitzewelle steigt in mir auf, als ich einen herausgerissenen Satz entdecke, den sie dort zurückgelassen hat, wo sie lag, als ich gegangen bin.

So kämpfen wir weiter, wie Boote gegen den Strom, und unablässig treibt es uns zurück in die Vergangenheit.

Sie hat mein Lieblingsbuch zerrissen.

Sie hat mein Herz zerrissen.

Ich weiß nicht, was mich mehr verletzt.

Und ich weiß nicht, was es bedeutet. Als sie gestern hergekommen ist und Schutz vor ihrem Bruder gesucht hat, dachte ich, wir hätten einen großen Schritt getan. Den ersten Schritt hatte ich mit den Blumen und der Karte gemacht. Ich hatte uns einen Neustart ermöglicht. Ich hatte auf mein verdammtes Herz gehört anstatt auf meinen Kopf, und das habe ich nun davon: ein zerstörtes Buch und ein leeres Bett.

Sie hat den Satz aus einem bestimmten Grund ausgewählt. Weil es zu Ende ist? Weil es kein Happy End gibt? Nein.

In die Vergangenheit.

Es ist eine Nachricht. Wir können dem Strom nicht entkommen, die Brandung zieht uns immer wieder hinaus aufs Meer – jeder für sich, sind wir verloren und schaffen es unmöglich, wieder zueinanderzugelangen.

Es ist mir ernst, hatte ich auf die Karte geschrieben, die den Blumen beilag. Und es ist mir ernst mit ihr.

»Was zum Teufel soll das, Lucky?«, knurre ich. Zeus weicht zurück, und ich zwinge mich, tief durchzuatmen. Wenn ich schon ihm Angst mache, wie muss es ihr dann erst gehen? Ist sie deshalb weg? Habe ich etwas Falsches gesagt? Habe ich ihr Angst gemacht? Hat sie sich deshalb vor fünf Jahren von mir abgewandt?

Ich blicke auf die Waffe hinunter, die schwer in meiner Hand liegt, und begreife, dass sie in dem Fall klüger wäre, als ich dachte – und ich habe Adair immer für überaus intelligent gehalten. Ich sichere sie und schiebe die Waffe in den Bund meiner Hose. In diesen Räumen lauert abgesehen von mir selbst keine Gefahr. Ich hätte *mich* kommen sehen müssen.

Ich drehe mich um und reibe mir über den Nacken. Sie kann nicht weit sein. Bei dem Gedanken an mein Gespräch mit Percy komme ich mir jetzt dumm vor. Er sagte, sie habe still gewirkt. Er meinte, als sie gerade gegangen ist! Ich überlege, ob ich versuchen sollte, ihn vor dem Ende seiner Schicht zu erwischen. Vielleicht weiß er, wohin sie wollte. Dann könnte ich ihr folgen und eine Erklärung verlangen. Doch ich kenne Adair, ganz sicher hat sie ihm nichts verraten. Aber es ist nicht unmöglich, den auffälligen Roadster selbst in den vollen Straßen von Nashville zu entdecken. Ich werde ihr beweisen, was ich ihr vor fünf Jahren hätte beweisen sollen.

Ich greife nach meinem Telefon und will es gerade in die Hosentasche schieben, als auf dem Sperrbildschirm eine Nachricht aufleuchtet. Als ich Suttons Namen sehe, fallen augenblicklich alle Puzzleteile an ihren Platz. Auf Adair muss meine Unterhaltung mit Sutton ziemlich anders gewirkt haben. Sie wusste nicht, dass es nur Spaß war. Vollkommen harmlos.

Weil sie nicht weiß, dass Sutton meine Schwester ist, und das ist meine Schuld. Ich entscheide, was ich Adair von mir und meinem Leben erzähle. Das war schon immer so. Warum habe ich ihr also so gedankenlos mein Telefon überlassen?

»Fuck!« Mein Telefon kracht gegen die Wand und fällt mit einem lauten Scheppern auf den Boden, ehe mir überhaupt bewusst wird, dass ich es geworfen habe. Was zum Teufel habe ich mir nur dabei gedacht? Es gibt ein Dutzend Personen, von denen sie keine Nachrichten sehen sollte, und ich habe ihr mein Telefon gegeben? Ich habe ganz offensichtlich mit dem Schwanz gedacht. Und das nicht zum ersten Mal. Hat Adair alle Nachrichten gelesen? Hat sie in meinem Leben herumgeschnüffelt? Weiß sie jetzt, wer ich bin? Was ich bin? Ich öffne die Nachricht und lese die Unterhaltung.

Adair brauchte nicht mehr als das zu lesen. So aus dem Zusammenhang gerissen, macht das keinen guten Eindruck. Überhaupt nicht. Lieber wäre mir tatsächlich gewesen, sie hätte eine Nachricht von einem meiner Kunden entdeckt. Lieber das, als dass ich einer anderen Frau schreibe: Ich liebe dich. Jeder hätte mir eine Nachricht schicken können, solange sie das Telefon hatte, aber es musste Sutton sein. Es passt zu uns, dass wir immer in die Scheiße greifen.

Adair mag mein Schicksal sein, aber das Schicksal kann es gut oder schlecht mit einem meinen. Und diesmal? Will es mich fertigmachen.

4

STERLING

DAMALS

Cyrus beugt sich über den Tresen, während der Barkeeper mit einigen von Adairs Freundinnen flirtet. Als er sich wieder aufrichtet, hält er eine Flasche West Tennessee Whiskey in der Hand und schnappt sich ein Glas. »Willst du auch einen?«

Es ist nicht das erste Mal, dass er mir einen Drink anbietet. Ich weiß nicht, warum er mich immer wieder fragt. Vielleicht denkt er, dass ich sein Angebot eines Tages annehme.

Und heute ist dieser Tag. »Klar.«

Er grinst und deutet mit dem Kopf auf eine Tür. Ich verlasse die Party und folge ihm einen Flur hinunter, zu einem Arbeitszimmer. Die Wände sind von deckenhohen Regalen gesäumt, die eine gut sortierte Bibliothek enthalten. Es sind wunderschöne Bücher, die Titel in goldenen Lettern auf die ledernen Rücken geprägt. Als ich umherschlendere und mich umsehe, entdecke ich kein einziges Staubkorn.

»Adairs Vater liest wohl auch gern«, sage ich, als Cyrus mir einen Tumbler reicht. Ich halte ihn einen Moment in der Hand und registriere das Gewicht.

Cyrus lacht. »Keine Ahnung.«

»Er hat eine Menge Bücher«, sage ich und bewundere seine Hemingway-Sammlung.

»Mein Vater auch«, entgegnet er schulterzuckend. »Sein Arbeitszimmer sieht ganz ähnlich aus, und ich habe ihn noch nie ein Buch lesen sehen. Er ist zu beschäftigt mit Verträgen und solchen Sachen. Ich glaube, das ist einfach die Standardausstattung der Villen in der Magnolia Lane.«

Ich ziehe eine Ausgabe von *Verbotenes Verlangen* heraus.

»Nicht, Mann«, warnt mich Cyrus. »Hier sind überall Kameras. Ihr Vater dreht durch, wenn jemand seinen Scheiß anfasst.«

Also fasst niemand diese Bücher an, von lesen ganz zu schweigen. Ich zwinge ein Lächeln auf meine Lippen. Das erklärt den makellosen Zustand der Bibliothek. Bücher sind hübsche Gegenstände, um leere Flächen zu füllen. Für mich haben Bücher eine ganz andere Bedeutung. Mr. MacLaine hat diese Bibliothek nicht verdient. Er verdient dieses Leben nicht.

»Ich kann nicht fassen, dass er an ihrem Geburtstag weggefahren ist.«

»Es ist aber besser«, erklärt Cyrus. »Unsere Eltern fahren alle weg, damit sie so tun können, als wüssten sie nicht, was wir treiben.« Er stößt mit mir an. »Auf die abwesenden Eltern.«

Ziemlich merkwürdig, darauf anzustoßen, aber wenn Daddy die Rechnungen bezahlt und einem Luxusautos kauft, ist es einem vermutlich egal.

»Was ist mit dir?«, fragt Cyrus.

»Was soll sein?« Das Glas vor meinem Mund, kann ich mich nicht überwinden zu trinken.

»Mit deinen Eltern. Du sprichst nie von ihnen.« Ein Schatten huscht über sein Gesicht, und seine Augen weiten sich. »Mist, das hatte ich ja ganz vergessen. Ich habe deine, äh, Adoptivmutter ja kennengelernt, stimmt's?«

»Pflegemutter«, korrigiere ich. Plötzlich fällt es mir leicht, einen Schluck zu nehmen. Der Whiskey brennt in meiner Kehle und entfacht einen tieferen Durst. Ich nehme gleich noch einen Schluck.

»Sorry, das geht mich nichts an.« Aber ich sehe ihm an, dass er es gern wissen würde.

»Sie sind tot«, sage ich geradeheraus. Es ist fast die Wahrheit. Ich lüge nur zur Hälfte, und von mir aus könnten die beiden genauso gut tot sein.

»Fuck.« Er reibt sich übers Gesicht. »Das muss hart sein. Tut mir leid.«

Da das Schlimmste, was Cyrus Eaton je passiert ist, vermutlich eine Beule in seinem BMW war, bezweifle ich, dass sein Mitgefühl echt ist. Aber immerhin gibt er sich Mühe. Warum sollte ein anderer Mensch nachfühlen, wie der Tod der eigenen Mutter ist – geschweige denn der Mord an ihr? Aber ich wünschte, er würde nicht den Drang verspüren, etwas Nettes zu sagen. Er versteht es nicht und wird es nie verstehen. Muss er ja auch nicht.

Schweigen breitet sich zwischen uns aus, und vermutlich erwartet er, dass ich es mit der Geschichte von ihrem tragischen Tod oder irgend so einem Dreck fülle. Aber das kommt nicht infrage.

»Noch einen?«, fragt Cyrus und hält die Flasche hoch.

Ich schiebe ihm mein Glas hin und erinnere mich an das, was Adairs Mutter gesagt hat. *Trinken ist eine Flucht.* Darauf trinke ich, denn ich wollte meinem Leben noch nie so sehr entkommen wie jetzt gerade.

Im Handumdrehen ist die Flasche leer, und Cyrus unterhält mich, indem er mir von jeder einzelnen der albernen Geburtstagspartys erzählt, auf denen er in Windfall gewesen ist. Als er gerade von einem Jahr erzählt, in dem ein interaktives Geisterhaus sich als ziemliche Pleite erwies, geht uns der Whiskey aus.

»Ihr zwei kennt euch schon ganz schön lange.« Mein Kopf fühlt sich angenehm an, unscharf wie der alte Fernseher, der in Francies Küche stand – er war so alt, dass er mit Antenne funktionierte.

»Wir kennen uns schon, seit wir Windeln getragen haben. Die meisten unserer Freunde sind später hergezogen, aber wir waren immer schon hier.« Er will sich noch etwas einschenken und stutzt. »Wir haben nichts mehr zu trinken.«

»Besorgen wir uns noch etwas.« In Windfall scheint an Alkohol kein Mangel zu herrschen.

»Ich habe sie gehasst«, gesteht Cyrus, als wir den Flur hinunterstolpern und der Partylärm mit jedem Schritt lauter wird. »Als wir Kinder waren, meine ich. Sie war überheblich.«

»Ha! War!«, platze ich heraus und lege mir sofort die Hand vor den Mund.

Cyrus lacht nur. »Sie ist besser als viele andere.«

»Nicht so nett wie Poppy«, erinnere ich ihn.

»Bist du dir sicher, dass du nicht Poppy daten willst?« Er zieht die Augenbrauen hoch. Vielleicht gibt es Cyrus zweimal. Das ist schwer zu sagen, denn alles um mich herum ist leicht unscharf.

»Ich gehöre Adair MacLaine«, erkläre ich. »Vorerst.«

»Wieso vorerst?«, fragt er.

Ich winke ab. »Vergiss es.«

Ehe er mich nach weiteren Einzelheiten fragen kann, betreten wir das Atrium und sehen, dass sich alle immer noch um Adair drängen. Sie lächelt breit und hält etwas hoch. Eine Tasche vielleicht? Es ist schwer zu erkennen.

»Packt sie etwa immer noch Geschenke aus?«

»Viele Gäste, viele Geschenke. Die Mädchen packen alle Geschenke aus und umarmen dann jeden Schenker einzeln«, erklärt er.

»Und Jungs machen das nicht so?«

»Hilfe, nein.« Er grinst. »Weil wir normalerweise Alkohol geschenkt bekommen. Wir sind froh, wenn morgens noch etwas davon übrig ist. Meistens trinken wir noch in derselben Nacht alles aus. Apropos …« Cyrus zeigt auf die Bar. »Bin gleich zurück.«

Während er Nachschub besorgt, beobachte ich Adair. Ihr Lächeln wirkt maskenhaft und erreicht nicht ihre Augen, zwischen denen sich eine Sorgenfalte gebildet hat. Oder ist es eine Angstfalte? Eine Frustfalte? Wer weiß das schon? Ich verstehe sie nicht. Sie behauptet, nichts mit alledem zu tun haben zu wollen, aber sie nimmt all die Geschenke entgegen, lacht über eine Fünfzigdollarnote als Partygeschenk und kippt Champagner in sich hinein.

Allmählich verstehe ich ihr Problem. Sie will glauben, dass sie nicht in diese Welt passt, aber das ist nur eine Fantasie – wie der ganze Rest ihres Lebens. In der von ihr erfundenen Geschichte ist sie das Opfer, das darauf wartet, gerettet zu werden. Aber wovor? Dem Happy End, das mit einem gut gepolsterten Bankkonto verknüpft ist? Davor, dass sie schon alles hat?

Ja, ihr Leben ist verdammt hart.

»Hier.« Cyrus kehrt zurück und drückt mir ein neues Glas in die Hand, das bis zum Rand mit Whiskey gefüllt ist. »Der Barkeeper hat gemeckert, weil ich noch eine Flasche klauen wollte. Anscheinend hat er noch nie etwas davon gehört, dass man die Hand, die einen füttert, nicht beißen soll.«

Ich schlucke die Flüssigkeit zusammen mit den Worten hinunter, die mir auf der Zunge liegen. Klar, dass er das so sieht. Diesen Leuten gehört alles. Die Welt dreht sich nur um sie.

»Ahh, jetzt kommt ihr großes Geschenk.« Cyrus stößt mich mit dem Ellbogen an, und ich wende meine Aufmerksamkeit wieder Adair zu. Poppy legt ihr ein Tuch über die Augen, was Adair ziemlich aufregend zu finden scheint.

»Ihr großes Geschenk?« Weil ein halbes Kaufhaus nicht genügt?

»Von ihren Eltern. Ich meine, von ihrem Vater«, korrigiert Cyrus sich schnell.

Ich stutze. »Ihr Vater ist doch nicht hier.«

»Ja, aber er hat natürlich ein Geschenk dagelassen.« Er sieht mich an, als käme ich von einem anderen Planeten.

Vielleicht bin ich das. Vielleicht stamme ich von einem Planeten, auf dem Väter Geburtstage gleich ganz vergessen und es keine Geschenke, keine Torte oder Musik gibt. Es gibt allerdings Alkohol, und zwar jede Menge. Nicht nur auf Feiern. Alkohol gehört einfach zum Leben.

Als Nächstes höre ich das Klappern von Hufen, das auf dem Marmorboden wie Donnerhall klingt. Ich drehe den

Kopf in die Richtung und sehe ein pechschwarzes Pferd, das zu Adair geführt wird.

»Ist das etwa ein Pferd?« Ich weiß nicht, warum ich das frage. Selbst mit einer halben Flasche Whiskey im Blut bin ich mir ziemlich sicher, dass ich noch weiß, wie ein Pferd aussieht.

»Noch eins.« Cyrus schüttelt den Kopf. »Angus weiß nicht viel über seine Tochter, aber dass sie Pferde mag, weiß er. Ich glaube, es ist«, er zählt an den Fingern ab, »das dritte, das er ihr geschenkt hat. Vielleicht auch das vierte. Eins hat sie zum Schulabschluss bekommen.«

»Weiß er, dass man nur ein Pferd auf einmal reiten kann?« Mein Mund ist trocken, und ich trinke noch einen Schluck.

»Man kann auch nur ein Auto fahren. Das heißt aber nicht, dass man nur eins braucht.«

Doch genau, das heißt es eigentlich, aber das behalte ich für mich.

Poppy zieht Adair das Tuch von den Augen, woraufhin sie nach Luft schnappt und auf und ab hüpft. Doch ihre Reaktion wirkt irgendwie gekünstelt. Fast rechne ich damit, Marionettenschnüre zu entdecken, wenn ich nach oben sehe. Aber die braucht sie gar nicht. Sie kennt die Schritte auch so genau – sie kann die Vorstellung auswendig.

Hoffentlich scheißt das Pferd in die Halle.

Der Mann, der das Pferd hereingeführt hat, bringt es weg, vermutlich zu den Ställen.

»Ich glaube, die wollen uns.« Cyrus stößt mich mit dem Arm an.

Ich wende mich zu Adair um, und sie winkt uns zu sich herüber.

Ich füge mich und gehe zu ihr, aber ich kann nicht aufhören, über das nachzudenken, was sie vorhin gesagt hat. Sie hat behauptet, ich bin alles, was sie zu ihrem Geburtstag haben will. Jetzt weiß ich, dass sie damit wahrscheinlich meinte, dass ich ihr mit einer Schleife um den Hals auf einem Silbertablett serviert werden sollte. Ich bin nur ein weiteres Spielzeug – noch ein Gegenstand wie die Geschenke, die auf dem Tisch verteilt sind. Etwas Glänzendes. Etwas Neues. Sie spielt mit mir, bis sie sich irgendwann langweilt. Wenn ich Glück habe, gibt sie mich wie ein gebrauchtes Kleidungsstück weiter oder spendet mich einer Bitch, die mich nötiger hat als sie. In jenem Moment bin ich mir sicher, dass selbst die reichsten Mädchen hier in diese Kategorie fallen.

Warum habe ich jemals geglaubt, wir könnten irgendwas gemeinsam haben?

»Habt ihr gesehen?« Poppy glüht vor Aufregung. »Ein Araber.«

»Ein was?«

»Ein Araber«, wiederholt sie. »Adair wollte immer einen haben, und jetzt hat ihr Dad ihr einen geschenkt.«

»Die Glückliche«, sage ich angewidert.

Adairs Augen funkeln, aber sie bringt ein Lächeln zustande. »Das war, als ich sechs war, Poppy.« Sie rollt mit den Augen, als könnte sie das extravagante Geburtstagsgeschenk dadurch herunterspielen. »Als ob ich noch ein Pferd bräuchte.«

»Kann man zu viele Pferde haben?« Ich sage es, als wäre es ein Scherz, aber sie sieht mich skeptisch an, während sie lacht. Ein Teil von ihr hat es als das verstanden, was es war: eine zarte Erinnerung daran, dass sie eine undankbare Göre ist. Wie üblich.

»Ich habe Sterling versprochen, dass wir ein bisschen Zeit für uns haben«, sagt Adair und fasst meinen Arm.

»Ooooh.« Poppys anzügliches Zwinkern sagt mir, dass Adair allen von ihrem Vorhaben erzählt hat, mit mir zu vögeln. Ich frage mich, ob Poppy auf der Liste der Mädchen steht, die als Nächstes ein Stück von mir bekommen.

»Ich sollte wahrscheinlich gehen.« Ich deute mit dem Daumen in die Richtung, in der ich die Tür vermute. »Du musst dich um ein Pferd kümmern.«

»Unsinn«, schaltet sich Poppy ein. »Das Pferd wird versorgt. Du gehst nirgendwohin. Hast du eigentlich kein Geschenk für sie?«

Ich weiß nicht, ob sie das jämmerliche Päckchen meint, das ich in Adairs Auto zurückgelassen habe, das in dem billigen Papier von der Studentenvereinigung eingepackte. Oder meint sie meinen Schwanz, auf den Adair es eigentlich abgesehen zu haben scheint? Wenigstens zu etwas bin ich gut.

»Das hat er mir vorhin schon gegeben«, sagt Adair schnell.

Ist ihr die Vorstellung peinlich, vor ihren reichen Freunden ein Geschenk von mir auszupacken? Gut, dass sie nicht weiß, was in dem blöden Päckchen ist.

»Ich sollte zurück ins Wohnheim fahren«, wiederhole ich, ich will nur noch fort von hier, von ihr, von allen.

»Aber mein Vater ist nicht da«, flüstert sie. »Ich dachte, du würdest über Nacht bleiben …«

Sie erwartet also immer noch ihr Geburtstagsvergnügen. Armes reiches Mädchen muss die Leere in sich füllen. Vielleicht wäre sie ein anderer Mensch, wenn ihr Vater zu ihrem Geburtstag aufgetaucht wäre. Ich weiß es nicht. Natürlich kann er nicht alles auf seinen Überwachungskameras sehen, kann nur den glücklichen Moment aus der Ferne durchleben, den er ihr gekauft hat. Kein Wunder, dass Adair Menschen benutzt. Was wohl ihr Vater denken würde, wenn er wüsste, dass sein kleines Mädchen vorhat, mit einem armen Schlucker aus Queens zu vögeln? Was würde er denken, wenn sein Goldstück vor mir knien will? Mir fällt wieder ein, was Cyrus über die Kameras gesagt hat und dass Angus MacLaine es hasst, wenn Leute seinen Besitz anfassen.

Ich bleibe, aber sie wird sich anstrengen müssen. Sie wird darum betteln, und ich werde dafür sorgen, dass Windfalls Kameras jede Minute festhalten.

ADAIR

HEUTE

Sterling ist nicht mein einziges Problem – nur dasjenige, das mich am meisten verletzt. Weil mein Leben so beschissen ist, fahre ich ziellos durch Nashville und frage mich, ob ich verrückt bin oder dumm oder beides.

Außerdem bin ich obdachlos. Das ist ein Problem, das ich lösen kann. Aber die anderen?

Sie haben mit ihm zu tun.

Er ist herzlos. Bösartig. Ein Dreckskerl. Ich befinde mich mindestens fünf Meilen von Sterlings Wohnung entfernt, aber mein Herz ist noch dort. Im Geiste werfe ich ihm jede Beleidigung an den Kopf, die mir einfällt, um die leisen Zweifel, die um meine Aufmerksamkeit ringen, zu übertönen.

Ich will sie nicht hören und schreie die lauten und wütenden Vorwürfe gegen ihn heraus. Ich verfluche ihn. Ich schreie so laut, dass sich ein anderer Fahrer mit verwirrter Miene zu mir umdreht. Ich habe ein schlechtes Gewissen, aber dann zeigt er mir den Mittelfinger, und ich richte einen Teil meiner Wut auf ihn, aber das lässt meine Zweifel auch nicht verstummen. Sie nagen an mir und lassen sich einfach nicht ignorieren.

Ich hätte es besser wissen müssen.

Niemand wird mich je wieder lieben.

Ich bin eine Idiotin.

Ich werde nie etwas anderes als eine MacLaine sein.

Und am schlimmsten von allen?

Er liebt sie.

Sutton.

Sutton, die mich eine Bitch nennt. Sutton, die ihn anfleht, nach Hause zu kommen. Sutton, die normalerweise ihren Willen bekommt. Sutton, die andeutet, dass alles nur ein Spiel war. Sutton, die Frau, von der ich noch nie gehört habe, und Sutton, die Frau, die er liebt.

Am liebsten würde ich alles hinter mir lassen. Der alte Roadster ist nicht sehr schnell – nicht nach heutigen Maßstäben –, aber er ist immer einsatzbereit. Ich schalte in den zweiten Gang herunter und lasse den Motor aufheulen. Eine Frau, die einen Kinderwagen über den Gehweg schiebt, schreit mir etwas zu, aber mir ist egal, ob ich ihr Baby geweckt habe. Ich biege mit Vollgas um eine Kurve, sodass das Heck des Jaguars ins Schleudern gerät und ich fast die Kontrolle verliere.

Ich wusste, dass Sterling einen Plan hat. Ich habe es vom ersten Moment an gespürt. Er hat es mir sogar ins Gesicht gesagt. Ich habe mir eingeredet, es ginge um Geld – darum, es allen zu beweisen. Das *wollte* ich glauben. Ich wollte glauben, dass er nach Valmont zurückgekehrt ist, um damit anzugeben, wer er geworden ist.

Ich hätte es besser wissen sollen. Er ist zurückgekommen,

um mich zu verletzen. Und nur weil man sich weigert, etwas zu glauben, ist es nicht weniger wahr.

Das Wissen um seine Beweggründe macht mich fertig. Nichts, was wir miteinander hatten, war jemals real. Damals nicht. Und heute nicht. Ich habe mir vorgemacht, dass er mich liebt – dass er über den Reichtum meiner Familie hinwegsieht, dass er mir meine Privilegien verzeiht, dass er mich versteht.

Das ist aber nicht wahr.

Alles zwischen uns war gelogen. Ich wollte es nur nicht sehen. Warum bin ich überrascht? Mein ganzes Leben ist ja ein Lügengebäude. Eine Lüge baut auf der anderen auf – ein fragiles Kartenhaus, und Sterling Ford ist ein Hurrikan. Ich würde ihn niemals überleben.

Nachdem mein Bruder Malcom mir *wieder einmal* den Boden unter den Füßen weggezogen hatte, war ich zu Sterling gefahren. Ich habe einen Job als Lektorin beim Bluebird Verlag angenommen – noch eine Sache, die ich in den letzten vierundzwanzig Stunden verloren habe. Dafür hat Malcolm gesorgt. Er hat mich verraten, ehe ich überhaupt meine Steuerdaten eintragen konnte. Ich kann mir nur vorstellen, was Trish, Bluebirds Cheflektorin, jetzt von mir denkt. Sie wird nie mehr offen mir gegenüber sein. Ich bin die Besitzerin. Es passt zu meinem Vater, dass er mir den Verlag hinterlassen hat. Eine letzte Machtdemonstration über das Grab hinaus. Denn ich habe mir diesen Verlag nicht »verdient«. Er ist nur ein weiteres Almosen. Ich habe mir nie den Respekt meines Vaters verdient, solange er noch gelebt hat. Ich hatte nie, was dazu nötig wäre. Er hat mir den Verlag aus Mitleid vermacht, ein härteres Urteil über meinen Charakter hätte er nicht fällen können. Mein Vater besaß nicht ein Fitzelchen Güte. Mitgefühl war etwas für Trottel. Mir Bluebird zu hinterlassen war ein letzter Schlag. Eine letzte Demonstration, um mir zu zeigen, wie enttäuscht er war.

Nicht dass er uns ein Reich hinterlassen hätte. Von der MacLaine-Dynastie sind nur Trümmer übrig.

Minderheitsanteile an der Firma.

Ein paar Zeitungen, die er vor seinem Tod nicht verkauft hat.

Ein Name, der Türen öffnet, mit dem man aber keine Schecks unterzeichnen kann.

Ein Haus, das eine Geldvernichtungsanlage ist.

Den Wagen meiner Mutter und …

Eine Suite im Eaton Hotel.

Noch ein Almosen, eine weitere Erinnerung daran, dass ich immer noch abhängig von ihm bin.

Aber ich bin nicht obdachlos. Ich muss nur meinen Stolz hinunterschlucken und ein weiteres Stück von seiner bösartigen Barmherzigkeit annehmen. Ich tausche den einen Pakt mit dem Teufel gegen einen anderen ein. Wem will ich etwas vormachen? Ich habe mich schon vor langer Zeit verkauft. Es gibt nichts mehr zu zerstören. Kein Herz. Keine Seele. Keinen Willen. Das Beste, was ich tun kann, ist, einen sicheren Ort zu finden, die Scherben aufzusammeln und mir zu überlegen, wer ich von jetzt an sein will.

Daddy mag gedacht haben, ich tauge nichts. Für ihn mag ich eine einzige Enttäuschung gewesen sein. Aber er ist tot, und ich muss ihm nichts mehr beweisen. Ich bin nicht das Eigentum der Familie MacLaine. Ich gehöre niemandem. Ich habe nicht meinem Vater gehört und gehöre jetzt nicht Malcolm.

Und Sterling Ford? Auch er wird mich niemals besitzen.

Zimmer 614 nimmt ein Viertel der obersten Etage des Eaton Hotels ein. Ich war schon einmal hier. Meine Mutter hatte mich zu einer Pyjamaparty mitgenommen. Bis ich sie bei der Testamentsverlesung meines Vaters geerbt habe, wusste ich nicht, dass uns die Suite gehört. Als ich im Eaton eintreffe, versuche ich bestmöglich, mein zerrissenes Kleid zu richten und etwas Würde aufzubringen, um einen halbwegs anständigen Eindruck zu machen. Ich bin mir nicht sicher, ob ich den Anforderungen genüge.

Eine Frau tritt kichernd zu mir in das Abteil der Drehtür, ehe ich hinauskomme, weil sie von einem Mann an ihrer Seite abgelenkt ist. Er zieht sie zurück und lächelt entschuldigend. »Bitte verzeihen Sie.«

»Ups!«, macht sie jetzt. Sie ist offensichtlich betrunken. Oder ist sie nur von ihm berauscht?

Ich zwinge mich zu nicken, kann mich aber nicht überwinden, das Lächeln zu erwidern. Beim Betreten der Lobby sehe ich nur glückliche Paare, die sich an den Händen halten und miteinander flüstern – ein Paar besichtigt das Haus mit einem Hochzeitsplaner. Plötzlich habe ich das Gefühl zu ersticken. Das soll mein Leben sein? Abendessen in einem Fünfsternerestaurant, Drinks in der Bar, Small Talk mit anderen Mitgliedern der High Society von Tennessee – und ein sexy, erfolgreicher Mann an meiner Seite, der für alles zahlt. Das soll ich mir wünschen?

Aber ich werde mich nie mit dieser Lebenslüge abfinden können. Nicht, nachdem ich das wahre Leben kennengelernt habe. Oder zumindest das, was ich damals dafür hielt.

Ich gehe zur Rezeption, ich bin mir nicht sicher, wie das hier funktioniert, aber ich muss unbedingt von diesen glücklichen Paaren weg. Man hat mir keinen Schlüssel gegeben. Den Familien meiner Freunde gehören Apartments in Hotels in New York, London oder Paris. Der Vorteil an einem Hotel ist, dass es Zimmermädchen und Security gibt. Es ist immer sauber, wenn man zu einem spontanen Besuch vorbeikommt. Warum eine Haushälterin einstellen, wenn einem das Personal eines Fünfsternehotels zur Verfügung steht?

Der Mann an der Rezeption macht sich nicht die Mühe aufzublicken, als ich vor ihm stehe. Er ist ein paar Jahre älter als ich und ein paar Zentimeter kleiner, weshalb ich auf eine kahl werdende Stelle auf seinem Kopf starre, während er sich auf den Computerbildschirm konzentriert. Wahrscheinlich reserviert er für einen Herrn und dessen Geliebte einen Tisch zum Abendessen. »Kann ich Ihnen helfen?«

Noch immer kein Augenkontakt. Ich atme tief durch und spreche mit seiner kahl werdenden Stelle. »Das hoffe ich. Ich bin Adair MacLaine, und ich …«

Als ich meinen Namen nenne, schießt sein Kopf nach oben. »Miss MacLaine! Bitte verzeihen Sie!«

»Schon okay, Geoff.« Sein Name ist in das glänzende Messingschild an seinem Revers graviert. So, wie er auf den Namen MacLaine reagiert, erwartet er offenbar, dass ich einen Wutanfall bekomme. Ich lasse ihm den anfänglichen Mangel an Höflichkeit durchgehen, weil mir die Energie fehlt, beleidigt zu sein, und weil ich es satthabe, dem Ruf meiner Familie zu entsprechen – ob im Guten oder im Schlechten. »Die Suite meiner Familie – die ich kürzlich geerbt habe … äh, ich würde sie gern sehen.«

Sie benutzen. In ihr wohnen. Mich in ihr verstecken, füge ich im Geiste hinzu, weil ich mich noch nicht ganz damit abfinden will, dass ich Windfall endgültig verlassen habe. In den letzten vierundzwanzig Stunden ist zu viel passiert, das muss ich erst alles verdauen. Ich muss allein sein.

»Natürlich, ich gebe Ihnen eine Schlüsselkarte.« Geoff schaltet schnell in den Plaudermodus, doch an seinem zurückweichenden Haaransatz bildet sich eine Schweißperle, und seine Hand zittert leicht.

Ich würde ihm gern sagen, dass ich nicht beiße, aber irgendwie spüre ich, dass er mir das nicht glauben wird. Stattdessen versuche ich, ihn anders zu beruhigen. Was mir nicht leichtfällt. MacLaines sind es gewohnt, zu fordern und zu bekommen, was sie wollen. Wir machen uns nicht die Mühe, uns zu entschuldigen oder freundlich um etwas zu bitten. Die Welt kommt zu uns, sonst interessiert sie uns nicht.

Das muss sich ändern.

»Tut mir leid, wenn ich Sie in Verlegenheit bringe.« Ich setze das wärmste Lächeln auf, das ich zustande bringe. Das erfordert einige Anstrengung angesichts der heftigen Wut, die in mir kocht. Aber Geoff kann nichts dafür, dass Sterling ein Dreckskerl ist. Geoff hilft mir. Er bietet die Lösung für einige meiner Probleme.

Er ist jedoch auch ein Mann, und nach den gestrigen Forderungen meines Bruders und Sterlings Manipulation, würde ich am liebsten um mich schlagen. Geoff wäre ein leichtes Opfer, aber das werde ich nicht tun. Ich bin nicht die Bitch, die man sitzenlassen muss. Ich bin nicht das Mädchen, das auf einen Mann gewartet hat, der nur zurückgekommen ist, um sie erneut abzuservieren.

Ich weiß nicht, wer ich bin, aber ich bin entschlossen, von jetzt an selbst über mein Schicksal zu bestimmen, angefangen bei Geoff.

»Bleiben Sie?«, unterbricht Geoff meine Gedanken, und ich blinzele ihn an.

»Wie bitte?«

Er holt ein Taschentuch heraus und tupft sich die Stirn ab, während er die Frage wiederholt.

»Spielt das eine Rolle?« Ich will mich lieber nicht festlegen. Nicht, ehe ich nicht weiß, ob Malcolm nach mir sucht. Nicht, ehe ich die Suite gesehen habe.

»Wir können Ihnen eine befristete Schlüsselkarte ausstellen«, erklärt er mit den Fingern über der Tastatur, »wir können sie aber auch unbefristet ausstellen, wenn Sie kommen und gehen möchten oder …«

»Machen Sie sie unbefristet«, sage ich nach einem Moment. »Ich habe geschäftlich in der Stadt zu tun.«

»Ich bringe Sie hoch«, bietet er an. Ehe ich ablehnen kann, ist er schon hinter dem Tresen hervorgekommen. Geoff sieht sich suchend um. »Haben Sie Gepäck?«

»Nein.« Ich erröte und hebe den Kopf. »Ich wollte mir erst einmal alles ansehen. Soweit ich weiß, sieht es in der Suite aus wie bei Miss Havisham.«

Er wirft mir einen fragenden Blick zu, reagiert jedoch mit professioneller Zuvorkommenheit. »Sehr gut. Wenn Sie ein Parkticket haben, kann ich mich darum kümmern.«

Es stellt sich heraus, dass zum Leben im Eaton die kostenlose Benutzung der Parkgarage gehört. Das ist eine Erleichterung, denn ich habe keine Ahnung, wie viel noch auf meinem Bankkonto ist. Sterling ist hergekommen, um meine Familie zu ruinieren. So viel ist mir jetzt klar. Darin liegt eine gewisse poetische Gerechtigkeit. Er wird in seinem Penthouse wohnen und selbstgefällig auf die MacLaines unten auf der Straße hinabschauen.

»Sie können den privaten Fahrstuhl benutzen. Er ist für die Penthouse-Etagen reserviert«, erklärt Geoff und führt mich an den Fahrstühlen in der Lobby vorbei, zu diskret versteckten goldenen Türen. »Sie können ihn mit Ihrer Schlüsselkarte rufen.«

Als der Fahrstuhl eintrifft, ist er zum Glück leer. Ich brauche einen Moment fern von dem Treiben in der Lobby, fern von dem Paar, das aneinanderhängt, während es seine Hochzeit plant, fern von der Mutter, die liebevoll hinter ihrem Kleinkind herjagt, fern von Menschen. Doch Geoff füllt die Stille mit einem steten Strom an Informationen über das Hotel. Er erzählt mir vom Pool und vom Spa und von der Lounge, die Platinum-Gästen vorbehalten ist, also auch mir.

»Haben viele Familien hier eine Suite?«, unterbreche ich seinen Vortrag über das WLAN des Hotels.

»Außer Ihnen noch die Familie Eaton. Die anderen Suiten sind für prominente Gäste reserviert.«

Übersetzung: Menschen mit mehr Geld als Verstand und einem überaus starken Geltungsdrang. Ich hatte vergessen, dass Cyrus' Familie eine Suite hier besitzt. Wie ist das möglich nach dem, was bei meinem letzten Besuch hier vorgefallen ist.

Zwar habe ich in den letzten zehn Jahren keinen Fuß in die Suite meiner Familie gesetzt, aber ich bin durchaus auf dieser Etage gewesen. In der Suite der Eatons.

Damals war nicht ich diejenige, die die Schlüsselkarte in der Hand hielt. Ich verdränge die unangenehme Erinnerung, als der Fahrstuhl unser Ziel erreicht. Vergangen ist vergangen. Ich muss das hinter mir lassen.

Ich muss *ihn* hinter mir lassen.

»Alles wird täglich frisch aufgefüllt.« Geoff führt mich zu einer Tür, an der auf einer glänzenden Messingplakette schlicht die Nummer 614 steht.

Zögernd bleibe ich auf der Schwelle stehen. Aber ich habe ja keine andere Option.

Die Suite ist anders, als ich sie nach der langen Zeit in Erinnerung hatte. Nach ein paar Schritten bleibe ich stehen und sehe mich in meinem neuen Zuhause um. Es ist kürzlich renoviert worden. Der Fernseher im Salon entspricht der neuesten Technik. Das Leinensofa wirkt unberührt. Alles ist hübsch und stilvoll – und entspricht ganz und gar dem Geschmack meiner Mutter. Ich fühle mich sofort zu Hause, und gleichzeitig hasse ich es. Überall ist ihre Handschrift zu erkennen. Beinahe kann ich ihr Parfüm riechen. Beinahe rechne ich damit, sie gleich zu sehen, aber ich habe mir den Schatten in der Tür zum Badezimmer nur eingebildet.

»Ist alles … okay?«, fragt Geoff und blickt sich um. »Wir schicken das Housekeeping hoch, um Bettwäsche und Handtücher zu wechseln.«

»Wann sind sie zum letzten Mal gewechselt worden?«, murmele ich abwesend und beginne umherzuwandern.

»Heute Morgen.«

Ich bleibe stehen und schüttele den Kopf. »Sie müssen niemanden hochschicken. Ich habe alles, was ich brauche.«

»Der Zimmerservice steht Ihnen natürlich zur Verfügung.

Alles, was Sie bestellen, wird auf die monatliche Rechnung gesetzt.«

»Rechnung?« Ich ziehe eine Augenbraue nach oben.

»Nebenkosten und Mietgebühren werden über das in den Akten vermerkte Konto abgerechnet«, erklärt er. »Das ist Teil der Vereinbarung.«

»Natürlich.« Das ergibt Sinn, obwohl ich nicht glauben kann, dass mein Vater diesen Laden all die Jahre behalten und für ein Penthouse bezahlt hat, das wir nie benutzt haben. Kein Wunder, dass unsere Familie pleite ist. »Wohin wird die Rechnung geschickt?«

Es hätte mir gerade noch gefehlt, dass Malcolm jede meiner Bewegungen kennt, und sei es nur, dass ich mir zwei Tage hintereinander ein Clubsandwich bestellt habe.

»Ich schaue für Sie nach«, verspricht er. »Ich hoffe, alles ist zu Ihrer Zufriedenheit. Es ist eine Weile her, seit wir jemanden von Ihrer Familie im Haus hatten.«

»Ich weiß.«

»Ihr Vater war ein geschätzter Gast, wir vermissen ihn sehr.«

»Meinen Vater?« Ich lächele. »Sie können ihn nicht sehr gut gekannt haben.«

»Vor seiner Krankheit war er jede Woche hier. Er war ein fordernder, aber sehr großzügiger Mann.«

Er kannte meinen Vater überhaupt nicht. Oder vielleicht kannte er ihn besser als ich. Denn ich hatte keine Ahnung, dass mein Vater jemals die Suite im Eaton benutzt hat. Ich wusste nur wegen der Pyjamaparty von ihr.

»Sie sagen, mein Vater war oft hier?«

»Jede Woche«, bestätigt Geoff. Ich sehe, wie ihm seine

Indiskretion dämmert. Er hätte schweigen müssen. Das Eaton ist ein Luxushotel – ein Hotel, in dem man die Augen vor den Lastern der wohlhabenden Gäste verschließt. Diese Mietgebühren, von denen er gesprochen hat, sind vermutlich Schweigegeld.

»Ach«, ich spiele die Dumme und rette Geoffs Ehre. »Das meinte er also mit dem Nashville-Apartment! Die Familie hat so viele Immobilien. Mir war nicht klar, dass er von diesem hier gesprochen hat. Er hat hier gewohnt, wenn er noch spät geschäftliche Termine hatte.«

Geoffs Schultern entspannen sich. Wahrscheinlich befürchtete er, seinen Job zu verlieren.

»Mein Bruder kommt oft her, nicht wahr?«, frage ich, als mir klar wird, dass ich vielleicht einen kritischen Punkt in diesem Plan übersehen habe. Malcolm hat ein wöchentliches Date, über das er auch lieber schweigt. Was, wenn …? Ich will mir nicht vorstellen, dass mein Bruder sich hier mit seinen Freundinnen vergnügt.

»Wenn, dann nutzt er nicht die Suite. Sie gehörte Ihrem Vater«, versichert mir Geoff, geht, jetzt ganz Profi, über Malcoms regelmäßige Besuche hinweg und spricht dennoch den Kern des Problems an. Er ist geschickt, das muss ich ihm lassen.

»Und jetzt gehört sie mir«, murmele ich. »Die Einrichtung?«

»Wir können es für Sie neu einrichten. Ich kann Sie mit unserer hausinternen Innenarchitektin zusammenbringen.«

»Danke.«

»Wenn ich sonst noch etwas tun kann …« Geoff verstummt.

»Ja, können Sie diese Architektin gleich anrufen? Ich habe gerade einen Job in der Stadt angenommen.« Im Geiste drücke ich die Daumen, dass ich die Sache mit Trish wieder glattbügeln kann. »Ich war mir nicht sicher, ob es passt, aber ich glaube, ich habe ein Zuhause gefunden.«

»Dann darf ich der Erste sein, der sagt: Willkommen zurück, Miss MacLaine.«

Nachdem mich Geoff allein gelassen hat, gehe ich ins Schlafzimmer, werfe mich aufs Bett und schreie in ein Kissen, bis mein Hals ganz wund ist. Das ist besser als Weinen. Ich habe mir einst geschworen, nie wieder wegen Sterling Ford eine Träne zu vergießen. Es ist eins von diesen Versprechen, die man sich aus Verzweiflung gibt, und nicht, weil man vorhat, sich wirklich daran zu halten.

Aber heute?

Heute will ich nicht weinen. Heute will ich wütend sein, weil Wut Energie gibt. Weinen raubt Energie. Und die brauche ich, um dieses Wrack von einem Leben in sichere Bahnen zu lenken. Als ich mit Schreien fertig bin, bestelle ich mir ein Clubsandwich und eine Flasche Champagner. Ich werde diesen Moment feiern.

Ich habe ein Zuhause.

Ich habe einen Job.

Ich habe eine Wahl.

Das macht den heutigen Tag alles in allem zu einem Diamanten. Ich entscheide mich, es so zu sehen.

Ich hätte das alles auch viel länger mitmachen können. Hätte viel mehr Zeit damit verschwenden können, mich von Sterling an der Nase herumführen und mir von Malcolm meine Zukunft diktieren zu lassen. Beiden habe ich mich verweigert. Ich bin gegangen. Wenn das kein Grund zum Feiern ist, dann weiß ich es auch nicht.

Das Essen kommt so schnell, dass ich förmlich merke, wie mein Hintern dicker wird. Vielleicht muss ich mir ein paar Grenzen setzen, wenn man mir in dieser Geschwindigkeit auch Schokoladenkuchen bringt. Andererseits ist das jetzt mein Leben. Ich kann verdammt noch mal machen, was ich will.

Ich beschließe, am nächsten Tag, wenn Malcolm im Büro ist, nach Windfall zu fahren und zu packen. Für heute tut es ein seidener Morgenrock vom Hotel, den ich im Kleiderschrank finde. Aber allein zu feiern erinnert mich daran, dass ich allein bin. Normalerweise macht mir das nichts aus. Auch im Kreise meiner Freunde fühle ich mich nie wirklich zugehörig. Ich bin eine Außenseiterin. Jemand, den man zwingen muss, sich unter die Leute zu begeben. Ich hab gern so gelebt, abseits von allen.

Aber dann hat Sterling mich daran erinnert, wie es ist, wenn einen jemand versteht. Auch wenn wir uns streiten, versteht er mich. Bei ihm konnte ich ganz und gar ich selbst sein. Das hatte ich vorher nicht gekannt.

Ich habe meine Deckung heruntergelassen, und er hat angegriffen. Ich weiß nicht, warum ich etwas anderes erwartet habe. Man kann einem Raubtier nicht das Töten vorwerfen. Ich habe mich ihm praktisch vor die Füße geworfen und darum gebettelt. Genau wie er es vorhergesagt hat.

Aber das wird nicht wieder vorkommen.

Ich lasse den Champagnerkorken knallen und schenke mir ein Glas ein. Der Zimmerservice war so umsichtig, mir zwei Champagnerflöten zu schicken. Das leere Glas fühlt sich wie eine Beleidigung an, darum gieße ich es voll und stelle es neben das gerahmte Foto meiner Mutter.

»Darauf, dass wir die schlechten Männer los sind«, sage ich zu ihr und stoße mit meinem Glas gegen ihres. Dann leere ich meins mit einem Schluck. »Trinkst du darauf?«

Toll, jetzt rede ich schon mit meiner toten Mutter. Vielleicht liegt es daran, dass sie zu den wenigen Menschen gehörte, die ich nie ein schlechtes Wort über jemanden habe sagen hören. Sie hat immer das Gute in allen gesehen, doch so naiv wie meine beste Freundin Poppy war sie nicht. Sie hat die Schwächen der Leute durchaus erkannt, aber sich nicht darauf konzentriert. Alle sagen, ich komme nach ihr, meinen damit aber eigentlich nur das Aussehen. Ich habe ihre grünen Augen und den hellen Teint geerbt. Damit endet die Ähnlichkeit zwischen uns auch schon. Ich bin nicht wie sie, dazu habe ich zu viele Anteile von meinem Vater in mir.

»Warum hast du ihn geliebt?«, frage ich sie. »Du hast gesehen, wie er war. Was hast du an ihm gefunden? Ich habe jahrelang beobachtet, wie er dich behandelt hat, aber du hast es immer wieder geschafft, darüber hinwegzusehen, dass er dich kontrolliert und benutzt hat. Ich meine, wahrscheinlich hat er andere Frauen mit in dieses Zimmer genommen! Warum hast du ihn nicht verlassen?

Warum warst du in jener Nacht mit in dem Auto? Warum hast du ihn fahren lassen? Du wusstest es! Warum ist das hier alles, was mir von dir bleibt?« Ich mache eine ausladende Geste, denke dabei nicht mehr an mein Glas und verschütte den Champagner auf dem Schreibtisch. »Mist.«

In der obersten Schreibtischschublade suche ich etwas zum Aufwischen, finde aber nur einen Stapel Papier und ein paar

Stifte. Ich versuche es mit der nächsten, aber die ist abgeschlossen oder klemmt. Aus irgendeinem Grund gibt mir das den Rest. Die Tränen, die ich mit allen Mitteln zurückgehalten habe, strömen mir jetzt über die Wangen. Ich rüttele energisch an der Schublade, doch sie bewegt sich nicht. Sie ist eindeutig abgeschlossen. Vermutlich finde ich dort ohnehin nicht, was ich brauche. Schließlich hole ich einen Waschlappen aus dem Bad, um die Sauerei aufzuwischen.

»Weine nicht wegen verschüttetem Champagner«, sage ich laut in den Raum. Doch es geht ja gar nicht um den Champagner. Ich weine um meine Mutter und das Leben, das ich zu haben meinte. Um das Leben, das ich niemals haben werde. Ich weine, weil ich Antworten auf meine Fragen brauche. Antworten, die mir helfen herauszufinden, warum ich nicht vom Fleck komme – genau wie diese dumme Schublade –, warum ich immer wieder dieselben Fehler mache, mich an die Vergangenheit klammere und nichts dazulerne. Erneut ziehe ich die oberste Schublade auf, greife ganz nach hinten, ertaste aber nur Staub. Das ist mein Leben: Irgendein Schlüssel fehlt immer.

STERLING

Als ich sie anrufe, lande ich direkt auf der Mailbox, was bedeutet, dass entweder ihr Akku leer ist oder sie das Telefon ausgestellt hat, weil sie mich nicht sprechen will. Ich bin jetzt nicht mehr wütend, weil sie voreilige Schlüsse gezogen hat, sondern in heller Aufregung. Ich muss sie finden, ich muss es ihr erklären …

Aber ich weiß nicht, wo ich suchen soll. Ich scrolle durch meine Kontakte und stolpere über Cyrus' Namen. Er hat mir vor einer Woche seine Nummer gegeben, um sich mit mir zum Lunch zu verabreden oder womit auch immer diese reichen Säcke ihre sinnlosen Tage verbringen. Cyrus lebt mit Poppy zusammen. Poppy ist Adairs beste Freundin. Man muss nur eins und eins zusammenzählen.

Nach ein paarmal Klingeln hebt er ab.

»Cyrus, hier ist Sterling«, unterbreche ich ihn sofort, als er Hallo sagt.

»Ich habe mich schon gefragt, ob du dich jemals meldest. Wir müssen uns unbedingt treffen. Benefizgalas sind nicht gerade …«

»Ja, machen wir.« Ich habe keine Zeit für sinnloses Geplauder. »Hör zu, ist Adair bei euch? Ich suche sie und dachte, sie ist vielleicht bei Poppy.«

»Nein, hier ist sie nicht, aber ich kann Poppy fragen«, bietet er an.

»Nein, kein Problem«, sage ich schnell. Ich will sie auf keinen Fall noch mehr verschrecken oder ihre Freunde da mit hineinziehen. Ich bezweifle, dass Poppy sich in dieser Angelegenheit auf meine Seite stellen würde. »Wir treffen uns auf jeden Fall bei Gelegenheit.«

Ich lege auf, will nicht weiter sinnlos Zeit verschwenden. Zeus tappt zu mir herüber, setzt sich neben meine Füße und starrt zu mir hoch, während ich auf mein Smartphone starre.

Ich rufe Jack an, weil ich nicht klar denken kann und er ziemlich gut darin ist. »Ungewöhnliche Frage«, sage ich, als er abhebt, »hast du Adair gesehen?«

»Hast du sie verloren?« Ich höre das Lächeln in seiner Stimme.

»Witzig«, erwidere ich knapp. »Im Ernst, sie ist weg und geht nicht an ihr Telefon.«

»Ist was passiert?« Jacks Ton wird sachlich. Das schätze ich an ihm. Luca würde erst noch drei Witze reißen, ehe er die Sache ernstnimmt.

»Sie hat eine Nachricht auf meinem Telefon gesehen«, murmele ich.

»Und?«

»Die Nachricht war von Sutton. Ich glaube, Adair hat da etwas missverstanden.«

»Verstehe. Sie weiß nicht, dass Sutton deine Schwester ist?« Er stößt einen Pfiff aus. »Du steckst in Schwierigkeiten. Also, ich habe sie nicht gesehen, aber ich halte nach ihr Ausschau. Vielleicht willst du Luca anrufen.«

Das ist das Letzte, was ich will. Ein Auftragsmörder kann zwar gut Leute aufspüren, die nicht gefunden werden wollen, aber Lucas Zielpersonen haben die verstörende Angewohnheit, ihr Leben auszuhauchen, sobald er sie gefunden hat. »Ich würde sie ganz gern lebend finden«, sage ich. »Ich versuche nur herauszufinden, wohin sie gegangen ist.«

»Äh, nach Hause?«, schlägt Jack vor.

Komisch, dass ich darauf nicht gekommen bin. Vielleicht, weil ich nie ein richtiges Zuhause hatte. Vielleicht, weil Adair aus ihrem Zuhause immer wegläuft. »Sie hatte Streit mit ihrem Bruder. Ich bezweifle, dass sie jetzt dort ist.«

»Die Hütte ist doch so groß wie Versailles. Wenn sie will, kann sie ihrem Bruder da drin monatelang aus dem Weg gehen. Also wenn mich ein Kerl beschissen hätte, würde ich nach Hause fahren.«

»Danke«, sage ich nur.

»Dann hast du sie von deiner Schwarzen Liste gestrichen?«, fragt Jack.

»Könnte man so sagen.«

»Was heißt das für uns?« Er redet nicht um den heißen Brei herum. So arbeiten wir. Bei unseren Einsätzen hatten wir keine Zeit für passiv-aggressive Spielchen.

Ich denke an Malcolm und wie er sie verletzt hat, an ihren Vater und wie er sie benutzt hat. Valmont hat etwas Verkommenes an sich und muss bestraft werden, genauso ihretwegen wie meinetwegen. »Alles andere hat sich nicht geändert«, sage ich. »Nicht, bis ich mit Malcolm MacLaine gesprochen habe.«

»Gut. Ich gebe dir Bescheid, wenn ich sie sehe«, sagt Jack darauf nur, dann legen wir auf.

Ich kann mir nicht vorstellen, dass sie in Windfall ist, aber vielleicht täusche ich mich. Vielleicht ist ein Zuhause ein Ort, an den man immer zurückkehrt, egal wie sehr man dort gelitten hat. Damit kenne ich mich nicht so aus.

»Also, Kumpel, wünsch mir Glück. Ich suche sie und sage ihr alles, was ich ihr sagen muss.« Ich beuge mich zu Zeus hinunter und streichele ihm über den Kopf. Er winselt, als hoffte er, darin bestünde nicht mein ganzer Plan. Selbst ein Hund erkennt, was Adair MacLaine so besonders macht. Sie hat eine Vorliebe für Champagner und ein Temperament wie Whiskey – und ich habe es mir mit ihr verdorben.

Als ich aus der Stadt hinausfahre, neigt sich der schwüle Sommertag dem Ende entgegen, und bei meiner Ankunft in Valmont färbt die untergehende Sonne den Horizont violett. Ich warte am Tor, bis der Mann von der Security sein Sandwich weggelegt hat. Mit einem Klemmbrett in der Hand tritt er aus dem Pförtnerhaus und bedeutet mir, das Fenster herunterzufahren.

»Name?«, fragt er in gelangweiltem Ton.

»Sterling Ford.« Während sein Finger über die Liste fährt, tippe ich ungeduldig auf das Lenkrad des Aston. Ich warte, dass er mich nach dem Grund meines Besuchs fragt oder anruft, um sich zu versichern, dass er mich durchlassen darf. Doch weder er noch irgendjemand anders wird mich davon abhalten, zu Adair zu kommen, falls sie da drin ist. Es wäre allerdings schön, wenn es ohne Gewalt ginge.

Er nickt. »Danke, Mr. Ford. Einen Moment bitte.«

Ich habe es auf die Besucherliste geschafft. Das muss heißen, dass ich es mir mit Malcolm noch nicht verdorben habe. Er ist allerdings nicht das Familienmitglied, zu dem ich möchte. Ich fahre die Auffahrt hoch und um das Haus herum, auf die Rückseite. Da ich nicht Malcolm besuchen will, besteht kein Anlass, den Haupteingang zu benutzen.

Ganz gleich, wie viel Zeit vergangen ist, ich erinnere mich an jedes Detail in diesem Haus. Es ist ein bisschen wie der neunte Höllenkreis – ein Ort, den man nicht vergisst, wenn man einmal lebend herausgekommen ist. Vor fünf Jahren war ich hier nicht willkommen. Ganz sicher habe ich damals nicht auf der Besucherliste gestanden. Aber ich war oft hier – jedes Mal war noch unvergesslicher als das vorherige. Wenn Jack recht hat und Adair nach Hause gefahren ist, ist sie nicht durch den Haupteingang gekommen. Das ist der erste Trick, um in Windfall zu überleben, bleibe unter dem Radar. Sie hätte den Hintereingang benutzt und wäre in die Küche gegangen. Ich wette, sie weint sich bei Felix über einem Blech mit Cookies aus. Der Hintereingang hat auch den Vorteil, dass er sich nah an der Personaltreppe befindet. Über sie kann ich mit ein wenig Glück zu Adairs Flügel gelangen, ohne jemandem zu begegnen.

Ich klopfe leise an die Hintertür, dann trete ich ein. Die Küche von Windfall ist riesig. Ich war ziemlich neidisch auf die edlen Gerätschaften und den Marmortresen. Das war früher, als ich nur die schrankgroße Küche in Queens kannte.

Felix blickt von einem Topf auf, der auf dem Herd steht, und seine Hand, in der er einen Holzlöffel hält, erstarrt mitten in der Luft, als er mich sieht. Es gelingt ihm, seine Überraschung zu überspielen, doch auch wenn der Rest seiner

Miene unbewegt bleibt, zieht er ganz leicht die Augen zusammen. Ich frage mich, wie lange er die Scharade noch aufrechterhalten und so tun will, als wäre ich ein Fremder.

»Kann ich Ihnen helfen?«, fragt er. Anscheinend geht das Theater weiter.

»Tun Sie doch nicht so, als würden Sie sich nicht an mich erinnern, Felix«, sage ich trocken. Er weiß genau, wer ich bin, und vermutlich weiß er auch, warum ich hergekommen bin. Adair hat sich ihm immer anvertraut.

»Sie sind Daddys Freund«, meldet sich eine hohe Stimme, und als ich mich umdrehe, sehe ich Malcolms Tochter an der Kücheninsel sitzen. Sie mustert mich kritisch mit ihren großen blauen Augen. Offensichtlich kommt sie nach ihrer Tante.

»Das stimmt, aber jetzt will ich deine Tante besuchen«, sage ich zu ihr. Felix mag auf Adairs Seite stehen, aber meiner Erfahrung nach können Kinder nichts vortäuschen. Falls sie einen Cookie hinter ihrem Rücken verstecken, steht ihnen das schlechte Gewissen deutlich ins Gesicht geschrieben. Das macht die Kleine zu meiner neuen besten Freundin. Wenn Adair hier ist, kann sie es nicht verheimlichen. Bei Felix weiß ich es nicht so genau.

Das Mädchen schürzt die Lippen und schüttelt den Kopf. »Tante Dair ist nicht da. Sie war den ganzen Abend weg. Weißt *du*, wo sie war?«

Das ist eine heikle Frage.

»Nein. Darum bin ich hier«, sage ich leise. Ich setze mich auf den Hocker neben ihrem und richte meine Aufmerksamkeit wieder auf Felix. Jetzt muss ich wohl versuchen, ihn um den Finger zu wickeln.

»Sehen Sie mich nicht so an«, sagt er da auch schon. »Ich habe sie seit gestern Nachmittag nicht gesehen. Sie hat mit Malcolm geredet, dann ist sie gegangen ... Sie hatte es ziemlich eilig.« Felix deutet mit dem Kopf nach oben.

»Ich nehme an, Sie haben sie noch nach mir gesehen«, sagt er.

Ich hebe an, ihm zu sagen, dass sie mich anrufen soll, aber das wird er ihr wahrscheinlich nicht ausrichten. Dass Felix mich nicht mag, ist verständlich. Schließlich kennt er nur Adairs Version der Geschichte, und in der bin ganz sicher ich der Bösewicht. Ich brauche einen anderen Verbündeten. Jemanden, auf den sie tatsächlich hört. Das ist das Problem. Die meisten unserer gemeinsamen Freunde stehen auf ihrer Seite. Und in ihrer Familie gibt es niemanden, auf den sie hört. Sie ist zu stur.

»Möchtest du eine heiße Schokolade? Felix macht mir gerade eine«, sagt das Mädchen.

Die Antwort sitzt direkt neben mir. Wie konnte ich das übersehen? Adair liebt dieses kleine Mädchen. Das habe ich gespürt, als ich neulich zum Abendessen hier war. Sie mag ihrem Bruder aus dem Weg gehen, Felix mag ihr meine Nachricht nicht ausrichten. Aber die Kleine kann dafür sorgen, dass Adair erfährt, dass ich hier war. »Wie heißt du noch mal?«

»Das darf ich Fremden nicht sagen«, antwortet sie.

Ich grinse. Die Kleine ist eine typische MacLaine. Eben noch bietet sie mir heiße Schokolade an, und jetzt lässt sie mich abblitzen. »Ich bin kein Fremder, schon vergessen? Ich kenne deinen Dad und deine Tante.« Indem ich mir ihr Vertrauen erarbeite, kann ich vielleicht üben, wie man eine MacLaine dazu bringt, über meine Schwächen hinwegzusehen. Ich strecke ihr eine Hand hin. »Ich bin Sterling. Freut mich, dich wiederzusehen.«

Kichernd ergreift sie meine Hand. »Elodie MacLaine.«

»Das ist ein schöner Name«, sage ich. Ich bin mir nicht zu schade, dem Kind zu schmeicheln, wenn ich so an Adair herankomme.

»Alle nennen mich Elli«, sagt sie ernst, »aber ich glaube, du solltest mich Elodie nennen.«

Ich hebe eine Augenbraue. »Warum das?«

»Du machst Geschäfte mit meinem Dad«, erklärt sie. »Ihr habt beim Abendessen über welche geredet.«

»Verstehe.« Ich nicke. »Wir haben eine Geschäftsbeziehung.«

»Ja. Machst du auch Geschäfte mit meiner Tante?«

»Stellt sie immer so viele Fragen?«, erkundige ich mich, an Felix gewandt.

»Sie haben ja keine Ahnung«, sagt er lachend. Er tut, als wäre er ganz mit der heißen Schokolade auf dem Herd beschäftigt und als wäre ich nicht da, aber ich erwische ihn dabei, wie er immer wieder verstohlen zu mir herüberblickt. Er weiß etwas. Wahrscheinlich weiß er, wo Adair hingegangen ist, aber er wird es mir nicht verraten. Diesbezüglich mache ich mir keine Illusionen. Er schenkt zwei Becher heiße Schokolade ein, wirft Marshmallows in den einen und stellt sie vor uns hin.

»Ist das dein Lieblingsgetränk?«, frage ich und nehme meinen Becher in die Hand.

»*Du* stellst viele Fragen für einen Erwachsenen«, bemerkt sie spitz.

»Du bist nicht gerade schüchtern«, erwidere ich.

»Das sind Skorpione im Allgemeinen nicht«, sagt Felix. Er hebt einen Finger, als sie nach ihrem Becher greift. »Denk an das letzte Mal. Erst abkühlen lassen.«

»Deine Tante ist auch Skorpion«, sage ich.

»Ich weiß.« Sie tippt eifrig die Marshmallows in die Schokolade. »Wir haben einen Geheimclub.«

»Darf ich mitmachen?«

Sie mustert mich eine Sekunde, und ich sehe schon, dass meine Chancen schlecht stehen. »Bist du Skorpion?«

»Nein.« Es hat keinen Zweck, sie zu belügen. Das bringt mir keine Punkte bei ihr oder ihrer Tante ein. Soviel weiß ich immerhin schon.

Sie zuckt die schmalen Schultern. »Tut mir leid. Da dürfen nur Skorpione mitmachen.«

»Verstehe.« Elodie mag das freundlichste Mitglied der Familie MacLaine sein, aber auch sie hat das Elitedenken, das man braucht, um Valmont sein Zuhause zu nennen.

»Kannst du deiner Tante sagen, dass ich hier war?«, frage ich.

Sie nickt. »Das kann ich tun, Mr. Sterling.«

Wir werden wieder förmlich. Ehrlich gesagt ist das eine der besten Verhandlungen, die ich seit einer ganzen Weile geführt habe.

»Danke für die heiße Schokolade, Felix.«

»Gern.«

»Ich gehe nur kurz hoch und klopfe an ihre Zimmertür.«

»Wie Sie möchten, aber sie ist nicht da«, sagt er kopfschüttelnd. »Ich lüge Sie nicht an.«

»Würden Sie sich glauben, wenn Sie an meiner Stelle wären?«, frage ich.

Er nickt und gibt mir recht. Dabei belasse ich es. Felix und ich werden wahrscheinlich nie beste Freunde werden. Ich steige die schmale Treppe hinauf, die zu den Privatgemächern der Familie führt.

Die unteren Räumlichkeiten von Windfall dienen nur zu Repräsentationszwecken. Eine Halle, in die ein Tennisplatz passt. Ein Salon, in dem man Cocktailpartys geben kann. Ein Atrium, das im Grunde ein Ballsaal ist. In der oberen Etage leben die MacLaines, aber dennoch ist es hier nicht gemütlicher. Ich halte am oberen Treppenabsatz inne und erinnere mich an das letzte Mal, das ich hier war. Es scheint eine Ewigkeit her zu sein. Vermutlich weil es eine Ewigkeit her ist. Als ich zum Flur auf der linken Seite blicke, sehe ich, dass man die Gemälde ihrer Mutter abgehängt hat. Ich kann nur erahnen, was Adair dabei empfunden hat. Vermutlich leben Malcolm und seine Frau jetzt dort. Ich lasse den Flügel links liegen, biege nach rechts ab und gehe auf die andere Seite des Hauses. Adairs Zimmer blickt auf die Gärten. Es ist eigentlich kein Zimmer, sondern eine Wohnung, mit Wohnzimmer, zwei Badezimmern, einem Schlafzimmer und einem Lesezimmer. Ich schlendere durch alle Räume, aber sie ist nicht da, wie Felix gesagt hat. Trotzdem ist sie überall. Seit ich gegangen bin, mag sich vieles verändert haben, aber überall ist noch das Mädchen zu erkennen, das sie einst war. Die Hinweise ergeben ein Bild von ihrem Leben, nachdem ich gegangen bin. Bücher stapeln sich auf dem Boden neben ihrem Bett, auf dem Schreibtisch mit Blick auf den Garten und in den Regalen. Sie hat sich nie die Mühe gemacht, sie alphabetisch zu ordnen. Diese Bücher werden gelesen. Sie werden geliebt. Dass dieser Teil von ihr überlebt hat, macht mir bewusst, dass zwischen uns zu viel ist, was wir nicht ignorieren können, sosehr sie sich auch darum bemüht. Das wird uns immer bleiben: diese gemeinsame Leidenschaft, die gemeinsame Sprache.

Einen Moment lang stehe ich da, die Hände in die Hosentaschen geschoben, und starre auf das, was ich hier von ihr sehen kann.

Ein anderes Leben blitzt vor meinen Augen auf. Ein kleines Haus mit einer überdachten Veranda und einer Hollywoodschaukel aus Korb, irgendwo weit weg von hier. Adair sitzt in eine Decke gewickelt in der Schaukel und liest, ich sitze, ebenfalls mit einem Buch in Händen, neben ihr, und die Welt ist in Ordnung. Manche Menschen glauben an Märchen. Ich glaube an die Realität. Ich will, dass wir real sind.

Ich schüttele den Kopf und vertreibe die sentimentalen Gedanken. Herumzusitzen und zu träumen, tut mir nicht gut. Damit wäre ich nicht so weit gekommen im Leben. Sie ist nicht da. Das sollte mich nicht überraschen. Adair hat sich hier nie zu Hause gefühlt. Früher wusste ich genau, wohin sie gehen würde. Heute ist das anders. Aber stimmt das wirklich?

Sie ist zu mir gekommen. Wahrhaftig, sie ist zu mir gekommen. Und einige Stunden lang hatte ich alles, was ich wollte.

Adair MacLaines Vertrauen. Ihr Verlangen. Ihre Liebe? Vielleicht.

Ich habe die Hoffnung, dass wir dieses Missverständnis überwinden können, aber werde ich ihr gegenüber jemals zugeben können, dass ich ursprünglich aus einem anderen Grund hergekommen bin? Sie war Teil meines Plans. Ich wollte ihr Vertrauen gewinnen, wollte, dass sie mich liebt und mich begehrt. Was ich nicht geplant hatte, war, dass ich sie zurückhaben will.

Ich muss mich konzentrieren, was mir schwerfällt in diesen Räumen, die angefüllt sind mit ihrer Präsenz. Doch sie selbst ist nicht hier. Sie wollte dieses Leben immer hinter sich lassen. Hat sie, indem sie mich verlassen hat, auch den ersten Schritt getan, sich von alldem hier zu lösen?

Was für ein Leben erträumt sie sich?

Den Verlag. Sie will Lektorin werden. Das ist das einzig Konkrete, das ich von ihr weiß. Ich hole mein Telefon heraus und versuche, mich an den Namen zu erinnern. Bluebell oder so ähnlich. Nach kurzer Suche finde ich es. Bluebird Press. Das ist der Verlag, den ihr Vater ihr hinterlassen hat. Da hat sie einen Job bekommen, ohne ihren Nachnamen zu nennen. Vor einem Monat hätte ich das vielleicht hinterhältig gefunden. Jetzt verstehe ich es als Überlebensstrategie. Vielleicht hat ihr Bruder sie auffliegen lassen, aber so, wie ich Adair kenne, gibt sie ihren Traum nicht so einfach auf. Vielleicht ist sie jetzt nicht dort, aber ich kann mich morgen davorsetzen und warten, dass sie auftaucht. Oder übermorgen, wenn sie meine Anrufe weiter ignoriert, oder die Woche drauf.

Ich bin halb den Flur hinunter und will nach Nashville zurückfahren, als ich auf Malcolm treffe. Er hat seinen Anzug gegen Khakis und ein Hemd getauscht, dessen Ärmel bis zu den Ellbogen aufgekrempelt sind. Das ist für ihn das Maximum an Lässigkeit. Er streckt mir eine Hand hin. »Die Security hat mich informiert, dass du da bist. Ich dachte, du wolltest zu mir, aber …«

Ich suche nicht lange nach einer Ausrede, warum ich mich im Flur vor dem Zimmer seiner Schwester aufhalte. Malcolm hat genug Leute, die sein zartes Ego streicheln, das muss ich nicht auch noch tun. Für mich gibt es gerade Wichtigeres. »Ich suche Adair.« Ich lasse mein Telefon in die Hosentasche gleiten. »Hast du von ihr gehört?«

»Seit gestern Nachmittag nicht mehr«, sagt er kühl. Er mustert mich, scheint mit seiner Analyse aber nicht sehr weit zu kommen. Diesen Tanz vollführen wir seit unserer ersten Begegnung, wir umkreisen uns und warten auf den richtigen Moment, um zuzuschlagen. Ich habe genug von den Ausweichmanövern. Es wird Zeit, seine perfekte, aber falsche Realität auf den Kopf zu stellen.

»Ich weiß«, sage ich und trete näher. »Sie hat mir davon erzählt.«

»Ach, ja?« Er ist überrascht. Vermutlich hat er kaum Leute, die sich ihm anvertrauen.

Ich lächele breit und gehe. »Adair erzählt mir das meiste«, sage ich über die Schulter.

»Ihr zwei seid euch nähergekommen.« Malcolm folgt mir so schnell, wie es sein Stolz zulässt.

Er hat es immer noch nicht begriffen. Er erinnert sich nicht, dass er mir schon einmal begegnet ist, und weiß nicht mehr, dass seine Familie versucht hat, mein Leben zu zerstören. Wenn ich jemals Zweifel daran hatte, ob es richtig ist, ihn zu vernichten, sind sie inzwischen zerstreut. Er verdient, was er bekommt. Ich brauche jetzt nichts mehr zu verbergen und bleibe an der Treppe zur Küche stehen. »Wir haben uns immer nahegestanden.«

»Wie nah wart ihr euch?« Er blinzelt. Dann blickt er verwirrt zur Personaltreppe, versteht nicht, warum wir hier sind.

»Ich bin durch die Küche reingekommen«, erkläre ich.

»Du bist durch …« Seine Frage verhallt. »Woher weißt du, wo die Küche ist?«

Malcolm MacLaine will Antworten, aber es macht zu viel Spaß, ich werde ihm die Karotte nicht freiwillig geben, er muss schon ein paar Kunststückchen machen, ehe er sie bekommt. »Ich glaube, wenn du dir Mühe gibst, erinnerst du dich an mich.«

Er legt den Kopf schief, kneift die Augen zusammen und betrachtet mein Gesicht. Als ich auf der Beerdigung seines Vaters aufgetaucht bin, hat er nur meinen italienischen Anzug, die Breitling und meinen Aston Martin gesehen. Er hat mich nie richtig betrachtet. Nur so weit wie nötig, um mich als würdig zu erachten, seine Luft zu atmen.

»Du bist …« Er hält inne und starrt mich an.

Hat ganz schön lange gedauert.

»Du warst auf meiner Hochzeit«, sagt er schließlich.

Jetzt kommen wir der Sache näher.

»Ich war früher ziemlich oft hier«, bestätige ich und gehe die Treppe hinunter. Malcolm folgt mir. Die Wahrheit ist, dass ich ihn damals nicht oft gesehen habe. Wir wurden uns vorgestellt, aber er war ganz und gar damit beschäftigt, sich in das Familienunternehmen einzuarbeiten, was, soweit ich weiß, damals hieß, allerlei Verbrechen mit Geld und einem mächtigen Namen zu verschleiern. Er hatte keine Zeit, sich um Adairs Bekanntschaften zu kümmern.

»Mein Vater mochte dich nicht besonders.« Er zuckt die Schultern, als sei das nicht wichtig.

»Dein Vater hatte keine Geduld mit der Unterschicht.« Insbesondere dann nicht, wenn ein Kerl aus der Unterschicht mit seiner Tochter zusammen war.

Das leugnet Malcolm nicht. »Vielleicht hätte er seine Meinung geändert, wenn du zurückgekommen wärst, als er noch am Leben war.«

»Die Meinung von Angus MacLaine hat mich ehrlich gesagt nie sonderlich interessiert.« Sonst wäre ich vor einem Jahr zurückgekommen.

»Und meine?«

»Es gibt nur ein Mitglied der Familie MacLaine, das mich interessiert«, sage ich und senke die Stimme, als wir das Erdgeschoss erreichen, »und wenn du dich nicht aus Adairs Entscheidungen heraushältst, bekommen wir ein Problem.«

Er blinzelt. »Ja?«

»*Ja*«, sage ich.

Mein Bauch sagt mir, dass Malcolm versuchen wird, die Dinge ins Lot zu bringen. Für ihn steht zu viel auf dem Spiel, und er hat nie über den Killerinstinkt seines Vaters verfügt. Ich habe die Geschäfte der MacLaines jahrelang verfolgt – in der Zeitung, im Fernsehen und über gemeinsame Geschäftspartner –, Angus hat gern angegriffen. Malcolm geht den Weg des geringsten Widerstands.

»Ich will deine Anteile an MacLaine Media kaufen«, sagt er unvermittelt. »Wie viel willst du dafür?«

»Glaub mir, die kannst du dir nicht leisten«, erwidere ich. Vielleicht wäre ich zu einem Verkauf bereit, wenn Adair mich darum bitten würde, aber ich habe dafür gesorgt, dass es nicht so leicht wird. Vielleicht wusste ich irgendwo tief im Inneren, dass ich mich wieder in sie verlieben könnte, und habe mich darum gegen mich selbst abgesichert. Luca und Jack müssten ebenfalls überzeugt werden, ihre Anteile zu verkaufen, und sie würden niemals an einen MacLaine verkaufen. Das haben sie mir schwören müssen. Und meine Anteile allein genügen nicht, damit er über das Imperium der Familie bestimmen kann.

»Was ist mit meiner Schwester? Es klingt, als hättest du, was du wolltest.« So viel zu seiner Behauptung, sie stünde nicht zum Verkauf. Wenn ich ihm dafür die Schlüssel zu seinem Reich zurückgebe, würde er ohne zu zögern ihren Körper und ihre Seele verkaufen.

»Ich will, dass Adair glücklich ist. Wenn sie Lektorin werden will, lass sie. Wenn sie ihre eigene Wohnung haben will, lass sie. Sie gehört dir nicht.«

»Aber dir?«, fragt er und verschränkt die Arme über der Brust. »Ich sage das nur, weil du sie *kaufen* wolltest. Du sagtest, du würdest die Firma gegen sie eintauschen. Weiß sie das?«

»Ja«, lüge ich.

Jetzt muss ich Adair vor ihm finden. Ich muss ihr von meinem Plan erzählen, ehe er es tut. Meine einzige Chance, die Sache in den Griff zu bekommen, ist, ihr alles zu erzählen. »Dein Vater hat gern von sich als jemandem gedacht, der Menschen besitzt«, fahre ich fort. »Er war so besessen davon, Macht über Menschen zu haben, dass er nie das große Ganze gesehen hat.«

»Wie meinst du das?«

»Macht, Reichtum, Kontrolle – der ganze Mist bedeutet nichts, wenn man tot ist.«

In Malcolms Kiefer zuckt ein Muskel. »Ich glaube, du solltest jetzt gehen.«

»Das wollte ich sowieso gerade tun.«

»Ach, ja? Du bist doch aus einem Grund hergekommen.

Offensichtlich hat mein Vater dich nicht gut genug abgefunden«, zischt Malcolm.

Er hat ja keine Ahnung, wie bedeutungslos ich in Angus' Augen war. »Er hat mich überhaupt nicht bezahlt.«

»Ist das dein Problem? Kann ich dich mit Geld dazu bringen, meine Familie in Ruhe zu lassen?«

»Kommt drauf an.« Ich lasse mich nicht umstimmen, aber ich bin neugierig. »Zählst du Adair zu deiner Familie? Sie scheint dich verlassen zu haben.«

»Adair kommt zurück. Sie ist eine MacLaine.« Er klingt sehr selbstsicher. Es ist das unangebrachte Selbstvertrauen von jemandem, der nicht oft genug im Leben das Wort *nein* gehört hat.

Aber ich weiß zwei Dinge: Adair will nicht hierher zurückkommen, und ich werde nicht zulassen, dass sie zurückkommt. »Nicht, wenn ich ein Wörtchen mitzureden habe.«

»Sie weiß, dass Familie das Wichtigste ist …«

»Versuch nicht, mir die Lügen zu verkaufen, die du ihr eingeredet hast«, falle ich ihm ins Wort, ehe er mir noch weiteren Mist erzählt. »Ich helfe ihr zu begreifen, dass sie mehr hat – dass sie mehr verdient –, als von dem Namen MacLaine kleingehalten zu werden.«

»Adair wird die Brücke zu uns niemals abfackeln«, sagt er. »Und du auch nicht.«

»Ich helfe ihr, das Streichholz zu entzünden, und dann kippe ich Benzin auf deinen Scheiterhaufen. Leg dich nicht mit mir an.« Ich gehe zwei Schritte auf ihn zu, bis wir uns Auge in Auge gegenüberstehen. Adrenalin durchströmt mich.

»Das wagst du nicht«, sagt er. Er meint, mich zu kennen,

denkt, ich bin wie er und hänge verzweifelt an meinem Reichtum und meiner Macht. »Wage es ja nicht«, wiederholt er.

Ginny rauscht mit einem Strauß frischer Rosen den Korridor entlang. Als sie uns entdeckt, bleibt sie abrupt stehen. Sie zögert – auf ihrem Gesicht flackert Panik auf –, doch sie fängt sich und schlüpft sofort wieder in die Rolle der guten Gattin. »Warum schreist du?«

»Das geht dich nichts an«, faucht Malcolm sie an.

Sie zuckt zusammen, fasst sich jedoch schnell und hebt das Kinn in die Luft. In ihren dunklen Augen lodert Hass. Vielleicht ist sie ihm doch nicht so treu ergeben, wie ich dachte. »Was in diesem Haus geschieht, geht mich sehr wohl etwas an.«

»Das hier ist eine Sache zwischen Mr. Ford und mir«, sagt er etwas freundlicher.

Doch sie schüttelt den Kopf. »Wenn es mit der Familie zu tun hat, dann …«

»Ginny, wenn ich deine Meinung hören möchte, sage ich dir Bescheid!«, brüllt er.

»Ach, ist das so? Wenn du so bedeutend bist, solltest du vielleicht gleich den ganzen Haushalt übernehmen!« Sie drückt ihm mit solchem Nachdruck die Rosen in den Arm, dass ein paar Stiele herabfallen, und stürmt davon.

»Vielleicht wird sie demnächst auch ein paar Brücken abbrennen«, sage ich trocken.

»Meine Frau ist meiner Schwester gegenüber loyal. Doch ich erwarte nicht, dass jemand wie du etwas von Loyalität versteht«, sagt Malcolm. »Waise. Studium abgebrochen. Aus der Marine entlassen. Deine Akte ist überwiegend gesperrt, was heißt, dass da etwas nicht stimmt.«

»So viel Recherche, aber dass ich auf deiner Hochzeit war, haben sie nicht rausgekriegt? Du brauchst bessere Leute.« Ich schenke ihm ein arrogantes Grinsen. Sieht aus, als hätte jemand endlich seine Hausaufgaben gemacht. Er weiß, wer ich bin – oder zumindest, was ich die Welt wissen lasse. Das meiste ist öffentlich zugänglich. Jeder kann herausfinden, dass meine Eltern tot sind und dass ich von der Uni geflogen bin. Das ist aber nur ein Teil der Geschichte. Den Rest bekommt niemand zu sehen. Niemand erfährt, *warum* das alles passiert ist.

»Zumindest *habe* ich Leute. Zumindest verstehe ich, wie wichtig die Familie ist.«

»An der Stelle täuschst du dich, Malcolm. Wenn du wissen willst, wie wichtig die Familie ist, frag einen Mann, der nie eine hatte. Ich weiß, wie es ist, wenn man niemanden hat. Ich erkenne sofort, wenn jemand allein ist, ganz gleich, wie viele Menschen ihn umgeben.« Ich rücke noch näher und senke die Stimme zu einem Flüstern. »Du verwechselst Loyalität mit Missbrauch. Du siehst in deiner Frau, deiner Schwester und sogar in deiner Tochter nichts anderes als Besitz. Du behandelst sie schlecht, weil sie sich nicht amortisieren. Aber Gegenstände kann man verlieren, Malcolm. Sie können einem weggenommen werden.«

Er öffnet den Mund, doch es kommt kein Laut heraus. Ich habe es geschafft, ihn sprachlos zu machen. Sogar dem tollen Malcolm MacLaine fällt keine Antwort ein, kein höhnischer Befehl, keine bissige Bemerkung. Ich habe den Punkt gefunden, an dem er verwundbar ist, und ein Messer hineingestoßen. Er sieht die Frauen in seinem Leben als Ware, als Geldanlage und Druckmittel in Verhandlungen, genau wie sein Vater.

Und was passiert, wenn die Schwester sich nicht mehr an die Bedingungen hält? Oder wenn die Ehefrau vor einem Geschäftspartner ihr wahres Gesicht zeigt? Was passiert, wenn Besitz zur Belastung wird?

»Keine Sorge. Ich finde selbst raus.« Ich lasse ihn zurück, damit er die Scherben seiner Weltsicht zusammenfegen kann. Ich wollte die Familie MacLaine vernichten. Jetzt sehe ich ein, dass das zwecklos ist. Sie hat sich schon vor langer Zeit von innen heraus selbst zerstört. Alles, was ich jetzt noch tun muss, ist, ihr Gift an diesem Ort, in dieser Stadt und in der Frau, die ich liebe, auszumerzen.

Ich muss sie nur zuerst finden.

7 ADAIR

DAMALS

Ich könnte Poppy umbringen. Erst hört sie mir nicht zu und plant diese alberne Party. Dann zwingt sie mich, eine Stunde lang Geschenke auszupacken. Eine Stunde, in der Sterling sich offenbar mit Cyrus betrunken hat, und jetzt bringt sie auch noch die Sprache auf sein Geschenk.

»Aber mein Vater ist nicht da«, sage ich leise zu ihm. »Ich dachte, du würdest über Nacht bleiben …« Ich hoffe, er versteht, was das bedeutet. Mein Angebot steht noch. Ich wünschte, er hätte nicht getrunken, aber ich kann es ihm nicht verübeln. Außerdem habe ich die ganze Woche dem Ereignis entgegengefiebert. Das weiß Poppy. Ich habe ihr anvertraut, dass ich entschieden habe, mit ihm zu schlafen.

Es folgt eine lange Pause. Sterling starrt mich wortlos an.

»Sterling …«, hebe ich an.

»Lass nur«, lallt er. »Ich glaube, ich gehe besser, *Lucky*. Du hast genug neue Spielsachen.«

»Die will ich aber nicht«, sage ich sanft, lege einen Arm

um ihn und dränge meinen Körper an seinen. »Lass es mich wiedergutmachen.«

Sein wütender Blick wird leer, dann schenkt er mir ein schiefes Grinsen. »Das war der Plan, oder?«

»Es geht immer noch«, verspreche ich.

»Wie?«

»Komm mit.« Lächelnd fasse ich seine Hand. Wir gehen hinaus. Der Garten ist leer. Alle sind ins Haupthaus gewechselt. Anstatt direkt zum Poolhaus zu gehen, mache ich einen Umweg über den Pavillon.

»Ist das deine Vorstellung von intim?«, murmelt Sterling. »Wo sind hier eigentlich die Kameras?«

»Hier gibt es keine«, sage ich strahlend. Wenn ich ihn lange genug von meinen Freunden fernhalten kann, wird es mir gelingen, ihn zu überzeugen. Zumindest hoffe ich das. »Darum sind wir hier.«

Er kneift skeptisch die Augen zusammen.

Seitlich des Pavillons ist eine Art Zelt aufgebaut, das uns vor neugierigen Blicken schützt. Ich löse ein paar Schnüre und ziehe die Plane zur Seite. »Nach Ihnen, Sir.«

»Was bin ich? Alice auf dem Weg ins Wunderland?« Er grinst, dann scheint er sich zu besinnen und setzt eine finstere Miene auf.

»Du bist zwar nicht Alice. Aber ich würde gern Station im Wunderland machen.«

Er duckt sich durch die Öffnung, sodass ich seine Reaktion nicht sehen kann. Wenn ihn der Scherz nicht aufgemuntert hat, wird ihn heute wahrscheinlich nichts mehr aufmuntern.

Wir durchqueren das Zelt und kommen genau dort heraus,

wo ich es geplant habe – auf einem Weg, der sich zwischen Garten und Garage hindurchwindet. Sterling geht voraus und ist schon fast zu weit.

»Halt!«

Langsam dreht er sich in der Dunkelheit um. »Was kommt jetzt?«

»Auf dem Weg gibt es Lampen mit Bewegungsmeldern, die mit der Alarmanlage des Anwesens verbunden sind.«

Er braucht einen Moment, um zu begreifen, worauf ich hinaus will. »Wer lebt denn so?«

»Leider alle, die ich kenne.« Ich zeige auf die hohe Hecke, die den Garten abschirmt. »Hier durch.«

»Dein Wunderland hat aber eine Menge Tore, Lucky.« Ehe ich weitergehen kann, packt er mich und dreht mich in seine Arme.

Einen Moment überlege ich, mich zu wehren. Doch stattdessen gebe ich nach. Mein Körper schmilzt gegen seinen. Ich nehme den scharfen Geschmack von Whiskey auf seiner Zunge wahr und spüre, wie eine gierige Hand sich von meiner Hüfte zu meinem Po bewegt. Er nestelt an meinem kurzen Rock, dann schiebt er die Finger darunter und streicht über meine Pobacken. Ich bin so überwältigt von ihm, dass ich einen Moment brauche, um zu begreifen, was er da tut – es fühlt sich so gut an. Er berührt mich an Stellen, die er noch nie berührt hat. Doch plötzlich schrecken mich die Scheinwerfer auf, und ich spüre einen kalten Luftzug auf meiner nackten Haut.

Keuchend ziehe ich den Rock wieder nach unten. Wir sind offenbar so weit rückwärts getaumelt, dass wir den Bewegungsmelder ausgelöst haben, was bedeutet, dass wir auch den Alarm aktiviert haben. Ich fasse Sterlings Hand, um ihn hier fortzuziehen, doch er weigert sich.

»Jetzt kann ich dich sehen«, sagt er und reißt mich wieder an sich, und ich merke, wie stark er ist. Ich kann mich nicht wehren und will auch gar nicht. Ich will seine Kraft und seine Überlegenheit heute Nacht. Nur vielleicht mit weniger Kameras.

»Wir sollten nicht …«, murmele ich, als er eine Hand zwischen meine Beine gleiten lässt, den Spitzenslip zur Seite schiebt, und einen Finger tief in mich eintaucht. »Sterling!«

»Frag höflich.« Er küsst meinen Hals.

»Nicht hier.« Trotz meines Widerstands schließe ich die Augen, und meine Muskeln ziehen sich um seinen forschenden Finger zusammen.

»Ich habe keine Bitte gehört«, sagt er.

»Können wir bitte zum Poolhaus gehen?«, keuche ich und versuche, nicht zu stöhnen.

Seine Zunge gleitet über mein Ohrläppchen. »Warum? Was willst du da machen?«

»Das weißt du«, stoße ich ungeduldig hervor, kann ihn aber nicht wegschieben. Was er da macht, fühlt sich zu gut an.

»Du musst es aussprechen, Lucky.«

»Damit wir miteinander schlafen können«, flüstere ich schließlich atemlos und spüre, wie mir die Hitze in die Wangen schießt.

»Ein Nickerchen machen?«

Ich stöhne, und als er mit dem Daumen meine empfindlichste Stelle findet, wird aus dem Stöhnen ein Seufzen. »Fuck. Ich will vögeln.«

Er rückt von mir ab, massiert mich jedoch weiter und zieht eine Augenbraue hoch.

»Würdest du bitte mit mir vögeln?«, keuche ich. Ich bin nicht nur bereit, ich kann es nicht mehr erwarten.

Sterling zieht seine Finger aus mir heraus und führt sie an seine Lippen. Mit laszivem Lächeln leckt er einen nach dem anderen ab. »Zeig mir den Weg.«

Ich vergeude keine Zeit und zerre ihn zur Hecke.

»Mein Vater hat schon Dutzende Male versucht, die Hecke in Ordnung zu bringen«, erkläre ich, »und er hat keine Ahnung, warum er es nicht hinkriegt.« Ich zwinkere Sterling zu und trete seitlich durch eine Lücke in der Hecke. Als ich hindurchgehe, brechen wie immer ein paar Zweige. »Die Luft ist rein, du kannst kommen. Pass auf, dass du dir nicht ins Auge stichst.«

Ich höre ein unverständliches Grummeln, dann ein »Aua!«, aber Sterling schafft es, sich einen Weg durch die Hecke zu bahnen. Er schüttelt die Blätter ab und sieht sich um. »Hier ist ja noch ein Garten«, sagt er überrascht.

Der Garten meiner Mutter. Das verrate ich ihm jedoch nicht. Um sie soll es heute Nacht nicht gehen. Wobei bislang in dieser Nacht nichts so gelaufen ist, wie ich es wollte.

»Ich hoffe, du bist nicht zu betrunken, um durch ein Fenster zu klettern«, sage ich und zeige auf das Poolhaus, das eine der vier Mauern des Gartens bildet.

»Das alles, um euren eigenen Kameras zu entgehen?«, fragt er ungläubig.

»Genau.«

Das große Panoramafenster mit Blick auf den Garten lässt sich nicht öffnen, das Küchenfenster schon. Ich schiebe es nach oben, setze mich auf das Fenstersims, schwinge ein Bein nach dem anderen hindurch und bin drin.

»Willkommen in Wunderland«, sage ich triumphierend. »Jetzt sind wir allein.« Ich schenke ihm ein aufreizendes Lächeln, bezweifle aber, dass er es in der Dunkelheit sieht.

»Zu schade, dass ich nur das Poolhaus verdiene«, sagt er, während seine dunkle Silhouette auf mich zukommt.

Gut. Er macht Witze. Vielleicht können wir meinen Geburtstag am Ende doch noch retten.

»Sehen wir mal, ob es nächstes Mal ein Upgrade gibt«, necke ich.

In der Dunkelheit stoßen wir ungelenk gegeneinander, doch sobald er mich berührt, spielt das keine Rolle mehr. Ich presse meine Lippen auf seine, und er reagiert sofort gierig. Ich reibe mein Kinn an den Stoppeln an seinem Hals und küsse mich langsam zu seiner Brust nach unten.

»Licht einzuschalten kommt wohl nicht infrage?«, sagt er mit einem tiefen Knurren.

»Wenn du willst, dass es noch eine Fortsetzung gibt«, sage ich und halte inne, um an seinem Ohrläppchen zu knabbern, ehe ich meine Erkundung fortsetze, »dann lieber nicht.«

»Wie du willst, Lucky.« Er legt beide Hände auf meine Hüften und dreht mich mit dem Rücken zu sich. Gierig erforscht er meinen Körper, und sein Bartschatten kratzt an meinem Nacken, als er mich dort küsst.

»Oh, das ist schön«, stöhne ich und lasse den Kopf an seine Brust sinken.

»Du weißt genau, wie scharf du bist, oder?« Er seufzt, dann küsst er meine Schulter.

»Ja?«, flüstere ich und schmiege mich an ihn.

Seine Hände gleiten von meinen Hüften zu meinen Brüsten, die sich erwartungsvoll aufrichten. Sterlings Finger streichen über meine festen Nippel und kneifen sanft hinein. Mit der anderen Hand umschließt er meinen Hals, und ich keuche, als er meinen Kopf zur Seite dreht und mich erneut küsst.

Es gibt nur noch ihn. Ich spüre die Wölbung in seiner Jeans an meinem Po, und mein Körper reagiert instinktiv. Ich dränge mich rücklings gegen ihn und will, dass er mich überall berührt. Meine Hände suchen in der Dunkelheit seinen Körper, aber er schiebt sie fort. Er übernimmt die Führung, so viel ist klar. Ich würde ja widersprechen, aber meine Einwände sind wie weggewischt.

Er verteilt Küsse auf meinen Schultern und meinem Hals, und als er mir sanft in den Nacken beißt, durchfährt mich ein Stromschlag. Er wechselt von zart und sanft zu grob und fordernd und wieder zurück, bis ich nicht mehr weiß, wie mir geschieht.

Er flüstert mir ins Ohr. »Gehen wir irgendwohin, wo es bequemer ist.«

Unsere Körper lösen sich voneinander, und ich brauche einen Moment, um mich zu sammeln. »Komm mit.«

Ich könnte ihn in eins der Schlafzimmer führen, aber das Sofa im nächsten Zimmer ist deutlich näher.

Wir stolpern durch die Dunkelheit, und ich schiebe ihn aufs Sofa, ehe er überhaupt begreift, dass es dort steht.

»Du weißt, was du willst.«

Durch das Panoramafenster mit Blick auf den Garten fällt das Mondlicht herein, und ich kann Sterlings Gesichtszüge erkennen. Er kneift die Augen zusammen, aber nicht weil er sich anstrengt, in der Dunkelheit zu sehen. Er sieht mich noch nicht einmal an. Ich spüre, wie die Kluft zwischen uns sich wieder verbreitert.

Aber das lasse ich nicht zu. Nicht noch einmal. Er ist betrunken. Das ist nicht ideal, aber ich bin bereit. Außerdem scheint er in den letzten Minuten nicht zu betrunken gewesen zu sein, um sich zu erinnern. Darauf kommt es an.

Ich steige auf seinen Schoß und küsse ihn auf die Stirn, die Wangen, seinen vollkommenen Mund. Er reagiert überraschend zögernd, darum lege ich seine Hände auf meinen Po, ziehe mein Oberteil aus und küsse ihn erneut. Wieder drängen sich unsere Körper aneinander. Doch zwischen uns ist keine Zärtlichkeit mehr, nur Anspannung.

»Was ist mit dir?«, frage ich, ohne nachzudenken.

Er erstarrt. »Nichts.«

»Sag es mir.«

»Sorry. Ich habe nur nachgedacht.«

»Du hast nachgedacht?«, wiederhole ich. Wie kann er jetzt nachdenken? Ich kann kaum atmen.

»Ich habe mich gefragt, wann du mich wohl weiterreichst«, sagt er, als würde das irgendwas erklären.

»Du musst schon etwas deutlicher werden.« Ich beuge mich vor, um ihn erneut zu küssen, doch er schiebt mich von sich weg.

»Worüber du vorhin mit deinen Freundinnen gesprochen hast: das Teilen.«

Das Teilen? Wovon redet er?

»Beanspruchst du mich eine Weile allein für dich? Oder wollt ihr euch abwechseln in meiner Benutzung?« Er speit die Worte aus, als hätte er einen schlechten Geschmack im

Mund. Sein Blick im gräulichen Mondlicht ist kalt und vorwurfsvoll. »Ich versuche nur, die Regeln zu verstehen.«

Mein Herzschlag beschleunigt sich aufs Neue, aber das hat jetzt nichts mit seinen Händen oder Lippen oder mit seinem Körper zu tun. »Wovon zum Teufel redest du, Sterling?«

Daraufhin hebt er mich blitzschnell von seinem Schoß und wirft mich aufs Sofa. Er springt auf, seine Gesichtszüge sind verzerrt, und er sieht ganz fremd aus. Gefährlich. Kalt. Ein Schauer durchläuft mich. Was habe ich getan?

»Ich habe dich vorhin gesucht. Hier, im Poolhaus.«

Ich erinnere mich, ich habe mich mit Ava und Darcy unterhalten. Sie wollten mit mir über Sterling lästern.

»Du hast versprochen zu teilen«, hilft er meinem Gedächtnis auf die Sprünge, als ich nicht antworte. »Ich wollte nur wissen, wie das gehen soll. Schlafe ich manchmal mit dir, und wenn du keine Zeit hast, beschäftige ich mich vielleicht ein bisschen mit den anderen?«

»Was zum Teufel …« Galle steigt meine Kehle hoch.

»Du warst damit einverstanden!«, tobt er. Ich versuche, zu widersprechen, aber er fährt unbeirrt fort. »Ich verstehe euch nicht. Für euch sind andere Menschen nur Spielzeug, mit dem ihr euch beschäftigt, bis es euch zu langweilig wird.«

»Das ist nicht fair. Du weißt, dass ich das alles nicht wollte. Ich wollte mit dir allein sein.« Ich schäme mich, dass meine Stimme bebt. Wie konnte ich nur so dumm sein und ihn so nah an mich heranlassen, dass er mich verletzen kann?

»Sei nicht sauer, dass ich es herausgefunden habe, Lucky. Ich bin klüger, als du es gewöhnt bist.« Er wendet sich zum Gehen, bleibt aber an der Küchentür stehen. »Gib es zu, ich sollte dein Geburtstagsgeschenk sein. Denn natürlich bist du der Typ, der sich selbst etwas schenkt. Also, ich erspare dir das Problem, dass du mir etwas *zurückgeben* musst.«

Mein Herz zerbirst in tausend Stücke. Als ich aufsehe, ist er weg. *Manche Tage sind wie Diamanten.*

Aber nie mein Geburtstag.

8

STERLING

Ich beschließe, im Hauptfach Philosophie zu studieren.

Mit dem Studium kann ich zwar später vermutlich nichts anfangen, aber dafür kann ich es ganz allein gestalten und muss nicht an irgendwelchen Seminaren teilnehmen. Bislang arbeite ich an der, wie ich sie nenne, Theorie des Unsichtbaren, die auf folgender These basiert: Wenn ich mich unauffällig verhalte, bin ich unsichtbar. Ich überprüfe diese These anhand zweier verschiedener Methoden.

Die erste besteht darin, die Seminare zu schwänzen. Es stellt sich heraus, dass es anders als auf der Highschool niemanden interessiert, ob man auftaucht oder nicht. Es interessiert niemanden. Nicht den Professor. Nicht die Verwaltung. Noch nicht einmal deine Freunde. Das weiß ich, weil ich diese Theorie jetzt schon die zweite Woche teste und niemand vorbeigekommen ist. Nur Cyrus, der ein paarmal die Woche vorbeischaut, um irgendetwas aus dem Zimmer zu holen. Wenn ich so tue, als wäre ich nicht da, macht er mit und redet nur, wenn er angesprochen wird.

Bei der anderen Testmethode geht es um die gesellschaftliche Unsichtbarkeit – wenn ich auf einer Party mit niemandem rede, mir nur eine Flasche Alkohol schnappe und gehe, wird mich niemand bemerken. Aber liegt das daran, dass ich unsichtbar bin oder daran, dass die Leute stockbesoffen sind? Ich weiß es nicht. Ich bin noch dran an der Theorie.

Es gibt da noch eine weitere Theorie, aber mit der bin ich noch nicht so weit. Sie behauptet im Grunde, dass ein Sohn unweigerlich wie sein Vater wird. Vermutlich bin ich nicht der Erste, der darauf kommt. Ich würde ja einen Professor fragen, aber ich habe keine Lust, mich tatsächlich für einen Philosophiekurs einzuschreiben. Nicht, wenn ich dadurch die Ergebnisse meiner ersten Theorie verfälsche, der ich mich voll und ganz widme, und zwar seit dem Abend von Adairs Geburtstagsparty.

Die Tür geht auf, und Cyrus kommt herein. Er lässt den Blick durchs Zimmer gleiten, dann sieht er zu mir.

»Hey«, knurre ich, schnappe mir ein T-Shirt vom Sofa und ziehe es über.

»Ich wollte nur kurz was holen«, sagt er.

»Cool.« Ich hebe ein paar Flaschen auf und kontrolliere den Inhalt, aber alle sind vollkommen leer. Cyrus mustert mich.

»Wann warst du eigentlich das letzte Mal bei einem Seminar?«, fragt er. »Ich habe dich seit zwei Wochen nicht mehr in Landschaftsökologie gesehen.«

»Warum interessiert dich das?« Ich lasse mich aufs Bett fallen und starre an die Decke. Wenn ihm aufgefallen ist, dass ich nicht im Seminar war, schwächt das meine Theorie. Er sollte meine Abwesenheit nicht bemerken, und er sollte sich ganz sicher nicht darum kümmern. Ich muss wohl ein paar Parameter überdenken.

»Nur so. Ich dachte, du hättest ein Stipendium und müsstest Leistung bringen, um es nicht zu verlieren.« Er wartet, dass ich antworte, und als ich es nicht tue, fährt er fort: »Ist bei dir alles okay, Mann?«

»Keine Sorge«, wiegele ich ab. »Mir geht's super.«

»Das sehe ich.« Er blickt sich in unserem Wohnheimzimmer um. »Soll ich meine Putzfrau mal vorbeischicken?«

»Mich stört es nicht«, sage ich.

»Auch das sehe ich.« Er seufzt, und ich erkenne den Ausdruck in diesem Seufzen wieder. Enttäuschung.

Ich muss ein neues Niveau an Verwahrlosung erreicht haben, wenn Partylöwe und Teilzeitmitbewohner Cyrus Eaton meint, ich würde zu wenig tun.

»Hör zu, hast du mal mit …«, er verstummt, als mein Telefon auf dem Couchtisch zu vibrieren beginnt. »Dein Telefon klingelt.«

»Das höre ich.«

»Gehst du nicht ran?«, fragt er.

»Nein. Das klingelt oft. Ist niemand, mit dem ich sprechen will.« Ich wende mich von ihm ab, überlege, ob ich ein Nickerchen machen sollte, und schließe die Augen.

Das Klingeln verstummt, doch dann höre ich Cyrus sagen: »Hallo? Ja, einen Moment.«

Ich drehe mich um und starre ihn wütend an. So viel zu meinem Nickerchen.

»Es ist Francie«, sagt er und hält mir das Telefon hin.

Cyrus bringt mich in Verlegenheit. Von wegen cooler Mitbewohner, der nie da ist. Jetzt steckt er gerade eindeutig seine Nase in etwas, das ihn nichts angeht.

Ich springe vom Bett auf und schnappe mir das Telefon. »Hey.«

»Sterling!« Francies Stimme klingt gleichzeitig erleichtert und gereizt. »Ich versuche schon seit einer Woche, dich zu erreichen.«

Ich kann mir vorstellen, wie sie in ihrer kleinen altmodischen Küche mit der schäbigen Siebzigerjahre-Tapete und den verbeulten Schränken steht. Wahrscheinlich lehnt sie an dem beigen Kühlschrank und tippt mit dem Fuß auf den Boden. Das habe ich eine Million Mal beobachtet, wenn sie mit irgendeinem Geldeintreiber gesprochen hat, der sie unter Druck gesetzt hat.

»Sorry. Hatte zu tun. Seminare und so.«

Cyrus schüttelt über die Lüge den Kopf und geht auf seine Seite unseres Kleiderschranks. Das ist der einzige Grund, aus dem er vorbeikommt: um sich frische Sachen zu holen. Den Rest der Zeit wechselt er zwischen irgendwelchen Zimmern im Hotel seiner Familie. Dieses Zimmer hier ist nur sein überdimensionierter Koffer. Ich kann mich nicht erinnern, wann er das letzte Mal hier geschlafen hat.

»Sicher hast du zu tun«, sagt sie.

»Yep.« Ich möchte unsere Plauderei so kurz wie möglich halten.

»Ich habe nachgedacht«, sagt Francie, und in meinem Kopf schrillt ein Alarm los.

Meiner Erfahrung nach ist es nie gut, wenn eine Frau sagt, dass sie nachgedacht hat. »Ja?«

»Ich komme zu Thanksgiving runter!«, sagt sie aufgeregt, dann folgt eine Pause. »Sterling? Hast du mich gehört?«

Ich glaube, ich sollte vor Freude auf und ab hüpfen, aber bei der Vorstellung, dass Francie nach Valmont kommt, verkrampft sich mein Magen.

»Klar.«

»Es sei denn, du willst nicht, dass ich …«

Toll. Jetzt verletze ich ihre Gefühle. Ich tue mein Bestes, etwas Begeisterung aufzubringen, aber das Ergebnis ist nicht überzeugend. »Nein, das ist cool.«

»Wird dein Mitbewohner da sein?«, fragt sie.

Ich blicke zu Cyrus, der noch immer im Kleiderschrank wühlt. »Wahrscheinlich nicht.«

»Dann könnte ich doch auf eurem Sofa schlafen. Das wird lustig. Ich kann es kaum erwarten zu hören, was du erlebt hast, und deine Freunde kennenzulernen.«

Von beidem wird sie ziemlich enttäuscht sein.

»Ja, ich freu mich drauf.« Wir verabschieden uns, und sie verspricht, mir Ende der Woche die Details zu mailen, dann lege ich auf. »Fuck.«

»Stimmt was nicht mit deiner M… Francie?«, korrigiert sich Cyrus.

»Sie kommt zu Thanksgiving«, sage ich ausdruckslos.

»Und das passt dir nicht.« Er mustert mich. »Ich dachte, es fiel dir schwer, sie allein zu lassen.«

»Ja, aber das heißt nicht, dass ich will, dass meine Pflegemutter sich eine halbe Woche bei mir einquartiert.« Ich mustere gründlich den Boden und entdecke eine noch halb volle Flasche mit billigem Rum. Jackpot. Ich nehme sie und drehe den Deckel ab.

»Sie will hier wohnen?«, fragt Cyrus.

»Ist das ein Problem?« Meine Antwort klingt etwas heftiger als beabsichtigt. »Ich schlafe auf dem Sofa.«

Ich weiß nicht, warum es ihn interessiert, er ist doch sowieso nie da.

»Für mich nicht, aber …« Er sieht sich im Zimmer um.

Ich folge seinem Blick. Meine Kleider liegen überall auf dem Boden verstreut, neben dem Sofa steht ein Karton mit einer halb gegessenen Pizza. Und die leeren Flaschen versuche ich erst gar nicht zu zählen.

»Vielleicht sollte sie lieber in einem Hotel übernachten«, schlägt er vor.

»Das wird dich jetzt schockieren, aber wir haben nicht alle einen Tresor voller Gold zu unserer Verfügung«, sage ich.

Wie ich Francie kenne, gibt sie all ihr Erspartes für die Fahrt hierher aus. Zwei Tausendmeilenfahrten in einem Jahr sind schon genug Belastung, da kann ich nicht erwarten, dass sie noch etwas für den Luxus eines billigen Motelzimmers übrig hat. Warum nur habe ich Ja gesagt?

»Du bist ein ganz schöner Arsch«, sagt Cyrus.

Ich zucke die Schultern. Wen interessiert seine Meinung? Nett zu sein, hat sich für mich nicht ausgezahlt. Ein Arsch zu sein, ist leichter, und es passt zu mir. »Und?«

Cyrus verdreht die Augen. »Ich besitze ein Hotel.«

Unter keinen Umständen werde ich ihn um Hilfe bitten.

»Nimm die Suite von meiner Familie. Wir sind sowieso nicht da.«

»Nein.«

»Warum machst du es den Leuten so schwer, dich zu mögen?«, fragt Cyrus. »Überleg es dir. In der Zwischenzeit – hast du Lust, mit zu einer Party zu kommen? Sieht aus, als könntest du etwas zu trinken vertragen.«

Er macht sich über mich lustig. Ich blicke auf die fast leere Rumflasche hinunter. Auch egal, denn er hat recht. Vielleicht möchte ich seine Hilfe nicht annehmen, aber dagegen, umsonst zu saufen, habe ich nichts. Das spart mir die Zeit, auf eigene Faust eine Party zu suchen, und jede Party, auf die Cyrus geht, ist mit Sicherheit, was die Getränke angeht, top ausgestattet.

»Wann?«

»Gegen acht.« Er mustert mich von oben bis unten. »Dann hast du noch Zeit zu duschen.«

»Was willst du damit sagen?«, frage ich.

»Du stinkst, Ford.« Er schiebt ein zerknülltes T-Shirt mit dem Fuß zu mir. »Und such dir was Sauberes zum Anziehen.«

Morgen muss ich mich um Francies Besuch kümmern. Dann reiße ich mich zusammen. Aber heute Abend? Kann ich mich genauso gut abschießen.

9

ADAIR

HEUTE

Vielleicht steigere ich mich da in etwas hinein. Vermutlich befinden sich in der verschlossenen Schublade nur ein paar abgelaufene Kreditkarten, ein altes Scheckheft und, wenn ich Glück habe, eine Flasche Whiskey – weiter nichts. Doch wenn man in einem Haus aufgewachsen ist, in dem alles immer nur Schein war, will man jedem Geheimnis auf den Grund gehen, um doch noch auf die Wahrheit zu stoßen.

Warum hat meine Mutter meinen Vater geheiratet? Warum ist sie bei einem Mann geblieben, der sie belogen und betrogen hat? Warum musste er über uns alle mit eiserner Faust herrschen? Warum? Warum? Warum? Mir fallen immer neue Fragen ein, doch nie erhalte ich Antworten. Wenn auch nur die geringste Möglichkeit besteht, dass sich die Antwort auf eine dieser Fragen in der verschlossenen Schublade befindet, dann muss ich sie öffnen.

Außerdem lenkt mich die Sache von Sterling ab, denn es hat sich herausgestellt, dass ich nicht sehr gut im Leiden bin. Ich ertrage das nicht. Ich ertrage es nicht, dass sich meine

Kehle ständig wie zugeschnürt anfühlt. Und dass ich nicht weiß, auf wen ich wütender sein soll: auf ihn oder auf mich. Jede Ablenkung ist mir recht. Ich ziehe den Gürtel um den Morgenrock enger, nehme die Zimmerkarte und verlasse die Suite. Als ich in den Flur trete, stoße ich mit einem Mann zusammen.

»Entschuldigen Sie.«

»Schon okay. Hey, sind …« Er verstummt, als ich einfach weiter in Richtung Fahrstuhl gehe, nachdem ich mich entschuldigt habe, und meinem neuen Nachbarn keine Chance gebe, mich in ein Gespräch zu verwickeln. Ich bin nicht darauf aus, im Eaton Freunde zu finden. Als ich in den Fahrstuhl steige, sehe ich gerade noch, wie er in einer Suite auf der anderen Seite des Flurs verschwindet.

Geoff ist nicht an der Rezeption, darum wende ich mich an einen vorbeikommenden Pagen.

»Entschuldigen Sie, könnten Sie mir wohl einen Schraubendreher besorgen?«

»Ist etwas kaputt?«, fragt er verwirrt. Vermutlich bittet der durchschnittliche Hotelgast nicht um einen Schraubendreher.

»Ich bin in Suite sechs-vierzehn, und mein Vater hat eine Schublade abgeschlossen. Er ist gestorben. Ich versuche, seine Sachen zu ordnen.«

Vielleicht sind das dann doch zu viele Informationen, denn er scheint ein Stück zu schrumpfen. »Ich weiß nicht, ob ich …«

»Gibt es ein Problem, Anthony?« Mr. Randolph, der Geschäftsführer, schaltet sich ein und richtet die Manschetten von seinem Jackett. »Miss MacLaine. Ich wusste nicht, dass

Sie bei uns sind. Anthony, besorg der Dame, worum sie gebeten hat.«

»Aber sie hat um einen …«

»Worum auch immer sie gebeten hat«, zischt er durch zusammengebissene Zähne, dann setzt er ein aalglattes Lächeln auf und wendet sich wieder mir zu. »Ich bin Mr. Randolph, Sie können mich gern …«

»Ich erinnere mich an Sie, *Mr. Randolph*«, unterbreche ich ihn, ehe er zu vertraulich wird. Randolph wird sowieso herausfinden, dass ich hier wohne, darum kann ich es ihm gleich sagen. Eine gute Gelegenheit zu üben, wie ich den Leuten erzähle, dass ich eine neue Adresse habe. »Ich ziehe in die Suite meiner Familie. Das ist doch hoffentlich kein Problem.«

»Keineswegs!« Er wirkt ehrlich erfreut über diese Information. Doch als ich merke, wie sein Blick über meinen Körper gleitet, wird mir übel. »Das sind ja wunderbare Neuigkeiten. Wir freuen uns, Sie hierzuhaben, und das Personal wird zu Ihrer Verfügung stehen.«

Vermutlich werde ich künftig keine Probleme haben, einen Schraubendreher zu bekommen.

»Was brauchen Sie?«, fragt er. »Ich sorge dafür, dass Sie es so schnell wie möglich bekommen.«

»Am Schreibtisch meines Vaters ist eine Schublade verschlossen, und ich will seine Sachen ordnen, ehe ich einziehe.«

»Wir können einen Schlüsseldienst rufen«, schlägt er vor.

»Ich würde das lieber selbst erledigen.« Ich schüttele den Kopf. Nicht *lieber*. Ich *muss* es jetzt tun. Ich brauche Antworten. Ich muss einen Abschluss finden. Es fühlt sich an, als wäre ich die letzten fünf Jahre nicht vom Fleck gekommen, und das kann ich keine Sekunde länger ertragen. Ich muss mich von der Vergangenheit befreien – ganz gleich, ob das heißt, die Fesseln zu lösen, die mich an meinen Bruder binden, Sterling zu verlassen oder ein dummes Schloss an einer Schublade aufzubrechen.

Anthony kehrt mit einem Kreuzschlitzschraubendreher zurück und reicht ihn mir widerwillig. Sein Blick springt zu seinem Chef.

»Ein Schlitzschraubendreher wäre besser. Ich möchte das Holz nicht beschädigen.« Ich reiche ihm den Schraubendreher mit einem entschuldigenden Lächeln zurück. Anthony lächelt angespannt und macht sich auf den Weg, um das richtige Werkzeug zu besorgen.

»Vielleicht kann Anthony Ihnen helfen?«, schlägt Randolph vor. »Ich möchte auf keinen Fall …«

»Das ist nicht nötig.« Ich weiche ein paar Schritte zurück. »Vielen Dank.«

»Sobald Sie sich eingerichtet haben, könnten wir vielleicht zusammen zu Abend essen«, schlägt er vor, ehe ich einen sauberen Abgang machen kann.

»Äh, natürlich.« Ich habe keine Ahnung, warum ich zustimme.

»Um Sie mit unseren Dienstleistungen bekannt zu machen«, fügt er hinzu, wohl weil er meine skeptische Miene bemerkt hat. »Für Sie als eine von Eatons ältesten Stammgästen, ist dies das Mindeste, was wir tun können, um Sie willkommen zu heißen.«

»Das wäre nett«, zwinge ich mich zu sagen. Da fällt mir etwas ein. Mr. Randolph ist immer am Tisch aufgetaucht, wenn meine Familie im Hotelrestaurant gegessen hat. Er war bei jeder Veranstaltung dabei, die wir im Ballsaal des Hotels ausgerichtet haben. Er hat ein übertriebenes Selbstbewusstsein und ist besessen davon, mit der Hautevolee von Nashville zu verkehren. Das heißt, dass er sich vielleicht erinnert, warum mein Vater die Suite überhaupt gekauft hat. »Wissen Sie, wie lange meine Familie die Suite schon besitzt?«

»Leider nein«, sagt er. »Aber ich sehe nach, dann können wir beim Abendessen darüber sprechen.«

»Natürlich.« Und wie jeder, der sich in die oberen Kreise hocharbeitet, weiß er, dass er sich unentbehrlich machen muss, um dort zu bestehen. Er wird mir alles sagen, wenn er dafür entsprechend belohnt wird. Mit diesem Problem beschäftige ich mich ein anderes Mal.

»Also, ich gehe besser zurück. Ich habe noch eine Menge zu entsorgen.«

Wie den emotionalen Ballast von Jahren.

»Rufen Sie unten an, wenn Sie Hilfe brauchen«, sagt er. »Ich kümmere mich darum, dass Ihnen jemand das richtige Werkzeug bringt.«

»Danke.« Das gefällt mir nicht. Mr. Randolph sieht in mir nur ein Mittel zum Zweck, um Zugang zur besseren Gesellschaft von Valmont zu bekommen. In seinen Augen bin ich nur eine weitere Erbin. Wenn er wüsste. Ich bin durchaus in der Lage, eine verschlossene Schublade aufzubrechen. Die Kunst, ein Schloss zu öffnen, habe ich schon in meinen frühen Teeniejahren gelernt, als meine Eltern den Alkohol weggeschlossen hatten. Das war die Idee meiner Mutter gewesen. Mein Vater hatte sich nicht im Geringsten dafür interessiert, was mein Bruder und ich mit unseren Freunden anstellten. Ich werde mich anziehen, ins Kaufhaus gehen und mir einen Schraubendreher und ein paar Basics besorgen: was Frisches zum Anziehen, Hygieneartikel, eine Zahnbürste. Auf die Weise muss ich ein paar Tage nicht nach Windfall fahren.

Vielleicht brauche ich auch gar keinen dummen Schraubendreher, um die Schublade zu öffnen. Ich überlege, wie ich das Schloss sonst knacken könnte, und bin so in Gedanken, als ich aus dem Aufzug steige, dass ich ihn gar nicht sehe.

»Hast du einen Termin, Lucky?« Sterlings Stimme trifft mich wie ein Schwall kaltes Wasser. Diese Wirkung hat er normalerweise nicht auf mich. Es kostet mich Mühe, ihn anzusehen, mir fällt siedend heiß ein, dass ich mich das letzte Mal, als er mich gesehen hat, nackt auf seinem Bett geaalt habe. Blöderweise trage ich jetzt einen Morgenrock und Tennisschuhe. »Was machst du hier?«

»Ich glaube, das ist mein Satz.« Er tritt auf mich zu, und ich weiche instinktiv zurück. Sterling bleibt stehen und sieht mich besorgt an. »Wir müssen reden.«

Ich schnaube unwillkürlich. Wer zu einer Paarberatung geht, muss reden. Freunde müssen reden. Was immer wir sind, bei uns ist jedenfalls mehr nötig als nur reden. Wir müssen schreien. Uns Sachen an den Kopf werfen. Zumindest ich ihm. Aber ich begnüge mich damit, ihm zuzustimmen. »Ja.«

»Diese Nachrichten sind nicht das, was du denkst«, hebt er an.

So will er sich rausreden? Auf keinen Fall. »Hat eine Frau, die Sutton heißt, mich eine Bitch genannt?«

»Ja, aber …«

»Hat sie dich gebeten, nach Hause zu kommen?« Ich kann ihr kaum verübeln, dass sie mich als Bitch bezeichnet. Ich bin eine Bitch, und darauf bin ich verdammt stolz. Mich stört sein Part bei der ganzen Sache.

»Du verstehst nicht …«

»Hast du ihr gesagt, dass du sie liebst?« Bei der letzten Frage bricht meine Stimme.

Er seufzt und kneift sich in die Nasenwurzel, als hätte er Kopfschmerzen. »Ja, aber ich hatte einen guten Grund.«

In meinen Augen brennen Tränen, und ich wende mich ab. Auf keinen Fall werde ich ihm die Genugtuung gönnen, mich weinen zu sehen. Er hat meine Tränen nicht verdient, aber so ist das eben, das Herz wird nie dem gebrochen, der das verdient hat. »Ich glaube nicht, dass ich eine Erklärung brauche. Die Botschaft war ziemlich klar. Du kannst mir wohl kaum erklären, warum du ›Ich liebe dich‹ zu einer anderen Frau gesagt hast.«

»Du täuschst dich.« Er packt mich am Handgelenk und reißt mich zu sich herum. »Ich kann es dir erklären.«

»Lass dich nicht aufhalten.« Ich reiße mich von ihm los, verschränke die Arme und setze mein bestes Pokerface auf. Auch wenn ich das Kribbeln dort, wo er mich berührt hat, nicht ignorieren kann, gebe ich mir alle Mühe, unbeeindruckt zu wirken. Ich kann mir in seiner Gegenwart genauso wenig vertrauen wie ihm. So viel ist klar.

Dann lässt er die Bombe platzen.

»Sutton ist meine Schwester.«

»*Oh.*« Das erklärt das ›Ich liebe dich‹. Ich habe mir die letzten Tage genau überlegt, was ich ihm sage, wenn ich ihn das nächste Mal sehe. Darauf, dass er eine vernünftige Erklärung haben könnte, bin ich nicht vorbereitet.

»Du erinnerst dich doch, dass ich eine Schwester habe, oder?«, fragt er, und ein Grinsen spielt um seine Mundwinkel.

Er hat mich in die Ecke getrieben – körperlich und emotional –, und das weiß er genau. »Ich dachte, du wüsstest nicht, wo sie ist«, sage ich und gucke wahrscheinlich blöd aus der Wäsche.

»Vor fünf Jahren wusste ich nicht, wo sie war.«

»Offenbar hast du sie gefunden.« Ich scheine ein Talent zu besitzen, das Offensichtliche auszusprechen. Sutton ist seine Schwester. Das ergibt Sinn. Aber wie so vieles andere in Sterlings Leben ist sie mir unbekannt.

»Ja.«

Ich habe seine Schwester zwar nicht vergessen, aber früher verwandelte er sich in ein Arschloch, wenn das Gespräch auf sie kam. »Ich dachte, du wolltest nicht nach ihr suchen.«

»Das habe ich auch nicht. Sie hat *mich* gesucht.«

»Und warum denkt sie, ich wäre eine Bitch?« Dass Sutton seine Schwester ist, mag erklären, warum er ihr geschrieben hat und dass er sie liebt, aber wie sie über mich reden, finde ich unmöglich. Ich hatte die Nachricht mit eigenen Augen gesehen. »Bitch« hatte da gestanden. Nicht nur, dass sie es geschrieben hatte, er hatte sie auch nicht zurechtgewiesen.

»Sie ist nicht gerade dein größter Fan«, sagt er.

Jetzt wird es unangenehm für uns beide, aber wir müssen uns dem stellen. »Und warum?«

»Es gibt vieles, das du nicht über mich weißt«, sagt er. »Über mein Leben.«

Ach, was? Tatsächlich? Wer spricht jetzt hier das Offensichtliche aus? »Klär mich auf.«

»Du bist unglaublich«, sagt er mit freudlosem Lachen. »Du liest meine Nachrichten, ziehst irgendwelche Schlüsse und dann …«

»Ziehst *irgendwelche* Schlüsse?«, wiederhole ich ungläubig. »Was soll ich denn denken, wenn du einer anderen Frau schreibst, dass du sie liebst, und im Übrigen habe ich nicht *geschnüffelt. Du* hast mir dein Telefon gegeben.«

»Ja, das stimmt.«

»Stell mich nicht als Psychopathin dar, die in deinen Sachen herumschnüffelt.« Ich bohre meinen Zeigefinger in seine Brust. Was sich als Fehler herausstellt, denn es ist, als hätte ich einen Knopf gedrückt, der ihn wütend macht.

»Nicht?«, braust er auf. »Du steckst deine Nase immer in Sachen, die dich nichts angehen.«

»Weil du mir von dir aus nichts erzählst!« Ich bin die Unglaubwürdige? Er hat sich verändert. Und ich habe mich verändert. Aber rein gar nichts hat sich daran geändert, dass er jede Menge Lügen und Geheimnisse um sich spinnt.

»Es gibt nichts zu erzählen.«

Kurz klappt mir die Kinnlade herunter, wütend starre ich ihn an. Wenn ich alles aufgeschrieben hätte, was ich nicht über ihn weiß, sähe die Liste wie ein Wunschzettel für den Weihnachtsmann aus. Er hat im Grunde *nur* Geheimnisse. Vielleicht war das auch damals das Problem zwischen uns. Ich bin mir nicht sicher, weil ich nicht weiß, was genau passiert ist.

»Im Gegenteil. Ich glaube, es gibt ziemlich viel zu erzählen. Zum Beispiel, warum sie will, dass du nach Hause kommst, oder warum du geschrieben hast, ›diesmal nicht‹«, zitiere ich seine Nachricht.

»Das hast du dir gemerkt?« Er zieht die Augenbrauen nach oben.

»Das hat sich irgendwie in mein Gehirn eingebrannt«, sage ich. »Ich meine, ich habe mit dir gevögelt und gedacht, ich könnte dir vertrauen, und dann, noch bevor ich mein Höschen wieder angezogen habe, schickt dir eine andere Frau Nachrichten.«

Sterling atmet tief ein, und ich bin mir nicht sicher, ob er mich gleich anschreit. Langsam atmet er wieder aus und streicht sich nachdenklich übers Kinn. »Du kannst mir vertrauen, Adair.«

»Okay, beweis es«, fordere ich ihn heraus. »Erzähl mir, wie du an so viel Geld gekommen bist.«

Ich habe es satt, abseits zu stehen. Ich habe es satt, auf Fragen zu stoßen, sobald ich ihn ansehe.

»Ich weiß nicht, was das eine mit dem anderen zu tun hat.« Er schüttelt den Kopf, und ich habe das deutliche Gefühl, dass er sich selbst genauso etwas vormacht wie mir.

Ich habe eine Ehe miterlebt, die auf Lügen aufgebaut war, darum will ich unbedingt alles von ihm wissen. Mit weniger gebe ich mich nicht zufrieden, auch wenn das womöglich heißt, dass er sich entzieht und ich gar nichts von ihm bekomme. »Alles. Wo bist du die letzten fünf Jahre gewesen? Warum bist du zurückgekommen? Ich habe es satt, nur die Hälfte von deinem Leben zu kennen. Woher soll ich wissen, dass das zwischen uns echt ist?«

In Sterlings wunderschöne Augen tritt ein gequälter Ausdruck. Wenn es ihn verletzt, missverstanden zu werden, warum redet er dann nicht Klartext? Ich sehe, wie die Muskeln in seinem Kiefer zucken, als er einen Schritt auf mich zumacht. Reflexartig weiche ich zurück und stoße gegen die Wand. Jetzt bin ich gefangen.

»Lucky.« Er bemüht sich um einen ruhigen Ton, doch seine Stimme verrät, welcher Sturm sich zwischen uns zusammenbraut.

War es nicht immer so zwischen uns? Wir sehnen uns nach der leichten Brise und ignorieren die dunklen Gewitterwolken. Wir wenden dem Sturm einfach den Rücken zu, doch so überwindet man ihn nicht. So erfasst er uns, lässt uns kentern und drückt uns unter Wasser. Das habe ich satt. Ich will mit dem Sturm segeln – will mit geradem Rücken und erhobenen Hauptes am Bug stehen. Ich will wissen, ob ich stark genug für die Wahrheit bin. »Sag mir, dass ich mich täusche«, fordere ich ihn auf.

»Du täuschst dich gewaltig.« Seine Heftigkeit raubt mir den Atem, in seinen Augen tobt der Hurrikan, dem ich mich stellen will. In dem Moment begreife ich, dass er mein Sturm ist. Er ist die Gefahr. Ich kann entweder durch ihn hindurchsegeln oder ihm den Rücken zuwenden. Anders kann ich ihn nicht überstehen. Und warum lasse ich mich dann an die Wand sinken? Warum schließe ich die Augen und öffne die Lippen?

Seine Hand schießt vor und löst den Gürtel um meinen Morgenrock. Ehe ich begreife, was er tut, klappt der Morgenrock auseinander. Sterling lässt von rechts einen unglaublich kräftigen Arm um meinen Rücken gleiten und packt meinen linken Oberarm. Er drängt mich mit seinem Körper an die Wand und schiebt sein Knie zwischen meine Beine.

»Fühlt sich das echt an?«, fragt er. Ich spüre, wie sehr er um Beherrschung ringt. Es sollte mir Angst machen. Stattdessen spüre ich, wie mein Slip feucht wird. Er hält mich an der Wand fest und wartet auf meine Antwort.

Ich nicke.

Verzweifelt und gierig sucht er mit seinen Lippen meinen Mund und nimmt unsanft meine Unterlippe zwischen seine Zähne, bis ich den Geschmack von Eisen auf der Zunge schmecke.

»Ist das echt?«, knurrt er zwischen überwältigenden Küssen. Er zögert nicht, sondern berührt mich, als würde ich ihm gehören. Und in dem Moment begreife ich, dass ich ihm tatsächlich gehöre.

Noch kann ich weg, rede ich mir ein. Noch kann ich das hier beenden. Ich kann in den sicheren Hafen segeln, aber ich bin nicht so weit gekommen, um jetzt aufzugeben. Mich. Ihn. Uns.

Ich beiße ihn ebenfalls.

Sterling zeigt kaum eine Reaktion auf den Schmerz. Stattdessen stöhnt er. Er ist wild, animalisch. Dass er mich in Besitz nimmt, befreit mich. Ich spüre jeden einzelnen der empfindlichen, schmerzenden Nerven in meinem Körper.

Mit den Fingernägeln seiner freien Hand kratzt er leicht über meine Haut, bis zu meiner entblößten Brust. »Und das hier?« Meine Nippel werden so fest, dass es wehtut, und ich gegen meinen Willen aufstöhne. »Sag mir, dass das nicht so echt ist, wie es nur geht.«

Ich sehe ihm so gelassen in die Augen, wie ich kann, und schüttele den Kopf. Das kann ich ihm nicht sagen.

»Genau, Lucky«, sagt er durch zusammengebissene Zähne.

Wie um seine Worte zu unterstrichen, beugt er sich hinunter, um meinen rechten Nippel zwischen die Zähne zu nehmen. Er beißt mich nicht, aber ich spüre deutlich die Drohung, dass er es tun könnte. Mit der Hand streicht er sanft über meine linke Brust, während er mit dem Mund fest an der rechten saugt. Ich spüre, wie der Nippel sich aufrichtet.

Als er schließlich von meiner Brust ablässt, überfällt mich sofort schmerzhafte Sehnsucht, gefolgt von heftiger Erregung, die im Rhythmus mit meinem Herzen pulsiert. Es fühlt sich an, als habe er mich mit dem Puls des Universums verbunden.

»Was zwischen uns ist, ist echt, Adair. Das spüre ich, wenn ich dich ansehe. Soll ich dir zeigen, wie sich das anfühlt? Willst du es auch spüren?«

Meine Lider flattern, und ein zustimmendes Stöhnen entweicht meinen Lippen. Ein wölfisches Grinsen erscheint auf seinem Gesicht, und ich merke, dass ich wie wild mit dem Kopf nicke.

Er lässt von mir ab, und mein Körper will reflexartig den Abstand zwischen uns schließen, aber Sterling legt eine Hand auf meinen Bauch und schiebt mich zurück gegen die Wand. Er kniet sich vor mich und küsst meinen Bauchnabel. Er zieht am Bund meines schwarzen Slips und lässt ihn zurückschnellen. Ich zucke zusammen. Wieder und wieder macht er das und küsst dabei meinen Bauch.

Ist es das, was er fühlt? Dass ich ihn provoziere, oder dass er mich provozieren muss?

Plötzlich fühle ich seine Fingerknöchel an den Innenseiten meiner Oberschenkel. Dann schneidet der Spitzenstoff von meinem Slip in meine Hüften ein, und kurz darauf höre ich, wie der Stoff reißt. Der Slip hängt lose um meine Hüften, und ich bin entblößt.

Kühle Luft strömt über meine nasse Scham und treibt Schauer mein Rückgrat hinauf.

Er steht auf, und der stürmische Ausdruck in seinen Augen spiegelt meine Gefühle. Er schlingt die Arme um mich und zieht mich an sich. Mein Körper schmiegt sich an seinen, meine Kurven füllen jede Lücke zwischen uns, und so sollte es immer bleiben. Dann gleiten seine Hände zu dem letzten Stofffetzen, der noch an meinen Hüften hängt, und reißen ihn entzwei, und als er den letzten Rest wegschleudert, atme ich keuchend aus. Sterling bewegt den Mund zu meinem Ohr und flüstert: »*Das* ist echt.«

»Ja«, flüstere ich, während ich um Atem ringe. Meine Hände tasten nach seinem Hintern.

»Wir sollten vorsichtig sein, Lucky, wir …«

»Ich nehme die Pille.«

Als hätte er nur auf diesen Satz gewartet, hebt er mich auf seine Arme und drückt mich mit dem Oberkörper gegen die Wand des Aufzugs. Als er zu mir hochsieht, ist sein Gesicht voll unverhohlener Lust, Verwunderung und Verehrung. War das immer schon so? War ich zu dumm oder zu sehr mit meinen Zweifeln beschäftigt, um es zu sehen? Ich spüre, wie sich etwas Fundamentales verschiebt und neu ausrichtet. Aber mir bleibt keine Zeit zu überlegen, was es ist oder bedeutet, denn Sterling öffnet seine Hose und dringt in mich ein.

Ich klammere mich an seinen Nacken, meine Knöchel sind in seinem Rücken gekreuzt. Sterling umfasst meinen Hintern und stützt mich, dehnt mich zugleich auf, sodass er tiefer in mich eindringen kann.

Jegliche Zurückhaltung ist dahin.

Er sieht mir in die Augen – und einen Moment lang zeigt er mir, dass er nichts zu verbergen hat und dass ich nichts zu befürchten habe –, und ich wünsche mir, dass das immer so bleibt.

»Hör«, keuche ich, »nicht auf… hör niemals auf!«

Sterling grinst und verändert leicht seine Haltung, und mir fallen keine Forderungen mehr ein. Ich kann gar nicht mehr denken oder irgendwas wollen. »*Ohhh…*«

Seine langen, festen Stöße werden schneller und kräftiger, dabei reibt er mit seinem Becken über meine Klitoris. Er ist mein Anker. Mein Körper löst sich um ihn auf, doch ich bin sicher im Auge des Sturms. Ich bin frei. Und gebunden. Ich bin alles und nur das. Als Sterling direkt nach mir kommt, verschmelzen wir endgültig miteinander und werden eins.

Das war immer der leichte Teil.

Sterling presst seine feuchte Stirn gegen meine, dann lösen wir uns voneinander. Er richtet meinen Morgenrock und bedeckt meinen Körper. »Iss mit mir zu Abend.«

Das ist keine Frage. Ich schlucke und suche nach einem Grund abzulehnen, doch mir fällt keiner ein. Mit Blick auf meinen Morgenrock sage ich: »Ich sollte mich umziehen.«

»Du gefällst mir genau so, wie du bist.« Er streicht mit dem Daumen über meine geschwollene Unterlippe.

»Du hast meinen Slip zerrissen«, erinnere ich ihn, »und das letzte Mal, als ich dort war, hatte das Restaurant einen Dresscode.«

»Nun ja, du kennst dich da besser aus als ich.« Er lässt mich los, beugt sich hinunter und sammelt die Reste meines Höschens vom Boden auf, dann schiebt er sie in seine Hosentasche.

»Willst du das etwa behalten?« Warum hoffe ich, dass er Ja sagt?

Er zwinkert mir zu und blendet mich förmlich mit seinem strahlenden Lächeln. »Ich betrachte es als Trophäe.«

»Wenn ich sehe, dass das in deiner Wohnung an der Wand hängt, müssen wir uns unterhalten.«

Sterling verschränkt seine Hand mit meiner und führt mich den Flur hinunter. Ich hatte für einen Moment vergessen, dass wir es gar nicht bis in die Suite geschafft haben.

Nachdem ich jetzt nicht mehr ausschließlich mit seinem Körper beschäftigt bin, rückt die Umwelt wieder in mein Bewusstsein. Es ist lange her, dass ich etwas so Leichtsinniges getan habe, doch seltsamerweise verspüre ich kein Schamgefühl. Es ist mir egal, dass es sich nicht gehört, Sterling auf dem Flur des Eaton Hotels zu vögeln. Ich sehne mich viel zu sehr danach, seine Hände erneut auf meinem Körper zu spüren, und zittere so heftig, dass die Schlüsselkarte nicht funktioniert.

»Darf ich?« Er will sie mir abnehmen, doch ich ziehe die Hand weg.

»Geht schon«, zische ich, obwohl alles dagegen spricht. Es ist zu viel. Er ist zu viel. Wenn er in meiner Nähe ist, kann ich nicht klar denken. Nicht, wenn so etwas passiert wie gerade eben, wenn ich noch ganz durcheinander bin. Ich muss all meine Disziplin aufbringen, um schnell zu sagen »Bin gleich zurück« und ihm die Tür vor der Nase zuzuschlagen.

Wenn etwas wie das gerade schon dabei herauskommt, wenn er mich *vor* der Tür abfängt, darf ich ihn auf keinen Fall hereinlassen. Das ist zu gefährlich. Wir müssen reden. Er muss reinen Tisch machen. Nachdem die Tür zwischen uns ist, fällt mir auch wieder ein, dass ich noch nicht einmal Unterwäsche hierhabe. Ich wasche mich rasch, ich muss mir unbedingt bald etwas zum Anziehen besorgen, insbesondere, wenn Sterling ständig meine Sachen zerreißt.

Ohne Schminke oder Haarbürste kann ich nicht viel ausrichten. Mein Spiegelbild sieht genauso wild aus, wie ich mich fühle. Meine rötlichen Locken fallen wirr über meine Schultern. Meine Lippen sind von seinen heftigen Küssen geschwollen. Ich ziehe den Morgenrock aus und sehe die Abdrücke seiner Finger an meinen Hüften. Es erfordert einiges Geschick, doch es gelingt mir, mein Kleid einigermaßen herzurichten, indem ich die zerrissene Schärpe mit einer Sicherheitsnadel richte, die ich in einem Nähset des Hotels entdecke. Nicht gerade ein passendes Outfit für ein Abendessen in einem Fünfsternehotel, aber es muss gehen. Gegen meine wilden Haare kann ich nichts tun, aber irgendwie gefällt mir das auch. Ich will, dass Sterling sich bei meinem Anblick daran erinnert, wie es sich angefühlt hat, mich an die Wand zu drängen – mich zu dominieren. Er soll es nicht erwarten können, mich wieder ins Bett zu kriegen. Ich werde ihn ablenken, sodass er unachtsam wird. Denn die nächste Runde – heute Nacht – geht an mich. Entweder werde ich meine Antworten bekommen oder ihm den Laufpass geben. Sterling wird Hören und Sehen vergehen.

ADAIR

DAMALS

Da ich erst im nächsten Semester wieder an die Uni zurück muss, bemerkt niemand, dass ich untergetaucht bin. Zumindest nicht gleich. Nach meiner verheerenden Geburtstagsparty war ich froh, dem Campus und meinen Freunden aus dem Weg gehen zu können. Mein Vater war geschäftlich viel unterwegs oder ließ sich von seinem neuesten Personal Trainer versichern, dass er eines Tages wieder würde laufen können. Malcolm ist mit seiner Kandidatur und mit den Hochzeitsvorbereitungen beschäftigt. Der Einzige, der sich für mich interessiert, ist Felix, aber er hat aufgehört, jedes Mal Cookies zu backen, wenn ich auftauche. Anscheinend geht er davon aus, dass es sich hierbei um Liebeskummer handelt, der sich nicht mit Schokokeksen heilen lässt. Vielleicht weil ich – trotz allem – nicht zusammenbreche. Ich bin selbst erstaunt, aber ich halte mich an meiner Wut aufrecht. Mich belastet, dass mir nicht aufgefallen ist, was für ein Oberarsch Sterling ist. Selbst wenn er das, was er gehört hat, falsch verstanden hat – und das hat er –, lasse ich mich nicht so behandeln, betrunken hin oder her. Vielmehr zeigen Betrunkene meiner Erfahrung nach ihr wahres Gesicht. Das habe ich immer wieder erlebt.

Ich bin gerade bei meiner zweiten Binge-Watching-Session von *Vampire Diaries*, als Poppy mit Kai ins Zimmer platzt. Ihr verschlagenes Lächeln und der eng geschnittene schwarze Jumpsuit, den sie trägt, deuten darauf hin, dass sie etwas im Schilde führt. Normalerweise finde ich Jumpsuits nicht sexy, aber dieser ist vorne derart tief ausgeschnitten, dass ihr Brustansatz zu sehen ist, und er umschmeichelt ihren Hintern, sodass man fast meinen könnte, sie hätte einen. Ihr glänzendes schwarzes Haar wippt um ihre Schultern und betont ihre rubinroten Lippen. Kai ist lässiger gekleidet, aber nicht weniger cool: schwarze Jeans und ein schmal geschnittenes Hemd mit aufgekrempelten Ärmeln. Sein pechschwarzes Haar ist mit Gel auf eine Seite gekämmt.

Ich drücke auf Pause. »Warum komme ich mir vor wie in einer Reality-TV-Sendung über Mode?«

»Weil du es bist«, antwortet Kai grinsend.

Zumindest halluziniere ich nicht.

»Du kannst nicht ewig im Bett bleiben.« Poppy verschwendet keine Zeit. Sie schlendert zum Fenster und zieht die Vorhänge auf, die seit einer Woche zu waren.

Draußen dämmert es schon, doch ich verziehe das Gesicht und schnappe mir ein Kissen, um mich vor der plötzlichen Helligkeit zu schützen.

»Vielleicht ist sie ja jetzt ein Vampir«, sagt Kai. »Draußen ist es praktisch dunkel, trotzdem kann sie das Licht nicht ertragen.«

Ich nehme ein weiteres Kissen und werfe es nach ihm, verfehle mein Ziel jedoch um einiges. Trotz meiner Bedenken tut es gut, sie zu sehen. Poppy weiß genau, wann sie mich zwingen kann, mein Schneckenhaus zu verlassen.

»Wir gehen heute Abend auf eine Party«, verkündet Poppy und verschwindet in meinem begehbaren Kleiderschrank.

Ich springe aus dem Bett. Dort kann ich sie nicht allein lassen. Wer weiß, womit sie wieder rauskommt. Kai folgt mir und pfeift durch die Zähne.

»Das ist kein Kleiderschrank, das ist Versailles«, staunt er.

»Die MacLaines machen keine halben Sachen«, sage ich ausdruckslos. Wer auch immer den Schrank gebaut hat, hatte einen Hang zu Dramatik. Vermutlich hatte meine Mutter ihre Finger im Spiel.

Sie hat sich so gefreut, ein kleines Mädchen zu bekommen, dass sie es bei der Einrichtung etwas übertrieb, da bildet der Kleiderschrank keine Ausnahme. Der drei Meter hohe und sechzig Quadratmeter große Raum sprengt allein von der Größe her den üblichen Rahmen, aber – ob es den Hormonen oder der Freude geschuldet war – das war ihr noch nicht genug. An den beigefarbenen Regalen sind mit Blattgold überzogene Zierleisten. An der gegenüberliegenden Wand befindet sich ein deckenhoher Rokoko-Spiegel, der von Schuhregalen eingerahmt wird. In der Mitte des riesigen Raumes steht eine große Insel mit einer Marmorplatte, auf der in einer hohen Kristallvase ein frischer Strauß Magnolien steht, die täglich von einem der Dienstmädchen ausgetauscht werden. In der Insel befinden sich unzählige Schubladen mit Schmuck, ein paar Familienerbstücke, der Rest billiges Zeug, das ich in der Mall gekauft habe. Solange ich denken kann, hat meine Mutter den Schrank mit Kleidung gefüllt, ergänzte ihn jede Saison um neue Sachen und sortierte alte aus. Jetzt wird mir klar, dass sie nie wieder ein neues Kleid von ihrer letzten Shoppingtour hier hereinschmuggeln wird. Ich werde nie wieder eine Schublade öffnen und ein neues Paar Ohrringe mit der Nachricht von ihr finden, dass sie einfach nicht widerstehen konnte. Ich habe mich nie besonders gern schick gemacht, vielleicht weil sie es mir so leicht machte. Jetzt erinnert mich hier alles an sie – daran, dass ich sie verloren habe.

»Kann ich nicht einfach eine Jeans anziehen?«, frage ich mit tonloser Stimme.

»Wenn du das alles hast?« Kai hält ein Pailletten-Minikleid hoch, das im Licht wie Champagner funkelt. »Steht mir das?«

»Es gehört dir.«

»Hui!« Er dreht sich damit im Kreis. Es scheint ihm wirklich zu gefallen.

»Jeans?«, wiederholt Poppy mit theatralischer Geste, als hätte sie das Wort noch nie gehört.

»Viele Leute tragen Jeans auf Partys«, erkläre ich.

Ihr Gesichtsausdruck sagt, dass das woanders womöglich zutrifft, aber bestimmt nicht bei uns. Sie beißt sich auf die Unterlippe, als würde sie überlegen, wie weit sie mich drängen kann. Schließlich schiebt sie die Kleiderbügel, die sie durchgegangen ist, wieder zusammen. Sie trottet durch den Raum und holt eine dunkle Jeans heraus, die so eng ist, dass ich sie quasi unter der Haut tragen muss.

»Hier.« Sie zieht sie vom Bügel und wirft sie mir zu. Dann geht sie die Sachen in einem anderen Schrank durch, bis sie einen kastenförmigen weißen Blazer findet. »Und den hier.«

Kai tritt zu mir, und gemeinsam beobachten wir, wie sie zaubert.

»Sie ist in ihrem Element«, sagt er. »Es ist, als würde man eine Tierdoku im *Discovery Channel* sehen.«

»Das weibliche Raubtier schleicht sich an seine Beute heran«, kommentiere ich, während sie in einer Schublade gräbt.

»Aha!«, sagt sie triumphierend, ohne auf uns zu achten. »Das letzte Stück.«

»Und schlägt zu«, fügt Kai hinzu.

»Was redet ihr zwei da?«, fragt sie und dreht sich mit einem zarten schwarzen Bralette in der Hand zu uns um.

»Was soll das?« Ich starre auf das Teil in ihrer Hand und überlege, wie das alles zusammenpassen soll.

Sie legt den Blazer auf den Marmortresen und zupft das Bralette darunter zurecht. »Sexy aber bequem.«

»Ich habe an ein T-Shirt gedacht«, murmele ich. Sie bedenkt mich mit einem Blick, der sagt, ich sollte es mit der Aufsässigkeit nicht übertreiben.

Ich verdrehe die Augen, ziehe meine seidenen Pyjamashorts aus und winde mich in die Jeans. Ich habe vergessen, wie eng sie ist. Sie ist taillenhoch geschnitten und bedeckt zum Glück meinen Bauchnabel, da ich ja kein richtiges T-Shirt anziehen darf. Poppy wirft mir das Bralette zu, und ich ziehe es an. Erleichtert stelle ich fest, dass wenigstens meine Nippel nicht zu sehen sind. Schließlich schlüpfe ich in den weißen Blazer.

»Und?« Ich drehe mich, damit sie mich begutachten können.

»Du siehst toll aus«, sagt Kai.

»Ehrlich.« Poppy fasst mich an den Schultern und führt mich zum Spiegel. Sie nimmt mein Haar auf dem Kopf zusammen und lässt es wieder fallen, dann wiederholt sie das Ganze. »Ich kann mich nicht entscheiden.«

»Hochgesteckt«, sagt Kai.

Ich komme mir vor wie eine Puppe, die von zwei fröhlichen Kindern angezogen wird, aber ich kann nicht leugnen, dass ich tatsächlich ziemlich cool aussehe. Auf den Look wäre ich selbst nicht gekommen. Poppy steckt unter Kais kritischem Blick mein kupferfarbenes Haar hoch.

»Kann ich Sneakers anziehen?«, frage ich, als Poppy mir ein Paar dünne Kreolen hinhält.

Keiner von beiden sagt ein Wort, was als Antwort genügt.

Zwanzig Minuten später, nachdem ich sie von einem Paar umwerfender Louboutins – auf denen ich unmöglich laufen kann –, auf Ankleboots mit Blockabsatz heruntergehandelt habe, verlassen wir das Haus durch die Küche.

»Gehen Sie aus?«, fragt Felix, der gerade um die Ecke kommt.

Poppy und ich zucken vor Schreck zusammen und ernten ein Lachen von Kai. »Sie haben mich erschreckt!«

»Ich bin nicht derjenige, der hier wie ein Dieb durchs Haus schleicht«, bemerkt Felix trocken und nimmt sich einen Notizblock. »Kommen Sie spät nach Hause?«

»Äh …« Ich weiß nicht, was ich darauf antworten soll. Meinen Vater interessiert nicht, ob ich ausgehe oder nicht. Wir haben den Hinterausgang nur gewählt, damit wir den Mercedes nehmen können, ohne dass er es bemerkt – denn *der* interessiert ihn. »Keine Ahnung«, sage ich schließlich.

Felix sieht von seinen Notizen hoch und mustert uns drei einen Moment lang. Dann seufzt er. »Ich mache Cookies.«

Die Party findet nicht auf dem Campus statt, was eine nette Abwechslung ist. Das Haus befindet sich einige Blocks vom College entfernt. Es ist ein Viertel, in dem überwiegend Studenten aus dem letzten und vorletzten Studienjahr in WGs zusammenwohnen, um den Vorschriften auf dem Campus zu entkommen. Wie üblich handelt es sich um eine renovierungsbedürftige Villa, die in Mieteinheiten umgewandelt wurde. Vor hundert Jahren war dies vermutlich das prächtige Anwesen eines Professors und seiner Familie. Jetzt ist es ziemlich heruntergekommen und bietet Platz für kleine Studentenbuden. An den Wänden hängen gebatikte Wandteppiche, und die Möbel sehen aus, als wären sie schon vor Jahrzehnten gebraucht gekauft worden. Aber im Wohnzimmer steht ein Bierfass, und der Abend ist für einen November ziemlich warm, sodass die Party sich in den Garten verlagert hat.

»Willst du ein Bier?«, fragt Poppy, während sie uns einen Weg ins Haus bahnt.

Ich schüttele den Kopf und halte den Autoschlüssel hoch. »Ich fahre.«

»Wir können zum Campus laufen«, ruft sie mir über die Menge hinweg zu. »Du kannst bei mir schlafen oder …«

»Oder was?«

»Sterling würde dich sicher auch bei sich schlafen lassen«, sagt sie bedeutungsvoll.

Darauf habe ich nur gewartet. Ich habe absichtlich nur angedeutet, was an meinem Geburtstag zwischen Sterling und mir vorgefallen ist, und ihr gesagt, wir hätten uns gestritten. Poppy war nicht weiter in mich gedrungen, und allmählich machte ich mir Hoffnungen, dass sie das Thema ganz fallenlässt, insbesondere nachdem ich mich darauf eingelassen habe, unter die Lebenden zurückzukehren. Aber Fehlanzeige.

»Sterling Fords Bett ist mit Sicherheit der letzte Ort, an dem du mich findest«, rufe ich zurück.

»Verstanden«, knurrt eine barsche Stimme hinter mir. Poppy bekommt große Augen. Sie sieht zu Kai, dann starren beide mit offenen Mündern hinter mich.

Das darf doch nicht wahr sein. Nicht schon wieder. Von wegen, aus Fehlern lernen. Was Sterling angeht, werde ich wohl nie weise.

»Ich bin gleich bei euch«, verspreche ich meinen Freunden. Ich kratze mein letztes bisschen Würde zusammen, setze eine abweisende Miene auf und drehe mich mit wütendem Blick zu ihm um. Sofort bekomme ich weiche Knie, mein Körper verrät mich, doch ich gebe mir alle Mühe, den durchdringenden Blick aus seinen blauen Augen zu meiden. »Das solltest du eigentlich wissen, denn du hattest ja keine Lust, die Sache persönlich zu beenden.«

»Ich glaube, das habe ich getan.« Er grinst, führt eine Flasche an seine Lippen und nimmt einen Schluck.

»Moment! Trinkst du etwa wieder?«

»Ich habe nie aufgehört«, nuschelt er. »Es hat sich herausgestellt, dass es auf diesem Campus genauso reichlich Sprit wie Mädels gibt, wenn man die richtigen Leute kennt. Ich glaube, ich habe vorher meine Zeit verschwendet.«

Ich schrecke zurück, als hätte er mir einen Schlag in den Magen versetzt.

»Du bist ein Schwanz«, zische ich.

Er beugt sich vor, und ich rieche abgestandenes Bier und scharfen Schnaps in seinem Atem. Aus der Nähe bemerke ich, dass er sich seit Tagen nicht rasiert hat und sein Shirt total zerknittert ist. »Du denkst also wieder an meinen Schwanz. Ich weiß, ich habe letztes Mal Nein gesagt, aber wenn du mich lieb bittest, lasse ich dich heute Abend vielleicht ran, Lucky.«

»Nenn mich nicht so.« Der Spitzname, der einmal reizvoll war, kommt mir jetzt bestenfalls hinterhältig vor – schlimmstenfalls wie eine Ohrfeige. »Und such dir jemand anders, der sich deinen Scheiß gefallen lässt.«

»Mach ich«, lallt er. »Jeden Abend.«

Ich stürme davon und dränge mich durch die Menge. Ich muss so weit wie möglich von ihm weg, ehe ich in Tränen ausbreche. Ich werde auf keinen Fall seinetwegen weinen … jedenfalls nicht vor seinen Augen. Das verdient er nicht. Ich höre, wie Poppy nach mir ruft, laufe jedoch weiter, bis ich die Hintertür erreiche. Draußen atme ich tief und gleichmäßig ein.

»Adair!«

Ich sehe auf, und da steht Cyrus mit ein paar Typen. Er sagt etwas zu ihnen und kommt dann zu mir.

»Hey«, begrüßt er mich sanft. »Alles klar?« Er legt mir eine Hand auf die Schulter und mustert mich besorgt.

»Alles okay. Ich bin nur gerade deinem Mitbewohner begegnet.«

Cyrus runzelt die Stirn und sieht hinter mich. »Er ist ziemlich fertig.«

»Er ist ein Arsch«, sage ich. »Ich verstehe nicht, wie du es mit ihm aushältst.«

»Ich schlafe nicht mehr in dem Zimmer«, erklärt Cyrus.

»Wie könntest du auch, wenn sich die Mädchen dort die Klinke in die Hand geben?« Ich beiße die Zähne zusammen, als könnte ich so den Schmerz verdrängen. Warum habe ich mich überreden lassen, heute mit herzukommen?

»Mädchen?«, wiederholt er kopfschüttelnd. »Wohl eher eine permanente Happy Hour ohne Happy. Ich gehe nur vorbei, um sicherzugehen, dass er noch nicht an einer Alkoholvergiftung gestorben ist.«

»Aber er sagte doch ...« Ich blinzele ein paarmal und versuche, die neue Information zu verdauen. »Er sitzt nur herum und säuft?«

»Wie ein Loch«, bestätigt Cyrus. »Wahrscheinlich war es schlau von dir, ihn sitzenzulassen. Bei seinem Alkoholkonsum schafft er das erste Semester nicht. Er verpasst alle Kurse. Aber ich habe seinetwegen ein schlechtes Gewissen. Ich dachte, auszugehen würde ihm vielleicht helfen, auf andere Gedanken zu kommen. Ich wusste nicht, dass du hier bist.«

Plötzlich bin ich von den Informationen überfordert. Es ist zwar nicht meine Schuld, dass Sterling trinkt, aber ich kann nicht leugnen, dass alles mit meinem Geburtstag angefangen hat. Und schlimmer als alles andere ist der leise Anflug von Befriedigung, den ich empfinde, wenn ich höre, dass er ohne mich total fertig ist. Das macht mich bestimmt zu einem schrecklichen Menschen. Aber so schlimm wie er bin ich nicht, tröste ich mich.

»Komm, ich stell dir die Jungs vor«, sagt Cyrus.

Ich bin dankbar für die Ablenkung, ich brauche eine Pause von allem, muss auf andere Gedanken kommen. Die letzten zwei Wochen habe ich mich eingeigelt und alte Filme geschaut – die Art von Geschichten, in denen der Junge und das Mädchen am Ende immer zusammenkommen. Vielleicht wird es höchste Zeit zuzugeben, dass das nur eine Fantasie ist. Die Realität ist deutlich hässlicher, und es gibt kein Drehbuch, das alles zu einem Happy End führt.

Cyrus stellt mich den Typen vor, die, wie sich herausstellt, überwiegend im Beta Psi Haus wohnen, der Studentenverbindung, die ihn Anfang des Herbstes aufgenommen hat. Sie begrüßen mich und wenden sich dann wieder ihrem Gespräch über Football zu.

Doch einer von ihnen, groß, mit sandfarbenem Haar, stellt sich neben mich. Er beugt sich herunter und gesteht: »Ich weiß nichts über Football, aber verrat es denen nicht.«

»Ich bin im Süden aufgewachsen. Ich weiß alles über Football«, antworte ich lachend.

»Krieg ich Probleme?«, fragt er. »Ich meine, bei uns in Vermont gibt es Football, aber doch nicht so.«

»Vermont? Die Hockeystadt?«, frage ich.

»Jetzt stellst du mich aber endgültig bloß«, scherzt er. »Ich dachte, wenn ich hier bin, muss ich nie mehr so tun, als verstünde ich etwas von Hockey.«

»Dein Geheimnis ist bei mir sicher«, verspreche ich ihm. »Was interessiert dich denn so, …?«

»Jeremy«, erinnert er mich an seinen Namen.

»Sorry.« Mir ist peinlich, dass ich seinen Namen schon wieder vergessen habe.

»Schon okay. Du musst ein Genie sein, um uns alle auseinanderzuhalten.« Er deutet mit dem Kopf auf die Gruppe um Cyrus. »Kann ich dir etwas zu trinken besorgen?«

Ich erinnere mich an mein Versprechen zu fahren, und zögere.

»Wenn du nicht willst, kein Problem«, sagt er. »Ich wollte nur ein guter Gastgeber sein.«

»Wohnst du hier?«, frage ich.

»Yep. Ich und ein paar andere Typen fanden es in der Studentenverbindung etwas zu voll. Hier haben wir unsere Partys besser im Griff«, gesteht er.

»Ich würde gern etwas trinken«, beschließe ich. Ich habe meine Lektion gelernt und nehme keine Getränke mehr von jemandem an, den ich nicht kenne – egal wie gastfreundlich er ist. Aber Jeremy bin ich schon begegnet, und er kennt Cyrus, der immer da war, solange ich denken kann. Außerdem werde ich ihn mit Adleraugen beobachten.

Wir gehen in die Küche, und Jeremy stellt sich in die Schlange für das Fass, um mir ein Bier zu zapfen. Ich lasse ihn nicht aus den Augen und nehme ihm das Bier ab, sobald es fertig ist. Diesen Becher werde ich den Rest des Abends nicht unbeaufsichtigt lassen.

»Du nimmst den Tipp aus der Orientierungswoche, dass man gut auf sein Getränk aufpassen sollte, aber ziemlich ernst«, sagt er lachend, als wir einen ruhigen Platz an der Tür gefunden haben.

»Leider habe ich diese Lektion auf die harte Tour gelernt«, erzähle ich.

»Oh, das tut mir leid«, sagt er sofort. »Das war ein blöder Witz.«

»Schon okay. Ich hatte Glück. Meine Freunde waren dabei und haben mich sicher nach Hause gebracht.«

»Aber du hast daraus gelernt.«

»Yep.« Ich trinke einen Schluck und stelle fest, dass ich vergessen hatte, wie widerlich Bier schmeckt. Ich lächele ihn über den Rand meines Plastikbechers hinweg an. »Also, Sport ist nicht dein Ding.«

»Ich bin eher Theoretiker. Ich werde Ingenieur.«

»Cool.« Ich bete, dass er kein Gespräch über sein Studienfach anfängt, denn darüber weiß ich nichts, und es interessiert mich auch überhaupt nicht.

»Was ist dein Hauptfach?«

Nun ja, das Thema ist fast genauso schwierig. »Jetzt gerade? Hab keins. Ich habe ein Urlaubssemester genommen.«

»Sehr gut.«

»Ich mache aber im Januar weiter«, füge ich schnell hinzu. »Ich glaube, ich nehme Englisch als Hauptfach.«

»Cool.«

Wahrscheinlich weiß er nicht viel über mein Lieblingsfach. Einen Moment stehen wir verlegen nebeneinander, dann wird im Wohnzimmer ein neuer Song gespielt.

»Willst du tanzen?«, fragt er just in dem Moment, als ich Sterlings wütendes Gesicht hinter ihm entdecke.

»Ja!« Ich lasse mein Bier auf dem Tresen stehen und fasse seine Hand.

Also, das ist nicht mein bester Moment. Ich zerre Jeremy auf die improvisierte Tanzfläche, aber man kann von einem Mädchen nicht erwarten, würdevoll zu sein, wenn der Typ, der ihr das Herz gebrochen hat, nur wenige Schritte entfernt ist – insbesondere, wenn besagtes Herz noch immer in Scherben liegt. Außerdem scheint Jeremy ein netter Kerl zu sein, und ich bin entschlossen, mir von Sterling nicht den Abend verderben zu lassen.

Jeremy leidet an einem typisch männlichen Problem: Er verwechselt Reiben mit Tanzen. Um Sterling klarzumachen, dass ich ihn nicht mehr will, ist es aber okay. In dem Raum ist es schwül von den ganzen Körpern, die sich auf der vollen Tanzfläche aneinanderdrängen. Nach ein paar Minuten legt Jeremy die Hände auf meine Hüften, und ich lasse mich von meinem Körper leiten. Ich weiß nicht, wie viele Stücke wir getanzt haben. Zumindest besitzt Jeremy Durchhaltevermögen. Irgendwann dreht er mich mit dem Rücken zu sich. Als er die Arme um meine Taille legt und mich näher an sich zieht, merke ich, dass er neben Durchhaltevermögen auch eine Erektion hat. Ich winde mich und versuche, etwas Abstand zwischen uns zu bringen. Die Botschaft, die er mir schickt, ist mehr als deutlich. Es wird Zeit, darauf zu reagieren.

Meine Antwort muss zu diskret gewesen sein, denn anstatt mir Raum zu lassen, reißt er mich rücklings wieder an sich und drängt sich noch fester von hinten an mich.

Ich mache mich von ihm los und streiche mir die schweißnassen Haare aus dem Gesicht. »Vielleicht sollten wir nach draußen gehen. Hier drin ist es heiß.«

»Nein, du bist heiß«, sagt er mit lüsternem Blick und zieht mich zurück in seine Arme. »Komm, wir tanzen weiter.«

»Ich brauche wirklich frische Luft.« Wie viel deutlicher kann ich denn noch werden?

»Gleich.« Er neigt das Gesicht nach unten, und ich merke eine Sekunde zu spät, dass er mich küssen will. Schon presst er die Lippen auf meine, und ich lege die Hände auf seine Brust und schiebe ihn fort. Endlich lässt er von mir ab und sieht mich verwirrt an.

»Lass das!«

»Gut«, sagt er und grinst. »Tanzen wir.« Der Griff seiner Hände um meine Hüften verstärkt sich.

»Ich muss meine Freunde suchen.« Ich sehe mich um,

winde mich aus seinem Griff und hoffe, Poppy oder Kai in der Menge zu entdecken. Selbst Cyrus wäre mir recht.

»Die sind hier irgendwo. Keine Sorge.« Jeremy versteht die Botschaft nicht.

»Ich muss sie wirklich finden«, wiederhole ich mit mehr Nachdruck.

»Adair«, hebt er an, doch ehe er den Gedanken zu Ende führen kann, wird er wie ein Jo-Jo nach hinten geschleudert.

Jeremy kracht gegen die Wand und reißt unterwegs noch ein paar Leute mit sich, ehe ich überhaupt begreife, was passiert. Er gleitet an der Wand hinunter auf den Boden, doch sobald er versucht aufzustehen, ist Sterling bei ihm.

Jemand tritt neben mich, es ist Poppy. Sie umklammert meinen Arm, doch noch bevor sie fragen kann, was passiert ist, hebt Sterling Jeremy am Hemdkragen hoch und schleudert ihn erneut gegen die Wand, woraufhin etwas loser Putz herabrieselt.

»Sie sagte, sie will gehen«, blafft Sterling und lässt Jeremy auf die Füße fallen, um ihm einen Stoß gegen die Brust zu versetzen.

»Wer zum Teufel bist du?« Jeremy klopft sich den Putz vom Hemd.

»Ihr Freund«, brüllt Sterling.

»Oh!« Poppy gräbt die Fingernägel in meinen Arm. Das ist der Moment, in dem ich beschließe einzugreifen.

»Schluss damit.« Ich packe Sterling von hinten am Shirt, und er dreht sich zu mir um.

»Er hat dich angefasst.« Seine Augen funkeln vor unverhohlener Wut.

»Das geht dich nichts …«

Ehe ich den Satz beenden kann, packt Jeremy Sterling von hinten am Kragen, wirbelt ihn herum und landet einen rechten Haken auf seinem Kinn. Sterling ist nur kurz irritiert, dann stürzt er sich auf Jeremy, und die beiden krachen auf den Boden. Ein paar Sekunden später stürzen weitere Typen zu ihnen, um sie auseinanderzubringen.

»Schafft das Arschloch hier weg«, schreit Jeremy.

Zwei seiner Freunde schleifen Sterling aus der Haustür. Ich ringe mit mir, ob ich bleiben oder ihm folgen soll.

»Das ist dein beschissener Freund?« Jeremy kommt zu mir und wischt sich das Blut von der Lippe.

»Nein. Ich meine, ja. Ich …«, sage ich, dann merke ich, dass er der Letzte ist, dem ich das erklären will.

»Nun ja, es spielt sowieso keine Rolle mehr.« Jeremy stolziert hinter Sterling aus der Tür.

Ich stürze hinterher und sehe, wie Jeremys Freunde Sterling an den Armen festhalten. Jeremy holt zum Schlag aus, und unwillkürlich schreie ich. Da geht nebenan auf der Veranda das Licht an, und jemand öffnet die Haustür.

»Hey, wir haben die Polizei gerufen. Eine Party ist eine Sache, aber bei diesem Scheiß ist Schluss!«, ruft eine Stimme aus dem Nichts.

Sofort herrscht Chaos. Die Typen lassen Sterling los, und er taumelt vorwärts, holt erneut aus und zielt auf Jeremy, verfehlt ihn jedoch und landet auf dem Boden.

»Herrgott«, sagt Cyrus, stürmt aus der Haustür und bleibt abrupt neben mir stehen. Alle anderen Partygäste strömen hinter ihm aus der Tür. In der Ferne sind Polizeisirenen zu hören. »Sollen wir ihn hier lassen? Eine Nacht im Gefängnis bringt ihn vielleicht zur Vernunft.«

Sterling kann keine Kaution oder Geldstrafe bezahlen, das ist mir klar. Ich beiße die Zähne zusammen und schüttele den Kopf. Ich kann nicht fassen, dass ich ihm den Arsch rette.

»Komm. Schaffen wir ihn in euer Zimmer«, sage ich zu Cyrus.

»Bist du dir sicher?«, fragt Poppy, als Kai und Cyrus zu Sterling gehen, um ihm aufzuhelfen.

Ich starre ihn an. Freund hin oder her – denn er ist eindeutig im Moment nicht mein Freund –, das bin ich ihm schuldig. »Er würde mich hier auch nicht zurücklassen.«

»Das ist nicht dasselbe«, erklärt Poppy. »Jemand hatte dir Drogen gegeben.«

»Ja«, sage ich ausdruckslos. Sterling hat sich das selbst angetan, aber das macht die Vorstellung, ihn hierzulassen, damit die Polizei ihn mitnimmt, nicht attraktiver. »Ich glaube, manchmal muss man Leuten helfen, auch wenn sie es nicht verdienen.«

Und Sterling Ford verdient es nicht. Darum werde ich ihn für seine Fehler büßen lassen, sobald er wieder nüchtern ist.

II

STERLING

HEUTE

Es ist nicht das erste Mal, dass Adair mir die Tür vor der Nase zuschlägt. Und wahrscheinlich auch nicht das letzte Mal. Zehn Minuten später stehe ich immer noch im Flur, als ein gehetzt wirkender Hotelpage aus dem Aufzug eilt und in einem Affenzahn auf mich zukommt. Er bleibt knapp vor mir stehen und zieht die Augenbrauen zusammen, als wüsste er nicht, was er von mir halten soll. Als er ein paar Sekunden später immer noch nichts gesagt hat, ist klar, dass ich eine Art Kurzschluss in seinem Gehirn ausgelöst habe.

»Kann ich Ihnen helfen?«, frage ich lässig.

»Miss MacLaine hat um einen Schraubendreher gebeten.« Er sieht über seine Schulter, um sich zu vergewissern, dass er am richtigen Ort ist.

»Sie zieht sich gerade um«, erkläre ich.

»Und Sie …«, hebt er an.

»Ich warte.« Gott, so bin ich ja in afghanischer Gefangenschaft nicht in die Mangel genommen worden. Ich halte die Hand auf. »Ich gebe ihn ihr.«

Offensichtlich überlegt er, ob das eine gute Idee ist. »Vielleicht sollte ich …«

»Sehe ich aus, als würde ich einen verdammten Schraubendreher klauen?« Ich ziehe eine Hand aus der Hosentasche, damit er einen Blick auf meine Breitling werfen kann, während ich nach meiner Brieftasche greife. Ich hole einen Fünfziger heraus und reiche ihn rüber. »Für Ihre Umstände.«

Erwartungsgemäß ändert er daraufhin seine Haltung. »Bitte verzeihen Sie. Ich wollte nicht …«

Ich winke ab und stecke den Schein in die Brusttasche seiner Pagenjacke. Dann halte ich ihm erneut die Hand hin. Schüchtern legt er den Schraubendreher hinein, und ich lasse ihn in meine Hosentasche gleiten.

»Ich sorge dafür, dass sie ihn bekommt.«

Er verschwindet im Fahrstuhl, und ich frage mich, warum Adair so lange braucht.

Schließlich kommt sie in dem Kleid heraus, das sie gestern Abend getragen hat. Die Haare fallen offen um ihre Schultern und sind von meinen Händen kunstvoll zerzaust. Einen Moment blicke ich auf ihre vollen Lippen, die noch einladender wirken als üblich. Dann verstehe ich, was sie gemacht hat. Sie hat ihr Kleid geschickt an der Seite zusammengesteckt.

»Sorry«, sagt sie und streicht es glatt. »Mein Kleid ist kaputt, und ich habe nichts anderes zum Anziehen hier.«

Das mit dem Riss war ich gestern Abend, und heute habe ich auch noch ihren Slip zerrissen. Den Slip habe ich ihr nicht zurückgegeben. Wenn sie nichts anderes zum Anziehen dahat …

Ich dränge sie gegen die Tür und streiche mit den Händen über ihre Hüften. Zwischen meiner Hand und ihrer Haut befindet sich eindeutig nicht mehr als ein Seidenstoff. »*Fuck*, Lucky. Wie soll ich mich denn konzentrieren, wenn du ohne Höschen herumläufst?«

»Vielleicht lernst du so, mir meine Wäsche nicht mehr zu zerreißen«, sagt sie streng.

Ich hebe eine Augenbraue. »Du meinst, *das* lerne ich daraus? Ich sage es dir ja nur ungern, aber zu wissen, dass du da unten nackt bist, spornt mich nur noch mehr an, deine Höschen zu zerreißen.«

Sie schluckt, und ihre Wangen schimmern rosig. »Komm nicht auf dumme Gedanken. Ich habe Hunger.«

»Ich auch«, sage ich bedeutungsvoll und streiche mit einem Finger über ihren Bauch.

Sie erbebt und schließt eine Sekunde die Augen, dann schüttelt sie den Kopf. »Essen, Ford, es sei denn, du willst, dass ich verhungere.«

»Das will ich nicht.« Es gibt schließlich immer noch das Dessert, auf das ich mich freuen kann, sage ich mir. »Willst du hier essen oder woanders hingehen?«

»Ich sterbe vor Hunger«, sagt sie. Ich funkele sie lüstern an, und sie hebt warnend den Finger. »Denk noch nicht mal dran, Ford.«

Als ich den Fahrstuhlknopf drücke, gleiten die Türen sofort auseinander, und ich strecke den Arm aus. »Nach dir, Lucky.«

»Wie hast du mich überhaupt gefunden?«, fragt sie.

»Luca wohnt auf derselben Etage wie du.«

»Na toll«, murmelt sie. Adair steht auf der anderen Seite des Fahrstuhls und klammert sich an das Geländer, als ob der kleine Abstand sie vor meinem Begehren schützen würde.

Unmöglich. Ich streiche mir mit der Zunge über die Unterlippe, in der Hoffnung, dass sie meine Gedanken liest. Sie schafft es, unbeeindruckt zu wirken, aber ich bemerke, dass ihre Knöchel weiß werden.

Vielleicht braucht sie eine kleine Pause, bevor sie vor lauter erzwungener Beherrschung noch implodiert. »Ich habe eine Lieferung für dich angenommen.«

»Eine Lieferung?«, wiederholt sie überrascht.

Ich ziehe den Schraubendreher aus der Tasche. »Vielleicht täusche ich mich, aber ich glaube, die haben Personal, das sich um Reparaturen kümmert.«

Sie zögert und starrt auf das Werkzeug. Ich sehe ihr an, dass sie mit sich ringt, ob sie mir erklären soll, wozu sie es braucht. Wer hat hier Geheimnisse? Sie versucht, ihn mir wegzunehmen, doch ich halte ihn hoch. »Wofür brauchst du den?«

»Ich muss ein Schloss knacken.« Sie verschränkt abwehrend die Arme.

»Knick, knack«, sage ich anzüglich.

Sie greift nach dem Schraubendreher, aber ich halte ihn noch fester. »Hör auf mit den schmutzigen Gedanken, Ford. In meiner Suite klemmt eine Schublade.«

»Das ist alles? Mann, wie enttäuschend«, sage ich. Sie verzieht den Mund in dem Bemühen, ein Grinsen zu unterdrücken. Sie will mich beim Abendessen mit Fragen grillen, das sehe ich. Ich erkenne doch, wenn Adair auf einer Mission ist.

Der Aufzug hält, und ich steige aus, den Schraubendreher noch immer in der Hand. »Du musst nur höflich darum bitten«, sage ich.

»Das fehlte noch«, wiederholt sie.

Ich beuge mich zu ihr und flüstere: »Ich helfe dir gern, wenn deine Schublade klemmt …«

»Tja, vielleicht sollte ich das Angebot doch annehmen. Du hast einen großen Hammer.« Um ihre Mundwinkel zuckt ein schelmisches Lächeln.

Ich will sie gerade an die Größe meines Hammers und die vielen Vorzüge erinnern, als wir an der Rezeption an einem Mann vorbeikommen. Er trägt einen Anzug, und als er den Kopf etwas dreht, sehe ich eine unregelmäßige Narbe, die von der Schläfe bis zur Wange verläuft. Wie angewurzelt bleibe ich stehen.

Noah Porter. Was hat er hier zu suchen?

Manche Gesichter vergisst man nie, vor allem wenn man für die Narben darin selbst verantwortlich ist. Sofort checke ich die Lage, so wie es mir in Fleisch und Blut übergegangen ist. Ich weiß, wo sich die Ausgänge befinden, wo ich in Deckung gehen kann und wie viele Unschuldige vermutlich sterben, wenn es zu einer Schießerei kommt. Aber es gibt eine neue Variable, die ich bis heute nicht bedacht habe – nicht bedenken musste.

Adair.

Ich weiß nicht, wie sie reagiert. Sie ist in keinem Plan vorgesehen. Zum Teil, weil ich bis zu diesem Moment dachte, ich wäre meinen *problematischen Bekannten* einen Schritt voraus. Aber auch, weil ich nicht vorhatte, sie zu beschützen. Sie stand auf meiner Schwarzen Liste.

Es gibt nur eine Option. Ich muss sie hier wegschaffen, ohne die Aufmerksamkeit auf uns zu lenken.

»Gehen wir«, sage ich, fasse sie am Ellbogen und lenke sie

in die Richtung, aus der wir gerade gekommen sind. »Wir lassen uns etwas aufs Zimmer bringen.«

»Ich glaube, wir sollten auf neutralem Gebiet bleiben.« Sie reißt sich von mir los und schüttelt den Kopf. Natürlich denkt sie, ich will sie wieder ins Bett kriegen.

Vielleicht ist das ja wirklich ein Weg, sie abzulenken und hier fortzubekommen. Ich fasse ihr Kleid, ziehe sie sanft zu mir und führe meine Lippen dicht an ihre. Adair beißt sich in die Unterlippe und sieht mir unsicher in die Augen. Einen kurzen Moment verliere ich mich. Ich küsse sie, und alles andere tritt in den Hintergrund. Ich spüre nur ihre Lippen auf meinen und ein flüchtiges Gefühl von Ruhe.

Dann besinne ich mich und reiße den Kopf hoch, der Bann ist gebrochen, und ich stelle fest, dass Noah verschwunden ist. Ein Fehler – eine kurze Ablenkung – und ich habe ihn verloren. Jetzt müssen wir hier wirklich weg.

»Sterling?«, sagt Adair, dann dreht sie den Kopf, um zu sehen, wohin ich starre. Sie wendet sich wieder mir zu und zieht verwirrt die Brauen zusammen. »Was ist los?«

»Wir müssen gehen.« Ich kann hier nicht herumstehen und warten, ob er mich entdeckt hat. Er ist nicht rein zufällig hier. Nashville ist eine große Stadt, aber Noah Porter ist hier, weil wir hier sind. Die Frage ist: Wer hat ihn uns auf den Hals gehetzt?

»Was …«

»Bitte mach ausnahmsweise, was ich dir sage«, zische ich und führe sie durch die Lobby.

»Lass mich.« Sie reißt ihren Arm los und bleibt abrupt stehen. »Was hast du?«

»Wir müssen irgendwohin, wo wir ungestört sind, bevor

ich dir das sagen kann.« Auf keinen Fall werde ich ihr tatsächlich sagen, wen ich gesehen habe oder was los ist. Nicht bevor ich weiß, ob er mich mit ihr gesehen hat oder nicht. Je weniger sie weiß, desto weniger ist sie in Schwierigkeiten. Ich bezweifle, dass sie das ebenso sieht, aber anscheinend entwickle ich mich zum Optimisten.

»Ich gehe nirgendwohin, bis du mir nicht sagst …«

Ich warte nicht, dass sie den Satz beendet. Stattdessen hebe ich sie hoch und trage sie die letzten Meter zum Aufzug. Sie ist zu perplex, um sich zu wehren. Es muss aussehen, als würde ich sie ins Bett tragen, denn ein paar betrunkene Collegestudenten, die aus der Hotelbar kommen, pfeifen, als ich sie in den Fahrstuhl verfrachte. Ich grinse, spiele die Rolle des Bräutigams, der es nicht abwarten kann, und drücke mit dem Knöchel auf ihre Etage.

Adair starrt mich wütend an, die vollen Lippen sind zu einer schmalen Linie zusammengekniffen. Sie steht kurz vor einer Explosion. Wenn ich klug wäre, würde ich sie absetzen und in die entgegengesetzte Richtung davonlaufen. Ich weiß, wie man sich so weit wie möglich vor einer Druckwelle in Sicherheit bringt. Doch ihr Auslöser ist mit mir verbunden. Eine falsche Bewegung, und sie geht in die Luft.

»Lass mich runter«, befiehlt sie.

Behutsam setze ich sie ab und wappne mich gegen das, was kommt. Sobald sie steht, streckt sie die Hand aus und will auf *Lobby* drücken. »Ich weiß nicht, was mit dir los ist, aber ich habe Hunger.«

Ich stelle mich zwischen sie und das Bedienfeld. Sie bläht die Nasenflügel, und ich höre förmlich den Countdown bis zur Explosion.

»Bestell dir was beim Zimmerservice«, sage ich angespannt, hole mein Smartphone aus der Tasche und gebe vor, ihren wütenden Blick nicht zu bemerken.

»Sagst du mir, was los ist?«

»Gleich.« Ich wähle Lucas Nummer, als wir in der sechsten Etage eintreffen. Er hebt beim zweiten Klingeln ab.

»Hast du sie gefunden?«, fragt er.

»Ja, danke für den Tipp«, antworte ich.

Adair kneift die Augen zusammen und deutet auf das Telefon. »Ist das Luca?«

»Darum rufe ich nicht an.« Ich ignoriere sie, ich kann jetzt keine Rücksicht auf ihre Gefühle nehmen. »Ich habe gerade einen alten Freund von uns in der Lobby vom Eaton gesehen.«

»Ach, ja? Wen?« Seine Stimme klingt gedämpft, als würde er essen. Ich frage mich, ob er in seinem Zimmer ist. Das wäre praktisch.

Adair räuspert sich, wir sind an ihrer Tür angelangt, und sie tippt ungeduldig mit dem Fuß auf den Boden.

Ich halte das Telefon zur Seite.

»Mach auf«, sage ich tonlos.

»Wenn du denkst, ich lasse dich rein …«

»Mach auf«, knurre ich unmissverständlich.

»Sterling, wer war es?«, wiederholt Luca alarmiert. Offenbar hört er mir an, wie beunruhigt ich bin.

Adair schleudert die Tür auf, und ich trete ein und ziehe sie mit mir ins Zimmer. Sobald wir drin sind, schiebe ich die Kette vor und gehe ans andere Ende des Raums.

»Noah ist hier«, berichte ich Luca.

»Noah Porter?«, fragt Luca ungläubig.

»Nein, der Typ, der die ganzen Tiere gerettet hat. Bereite dich auf eine verdammte Flut vor«, zische ich. Mit der freien Hand reibe ich mir die Schläfen, ich spüre aufkommende Kopfschmerzen. »Finde heraus, warum er hier ist.«

Luca widerspricht mir nicht. Er hält sich bereits an unseren Krisenplan. »Mach ich. Bleibst du hier?«

Ich drehe mich um und mustere Adair. Sie steht mit verschränkten Armen vor der Tür, und ich kann beinahe den Rauch riechen, der vor Wut aus ihren Nasenlöchern kommt.

»Weiß ich noch nicht«, murmele ich und wende mich von ihr ab.

»Ich sage dir Bescheid, wenn ich etwas habe«, verspricht er.

Nachdem ich das Gespräch beendet habe, stecke ich in Ruhe mein Telefon weg, während ich nach einer Entschuldigung für mein merkwürdiges Verhalten suche. Das Problem ist, dass Adair nicht wie die meisten Frauen ist, die ich kenne. Bei den wenigen anderen Beziehungen, die ich hatte, ging es nur um Sex. Sex und eventuell noch Dinner. Reden war nicht erforderlich. Den Frauen waren meine Geschäfte oder Pläne egal. Aber Adair? Sie interessiert sich sehr wohl dafür, und Reden ist bei ihr Pflicht. Darum liebe ich sie. Und darum weiß ich nicht, ob das mit uns je funktionieren wird.

»Ich warte«, erinnert sie mich.

»Das war nur ein alter Freund. Ich war überrascht, ihn zu sehen, und wollte sichergehen, dass Luca ihn nicht verpasst«, sage ich. Ich bin dazu ausgebildet, einem Verhör durch den Feind standzuhalten, aber Adair MacLaine bin ich nicht gewachsen.

»Läufst du immer vor deinen alten Freunden davon?«, fragt sie geradeheraus.

»Lucky, das ist kompliziert.«

»Eigentlich nicht«, schimpft sie. »Es ist ganz einfach. Sag mir die Wahrheit. Wer ist er? Warum ist er hier? Wo bist du die letzten fünf Jahre gewesen?«

Die Situation gerät derart schnell außer Kontrolle, dass ich nicht weiß, ob ich sie noch retten kann.

»Die Fragen mögen einfach sein, aber die Antworten sind es nicht«, sage ich und suche in ihrem Gesicht nach einem Zeichen, dass sie nachgibt, aber ich kenne Adair. Sie ist zu stur, um nachzugeben, insbesondere wenn es um unsere Beziehung geht.

»Lass es mich anders ausdrücken«, sagt sie mit ausgestrecktem Finger, »da ist die Tür. Warum gehst du nicht und plauderst mit deinem alten *Freund*? Komm wieder, wenn du bereit bist, ehrlich zu mir zu sein.«

»Ich kann dir nicht alles erzählen«, sage ich und füge schnell hinzu: »Noch nicht.«

»Und ich kann nicht noch einmal zulassen, dass mich ein Mann belügt, manipuliert und wie eine Idiotin behandelt«, zischt sie. »*Nie mehr*. Auf Wiedersehen, Sterling.«

»Adair …«, hebe ich an.

»Lebwohl.« Ihre Stimme duldet keinen Widerspruch, also füge ich mich in der Hoffnung, dass sie das milde stimmt, und gehe.

Adair denkt, sie will Antworten, aber was sie noch nie verstanden hat, ist, dass eine Lüge manchmal besser ist als die Wahrheit.

12

STERLING

DAMALS

Ich erwache von dem sinnlichen Duft von Kaffee. Als ich ein Auge öffne, sehe ich, dass mir jemand einen Becher vor die Nase hält. Zeitgleich geht in meinem Kopf ein Presslufthammer los. Ich verziehe das Gesicht, mache die Augen wieder zu und lasse mich aufs Sofa zurückfallen.

»Oooh«, stöhne ich dem Heiligen zu, der sich in den letzten Stunden vor meinem Tod um mich kümmert. »Bitte besorg mir was Härteres zu trinken.«

Ich habe gelernt, dass der Trick darin besteht weiterzutrinken, damit der Kater einen gar nicht erst erwischt. Manche Leute nennen das schnöde Katerbier. Ich betrachte es als Überlebenstechnik.

»Ein entschiedenes Nein«, sagt Adair scharf zu meinem pochenden Schädel. »Du machst einen Entzug.«

Oh, fuck. Ich drehe mich auf die Seite und öffne die Augen. Sie trägt eins von meinen T-Shirts, was ihr verdammt gut steht. Die Falten auf ihrer Stirn sollen ihre Missbilligung ausdrücken. Doch ihre nach unten gerichteten Mundwinkel bilden einen verlockenden Schmollmund. Ich hätte wissen müssen, dass ich ihr nicht ewig aus dem Weg gehen kann. Es war dumm von mir zu glauben, ich könnte Adair widerstehen. Sie ist nicht nur eine Versuchung, sie ist unwiderstehlich.

»Bist du …« Ich versuche, durch den Nebel in meinem Kopf zu meinen Erinnerungen vorzudringen. »… über Nacht geblieben?«

»Du meinst, ob ich auf dich Suffkopp aufgepasst habe, damit du nicht im Schlaf stirbst? Ja, das hab ich.« Sie stellt den Kaffeebecher auf den Tisch und geht zum Fenster. Eine Sekunde später sind die Vorhänge aufgezogen, und ich blinzele wie wild.

»Bitte, nicht«, krächze ich. »Weniger Licht oder mehr Alkohol. Deine Entscheidung, Lucky.«

Sie schnauft dramatisch, zieht sie aber wieder zu. »Ich finde nicht, dass du mich noch so nennen solltest.«

»Das ist doch dein Name.«

»Nein«, schnappt sie. »So nennt ein Freund seine Freundin.«

Auf einmal erinnere ich mich vage an gestern Abend – an das Wort Freund, meine Faust und einen Typen. Ich setze mich auf und merke, dass nicht nur mein Kopf pocht. Ich taste nach meinem Auge und stelle fest, dass es geschwollen ist. Ich brauche keinen Spiegel, ich weiß auch so, dass ich ein blaues Auge habe.

»Meine Zeit ist wohl vorbei«, murmele ich.

»Welche Zeit?« Adair verschränkt die Arme.

»Meine prügelfreie Zeit. Es ist …«, ich rechne kurz, »… fast ein Jahr her, dass ich jemanden verprügelt habe.«

»Mach dir keine Gedanken. Das gestern zählt nicht, du hast nicht wirklich geprügelt. Hauptsächlich bist du verprügelt worden«, erklärt sie.

»So habe ich das aber nicht in Erinnerung.« Weitere Bilder kehren zurück. Ich habe denen auf jeden Fall Paroli geboten. Nicht dass ich von ihr erwarte, dass sie weiß, was zu einer erfolgreichen Prügelei gehört. In Valmont regeln die Leute ihre Auseinandersetzungen wahrscheinlich noch per Duell.

»Glaub mir«, sagt sie. »Ich war nicht beeindruckt.«

Autsch. Das tut weh. Vielleicht weiß sie doch, was zu einer erfolgreichen Prügelei gehört, denn es geht hauptsächlich darum, ein Mädchen zu beeindrucken. Zumindest, wenn man sich wegen eines Mädchens prügelt.

»Er hat sich an dich rangemacht, obwohl du das nicht wolltest«, sage ich, als mir wieder einfällt, was mich so in Rage gebracht hat.

»Du hättest ihn nicht schlagen müssen. Ich hab deine Hilfe nicht gebraucht.«

Ich schwinge die Beine seitlich über die Couch. »Das glaube ich aber doch.«

»Nein«, sagt sie. »Das Letzte, was ich brauche, ist, dass irgendein betrunkener Kerl mir Schwierigkeiten macht und fast verhaftet wird.«

»Irgendein betrunkener Kerl?«, wiederhole ich. »Du redest doch hoffentlich von …«

»Jeremy«, hilft sie mir auf die Sprünge. »Nein. Er war nicht betrunken.«

»Was sagst du da?« Ich sollte mich nicht wundern, dass sie so von mir redet, schließlich war ich derjenige, der sie hat stehen lassen.

Aber als ich sie jetzt in dem T-Shirt sehe, in das sie zweimal hineinpasst, ihre Beine und wie sie voll in ihrem Element ist, möchte ich doch gern ihr Freund sein.

»Hör zu, ich war dir was schuldig, weil du mich damals auch gerettet hast, als mir jemand Drogen ins Bier getan hat.« Sie nimmt ihre Jeans und zieht sie an. »Das war alles. Ich sollte jetzt gehen.«

»Nicht«, platzt es aus mir heraus. Sie ist so überrascht, dass sie die Hose fallen lässt, was aus verschiedenen Gründen besser ist. Als ich aufstehe, zuckt ein stechender Schmerz durch meinen Schädel, und ich fasse mir an die Stirn.

Adair kommt einen Schritt näher, erinnert sich dann jedoch wieder, dass sie mich hasst, und bleibt stehen.

Nachdem ich aufgestanden bin, merke ich, dass der Boden erstaunlich sauber ist. Ich sehe mich in meinem Wohnheimzimmer um. Die leeren Flaschen sind verschwunden. Auf dem Boden liegen keine schmutzigen Klamotten mehr. Meine Bücher sind auf dem Couchtisch aufgestapelt.

»Hast du aufgeräumt?«, frage ich verwirrt.

»Ich wollte nicht die ganze Nacht in deinem Müll herumsitzen.« Sie pustet sich eine Haarsträhne aus dem Gesicht. Wahrscheinlich kann sie so besser ihren tödlichen Blick auf mich richten. »Was stimmt nicht mit dir?«

Wo soll ich anfangen?

»Ich habe dir doch gesagt, dass ich nicht trinke.« Ich versuche, sie anzugrinsen. Ihre Miene bleibt versteinert, aber ich glaube, ihr Blick wird etwas milder. »Kann ich jetzt den Kaffee haben?«

Sie nimmt den Becher und reicht ihn mir. »Bereit, nüchtern zu werden?«

»Das ist wahrscheinlich eine gute Idee«, gebe ich zu. »Du musst aber nicht bleiben.«

Aber bitte tue es, füge ich im Geiste hinzu.

»Ich habe einige Erfahrung damit, jemandem durch einen Kater zu helfen«, sagt sie leise.

»Ich auch.«

»Du solltest aufhören zu trinken. Bitte.« Der Schmerz in ihrer Stimme ist schlimmer als meine Kopfschmerzen. Wir haben bislang das Thema »Väter« gemieden, aber für mich ist klar, dass Adair einen Alkoholiker erkennt, wenn sie einen sieht.

»Ich weiß. Ich werde wieder trocken.« Ich lege eine Hand auf mein Herz. »Versprochen.«

Sie zuckt die Schultern.

»Das hast du schon mal gehört, oder?«, frage ich.

»So oft, dass ich den Überblick verloren habe«, sagt sie, »also, entschuldige, dass ich es erst glaube, wenn ich es sehe.«

»Nichts anderes habe ich erwartet. Aber ich bin damit durch. Du wirst sehen. Ich will nicht wie mein Vater werden.« Ich warte und gebe ihr die Chance zu entscheiden, wie sie weitermachen will. Ich habe das Buch zu meiner Geschichte aufgeschlagen. Jetzt muss sie sagen, ob sie es lesen will.

»Dein Vater hat dir auch versprochen, mit dem Trinken aufzuhören?«

Entscheidung gefallen. »Nein. Er hat sich nicht mit uns abgegeben. Mit meiner Schwester und mir«, stelle ich klar. »Es hat ihn einen Scheiß interessiert, wie es zwei kleinen Kindern damit geht. Aber meiner Mutter. Ja der hat er es oft versprochen. Er hat sich betrunken, die Wohnung auseinandergenommen oder Schlimmeres, und am nächsten Tag hat er versprochen, nicht mehr zu trinken. Manchmal ist er sogar zu einem Meeting der Anonymen Alkoholiker gegangen. Aber sobald sie ihm vergeben hat, hat er gleich wieder angefangen.«

»Oder Schlimmeres?«

Sie will die ganze Geschichte hören. Das verstehe ich. Ich erzähle sie nur nicht sonderlich gern. Ein paarmal habe ich es getan – vor Sozialarbeitern, Richtern und Anwälten. Ich nehme den Kaffeebecher und gehe zurück zum Sofa. »Bist du sicher, dass du das hören willst?«

Adair beißt sich auf die Lippe und zupft nervös an meinem T-Shirt, dann nickt sie. Sie kommt näher, starrt eine Sekunde aufs Sofa und lässt sich dann vorsichtig am anderen Ende nieder. Sie setzt sich auf ein Bein und zupft das T-Shirt zurecht, damit sie bedeckt ist.

»Am schlimmsten war es, wenn er sie geschlagen hat.« Ich zögere und nippe am Kaffee, schlucke ihn schließlich zusammen mit meinem Stolz hinunter. »Als ich alt genug war, bin ich dazwischengegangen und habe mich mit ihm angelegt, damit er seine Wut an mir auslässt.«

»Hat er dich geschlagen?«

»Sein Missbrauch zeigte sich in allen möglichen Formen. Je mehr er trank, desto grausamer wurde er«, gebe ich zu. »Meine kleine Schwester war die Einzige, die er nie angefasst hat, dafür habe ich gesorgt.«

Sie schließt die Augen. Bemitleidet sie mich? Stellt sie sich vor, dass ich ein armes Kind war, das man herumgestoßen hat? Das ist das Letzte, was ich will. Doch als sie schließlich etwas sagt, verrät sie mir ihre eigenen Geheimnisse. »Mein Vater wird nie handgreiflich. Er erinnert uns nur daran, wie wenig wir ihm bedeuten und wie sehr wir ihn in jeglicher Hinsicht enttäuschen. Zu meiner Mutter war er netter. Zumindest, wenn wir dabei waren. Vermutlich ist es am Ende egal.«

»Das mit deiner Mutter tut mir leid«, sage ich und meine es von ganzem Herzen.

»Warum muss immer der beschissene Elternteil überleben?«, fragt sie, dann schlägt sie sich eine Hand vor den Mund, als hätte sie sich über ihre eigenen Worte erschreckt.

»Weil Männer wie unsere Väter Ratten sind. Sie tun alles, um zu überleben.«

»Sterling«, sagt sie sanft, »warum warst du in einer Pflegefamilie?«

Ich kann ihr nicht verübeln, dass sie nichts von den Jahren voller Gewalt hören will, die vor dem liegen, wonach sie fragt. »Ich bin immer wieder weggelaufen«, erzähle ich. »Zuerst konnte ich bei Freunden schlafen, aber die Geduld von deren Eltern war ziemlich schnell am Ende. Einer hat sogar versucht, mich dazu zu bewegen, nach Hause zu gehen.«

»Wussten sie, warum du weggelaufen bist?«

»Ja, aber sie hatten ihre eigenen Probleme. Es war für alle schwierig, noch ein Maul zu stopfen und den wenigen Platz mit noch einer Person zu teilen. Irgendwann bin ich einfach auf die Straße gegangen.«

»Du hast auf der Straße gelebt?« Ihre Stimme klingt brüchig, als wäre sie den Tränen nahe.

»Hey, so schlimm war das nicht«, versuche ich, es herunterzuspielen. »Ich habe gelernt, mich zu wehren – das war gestern Abend nützlich.« Ich zwinkere ihr zu, aber sie lacht nicht. Sie lächelt noch nicht einmal. »In New York gibt es eine Menge Orte, an die man gehen kann, wenn man kein Dach über dem Kopf hat. So schlimm war das nicht.«

»Wohin bist du gegangen?« Sie rückt ein Stück näher.

»Tagsüber in die Schule oder in die Bibliothek.«

»Du bist noch zur Schule gegangen?«, fragt sie überrascht.

»Entspricht nicht der Vorstellung vom Weglaufen, die die meisten Kinder haben, stimmt's? Aber dort gab es immer Frühstück oder Mittagessen. Essen ist Essen.« Ich zucke die Schultern.

Ihre Lippe zittert.

»Ein paarmal die Woche bin ich zu Hause vorbeigegangen und habe nach meiner Schwester gesehen. Ich konnte nicht anders«, sage ich. »Normalerweise war mein Vater in irgendeiner Bar, in der er noch kein Hausverbot hatte. Eines Abends ist er jedoch zu Hause geblieben. Ich wusste nicht, dass er da war, bis ich durchs Fenster stieg und hörte, wie er meine Mutter schlug. Meine Schwester kauerte in ihrem Zimmer zwischen Bett und Wand.« Während ich davon spreche, durchlebe ich alles noch einmal.

Es riecht nach abgestandenem Zigarettenrauch. Wieder hat niemand Suttons Bett frisch bezogen, und ihre Kleider sind schmutzig. Normalerweise sorgt Mom besser für sie, aber dem Geräusch von splitterndem Glas und Dads Fluchen nach zu urteilen, das aus der Küche dringt, hat sie keine Zeit. Ich gehe neben Sutton in die Hocke und hebe ihr Kinn an, das sie auf die Knie gestützt hat. »Hey, Süße, alles okay?«

»Mom hat mir heute Abend nichts zu essen gegeben«, flüstert sie.

Ein kalter Schauer überläuft mein Rückgrat, doch ich zwinge mich, sie anzulächeln. »Ich besorge dir was zum Abendessen. Warum suchst du dir nicht einen sauberen Pyjama heraus?«

Sie schüttelt den Kopf und sinkt wieder in sich zusammen.

»Komm schon, Süße. Jetzt bin ich ja da. Das wird schon. Suchen wir dir erst mal einen Pyjama.«

»Sterling …« Ihre Augen sind so groß und rund wie der Mond draußen, und in ihnen glänzen Tränen. »Mir ist ein Unfall passiert.«

»Schon okay«, sage ich leise. »Noch ein Grund mehr, dir was Frisches anzuziehen. Ich bleibe heute Nacht hier, okay?«

Sie nickt und steht vorsichtig auf. Da bemerke ich den Geruch.

Ich war vor ein paar Tagen zum letzten Mal bei ihr. Ich hatte ein Bett in einer guten Unterkunft auf der anderen Seite der Stadt ergattert und wollte es nicht verlieren. Sieht aus, als hätte sie seitdem nicht gebadet. Ihre Haare hängen ihr strähnig um die Schultern. Ich höre, wie ihr der Magen knurrt.

»Was hast du zum Frühstück gegessen?«, frage ich.

»Ich habe mich gestern rausgeschlichen und Müsli gegessen.« Sie beißt sich auf die Lippe, dann zieht sie vorsichtig eine Schachtel Müsli aus dem Kopfkissen. Es ist eine winzige Schachtel, wie man sie manchmal in der Schule zum Frühstück bekommt. Ich nehme sie und sehe, dass sie vielleicht die Hälfte gegessen hat. Mein eigener Magen rebelliert gegen das üppige Essen, das ich heute Nachmittag in der Schule bekommen habe.

»Ist das alles, was du gegessen hast?«, frage ich. »Hast du in der Schule was gegessen?«

»Ich war nicht in der Schule.«

Mein Herz beginnt heftig zu pochen. »Sutton.« Ich fasse ihre zarten Schultern. »Das ist wichtig. Wann warst du zum letzten Mal in der Schule?«

»Vor ein paar Tagen. Ich weiß nicht. Daddy sagt, ich soll in meinem Zimmer bleiben.«

Wie konnte ich sie nur so lange allein lassen? Normalerweise kann man darauf vertrauen, dass Mom sich um sie kümmert. Und Dad? Er rührt sie nicht an, er ignoriert sie komplett. »Und Mom hat nicht nach dir gesehen?«

»Sie schläft. Dad sagt, sie ist krank«, antwortet Sutton leise.

Mein Herz schlägt so schnell, als würde es aus meiner Brust springen. Ich zwinge mich, ruhig zu bleiben. »Okay, suchen wir dir einen Pyjama, und dann besorge ich dir etwas zu essen.«

»Nein!«, jammert Sutton. »Daddy ist richtig, richtig wütend. Wenn er dich sieht …«

»Hey, ich kann auf mich aufpassen, okay?« Das habe ich sehr wohl bewiesen. Ich bin kein Stück besser als er – denke auch nur an mich. Ich hätte für sie da sein müssen.

Wir finden ein großes T-Shirt für sie. Ihre meisten Sachen sind dreckig. Wie es aussieht, hat Mom seit einer Weile nicht mehr gewaschen. Sutton zieht sich das T-Shirt und frische Unterwäsche an, während ich aus dem Fenster starre. Ich weiß, warum Sutton nicht will, dass ich da rausgehe. Sie mag noch nicht selbst das Opfer seiner Wut geworden sein, aber sie hat gesehen, wie ich sie abbekommen habe.

Mom macht die Wäsche nicht. Sie gibt Sutton nichts zu essen. Das kann ich nicht ignorieren, aber ich kann auch nicht bleiben. Dad bringt mich um. Da bin ich mir ganz sicher. Und Mom? Es sieht aus, als hätte sie aufgegeben. Wie krank ist sie?

Ich nehme die dreckige Bettwäsche von Suttons Bett, nehme eine flauschige Decke aus dem Schrank und stecke Sutton mit einem Teddybären ins Bett. »Ich bringe dir Abendessen ans Bett.«

»Abendessen im Bett?« Sie kichert. »Das darf man nicht.«

»Aber natürlich darf man das«, sage ich. »Du kennst doch

die großen Hotels, an denen wir vorbeikommen, wenn wir zum Central Park gehen?«

Sie nickt und macht große Augen.

»Wenn du in einem von denen übernachtest, bringt man dir alles ans Bett, was du willst.«

»Alles?«, wiederholt sie ehrfürchtig. »Sogar Eis?«

»Oh, ja.« Ich nicke.

»Hast du schon mal Eis im Bett gegessen? Wohnst du da, wenn du nicht hier bist?«

Ich schüttele ihr Kopfkissen auf und grinse. »Ja«, lüge ich. »Natürlich, und eines Tages wohnen wir zusammen in so einem Hotel und essen Eis.«

»Versprochen?«

Ich halte meinen kleinen Finger hoch, und sie verschränkt ihren mit meinem. »Versprochen.« Ich stehe auf. »Ich besorge dir jetzt was zu essen.«

Sutton kauert unter der Decke und umklammert den schäbigen Teddy aus dem Dollar-Shop, den ich ihr letztes Jahr zu Weihnachten geschenkt habe. »Sei vorsichtig.«

Sie sollte mich nicht warnen müssen, vorsichtig zu sein, wenn es um unseren Vater geht. Sie sollte das nicht erleben. Ich muss sie hier wegschaffen. In der einen Unterkunft in der Stadt kommt immer eine Sozialarbeiterin vorbei. Vielleicht kann sie mir helfen.

Ich öffne die Tür einen Spalt breit und spähe hinaus. Sofort nehme ich den Geruch von Müll und noch etwas Schlimmerem wahr – ein fauliger Geruch steigt mir in die Nase, und ich würge. Mom muss wirklich krank sein, wenn sie es so schlimm werden lässt. Ich drehe mich um und lege einen Finger an die Lippen, um Sutton zu ermahnen, leise zu sein, woraufhin sie sich die Decke über den Kopf zieht.

Dad ist mit einer vollen Flasche Bier auf dem Sofa eingeschlafen, in seinem Mundwinkel hängt schlaff eine Zigarette, Rauch steigt auf, wenn er schnarcht. Ich sollte sie ihm wegnehmen und ausdrücken, ehe er die Wohnung abfackelt. Aber erst, nachdem ich dafür gesorgt habe, dass Sutton etwas zu essen bekommt. Wenn er aufwacht, kann ich mich darum nicht mehr kümmern.

Der Kühlschrank ist fast leer, bis auf eine halbe Tüte Milch, die letzte Woche abgelaufen ist. Ich öffne sie und rieche daran. Sie ist nur ein bisschen sauer. Wenn Sutton sie übers Müsli gießt, wird es ihr wahrscheinlich nicht auffallen. Ein Trick, den ich im Laufe der Jahre gelernt habe. Man muss mit dem zurechtkommen, was man hat.

Fliegen schwirren um den Mülleimer, der wahrscheinlich die Ursache des widerlichen Gestanks ist, der in der Wohnung hängt. Vorsichtig öffne ich das Küchenfenster, um etwas frische Luft hereinzulassen. Draußen schneit es, darum darf ich nicht zu viel hereinlassen. Ich kann nicht davon ausgehen, dass die Heizungsrechnung bezahlt ist.

Ich finde eine Schale und suche in der Schublade mit dem zusammengewürfelten Besteck nach einem Löffel. Eine schnelle Inspektion der Schränke ergibt, dass ich ihr nichts anderes bringen kann. Morgen gehe ich früh in die Schule und bezirze die Frau, die das Essen zubereitet, Gladys, damit sie mir zwei Frühstücke gibt. Ich kann es hierher zurückschaffen, Sutton etwas zu essen geben, sie anziehen und dann selbst zur Schule bringen, wenn Mom es nicht kann. Dort bekommt sie ein Mittagessen, und das verschafft mir Zeit, mir zu überlegen, was ich als Nächstes tue. Normalerweise hat Dad die Nachmittagsschicht im Betrieb. Ich kann zurückkommen und nach Mom sehen, sie drängen, sich um Sutton zu kümmern oder zum Arzt zu gehen oder was auch immer.

Auf Zehenspitzen gehe ich den Flur hinunter und bleibe an der Schlafzimmertür stehen. Ich darf nicht riskieren, sie zu überraschen, denn das könnte Dad aufwecken. Stattdessen gehe ich zurück zu Sutton. Das Müsli in ihrer Schachtel ergibt zusammen mit der Milch schon fast eine Mahlzeit.

»Morgen besorge ich dir was zum Frühstück«, sage ich, »du kannst das hier jetzt also aufessen.«

»Etwas Warmes?«, fragt sie hoffnungsvoll.

»Unbedingt.« Ich reiche ihr die Schüssel. »Und du gehst morgen zur Schule.«

»Ich vermisse die Schule.« Sie isst einen Löffel Müsli und verzieht das Gesicht. »Die Milch schmeckt komisch.«

»Das ist besondere Milch«, erkläre ich den säuerlichen Geschmack. »Da sind besondere Mineralien drin, damit du nicht krank wirst so wie Mum.«

Sie nimmt mir die Erklärung ab und isst auf. Sie zwingt sich sogar, den letzten Rest Milch aus der Schale zu trinken. Als sie fertig ist, leckt sie sich die Lippen. »Sterling, ich habe noch Hunger.«

Ich merke, dass meine Wangen nass sind, wische mir die Tränen fort und fühle mich von meinem Körper verraten. »Ich konnte ihr nichts mehr geben«, sage ich zu Adair. »Sie wäre fast verhungert – hat man mir später erzählt. Ich bin zur Schule gegangen und habe mein Leben gelebt, und meine kleine Schwester ist fast verhungert.«

Adair schweigt einen Moment, dann kommt sie zu mir herüber und klettert auf meinen Schoß. Sie legt die Arme um meine Schultern, eine Hand auf meinen Nacken und zieht mein Gesicht an ihre Brust. »Du warst ein Kind«, sagt sie leise. »Du hättest dich um das alles gar nicht kümmern sollen.«

»Wer sollte sich sonst darum kümmern?« Das ist die Frage, die ich mir seither eine Million Mal gestellt habe. »Niemand hat sich gekümmert. In der Schule haben sie gesehen, dass ich jeden Tag in denselben Klamotten aufgetaucht bin. Niemand hat etwas gesagt. In der Obdachlosenunterkunft hat man mir ein Bett gegeben und zwei, drei Fragen gestellt, aber das war's. Ich meine, dank denen hatte ich etwas zu essen und meist einen Schlafplatz. Aber letztlich konnten sie nichts tun, stimmt's? Manche Eltern sind einfach scheiße. Ich dachte, ich würde meiner Schwester einen Gefallen tun. Unsichtbar zu sein ist immer noch deutlich besser, als zuzusehen, wie dein Vater jeden Abend deinem Bruder die Scheiße aus dem Leib prügelt. Meiner Mutter gelang es meist ganz gut, ihn nicht auf sich aufmerksam zu machen. Zumindest dachte ich das.« Ich lache, und das Geräusch klingt so fern, als würde es woanders herkommen. »Bis …«

»… sie krank wurde?«, mutmaßt Adair.

Ich schüttele den Kopf, mein Hirn versucht zu verhindern, dass die Worte aus meinem Mund kommen. »Sie war nicht krank. Das war das Problem.«

Ich werde von Kindergeschrei geweckt, setze mich auf und sehe vor dem Fenster verschwommenes Weiß. Meine Glieder sind steif. Nicht nur, weil ich auf dem Boden geschlafen habe, sondern auch von der eisigen Luft. Vermutlich ist die Heizungsrechnung nicht bezahlt worden. Als ich aufstehe, bemerke ich draußen auf der Feuertreppe eine Schneedecke. Ein weiterer Freudenschrei hallt durch die Luft, und mir wird mulmig. Dass die Kinder unten spielen, heißt vermutlich, dass wir schulfrei haben.

Keine Schule. Kein Frühstück. Kein Mittagessen. Kein sicherer Ort, um Sutton unterzubringen, während ich herausfinde, was ich für sie tun kann.

Sutton setzt sich im Bett auf, reibt sich den Schlaf aus den Augen und zieht die Decke um ihren zierlichen Körper. »Es ist kalt.«

»Ja, aber es hat geschneit.« Ich grinse, um sie von ihren klappernden Zähnen abzulenken.

»Gehe ich in die Schule?« Sie blickt auf den Wecker und macht ein langes Gesicht.

»Heute ist keine Schule«, sage ich schnell. »Wir erleben stattdessen ein Abenteuer. Wir besichtigen die Stadt.«

»Wohin gehen wir?«, fragt sie, als ich nach den wärmsten Kleidern suche, die ich in ihren Schubladen finde, und sie aufs Bett werfe. Ich brauche einen Moment, um ihre Winterjacke zu finden, die hinten in den Kleiderschrank gestopft ist. Sie ist ihr zwei Nummern zu klein, aber besser als nichts.

»Warte mal.« Ich überlege mir Orte, die auf jeden Fall geöffnet haben und an denen es warm ist. »In die Bibliothek?«

»Ja.« Ihre Miene hellt sich auf. Sutton liest fast so gern wie ich. »In den Zoo?«

»Für den Zoo ist es zu kalt, Süße.« Ich nehme zwei Paar Socken.

»Für die Eisbären nicht.« Sie zieht das erste Paar an.

»Ich schreibe Mom eine Nachricht«, sage ich. Mit ein bisschen Glück ist etwas Geld in Moms Versteck im Küchenschrank. Das ist für Notfälle gedacht, aber ich bin mir ziemlich sicher, dass dies einer ist. Sutton braucht etwas zu essen, und vielleicht kann ich nach Mom sehen und ihr ein Medikament besorgen.

Dads Sessel ist leer, und ich atme erleichtert auf. Er ist zur Arbeit gegangen, was heißt, dass ich nicht herumschleichen muss.

Ich öffne den Küchenschrank neben dem Herd und taste hinten im Regal, bis ich kaltes Metall fühle. Ich hole die alte Kaffeedose hervor und finde drei Dollar darin. Genug für einen Hotdog. Vielleicht noch ein Stück Brot dazu, wenn Tommy in dem Laden an der Ecke gute Laune hat.

Ich stecke die Scheine ein und gehe zurück in den Flur. Moms Tür steht einen Spalt auf, und ich stecke den Kopf hindurch und rufe leise »Hallo«. Sie reagiert nicht. Ich sehe, dass sie auf dem Bett liegt. Ich zögere. Vielleicht sollte ich sie schlafen lassen, vor allem wenn sie krank ist. Ich blicke zu Suttons Tür auf der anderen Flurseite. Plötzlich wird mir klar, dass Mom vielleicht einen Arzt braucht. Und selbst wenn sie nur vor der Realität flieht, braucht sie einen Weckruf. Das geht so nicht weiter.

»Mom«, sage ich mit mehr Nachdruck. Ich gehe zum Bett und setze mich zu ihr. »Ist alles okay?« Ich warte, dass sie antwortet, aber sie schläft noch. »Mom, du musst aufstehen und dich um Sutton kümmern. Ich kann sie heute nehmen, aber …« Ich strecke die Hand aus, doch ihre Schulter ist eiskalt. Natürlich ist sie kalt. Sie liegt bäuchlings auf der Decke. Vielleicht hatte sie Fieber und ist einfach so eingeschlafen.

»Komm.« Ich versuche, die Decke hochzuziehen und sie zuzudecken, aber sie bewegt sich nicht. »Es wird nur schlimmer, wenn du so auskühlst.«

Ich schalte die Lampe neben ihrem Bett ein und hoffe, dass das Licht sie aufweckt. In dem Moment bemerke ich das Blut.

Adair schnappt nach Luft, und ich umklammere ihre Hüften und fühle die weiche warme Haut. Ich will mich zwischen ihren Hüften vergraben und vergessen, aber ich kann der Vergangenheit weder entkommen, noch kann ich sie ändern. Das weiß ich längst.

»Sie war tot«, sage ich ausdruckslos. »Schon seit Tagen. Mein Vater hatte sie erschlagen. Man hat nie herausgefunden, womit.«

»Und deine Schwester?«, fragt Adair. »Was ist aus ihr geworden?«

»Ich habe sie mitgenommen, weil sie schulfrei hatte«, sage ich.

Sie zieht die Brauen zusammen. »Hast du nicht die Polizei gerufen?«

»Zuerst nicht«, gebe ich zu. »Ich wollte nicht, dass Sutton … das sieht.«

Mit zitternden Händen schließe ich die Tür hinter mir. Mir ist genauso kalt, wie sie sich angefühlt hat. Sutton erscheint in der Tür und strahlt wie die Sonne. Ihre Jeans ist ein Stück zu kurz, und ihre Sneakers haben ein Loch am Zeh.

Und sie hat keine Mutter mehr.

Ich schiebe den Gedanken beiseite und nehme ihre Hand. »Bereit für unser Abenteuer?«

»Ja!«, jubelt sie. Sie hält inne und sieht zu Moms Tür. »Hast du ihr gesagt, wo wir hingehen?«

»Ja«, lüge ich. »Sie weiß Bescheid. Wo willst du zuerst hin?«

»In die Bibliothek!«

»Na, was für eine Überraschung.« Ich führe sie den Flur hinunter, fort von dem Albtraum, fort aus ihrem alten Leben, fort von allem, das sie kennt, und bete, dass, ganz gleich, was als Nächstes kommt, besser ist als diese Hölle, die sie hinter sich lässt.

»Ihr seid in die Bibliothek gegangen?« Fassungslos schaut Adair mich an.

»Da waren Computer, und es war warm«, sage ich. »Ich habe ein paar Adressen herausgesucht. Wir haben den Tag zusammen verbracht, dann bin ich zum nächsten Jugendamt gegangen.

»Und was hast du denen erzählt?«, fragt sie.

»Ich habe denen gesagt, dass meine Schwester in ihre Obhut muss, weil sie zu Hause nicht mehr sicher ist. Da war eine sehr nette Frau, die meiner Schwester heiße Schokolade gegeben und mit ihr geredet hat.«

»Und du?«

»Als niemand auf mich geachtet hat, bin ich gegangen.«

»Du bist gegangen?«, wiederholt Adair fassungslos. »Aber wohin?«

»Was denkst du denn? Ich bin nach Hause gegangen, um meinen Vater umzubringen.«

Adair löst ihre Arme von mir und lehnt sich zurück, um mir ins Gesicht zu sehen. »Aber dein Vater lebt noch.«

»Was du nicht sagst! Ich bin halt ein beschissener Mörder.« Mein Versuch, die Stimmung aufzuhellen, scheitert, was nicht weiter überraschend ist. »Als er nach Hause kam, bin ich auf ihn losgegangen. Ich habe mit einem Küchenmesser auf ihn eingestochen, aber es war nicht sehr scharf. Wahrscheinlich hätte eher er mich umgebracht als ich ihn, wenn nicht die Cops rechtzeitig aufgetaucht wären. Das Jugendamt hatte sie verständigt. Ich habe meinen Vater erst wiedergesehen, als ich ein Jahr später vor Gericht ausgesagt habe.«

»Ist er im Gefängnis?«

»Ja. Er hätte es verdient, in der Hölle zu schmoren.«

Adair widerspricht mir nicht. Sie lässt nur ihr Gesicht auf mein Haar sinken und drückt mich an sich. »Was war mit deiner Schwester?«

»Sie war jung und niedlich, das Jugendamt hat sofort einen Platz für sie gefunden.«

Adair ringt um Atem. »Dann hat man euch getrennt?«

»Es war besser für sie. Ich bin die nächsten drei Jahre herumgereicht worden. Aber das wollte ich so. Jedes Mal, wenn es zu behaglich wurde, habe ich eine Prügelei angezettelt und wurde zu jemand Neuem geschickt.«

»Bis zu Francie?«, fragt Adair.

»Die nette Frau mit der heißen Schokolade auf dem Jugendamt war Francies Schwester. Immer wieder bin ich an ihrem Schreibtisch gelandet. Schließlich hat sie Francie überredet, mich zu sich zu nehmen.«

»Bei ihr hast du dich zusammengerissen.«

»Es hat eine Weile gedauert. Erst mal habe ich ihr so viel Ärger gemacht, wie ich nur konnte«, sage ich.

»Warum?«

»Weil ich diesen Schmerz in mir hatte, den nichts lindern konnte. Nur wenn ich auf etwas eingeschlagen habe, konnte ich ihn für eine Weile vergessen. Dann habe ich auf einer Party das Trinken entdeckt«, gestehe ich. »Es war wie eine Flucht. Und der Tiefpunkt.«

»Francie hat dich aber nicht aufgegeben?«

»Nein, ich hab keine Ahnung, warum. Ich habe ihre Geduld unzählige Male auf die Probe gestellt.«

»Vielleicht sieht sie, was ich sehe«, sagt Adair sanft.

»Einen wertlosen Waisenjungen?«, frage ich. »Oder wohl keinen Waisenjungen. Mein beschissener Vater lebt schließlich noch und sitzt in New York seine Strafe ab. Dann bin ich wohl einfach nur ein Dreckskerl?« Ich lache schwach, doch sie lacht nicht mit.

»Lass das.«

»Was?«

»Rede nicht schlecht von dir«, sagt sie. »Das verbiete ich dir.«

»Ich bin genau wie mein Vater.« Ich wende das Gesicht ab, ich kann ihr nicht in die Augen sehen. Sie verdient Liebe und Magie, Wunder und ein Leben, das ich ihr nicht bieten kann. Ich bin ein Schwarzes Loch, in dem alles Gute, das mir begegnet, spurlos verschwindet.

»Nein.« Sie fasst mein Kinn und zwingt mich, ihr in die Augen zu sehen. »Das darfst du nicht denken.«

»Tut mir leid, Lucky. Ich glaube, ich habe vor langer Zeit gelernt, von allen immer das Schlimmste zu erwarten, ganz besonders von mir selbst.«

Ich schaue ihr in die Augen und sehe dort Verständnis. Nein, mehr als das – sie akzeptiert mich vollkommen. So, wie ich eben bin.

»Wir haben alle unsere Fehler«, murmelt sie, »und unseren Ballast.«

»Einige von uns mehr als andere.«

»Weißt du was?«, sagt sie. »Wie wäre es, wenn ich dir eine Weile helfe, deinen zu tragen, wann immer er sich zu schwer anfühlt?«

Ich starre sie verwundert an. Sie überrascht mich immer wieder. Wenn ich Adair ansehe, ist da niemand Perfektes. Ich sehe jemand Reales. Vielleicht ist sie die erste reale Person, die ich kenne. Ihre Fehler sind ganz offensichtlich. Ihr Temperament? Nun ja, das ist heftig. Sie tritt mit jedem zweiten Satz in irgendein Fettnäpfchen. Und sie zitiert Bücher und spricht mich auf meinen Scheiß an und hält mich in meinen dunkelsten Momenten im Arm. »Warum solltest du das tun?«

»Ich glaube, dass man das tun sollte«, flüstert sie, »wenn man jemanden vielleicht liebt.«

»Vielleicht?«, murmele ich und höre das Blut in meinen Adern rauschen.

»Vielleicht.« Sie küsst mich zärtlich mit ihren weichen Lippen.

»Ich will nicht, dass du gehst.« Ich möchte sie in die Arme nehmen und sie für immer bei mir behalten – mitsamt ihrer Fehler und Macken.

»Ich bleibe, solange du mich willst«, flüstert sie.

»Das wird aber sehr lange sein«, warne ich sie.

Adair lächelt, und Wärme durchströmt mich. »Gut.«

ADAIR

HEUTE

Am nächsten Tag treffen ein Dutzend Rosen in meiner Suite ein, am übernächsten ist es ein Arrangement aus Magnolien und wieder einen Tag darauf ein riesiger Wildblumenstrauß. Ich lasse sie alle im Flur stehen, damit die Zimmermädchen sie mitnehmen, doch das tun sie nicht. Und so sieht es vor meiner Tür aus wie bei einer Beerdigung.

Hier ruhen die sterblichen Überreste unserer Beziehung.

Ich überlege, ob ich mir Frühstück aufs Zimmer bestellen soll, damit ich sie nicht sehen muss, da klopft es an der Tür. Ein Blick zur Uhr sagt mir, dass es ungewöhnlich früh für eine Lieferung ist, doch ich bereite mich darauf vor, den nächsten Strauß in Empfang zu nehmen. Als ich allerdings durch den Spion spähe, starrt mich Poppy mit finsterer Miene an.

»Mist, Moment.« Ich entriegele das Schloss, und als ich die Tür aufreiße, stehen sie und Kai vor mir. Er ist lässig gekleidet und hat eine Cap tief ins Gesicht gezogen, als wollte er nicht erkannt werden. Doch trotz seiner abgetragenen Jeans und dem alten Johnny-Cash-T-Shirt fällt er unweigerlich auf. Poppy hingegen sieht aus, als sei sie für einen Kampf gekleidet – sie trägt ein hautenges schwarzes Lederkleid und schwindelerregend hohe Pumps. Das Outfit wirkt wie eine Rüstung, und ich weiß genau, welche Waffe sie mitgebracht hat: ihre scharfe Zunge. Sie marschiert mit einer Vase mit Blumen ins Zimmer und stellt sie auf dem kleinen Tisch im Wohnzimmer ab.

»Die standen draußen«, verkündet sie und reibt sich die Hände, als hätte sie gerade wer weiß was geleistet.

»Ich will die nicht …«, hebe ich an, doch Kai schüttelt den Kopf.

»Leg dich nicht mit ihr an. Sie ist in Hochform.«

»Ich bin scheißwütend!«, ruft Poppy und fährt zu uns herum. »Schließlich ist meine beste Freundin gerade, ohne ein Wort zu sagen, von zu Hause ausgezogen und hat sich im Hotel meines Freundes verschanzt, ebenfalls ohne mich zu informieren, und zu allem Überfluss hat sie drei Tage lang meine Anrufe ignoriert.«

»Ich stecke in Schwierigkeiten, stimmt's?«, flüstere ich Kai zu.

»Ja«, antwortet Poppy an seiner Stelle und pustet sich übertrieben theatralisch eine schwarze Haarsträhne aus dem Gesicht. »Was hast du dir nur dabei gedacht?« Sie zögert und lässt den Blick über mich gleiten. »Und was hast du da überhaupt an?«

»Hab ich bei Target gekauft«, verteidige ich mich und tätschele liebevoll den seidenweichen Jumpsuit. Wenn ich schon untertauche, kann ich auch gemütliche Sachen anziehen.

»Mir gefällt er«, sagt Kai, und ich schenke ihm ein dankbares Lächeln. Zumindest er ist noch auf meiner Seite.

»Target?«, wiederholt sie, als würde ich eine Fremdsprache sprechen. »Adair, was ist los?«

»Setzt euch besser. Soll ich was zum Frühstück kommen lassen?«, frage ich.

Poppy lässt sich aufs Sofa fallen und verschränkt die Arme. »Ich habe keinen Hunger.«

»Sekt mit Orangensaft?«, locke ich.

Sie starrt mich wütend an und wendet dann den Blick ab. Ich bestelle trotzdem. Als die Getränke eintreffen, habe ich den beiden von den letzten Tagen berichtet.

»Also sind die Blumen von ihm?«, fragt Kai.

Ich nicke.

Poppy schweigt, nimmt sich jedoch ein Glas. Sie verzichtet auf den Orangensaft und schenkt sich nur Sekt ein. »In so einer Zeit sollte man sich nicht auch noch mäßigen«, informiert sie uns. »Warum hast du mich nicht angerufen?«

In ihren dunklen Augen sehe ich, wie sie mit sich ringt. Sie will Verständnis für mich haben, aber sie ist verletzt, dass ich nicht den Kontakt zu ihr gesucht habe. Ich schüttele den Kopf. In dieser Hinsicht kann ich sie beruhigen. »Ich habe mein Telefon bei ihm vergessen. Es ist mausetot, weshalb er vermutlich nicht gemerkt hat, dass es bei ihm ist.«

»Soll ich es für dich abholen?«, fragt Poppy.

Ich zucke die Achseln und nehme einen großen Schluck aus meinem Glas. »Ich brauche es nicht.«

Sie tauscht einen Blick mit Kai.

»Was?«, frage ich.

»Du brauchst es nicht?«, wiederholt Kai. »Bist du dir sicher, dass du nicht darauf wartest, dass er es dir bringt?«

»Sterling Ford zu sehen, ist wirklich das Letzte, was ich

will«, schäume ich. Allein seinen Namen auszusprechen, treibt mir das Blut in die Wangen … und noch an andere Stellen.

»Ja, du vögelst lieber mit ihm auf dem Flur.« Poppy verzieht die Lippen zu einem schelmischen Grinsen.

Ich hebe eine Hand. »Ich habe gestanden! Können wir das jetzt vergessen? Ich brauche eine Pause von der Sterling-Achterbahn.«

»Aber bei Felix hättest du dich zumindest melden müssen«, tadelt Poppy, und mir rutscht das Herz in die Hose. Eine unendliche Sekunde lang bleibt die Welt stehen. Poppy sieht meine schockierte Miene, und ihre Augen weiten sich. »Alles in Ordnung, Süße! Es ist nichts passiert. Oh, tut mir leid. Wir sind nur bei euch vorbeigefahren, weil wir dich nicht erreicht haben. Er sagt, dass Ellie jetzt in die Vorschule in Valmont geht.«

Ich lege eine Hand auf meine Brust, atme tief ein und merke, wie sich mein Herzschlag beruhigt. »Du hast mir Angst gemacht.«

»Sorry.« Sie zuckt die schmalen Schultern und lächelt verlegen. »Er hat gesagt, du sollst ihn anrufen. Ellie stellt Fragen.«

Diese Information bedrückt mich. »Ich hätte nicht ausziehen sollen. Ich muss Ellie beschützen.«

»Unsinn. Du kannst sie auch beschützen, ohne in Windfall zu sein«, sagt Poppy. »Sie bekommt doch mit, wie sie dich behandeln. Zeig ihr, dass eine starke Frau sich das nicht gefallen lässt.«

»Was, wenn sie jetzt auf sie losgehen?«, frage ich so leise, dass ich überrascht bin, dass sie mich gehört haben.

»Das werden sie nicht.« Kai klingt ganz sicher. Ich wünschte, ich könnte seinen Optimismus teilen.

»Das lassen wir nicht zu«, erklärt Poppy. »Felix ist da, und er kümmert sich um ihr Erbe und zwingt Malcolm und Ginny zu kooperieren. Er hat Ginny schon dazu gebracht, der Kleinen Tanzunterricht zu erlauben.«

»Ja?«, frage ich hoffnungsvoll. Nebensächlichkeiten wie die Förderung ihres Kindes hat Ginny bislang gern ausfallen lassen, sie richtet ihre ganze Aufmerksamkeit auf Benefizveranstaltungen und Lunchs – was immer Malcom dienlich ist.

Poppy nickt. »Felix hält die beiden in Schach.«

»Sind sie denn wirklich so schlimm?«, fragt Kai ungläubig.

»Schlimmer«, erwidert Poppy. »Ich habe nie verstanden, wie eine Frau, die so unbedingt ein Kind haben wollte, sich dann so wenig engagieren kann.« Poppy kritisiert nur selten jemanden. Für ihre Verhältnisse ist das also ein vernichtendes Urteil.

»Das Kind ist Teil ihres Ehevertrags«, erkläre ich und schlucke mein schlechtes Gewissen hinunter. Mir wurde beigebracht, nie über Familienangelegenheiten zu sprechen, schon gar nicht über solche, die uns in schlechtem Licht erscheinen lassen. »Das hat mir mein Vater mal erzählt. Wenn Malcolm sich scheiden lässt, bevor sie ihm ein Kind geschenkt hat, bekommt sie nichts. Durch Ellie ist sie nun lebenslang versorgt.«

»Sie hat ein Baby bekommen, um die Bedingungen eines Ehevertrags zu knacken?«, fragt Kai. »Eure Anwälte sind schrecklich. So etwas würde ich nie im Leben unterschreiben.«

»Anwälte können etwas hinterhältig sein, wenn es um die bürgerlichen Ehefrauen milliardenschwerer Männer geht«, bemerke ich trocken.

»Und bürgerliche Männer? Oder arme Schlucker?«

»Uns wurde von klein auf beigebracht, dass die nicht existieren«, sagt Poppy. »Kein Witz! Wenn du als Frau arm heiratest, bist du raus aus dem Club.«

»Wirklich?« Kai sieht mich fragend an. »Ist deshalb das zwischen dir und Sterling schiefgegangen?« Er verzieht das Gesicht, als er merkt, dass er ein schwieriges Thema angesprochen hat.

Ehe er sich entschuldigen kann, sage ich: »Ich habe keine Ahnung, was das Problem zwischen Sterling und mir war. Ich habe keine Ahnung, warum er mich verraten hat.«

Kai öffnet den Mund, um etwas zu erwidern.

»Themawechsel!«, geht Poppy energisch dazwischen. Sie legt den Kopf schief, nimmt meine Hand und mustert sie eine ganze Weile. Fast rechne ich damit, dass sie mir die Zukunft voraussagt. Als sie schließlich aufsieht, schüttelt sie missbilligend den Kopf. »Wann fängst du deinen Job an?«

Ich beiße mir auf die Lippe. Vielleicht ist Sterling nicht der Einzige, dem ich aus dem Weg gegangen bin. »Ich sollte vorbeikommen, um den Vertrag zu unterschreiben, aber nachdem Malcolm denen gesagt hat, wer ich bin …«

»Nein!«, unterbricht Kai mich laut. »Das lässt du dir nicht von deinem Bruder vermiesen. Sie hat *dich* angestellt. Denkst du, das Angebot gilt ewig?«

»Ich bezweifle, dass es überhaupt noch gilt. Mir gehört der Laden. Sie wird mich dort nicht haben wollen. Jetzt nicht mehr. Sie wird mich dulden, das ja«, sage ich, stoße aber nicht auf Verständnis, sondern auf liebevolle Strenge.

»Ich sehe das wie Kai«, sagt Poppy mit fester Stimme. Sie holt ihr Telefon heraus.

»Wen rufst du an?«, frage ich misstrauisch. Ihr ist zuzutrauen, dass sie sich einmischt, so ist sie eben.

»Elsi«, sagt sie.

»Nein!« Aber ich kann sie nicht mehr aufhalten. Sie hebt einen Finger und macht *Psst.* »Hast du Zeit? Es ist ein absoluter Notfall.«

»Wer ist Elsi?«, flüstert Kai.

Aber Poppy hat schon aufgelegt und antwortet ihm an meiner Stelle: »Sie ist eine Magierin.«

»Ihre Stylistin«, sage ich zu ihm und verdrehe die Augen.

»Magierin«, beharrt Poppy, »und sie verdient den Titel. Sie kommt. Wir müssen dich für deinen ersten Job zurechtmachen.«

»Das ist nicht nötig. Das wird nur peinlich und schrecklich. Ich sollte den Verlag wahrscheinlich einfach verkaufen.«

»Nein!«, rufen Kai und Poppy wie aus einem Mund.

»Ich mach das schon«, sagt Kai zu ihr und legt mir einen Arm um die Schulter. »Die wissen, dass dir der Laden gehört. Na und? Dann gehört er dir eben. Behandele die Leute gut. Mach die Arbeit so, wie du denkst, dass sie getan werden sollte. Die Leute denken, was du sie denken lässt. Glaub mir.«

Kai ist in dieser Hinsicht ein Profi. Er ist ein Star, weil er behauptet, einer zu sein. Ich verstehe, was sie mir zu sagen versuchen, aber ich habe trotzdem nicht das Gefühl, die richtige Entscheidung zu treffen. »Die Wahrheit ist, dass ich, als Sterling wieder aufgetaucht ist, eigentlich bereit war, mein Leben in die Hand zu nehmen. Bereit, unabhängig zu werden.«

»Und das hat sich nicht geändert! Na gut, die wissen, wer

du bist. Zeig ihnen, dass du ihren Respekt verdienst«, fügt er hinzu.

»Ja?« Bei ihm klingt das so leicht. »Und wie?«

»Ich sage dir, was Simon Cowell zu mir gesagt hat: Fake it till you make it. Tu so, als hättest du es drauf, bis du es tatsächlich draufhast«, antwortet er lachend.

»Und da kommt Elsi ins Spiel«, fügt Poppy hinzu. »Und wo wir schon beim Thema sind, willst du … äh … renovieren?«

»Ist die Suite nicht okay?«, frage ich und gebe vor, beleidigt zu sein.

»Für eine Fünfzigjährige vielleicht«, sagt Kai. »Du brauchst etwas, das mehr … sexy ist.«

»Und schick«, ergänzt Poppy.

»Und minimalistisch«, fügt Kai hinzu.

»Hell und luftig.«

»Okay! Okay!«, gebe ich nach. »Ich habe schon darum gebeten, mir die Innenarchitektin zu schicken.«

»Ich rede mit ihr«, sagt Poppy ernst. »Jetzt zieh den Strampelanzug aus, bevor Elsi kommt. Das ist doch unwürdig.«

»Das ist kein Strampelanzug«, protestiere ich, während sie mich in das benachbarte Schlafzimmer schiebt.

»Meinetwegen, Süße!«

Als es an der Tür klopft, habe ich Gurkenscheiben auf den Augen, und meine Nägel sind grau lackiert. Poppy geht öffnen, und kommt mit einer großen Schachtel zurück. »Noch mehr Geschenke von Sterling.«

»Tu das weg«, sage ich, doch sie ist bereits dabei, die Schachtel aufzuklappen.

Als sie den Inhalt sieht, gibt sie ein leises Stöhnen von sich. »Schokolade von La Bonne Bouchée.«

»Tu sie weg«, wiederhole ich.

Sie ignoriert mich, lässt die Schachtel auf den Tisch am Eingang fallen und nimmt sich eine Trüffelpraline aus dem rosa Seidenpapier. »Die Blumen kannst du wegwerfen, aber Schokolade wirft eine Frau niemals weg.«

»Da stimme ich ihr zu«, ruft Kai unter seiner Gesichtsmaske hervor.

Ich zucke die Achseln. Die Wahrheit ist, dass es mir ein bisschen Spaß macht, Sterling zu quälen. Ich will die Geschenke nicht, aber ich will auch nicht, dass sie aufhören. Als ich begreife, warum, schlägt mein Magen einen Salto.

»Hat er heute schon angerufen?«, fragt Poppy.

»Das wird er noch.«

Diese Aussicht scheint sie äußerst zufrieden zu stimmen. »Was meinst du, wer das war?«, fragt sie und schiebt sich eine weitere Praline in den Mund.

»Wer?« Ich blinzele verwirrt. »Von wem sprichst du?«

»Der Typ, dem Sterling in der Lobby nicht begegnen wollte«, sagt sie.

Wenn wir über Sterling reden, kann ich auch Schokolade essen. Das beruhigt die Nerven. Ich strecke ihr meine Hand hin, und sie setzt eine rosa verzierte Praline auf meinen Handteller. Achtlos werfe ich sie mir in den Mund. »Ich weiß es nicht.« Wer auch immer das war, Sterling ist total ausgerastet, als er ihn gesehen hat.

»Meinst du, er steckt in Schwierigkeiten?«, fragt sie.

Mit das Beste an Poppy ist ihre wundervolle Naivität. Poppy ist unschuldig und sieht in allen nur das Gute. Das heißt auch, dass sie das Schlechte übersieht. Man muss kein Genie sein, um zu begreifen, dass Sterling in zwielichtige Geschäfte verwickelt ist. Auf legalem Weg hätte er unmöglich so viel Geld verdienen können, wie er offenbar jetzt besitzt. Irgendwie scheint Poppy dieser Gedanke aber noch nie gekommen zu sein.

»Ich glaube, er steckt in Schwierigkeiten«, sage ich. »Ich gehe davon aus, dass er deshalb in absehbarer Zeit wieder abtaucht.«

»Sei nicht so pessimistisch«, rät Kai.

Ich hebe die Gurkenscheibe von meinem rechten Auge und werfe ihm einen bösen Blick zu.

Poppy wechselt das Thema. »Hast du dir schon Muster ausgesucht?«

Während wir auf Elsi warteten, hat Poppy an der Rezeption angerufen und von der Hausarchitektin Stoffmuster bringen lassen. Wenn ich nur halb so entschieden wäre wie sie, würde ich vielleicht MacLaine Media leiten.

»Ganz ehrlich, das ist mir egal.« Ich lasse mich in einen Sessel fallen und möchte darin eingekuschelt bleiben und mir eine Pause von meinem neuen Leben und den ganzen Aufregungen gönnen.

»Du hast dich so auf deine eigene Wohnung gefreut«, erinnert sie mich.

»Ich weiß.« Ich drücke mir ein Kissen an die Brust. »Aber jetzt gerade überfordert mich das alles.«

»So ist das eben, wenn man Liebeskummer hat«, sagt Kai. Er schlendert zu mir herüber, richtet seinen Hotelbademantel und setzt sich neben mich auf die Sesselkante.

»Liebes… was?«, platze ich heraus.

»Du hast schon richtig gehört. Wie findest du die hier?«, fragt Poppy, und ich hebe die Gurkenscheiben an, um zu sehen, wie sie einen Stapel Stoffmuster durchsieht, dann zwei auswählt und sie nebeneinander legt. Sie betrachtet sie verzückt und scheint zwischen ihnen einen Unterschied zu sehen, der mir entgeht.

»Ganz hübsch«, sage ich abweisend und lege die Gurkenscheiben wieder auf meine Augen. Ich weiß nicht, ob sich diese Wohnung jemals wie mein Zuhause anfühlen wird. Irgendwie erinnert alles hier an meine Mutter. Was einerseits toll und andererseits furchtbar ist.

Poppy nimmt mir die Gurkenscheiben von den Augen und wirft sie auf den Tisch. Ich höre, wie Elsi im Bad missbilligend mit der Zunge schnalzt. Poppy ignoriert sie. »Das ist deine erste Wohnung. Sie soll nicht nur *ganz hübsch* sein. Ich will, dass sie spektakulär wird. Wenn Sterling an deine Tür klopft, will ich sicher sein, dass er auf eine starke, selbstbewusste, weltgewandte Frau trifft.«

»Du hast eine eigene Wohnung«, sage ich zu ihr. »Ich weiß nicht, wie du es schaffen willst, die ganze Zeit hier zu sein.«

»Ich rede nicht von mir.« Kichernd lässt sie sich auf die Couch fallen. »Du hast ihm gesagt, dass du dich nicht mehr von einem Mann herumkommandieren lässt. Zeig ihm das. Und lass nicht ständig andere für dich entscheiden. Wähle einen aus.« Sie zeigt auf die Stoffmuster.

Ich bin mir nicht ganz sicher, ob die Stoffmuster sich wirklich als Beispiel eignen, aber an ihrer Logik ist was dran. Ich kann nicht ständig sagen, dass ich ein eigenes Leben haben will, ohne etwas dafür zu tun und ohne meine eigenen Entscheidungen zu treffen. Ich nehme einen Stapel Stoffmuster und gehe sie durch, bis ich auf flaschengrünen Samt stoße. »Der hier.«

Poppy hebt eine perfekt gezupfte Augenbraue. »Oh.«

Ich weiß nicht, was sie von meiner Wahl hält, aber das ist mir ehrlich gesagt auch egal.

»Der gefällt mir«, sage ich.

»Hervorragend. Als Nächstes müssen wir entscheiden …« Sie wird vom Klingeln des Telefons unterbrochen.

»Mal sehen, welche Ausrede er sich heute ausgedacht hat«, murmele ich, als ich den Anruf von der Rezeption durchstellen lasse. Die Kontrolle zu übernehmen heißt auch, meinen Problemen nicht länger aus dem Weg zu gehen. Ich habe mir die Nachrichten angehört, die er hinterlassen hat, habe aber nicht auf sie reagiert. Damit ist jetzt Schluss. »Hallo?«

»Ich bin ja so froh, dass ich dich erreiche«, sagt er eilig.

»Ach, ja?« Ich lehne mich im Sessel zurück und blicke auf meine Armbanduhr. Er ruft heute etwas später an als sonst.

»Es geht um Zeus«, sagt er.

Sofort setze ich mich kerzengerade auf. »Was ist los?«

»Ich weiß nicht. Er benimmt sich seltsam«, berichtet Sterling mit besorgter Stimme. »Ich kann ihn kaum zu einem Spaziergang bewegen.«

»Was?« Ich kannte den Hund, den Sterling adoptiert hat, schon Monate, bevor er ihn aus dem Heim geholt hat, darum weiß ich genau, wie merkwürdig das ist. Zeus liebt es, draußen zu sein.

»Hör zu, ich weiß, du willst mich nicht sehen, aber könntest du herkommen und sagen, was du denkst? Du kennst ihn besser als ich«, bittet er.

»Bin schon unterwegs.« Ich lege auf, wische mir die Crememaske aus dem Gesicht und suche nach meiner Tasche. »Ich muss los.«

»Wie hat er dich rumgekriegt?«, fragt Kai lachend.

»Etwas stimmt nicht mit Zeus«, erkläre ich ihnen. Ich schnappe mir eine Jeans und ein Shirt aus der Kommode und stürme ins Bad, um mich anzuziehen.

»Ich hoffe, alles ist okay«, ruft Poppy mir auf dem Weg zur Tür hinterher.

»Ich auch«, sage ich. Als die Tür ins Schloss fällt, höre ich gerade noch, wie sie Kai zuflüstert: »Er hat den Hund benutzt. Sehr schlau.«

Poppys Theorie stimmt mich nachdenklich. Als ich im Twelve and South Tower eintreffe, bin ich mir sicher, dass sie recht hat, und bereite mich darauf vor, Sterling eine Standpauke zu halten, weil er ein unschuldiges Tier benutzt. Doch als ich das Penthouse erreiche, öffnet Sterling schon die Tür, bevor ich überhaupt anklopfen kann. »Er ist hier drin.«

Er geht direkt voran ins Wohnzimmer. Als ich eintrete, sehe ich, dass er sich neben dem Hund auf den Boden gelegt hat. Zeus liegt beinahe reglos da. Als er mich sieht, hebt er den Kopf und stößt ein leises Wimmern aus.

»Wie lange ist er schon in diesem Zustand?«, frage ich und lasse mich neben ihn auf den Boden sinken. Als ich die Hand ausstrecke, um Zeus hinter den Ohren zu kraulen, geht eine Veränderung in ihm vor. Er ist nicht gerade so verspielt wie sonst, aber er rückt näher und steigt fast auf meinen Schoß, um mir das Gesicht abzulecken. Nach wenigen Sekunden ist er außer sich vor Freude. Vielleicht hatte Poppy doch recht. »Hast du ihm das beigebracht?«

»Ehrlich, wenn ich gewusst hätte, dass es funktioniert,

hätte ich das viel eher gemacht«, sagt er und atmet erleichtert auf. Er stützt sich auf dem Ellbogen ab, legt den Kopf in die Hand und beobachtet uns. »Er hat dich nur vermisst.«

»Was ist los, Zeus?«, frage ich und kraule ihn weiter hinter den Ohren, dann beuge ich mich hinunter und flüstere: »Hat er dir das eingeredet?«

»Ich kann dich hören«, sagt Sterling fröhlich, und in meinem Herzen rumpelt es.

»Okay«, flüstere ich, »mit deinem Hund ist alles in Ordnung.«

Sterling mustert Zeus mit besorgter Miene. »Ich will trotzdem zur Sicherheit mit ihm zum Tierarzt.«

»Hey, ich glaube, er ist wirklich okay«, beruhige ich ihn.

»Ich soll auf ihn aufpassen.« Er macht sich ganz offensichtlich Vorwürfe.

»Und das tust du«, versichere ich ihm. Mein Blick bleibt an etwas hängen, das unter dem Sofa hervorlugt. »Ist das mein Telefon?«

Sterling reißt den Blick von uns los, dreht sich auf die Seite und zieht es hervor. »Du meinst, du hast die ganze Zeit nicht reagiert, weil dein Telefon hier war? Ich dachte, du meidest mich.«

»Glaub mir, das habe ich auch.« Ich nehme ihm das Telefon ab.

Er starrt dumpf auf seine leere Hand. »Stimmt«, sagt er leise. »Du hast noch nicht einmal dein Telefon abgeholt.«

»Ich brauchte es nicht.« Ich gebe mir Mühe, locker zu klingen.

»Was ist mit deinem Job?« Er sieht auf, und die Sorge lässt das Blau seiner Augen dunkler wirken.

»Alles okay. Ich habe noch nicht angefangen«, sage ich und rede mir gut zu, dass das nicht ganz gelogen ist. Ich kraule Zeus am Kinn, dann stehe ich auf. »Ich sollte gehen.«

Sterling steht ebenfalls auf und versperrt mir den Weg. »Bitte iss mit mir zu Abend.«

»Es ist zwei Uhr mittags.« Ich verschränke die Arme und versuche, desinteressiert zu wirken.

Er kommt ein paar Schritte näher. »Ich wüsste schon, was wir bis heute Abend tun könnten …«

»Zum Beispiel über deinen rätselhaften Freund Noah reden?«, frage ich spitz und versuche, das Kribbeln zu ignorieren, das meinen Körper überläuft.

»Ich habe dir doch gesagt, das ist kompliziert«, sagt Sterling und macht noch einen halben Schritt auf mich zu, bis sich unsere Körper berühren.

Sofort reagiere ich auf seine Nähe und sehne mich nach der Erlösung, die nur er mir verschaffen kann. Doch ich werde nicht wieder dieselben Fehler machen. »Und ich habe dir schon gesagt, dass es meiner Ansicht nach gar nicht kompliziert ist. Entweder bin ich dir wichtig oder nicht.«

Er zuckt zusammen, als hätte ich ihn geohrfeigt. »Natürlich bist du mir wichtig.«

»Nicht wichtig genug, um mir von den letzten fünf Jahren deines Lebens zu erzählen. Nicht genug, um mir zu sagen, wer Noah ist und warum er dir Angst macht.«

»Das ist nicht fair«, beharrt Sterling.

»Das weiß ich erst, wenn du mir alles erzählt hast, oder?«

»Lucky …« Er verstummt, und der Ausdruck in seinen Augen erinnert an den eines in die Enge getriebenen Tiers. »Ich will dich nicht verlieren.«

Er fasst mich an, und ich hindere ihn nicht daran.

Ich sage mir, dass ich die Kontrolle habe, dass ich diesen Beziehungszug lenke – doch sobald er mich berührt, weiß ich, dass das eine Lüge ist. Er beugt sich herab, um mich zu küssen, und es erfordert meine ganze Selbstbeherrschung, den Zug in der Spur zu halten.

»Ich gehe nicht weg.« Sein Gesicht ist Zentimeter vor meinem, gerade wollte er die Augen schließen, jetzt reißt er sie jedoch erneut auf. Es ist, als hätte ich ihm wieder Leben eingehaucht. »Aber ich warte auch nicht ewig darauf, dass du deinen Scheiß regelst.«

»Und was heißt das jetzt?« Mit einem vorsichtig hoffnungsvollen Blick mustert er mein Gesicht. Seine Hände gleiten von meinen Schultern über meinen Rücken nach unten.

Das würde ich auch gern wissen.

Als ich nichts erwidere, kommt er mir so nahe, dass er mich küssen könnte, was er jedoch nicht tut. »Ist das jetzt der Teil, in dem du mir das Herz brichst?«

Ich weiß es nicht. Ich habe mir gesagt, dass ich Sterling die Tür vor der Nase zuschlagen muss, um mein Leben in den Griff zu bekommen. Solange wir uns nicht gesehen haben, war das leicht. Doch sobald wir in einem Raum sind, sobald er mich berührt, sind wir beide machtlos. Das, was zwischen uns ist, erhellt die Dunkelheit um uns herum. Doch die Funken der Leidenschaft verglühen schnell, sie sorgen nur kurz für Helligkeit, und ehe wir es uns versehen, versinken wir erneut in der Schwärze.

Doch das ist mir egal.

»Jetzt nimm mich schon endlich«, keuche ich.

Während er sich mit einer Hand das T-Shirt über den

Kopf zerrt, öffnet er mit der anderen meine Jeans. Er macht sich nicht erst die Mühe, mich auszuziehen, sondern schiebt gleich seine Hand zwischen meine Beine.

Ich knöpfe seine Jeans auf und befreie seinen Schwanz, der schwer und heiß in meine Hand fällt, woraufhin Sterling ein tiefes Stöhnen ausstößt. Hastig schiebt er sich die Hose herunter und steigt heraus. Er dreht mich um, legt den linken Arm unter meinen Brustkorb, um mich zu stützen, und greift mit der rechten Hand in meinen Slip, schiebt erst einen, dann zwei Finger in meine feuchte Spalte. Der Druck seines Handballens auf mein Lustzentrum ist so stark, dass ich fürchte, das Bewusstsein zu verlieren. Schließlich hebt er mich auf seine Arme, und ich lasse den Kopf an seine Brust sinken. Trägt er mich ins Schlafzimmer? An die Wand? Ich bin viel zu erregt, um Einzelheiten wahrzunehmen, und mir ist auch alles ganz egal, solange er nur nicht aufhört. Auf dem Weg verliere ich meine Sandalen und möglicherweise auch den Verstand.

Ich überlasse mich ihm, ohne zu wissen, was die Zukunft bringt.

Er stellt mich auf die Füße, greift den Bund meiner Jeans und zieht sie mir aus. Dann positioniert er seinen Körper so, dass sein Schwanz jederzeit in mich eindringen könnte. Ich winde die Hüften und versuche, ihn in mich aufzunehmen.

»Noch nicht«, murmelt er und zieht seinen Schwanz über meine vor Erregung pochende Muschi.

Die ganze Zeit über hatte ich die Augen geschlossen. Jetzt öffne ich widerwillig die Lider, weil ich wissen will, warum er sich mir verweigert.

Wir stehen seitlich vor dem Spiegel im Bad. Ich bin von

der Taille abwärts nackt, mein T-Shirt ist halb über meinen Bauch hochgeschoben und klemmt unter seinem kräftigen Arm. Sterling ist vollkommen nackt, aber ich kann nur den Anblick dessen genießen, was nicht von meinem eigenen Körper verdeckt ist: sein kräftig hervortretender Bizeps, die starken Schultern, der Ansatz seines Waschbrettbauchs.

Sterling balanciert auf einem Bein, versetzt der Tür einen Tritt, sodass sie zufällt, und im Flur höre ich Zeus' Krallen über die Fliesen kratzen.

»Ich will, dass du siehst, was ich sehe, wenn ich dich liebe«, sagt er und fixiert mich mit seinem durchdringenden Blick.

Ich sehe uns an und kann meine Augen jetzt unmöglich wieder schließen, denn er lässt seinen Schwanz über meine Scham gleiten und stößt dabei mit seiner Eichel gegen meinen Kitzler. Meine Beine zittern.

»Du bist vollkommen, Lucky. Herrgott, sieh dich doch an.« Sein Blick ist besitzergreifend, aber die Aufmerksamkeit, mit der er sich meinem Körper widmet, hat etwas Selbstloses. Er könnte mich jeden Moment nehmen, aber er scheint es hinauszögern zu wollen.

Er spreizt mich so weit, dass ich sehen kann, wie sein Schwanz mich küsst. Ich will sehen, was er tut, registriere jedoch unweigerlich die Dellen an meinen Oberschenkeln, meine üppigen Hüften, und ich wende den Blick ab.

»Nein«, sagt er entschieden und fasst mein Kinn, um mein Gesicht wieder zum Spiegel zu drehen. »Du musst das verstehen.«

Ich richte die Augen wieder auf unser Spiegelbild und sehe, wie er mich mit seinem Blick durchbohrt. Sterling lässt den Arm nach unten um meine Hüfte gleiten und hebt mich so weit hoch, dass sein Schwanz wieder gegen meine offene Muschi stößt und meinen Körper erbeben lässt.

»Ich bekomme nie genug von dir«, sagt er, nimmt seinen Schwanz in die Hand, stellt uns seitlich zum Spiegel, und mir stockt der Atem, als er unerträglich langsam in mich eindringt.

»Siehst du zu, Lucky?«

Als ich nicht reagiere, gleitet er wieder aus mir heraus, und ich stoße ein »Ja« hervor.

Während sein Schwanz in mich eindringt, versuche ich, mich auf die Empfindungen meines Körpers zu konzentrieren und nicht darauf, wie unvorteilhaft ich aussehe. Mit jedem Zentimeter, den er in mich hineingleitet, fällt mir das leichter. Als er zur Hälfte in mich eingedrungen ist, hält er inne.

»Das musste ich dir zeigen«, sagt er leise und sanft.

Machtlos beobachte ich, wie mein Körper die Kontrolle übernimmt. Meine Hüften bewegen sich vor und zurück, und Sterling gleitet ein Stück weiter in mich hinein. Der Druck verstärkt sich und mit ihm wächst das Verlangen, ihn noch tiefer in mir zu fühlen.

Ich habe aufgehört zu atmen. Meine Lunge brennt, aber mein Körper scheint zu denken, dass Sterlings Schwanz wichtiger ist als Luft. Meine Hüften kreisen, und mit jeder Bewegung gleitet er ein Stück weiter in mich hinein.

Als sein Schwanz ganz von mir umschlossen ist, hole ich keuchend Luft. Ich erschauere, und mein Blick trifft im Spiegel auf seinen.

»Siehst du?«, fragt er. »Du musst nicht gerettet werden. Du musst gesehen werden, also pass auf, was ich jetzt sage: Ich sehe dich. Ich will dich. Ich habe dich immer gewollt und werde dich immer wollen.«

Vor meinen Augen explodieren farbige Lichter, ich kann nicht klar denken und bringe kein Wort heraus.

Sterling beugt sich vor, um mich zu küssen, und knabbert an meinem Ohr. »Das wusste ich schon beim allerersten Mal, als wir uns geliebt haben.«

Ich kuschele mich in seine Halsbeuge. Der würzige Geruch von seinem Rasierwasser wirkt beruhigend auf mich. Erleichterung durchströmt meinen Körper, und ich zittere, als die Anspannung sich in mir löst. Ich habe den Ort gefunden, an den ich gehöre, und ich will für immer dortbleiben.

»Du brauchst mich mehr als die Luft zum Atmen, Lucky.« Er will nicht überheblich klingen oder mich provozieren. Er spricht eine Wahrheit aus.

Und ich widerspreche nicht. Der Teil von mir, der das tun würde, befindet sich nicht in diesem Universum.

Und so lasse ich mich in seine Arme schmelzen.

Er stößt tief und langsam zu, massiert mit seinem Penis meinen G-Punkt, treibt warme Wellen durch meinen Leib und lässt mich aufstöhnen. Unser Rhythmus steigert sich stetig, zusammen mit dem Verlangen, ihm ganz zu gehören.

Immer wieder erhasche ich kurze Blicke auf unser Spiegelbild, verschlungene Gliedmaßen und gerötete Haut. Die Scham über meinen nicht perfekten Körper ist verschwunden. Ich fühle nur Licht und Wärme, Luft und Feuer, unsere Funken.

»Komm für mich, Lucky«, befiehlt er, ertastet meine Klitoris und reibt sie, bis mein Blick verschwimmt, ich nichts als Lust empfinde und mein Körper mit jeder Welle der Ekstase ein Stück mehr erlöst wird. Ich schließe die Augen und verliere mich in dem Gefühl, spüre, wie er kurz nach mir kommt. Nach einer Weile ebben die Lustwellen ab, bis sie ganz aufhören, dennoch kann ich mich nicht überwinden, die Augen zu öffnen. Ich weiß, was als Nächstes kommt.

»Sieh mich an, Lucky.«

Ich gehorche, ich kann ihm nicht widerstehen.

Sein Blick ist voller Liebe, als er den Wasserhahn aufdreht und aus mir herausgleitet, woraufhin mir ein Wimmern entfährt. Er hält mich weiter in den Armen, dann wäscht er mich ganz sanft und vorsichtig, als wüsste er, wie empfindlich ich jetzt bin.

Warum kann er so nicht in der realen Welt sein?, frage ich mich.

Als er fertig ist, grinst er zufrieden.

Meine Beine sind wackelig wie die eines frischgeborenen Fohlens, und er legt mir stützend eine Hand auf die Hüfte.

»Ich bin froh, dass du vorbeigekommen bist, Lucky«, sagt Sterling und wirft mir einen seiner Ich-weiß-wie-unwiderstehlich-ich-bin-Blicke zu. »Ich bin froh, dass es nicht vorbei ist.«

Er macht sich falsche Hoffnungen. Natürlich denkt er, Sex würde alles in Ordnung bringen. Ich durchbohre ihn mit meinem Blick, ziehe meine Jeans an und knöpfe sie zu. Meinen Slip zu suchen würde zu lange dauern. Wieder einer weniger.

»Ich bin wegen Zeus vorbeigekommen«, sage ich und gehe zur Badezimmertür. In diesem Punkt muss ich ganz klar sein. »Und es kann nicht *vorbei* sein, weil es nie richtig angefangen hat.«

»Ich liebe dich.«

Das lässt mich einen Moment innehalten, aber es genügt nicht. »Das zu sagen bedeutet nichts. Zeig es mir! Beweis es mir!«

»Das werde ich jeden verdammten Tag«, knurrt er und will nach mir greifen.

Doch ich weiche ihm aus und schüttele den Kopf. »Es ist zu spät.«

»Lucky«, stößt er hervor, aber ich bin schon aus der Tür. Im Gehen hebe ich vor dem Schlafzimmer meine Sandalen vom Boden auf und schnappe mir meine Tasche vom Tresen. Obwohl er weiter nach mir ruft, drehe ich mich nicht mehr um, sondern laufe zum Fahrstuhl.

»In die Lobby bitte!«, sage ich zu dem Hausangestellten, greife um ihn herum und drücke auf den Knopf, gerade als die Tür zu Sterlings Penthouse auffliegt.

Die Fahrstuhltüren schließen sich vor dem Bild des sehr nackten und sehr wütenden Sterling, der in den Flur stürmt. Der Page wendet sich ab, und ein Lächeln huscht über seine Lippen.

»Tut mir leid«, murmele ich.

Als der Fahrstuhl die Halle erreicht, wird er wieder nach oben zum Penthouse gerufen. Mit flehendem Blick wende ich mich an den Pagen. »Tun Sie mir einen Gefallen«, ich blicke auf sein Namensschild, »Percy? Halten Sie auf ein paar Etagen, ehe Sie ihn ins Parkhaus bringen?«

Er zwinkert mir zu. »Ja, Miss MacLaine.«

»Woher wissen Sie … ach, egal.« Mir wird bewusst, dass wir mit unseren stürmischen Begegnungen vermutlich einige Aufmerksamkeit beim Personal erregt haben. »Danke.«

»Darf ich mir erlauben zu fragen«, sagt er und hält mir die

Tür auf, »ob Sie ganz sicher aus den richtigen Gründen davonlaufen?«

Jede Faser meines Körpers sehnt sich danach, wieder nach oben zurückzukehren. Daher weiß ich, dass ich das Richtige tue. »Ja.«

Percy nickt und tritt zurück in den Fahrstuhl. Die Anzeige über dem Fahrstuhl leuchtet auf und zeigt mir an, dass der Aufzug ohne mich nach oben fährt. Das ist das Zeichen für mich zu gehen, ehe ich wieder in Sterlings Armen lande. Ganz gleich, wie sehr ich mich danach sehne, ich darf jetzt nicht nachgeben. Wenn wir unsere Probleme ignorieren, wird uns das für immer auseinanderbringen.

14

STERLING

DAMALS

Im Anfängerkurs Wirtschaft sind zweihundertzwanzig Studenten und sieben Assistenten. Sobald Professor Jones uns in die Thanksgiving-Pause entlässt, kämpfe ich mich im Seminarraum durch die Menge nach vorn, wo die Assistenten wie Höflinge stehen, die ihrem König aufwarten.

»Bis Sonntag«, ruft Cyrus, der über die Feiertage mit seiner Familie auf irgendeine Insel fährt, mir über die Schulter zu. Wie versprochen hat er mir den Schlüssel zur Suite seiner Familie dagelassen, doch anders als für ihn bedeutet Thanksgiving für mich nur, dass die Abschlussprüfungen näher rücken.

Seit einer Woche bin ich dank Adairs sanften, aber beharrlichen Engagements wieder auf dem Pfad der Tugend. Sie will sogar über die Feiertage mit mir lernen. Jetzt muss ich genau herausfinden, wie weit ich während meiner zweiwöchigen Sauftour abgerutscht bin. Es kann eigentlich nicht so schlimm sein, dass meine Noten ernsthaft gefährdet sind.

Die für mich zuständige Assistentin Shannon, eine kleine

grimmige Doktorandin aus Boston, ist sofort durch den Ausgang entschwunden. Wahrscheinlich will sie über die Feiertage in den Nordosten reisen. Anscheinend bin ich nicht der Einzige, der sich Sorgen um seine Noten macht, denn zwei Dutzend andere warten darauf, angehört zu werden. Als ich endlich dran bin, ist nur noch ein erschöpft aussehender Assistent da, der eine Brille mit einem schwarzen Drahtgestell trägt. In den Gläsern spiegelt sich der Bildschirm seines Laptops derart deutlich, dass ich wahrscheinlich sowohl Cyrus' als auch meine Noten erkennen könnte.

»Hey.« Ich rücke meine Tasche auf der Schulter ein Stück nach oben. »Ich wollte fragen, ob du mir sagen kannst, wo ich momentan stehe.«

Er seufzt, und sein Blick springt zu der langen Schlange aus Studenten hinter mir, die ihm alle dieselbe Frage stellen wollen.

»Name.«

»Sterling Ford«, sage ich. »Danke. Ich brauche einen bestimmten Notendurchschnitt für mein Stipendium. Ein B.«

Das wird ihn sicher milde stimmen. Vermutlich sitzt jemand, der für einen Professor Tests benoten muss, mit mir in einem Boot. Er muss auch Geld verdienen, um an der Uni bleiben zu können.

»Schlechte Nachrichten, Sterling. Um ein B zu bekommen, musst du in deiner letzten Hausarbeit *und* der Prüfung ein A schaffen«, sagt er mit grimmigem, aber mitfühlendem Lächeln.

Ich begreife, dass die Lage schlimmer ist als erwartet. »Dann habe ich jetzt ein …?«

»Du würdest ein C minus bekommen.« Er wartet einen

Moment, um meine Reaktion einzuschätzen. »Ich habe dich im Seminar mitgekriegt. Du bist schlau, also muss ich dir das wahrscheinlich nicht sagen, aber …«

»Die Nullrunden haben mir die Note versaut.«

»Du hast nur As oder warst nicht da. Aber pass auf«, er gibt zwei Zahlen in sein Laptop ein und dreht es zu mir herum, damit ich sehe, wie die zwei letzten Prüfungen aus meinem C ein A machen könnten.«

»Danke. Schöne Feiertage.«

Er nickt und winkt den nächsten Studenten heran, um weitere schlechte Nachrichten zu verkünden.

Plötzlich bin ich mir nicht mehr so sicher, ob ich Adairs Angebot, mir beim Lernen zu helfen, hätte annehmen sollen. Ich bezweifle, dass ich in ihrer Gegenwart richtig lernen kann, und in ein paar Stunden kommt auch noch Francie zu Besuch. Den ganzen Rückweg zum Wohnheim denke ich darüber nach, wie ich Adair sagen könnte, dass es wahrscheinlich doch keine so gute Idee ist.

»Weißt du nicht, dass es unhöflich ist, eine Dame warten zu lassen?« Als ich aus dem Aufzug steige, lehnt sie am Türrahmen zu meinem Zimmer.

»Mensch, bist du schön«, sage ich, und sofort ist mein Plan vergessen, ihre Hilfe zurückzuweisen.

Und es stimmt. Sie trägt eine enge schwarze Lederhose und ein Spitzenoberteil, durch das ein schwarzer BH zu erahnen ist. Ihr Dutt ist mit schwarz lackierten Essstäbchen festgesteckt, und ihre vollen Lippen glänzen. Eine abgetragene Jeansjacke vervollständigt ihren Look. Sie sieht aus wie eine Magnolie, nur auf der Welt, um bewundert zu werden.

»Keine schlechte Entschuldigung. Was hat so lange gedauert?«

»Ich habe über unsere Verabredung zum Lernen nachgedacht. Ob sie hilfreich ist oder mich doch eher ablenkt.« Ich stochere einen Moment mit dem Schlüssel im Schloss herum, während sie mich mustert.

»Und zu welchem Schluss bist du gekommen?«

»Du lenkst mich auf jeden Fall ab. Eine Lederhose? Im Ernst?«

Kaum ist die Tür auf, fegt sie ins Zimmer und setzt sich am Fenster in Cyrus' schwarzen Schreibtischstuhl. »Die sind ziemlich schwierig an- und auszuziehen.«

»Ist das eine Aufforderung?«

»Haben wir etwa schon vergessen, dass wir lernen wollten?« Adair mimt eine strenge Lehrerin, schürzt die Lippen und schnalzt mit der Zunge. »In welchem Fach ist eine gute Note am wichtigsten?«

»In Wirtschaft.«

»Zeig mir deine Notizen.«

Ich hole mein Heft aus der Tasche, schlage die Seite auf, wo die Notizen für die Abschlussprüfungen beginnen, und reiche es ihr.

»Das sieht eher aus wie Latein. *Ceteris Peribus*?«

»Das ist eine elegante Art zu sagen, dass alle nicht berücksichtigten Variablen konstant bleiben.«

»Wenn du das so sagst, frage ich mich, wie es sein kann, dass du *kein* A bekommst.«

»Ich war tatsächlich ganz gut, aber dann habe ich ein paar Hausarbeiten verpasst, als ich …« Ich muss den Satz nicht zu Ende führen. Sie weiß genau, warum meine Noten abgestürzt sind. »Ich kann nicht fassen, dass ich es geschafft habe, in nur zwei Wochen alles zu versauen.«

Adair legt den Kopf schief. »Wie meinst du das? Du liegst zurück, aber ich wette, das ist bei allen im ersten Semester so.«

»Es müssen aber nicht alle einen Notendurchschnitt von 3.0 haben, um ihr Stipendium zu behalten. In meinen anderen Kursen habe ich ein B, aber in Wirtschaft?« Ich seufze. »Da ist es ein C-Minus. Damit könnte ich mein Stipendium verlieren. Also vielleicht …«

»Willst du sagen, dass ich gehen soll?«, fragt sie.

»Ich weiß nicht, ob ich das riskieren darf.« Nicht, wenn ich in Valmont bleiben will, und die letzte Woche mit Adair hat mir gezeigt, dass ich das will.

»Hör zu, ich glaube, ich kann dir tatsächlich helfen.« Sie zögert und verzieht die Lippen zu einem anzüglichen Lächeln. »Und damit es sich für dich lohnt, schlafe ich erst mit dir, wenn die Abschlussprüfungen vorbei sind und du mit Bestnote bestanden hast.«

»Ich, äh, was?« Ich sehe überallhin, nur nicht in ihr Gesicht, was ein bisschen unglücklich ist, denn so landet mein Blick auf ihren Brüsten.

»Ich habe lange darüber nachgedacht«, sagt sie streng, und ich reiße meinen Blick von ihren Brüsten los. »Das ist die beste Lösung. Und jetzt lass uns anfangen.«

»Ja, Ma'am.« Ich setze mich im Schneidersitz aufs Bett und lasse genug Platz, dass Adair sich zu mir setzen könnte.

Stattdessen rollt sie mit dem Schreibtischstuhl vor mein Bett und blättert durch meine Notizen, bis sie auf einen Abschnitt stößt, den ich von Cyrus kopiert habe, weil ich nicht da war. »Fangen wir an. Märkte sichern den ökonomischen Wohlstand von Verbrauchern durch …?«

»Rente.«

»Gut.« Adair streift sich die Schuhe ab und stellt mir eine weitere Frage, die ich ebenfalls richtig beantworte. Daraufhin zieht sie sich die Strümpfe aus.

Beim Anblick ihrer nackten Haut, auch wenn es nur ihre Füße sind, zuckt mein Schwanz in meiner Hose. »Hast du heiße Füße?«

Sie ignoriert mich und stellt mir stattdessen eine weitere Frage.

»Was sorgt beim Kauf eines Gegenstandes für die Zufriedenheit des Kunden?«

»Der Nutzen.«

»Sehr gut.« Adair fixiert mich mit einem schelmischen Lächeln und lässt sich Zeit, ihre Jacke auszuziehen.

Jetzt kann ich den BH unter ihrem Oberteil deutlich erkennen, und plötzlich ist mir meine Jeans zu eng. »Äh … machen wir, was ich denke?«

»Welche zwei Faktoren wirken sich negativ auf den Gewinn aus?«

Mist. Ich kann nicht denken. »Äh, Kosten und …« Ich verstumme verlegen.

»Sinkende Erträge«, tadelt sie und zieht sich die Jacke wieder an.

»Also echt«, platze ich heraus. Wenn es in jedem Seminar einen Striptease geben würde, würde ich sicher keins mehr verpassen.

»Was ist das Gegenmodell zu einem nicht regulierten Markt?«

»Das Monopol?«, sage ich und versuche, locker zu klingen.

Adair zögert einen Moment und hat sichtlich Spaß an der Sache. Sie zieht die Jacke wieder aus, hält aber im letzten Moment inne. »Bist du dir sicher?«

»Ja.« Ich bin mir ganz sicher, dass ich recht habe, und befeuchte meine Unterlippe.

»Braver Junge.« Jetzt zieht sie die Jacke ganz aus, wobei ich ein Stück Brust zu sehen bekomme.

Ich spüre förmlich, wie deutlich weniger Blut meinen Kopf erreicht. Um mehr Platz in meiner Hose zu bekommen, löse ich die Beine voneinander. Adair bemerkt die Wölbung und nagt kokett an ihrer Unterlippe.

»Ich habe im letzten Jahr auf der Highschool Psychologie belegt und hatte ein A«, prahlt sie.

»*Das* lernt man in Psychologie?«

»Nicht ganz. Aber wir haben über Methoden zur Verstärkung erwünschten Verhaltens gesprochen. Dies ist die praktische Umsetzung.«

»Und dass mein ganzes Blut aus meinem Gehirn an andere Stellen fließt?«

»Ein bedauerlicher aber im Grunde zu vernachlässigender Nebeneffekt. Machen wir weiter.« Sie blättert eine Seite vor und lächelt wieder schelmisch. »Oh! Die ist schwierig. Das Nash-Gleichgewicht wird als ideale Lösung für welches Problem betrachtet?«

»Das Gefangenendilemma!«, rufe ich und schäme mich sogleich für meine Begeisterung.

Adair legt die Notizen auf die Bettkante, verschränkt die Arme und hebt in Zeitlupe den Saum von ihrem Top an.

Ich beuge mich mit offenem Mund vor, während Adair

so tut, als habe sie Schwierigkeiten, das Oberteil über ihre Brüste zu bekommen. Ihr Timing ist einwandfrei.

Schließlich erlöst sie mich von meiner Qual und zieht mit einem Ruck ihr Oberteil aus, woraufhin ihre Brüste in dem zarten BH voll zur Geltung kommen. Ich rutsche auf dem Bett nach vorn und rücke meine Jeans zurecht. Ich denke wirklich, es wäre besser, wir bringen es hinter uns.

Ich brauche einen Moment, um zu begreifen, dass Adair etwas gesagt hat.

»Gott, du bist umwerfend«, sage ich.

»Ich fürchte, die Antwort lässt dein Professor nicht gelten.« Adair greift nach ihrem Oberteil, als wollte sie es wieder anziehen.

»Doppelt oder nichts?«

Etwas an ihrem Lächeln erinnert mich an eine große Katze, die mit ihrem Abendessen spielt. »Sehr gut.«

Die nächste Frage beantworte ich ebenfalls richtig, und Adair wirft das Top hinter sich, ohne hinzusehen. Zufällig bleibt es am Türgriff hängen, was mich an etwas erinnert. Ich springe vom Bett, und Adair, die offensichtlich denkt, ich wollte mich auf sie stürzen, rollt mit dem Stuhl nach hinten. Ich bücke mich, um einen ihrer Strümpfe aufzuheben, stecke den Kopf aus der Tür, achte darauf, dass niemand hereinsehen kann, dann hänge ich den Strumpf von außen über die Klinke. Wenn Cyrus überraschend zurückkommt, weiß er so, dass ich »beschäftigt« bin.

Wir setzen das Lernen fort, und Adair stellt mir schwierigere Fragen. Auf einmal weiß ich Sachen, ohne sagen zu können, woher. Die Regeln dieses kleinen Spiels erschließen sich mir nicht ganz, und meine Antworten sind ungefähr zu gleichen Teilen richtig und falsch. Schließlich frage ich nach einer korrekten Antwort mit der Stimme eines vorbildlichen Studenten: »Darf ich mir vielleicht wünschen, was du ausziehst?«

»Hm.« Sie tippt sich nachdenklich mit dem Finger ans Kinn. »Okay.«

»Zeig mir, wie schwer diese Hose auszuziehen ist. Nenn es akademisches Interesse.«

Sie sieht mir mit gleichgültiger Miene in die Augen. »Die lässt sich so schwer ausziehen, dafür sind drei richtige Antworten nötig. Sonst gerät das Belohnungssystem aus dem Gleichgewicht.«

»Und der BH?«

»Zwei. Eine Antwort für jede Öse.«

»Du machst mich fertig«, jammere ich. »Fangen wir mit der Hose an.«

»Sind wir nicht ein bisschen ehrgeizig?« Sie grinst. »Sieht aus, als wäre der nächste Abschnitt ziemlich kompliziert.«

»Frag mich.«

Langsam steht sie von ihrem Stuhl auf, schiebt einen Daumen in ihren Hosenbund und nestelt an dem Knopf herum. In der anderen Hand hält sie das Heft und sucht nach einer weiteren Frage. Als der Knopf endlich nachgibt, muss ich ein leises Stöhnen unterdrücken. Auf ihren Slip ist oben eine rote Blume gestickt, das Einzige, was ich durch den schwarzen Lederschlitz sehen kann.

Sie stellt mir eine Frage zur Spieltheorie in Bezug auf die Mikroökonomie, und ich überrasche mich selbst mit der richtigen Antwort. Sie hält einen Moment inne, und mir kommt zum ersten Mal der Gedanke, dass das hier für sie unangenehm werden könnte.

»Du musst nicht, wenn du nicht …«

»Pssst. Mach die Augen zu.«

»Ich dachte, es ginge darum, dass ich etwas sehen darf.«

»Das ist alles andere als elegant, glaub mir«, sagt sie. »Also, mach die Augen zu.«

»Gut«, willige ich ein. »Wie mache ich das? Ich weiß nicht mehr, wie das geht.«

Sie lacht leise, beugt sich vor und streicht sanft mit der Hand über mein Gesicht. Ich schließe die Augen, woraufhin sich sofort meine anderen Sinne verstärken. Ich nehme den blumigen Duft ihres Parfüms wahr. Ich höre, wie sie ewig lange den Reißverschluss öffnet und das leise Rascheln, als Stoff über Stoff streicht. Eine Diele knarrt, dann setzt sie sich wieder auf den Stuhl.

»Mach die Augen auf.«

Das tue ich, noch ehe sie das erste Wort beendet hat.

Es gibt Reizen, und es gibt Folter. Das hier ist Letzteres. Sie sitzt quer auf dem Stuhl, das eine Bein, das noch in der Lederhose steckt, ist mir zugewandt, das andere wundervolle Bein ist nackt und angewinkelt. Sie umfängt es mit den Armen und hält das Heft vor sich.

»Ich weiß nicht, wie lange ich das noch aushalte«, sage ich durch und durch ehrlich.

»Wir haben es fast geschafft. Konzentriere dich. Über den Nutzen eines Produktes wird *was* von einem Kunden definiert?«

»Die Bedürfnisbefriedigung. Das war leicht.« Ich versuche, nicht überheblich zu klingen.

»Dann sollten wir die Antwort vielleicht nicht werten?«

Fuck. Nein. Nein. Nein.

»Das kommt ganz bestimmt in der Prüfung vor«, widerspreche ich.

»Augen. Zu.«

Grinsend schließe ich die Augen.

Ich höre, wie der Stuhl quietscht, das Geräusch des Leders, das über ihr Bein gleitet, dann vollkommene Stille. Ich denke gerade, dass ich verrückt werde, als ich zwei Hände auf meinen Schultern spüre. Ich atme tief ein und nehme ihren Duft wahr. Dann werde ich auf den Rücken gedrückt und sie setzt sich rittlings auf mich.

Ich schlage die Augen auf, lege die Hände auf ihre Wangen und sehe, wie sich ihre weichen, glänzenden Lippen erwartungsvoll öffnen. Ich richte mich auf, woraufhin sie die Beine um meinen Oberkörper schlingt. Die Wölbung in meiner Jeans reibt über den Stoff ihres Slips, und sie wimmert.

»So etwas dürfen Lehrer nicht mit ihren Schülern machen«, sagt sie mit geschlossenen Augen, und ihre Alabasterwangen sind kräftig gerötet.

»Ich glaube, ich werde mit Bravour bestehen. Vielleicht können wir die Keuschheitsklausel kippen?«

»Ich glaube, das würde mein Belohnungssystem untergraben«, keucht sie, drängt ihren Körper jedoch dichter an mich. »Willst du dich nicht konzentrieren?«

Zur Antwort presse ich ihre Hüften an meine, unsere Körper reiben sich aneinander, während wir einander mit den Händen erforschen. Es gibt eine Menge Sachen, auf die ich mich konzentrieren möchte.

»Sterling.« Das Rufen ist leise, kaum hörbar über das Rauschen in meinen Ohren hinweg.

»Ja, Lucky?«, antworte ich und knabbere an ihrem Ohr.

Adair erstarrt, und ich rücke von ihr ab. »Habe ich etwas falsch gemacht?«

»Ich habe nichts gesagt«, flüstert sie. »Ich glaube, da ist jemand an der Tür.«

»Sterling!« Diesmal ist es nicht zu überhören. Jemand steht vor der Tür, die zum Glück abgeschlossen ist.

»Francie!«, zische ich leise. Wir haben länger gelernt als gedacht. »Zieh dich schnell an.«

»Du hast leicht reden. Du wolltest, dass ich die Hose ausziehe!«

»Sterling, bist du da?«, ruft Francie von der anderen Seite der Tür.

Adair liegt auf dem Bett und versucht verzweifelt, ihre Lederhose wieder anzuziehen. Sie hat die Beine senkrecht in die Luft gestreckt, als könnte ihr die Schwerkraft dabei helfen.

Auf Zehenspitzen schleiche ich zur Tür, hebe ihr Oberteil auf und werfe es ihr zu. Dann höre ich Cyrus. Cyrus, der auf dem Weg auf die Bahamas oder die Virgin Islands sein sollte oder an irgendeinen Ort, den ich mir niemals werde leisten können.

»Francie? Ich bin Cyrus«, sagt er. »Sterling hat mir erzählt, dass Sie kommen.«

»Ich habe nicht damit gerechnet, dich kennenzulernen.« Ich höre, wie sie ihn begrüßt.

Ja, bitte macht noch ein bisschen Small Talk, bete ich.

»Ich reise gleich ab, aber ich habe das Ladekabel für mein Telefon vergessen.«

Schlüssel klirren. *Komm schon, Cyrus. Sei doch nicht so schwer von Begriff.*

Der Schlüssel gleitet ins Schloss. *Der Strumpf ist ein universelles Zeichen, du Idiot.*

Die Tür schwingt auf, und ich stehe vor meiner Pflegemutter und meinem künftigen Exmitbewohner. Ich bringe ihn um oder grille ihn bei lebendigem Leib. Mein ganz persönlicher Thanksgiving-Braten. Ich rücke ein Stück zur Seite, um ihnen den Blick aufs Bett zu versperren, und versuche, so zu wirken, als wäre ich gerade auf dem Weg zur Tür gewesen. Cyrus drängt an mir vorbei und grinst frech, als er Adair bemerkt, die vom Bett aufsteht und ihr Oberteil verkehrt herum angezogen hat.

»Also«, sagt Cyrus, »ich glaube, das erklärt den Strumpf.« Er wirft ihn ihr zu.

»Francie, es tut mir leid. Ich habe die Zeit vergessen«, sage ich. Adair erscheint neben mir und wirkt irgendwie gefasster als ich. »Das ist Adair. Adair MacLaine. Eine, äh, Freundin.«

Bei der plötzlichen Herabstufung zu *einer* Freundin springt Adairs Blick zu mir, dann lächelt sie Francie warm an. »Freut mich, Sie kennenzulernen.«

Komm schon, Francie. Sei cool.

»Ich freu mich auch.« Francie wirft mir einen nicht zu deutenden skeptischen Blick zu, dann wendet sie sich wieder an Adair. »Ich wünschte, ich könnte sagen, Sterling hat mir schon viel von dir erzählt, aber Sterling hat mir nicht viel erzählt, seit er mit dem Studium begonnen hat.«

»Er gibt sich gern geheimnisvoll«, sagt Adair wissend.

»Also, sie hat dich durchschaut.« Francie lacht.

Ich weiß immer genau, was Francie über jemanden denkt. Wenn sie jemanden nicht mag, sieht sie verkniffen aus, und ihr Ton wird bissig. Doch jetzt klingt sie, als würde sie eine alte

Freundin wiedersehen, als sie sagt: »Ich hatte jahrelang Zeit, mich daran zu gewöhnen, Liebes.« Sie nimmt Adair in den Arm wie Mama Bär, die ein verlorenes Junges wiederfindet.

Adair wirkt etwas verstört von so viel Zuneigung, und mir fällt wieder ein, dass sie keine Umarmungen mag.

»Feierst du Thanksgiving mit uns?«, fragt Francie sie.

»Oh, äh, ich muss mit meiner Familie essen.« Sie blickt kurz zu mir. »Ich würde Sie ja zu uns einladen, aber ehrlich gesagt glaube ich, dieses Jahr wird es nicht so angenehm.«

»Schon okay«, rettet mich Cyrus. »Im Eaton werden die Gäste bewirtet.«

»Im was?«, fragt Francie. »Ich dachte, wir gehen in den Supermarkt und kochen uns was in der Gemeinschaftsküche. Die Broschüre vom Wohnhaus sagt, es gibt eine im Erdgeschoss.«

»Ach ja?« Cyrus zuckt die Schultern. Er hat sich noch nie mit der Ausstattung des Wohnheims beschäftigt. Warum auch, wenn er ein Fünfsternehotel zur Verfügung hat?

»Sterling hat doch sicher für euch gekocht.« Francie schnalzt mit der Zunge und sieht zu mir, als sie in leere Gesichter blickt. Sie richtet den Blick auf Adair. »Auch nicht für dich?«

»Nein, Ma'am.« Adair unterdrückt ein Lächeln.

»Ich habe ihm etwas anderes beigebracht. Kein Wunder, dass du so dürr aussiehst«, sagt sie und mustert mich. »Du kannst doch nicht vom Mensaessen leben.«

»Kommen Sie aus dem Süden?«, fragt Cyrus. »Denn ich habe das Gefühl, Sie würden gut hierherpassen.«

»Ich stamme aus Queens«, sagt Francie, als würde das alles erklären.

Cyrus sieht auf seine Armbanduhr. »Ich muss mich auf den Weg machen. Hast du den Schlüssel?«

Ich nicke schwach und meide Adairs Blick. Ich hatte die Vereinbarung mit Cyrus zwar beiläufig erwähnt, aber ich will nicht weiter darüber reden. Adair MacLaine musste sich noch nie bei einem Freund einmieten, um ihre Familie unterzubringen. Denn ihr Haus ist so groß wie ein Schloss und verfügt noch dazu über mehrere Gästehäuser.

»Ich sollte auch gehen.« Adair stellt sich auf die Zehenspitzen und küsst mich auf die Wange. »Es war wirklich schön, Sie kennenzulernen.«

»Sehen wir uns noch?«, fragt Francie sie.

»Äh, das hängt von Sterling ab.«

Zwei fragende Augenpaare sehen mich an, und ich stehe unter Druck.

»Wenn du dich von deiner Familie freimachen kannst«, sage ich. Die Vorstellung, Adair die ganze Woche nicht zu sehen, macht mich fertig, auch wenn ich mich wirklich darauf freue, Francie alles zu zeigen. Aber ich weiß nicht, ob Adair Lust hat, in jede kostenlose Ausstellung in Nashville geschleppt zu werden oder zu essen, was immer wir in der Kochnische der Hotelsuite zusammenbrauen können. Womöglich nicht. Schließlich ist sie Country Clubs und mehrgängige Menüs gewöhnt.

»Also, ich hoffe es«, murmelt Adair. Unsere Blicke treffen sich, und mir wird bewusst, dass wir bei aller Unterschiedlichkeit doch auch einiges gemeinsam haben.

»Ich bringe Adair noch zu ihrem Auto.« Ich sehe Francie an und bitte um ihre Zustimmung, und sie strahlt vor Stolz.

»Nichts anderes habe ich erwartet. Ich bin hier«, sagt sie.

Ich nehme Adairs Hand und führe sie in den Flur.

»Deine … sie scheint nett zu sein«, sagt Adair auf dem Flur. »Sorry, ich weiß nicht, wie ich sie nennen soll.«

»Bleib einfach bei Francie«, rate ich. »Ich wusste zuerst auch nicht, wie ich sie nennen soll, als ich zu ihr kam. Die anderen Pflegefamilien, in denen ich vorher gewesen war, haben auf Titeln und Nachnamen bestanden. Bei Francie spielten diese ganzen Formalitäten keine Rolle. Das hieß aber nicht, dass sie nicht streng war. Sie war die strengste Pflegemutter, die ich je hatte.«

»Sie hat dich auf den rechten Weg gebracht, stimmt's?« Wir treten aus dem Gebäude in die kühle Dämmerung, und es weht ein frischer Wind. Adairs Lieblingswagen, ein Jaguar Roadster, steht gefährlich nah an der Parkverbotszone. Vermutlich hat kaum jemand den Mumm, einen Wagen abzuschleppen, der einer MacLaine gehört.

Ich begleite sie zum Auto und halte ihr die Fahrertür auf.

»Was für ein Gentleman«, murmelt Adair.

»Lass dich davon nicht in die Irre führen«, warne ich sie und führe meinen Mund dicht vor ihren. »Ich habe ziemlich schmutzige Gedanken. Vielleicht brauche ich eine zweite Lernsession mit dir.«

»Das lässt sich einrichten.«

Ich beiße sie sanft in die Unterlippe. »Wir sollten vorsichtig sein, sonst werfe ich dich noch auf die Motorhaube.«

»Der Campus ist leer.«

Ich stöhne über ihre anzügliche Bemerkung. »Im Ernst?«

Sie schüttelt lachend den Kopf, woraufhin sich der mit den Essstäbchen locker hochgesteckte Dutt löst. »Du hast keine Chance, mir diese Hose auszuziehen, schon vergessen?«

»Ich bin bereit, es zu versuchen.« Ich schiebe meinen Zeigefinger in den Bund und ziehe Adair an mich. Dann küsse ich sie ausgiebig zum Abschied.

»Du wirst mir fehlen«, gesteht sie. »Ich glaube, ich würde auch lieber im Eaton Thanksgiving feiern als zu Hause, aber mein Vater würde einen Anfall bekommen.«

»Ich bin nur einen Anruf weit entfernt«, verspreche ich.

»Rufst du mich an?«, fragt sie. »Ich würde gern was mit dir und Francie unternehmen, aber ich will euch nicht stören.«

»Klar«, sage ich schnell, doch mir ist nicht ganz klar, ob ich die Wahrheit sage.

Sie steigt in den Wagen und wirft mir eine Kusshand zu. Ich beobachte, wie sie davonfährt, und spüre, wie mein Herzschlag schwächer wird, je weiter sie sich entfernt.

»Cyrus ist weg. Ich soll dir ausrichten, dass sein Auto auf dem Parkplatz hinter Tucker steht«, sagt Francie, nachdem ich zurück in meinem Zimmer bin. »Du warst eine Weile weg.«

»Hm?« Ich schüttele den Kopf. »Ich meine, wie bitte?«

»Dich hat es ja ganz schön erwischt.« Francie lacht und nimmt mich in die Arme. »Warum hast du mir nicht von ihr erzählt?«

»Ist so eine Art On-Off-Beziehung«, gebe ich zu.

»Ich will alles wissen«, sagt Francie. »Aber erst, was heißt das, wir schlafen nicht hier?«

»Cyrus dachte, dass es komfortabler wäre, wenn wir im Zimmer seiner Familie wohnen. Ihnen gehört ein Hotel in Nashville, aber sie sind nicht in der Stadt.« Auf dem Weg zum Parkplatz informiere ich sie über die Details.

Francie hat wenig Gepäck, und auch meine Sachen passen

locker in eine Reisetasche. Auf dem Parkplatz steht nur noch ein Wagen. Als Francie ihn sieht, bleibt sie stehen.

»Moment, den lässt dein Freund dich fahren?« Sie starrt auf den BMW.

»Ja, er hat ihn mir schon ein paarmal geliehen.«

Francie zieht die Augenbraue so weit nach oben, dass sie komplett unter ihrem Pony verschwindet. »Bist du dir sicher, dass das eine gute Idee ist?«

»Normalerweise bin ich bei den Partys derjenige, der alle heimfährt«, erkläre ich, »und ich habe Adair einmal damit ins Krankenhaus gefahren.«

»Ich glaube, du solltest mich besser auf den neuesten Stand bringen.« Francie zögert an der Beifahrertür, obwohl ich sie bereits für sie geöffnet habe.

»Es ist wirklich okay«, sage ich. »Cyrus ist okay.«

»Ich fand ihn sympathisch.« Aber sie klingt nicht überzeugt.

Ich berichte ihr von dem Abend, an dem ich Adair kennengelernt habe, und überspringe die Auseinandersetzungen, die wir unterwegs hatten. Francie ist nicht parteiisch, aber ich will, dass sie Adair mag. Und noch wichtiger ist mir, dass sie nicht von ein paar schlechten Entscheidungen erfährt, die ich getroffen habe, seit ich in Valmont bin.

»Das arme Mädchen«, sagt Francie leise, als wir in die kreisförmige Einfahrt des Eaton Hotels einbiegen. »Ihr erstes Thanksgiving ohne ihre Mama. Du solltest dich unbedingt um sie kümmern.«

»Mach ich.«

Ein Hoteldiener öffnet ihr die Tür. »Willkommen im Eaton, Ma'am.«

Ich folge Cyrus' Anweisungen, übergebe ihm den Schlüssel und nenne Cyrus' Namen. Im Hotel gehe ich direkt zu den Aufzügen mit den goldenen Türen. Auch wenn es Cys Idee war, fühle ich mich hier fehl am Platz. Ich will die opulente Lobby mit den glänzenden Marmorböden und der Glaskuppel so schnell wie möglich verlassen und hoch aufs Zimmer. Als ich die Aufzüge erreiche, drehe ich mich um und bemerke, dass Francie sich mit großen Augen in der Lobby umsieht.

»Francie«, zische ich, als der Fahrstuhl vor mir klingelt, und sie eilt zu mir. Einige andere Gäste steigen mit uns ein. Die Suite befindet sich im sechsten Stock, der obersten Etage des Hotels. Alle anderen steigen vor uns aus. Als wir die Suiten erreichen, verstehe ich, warum. Es gibt nur vier, denen wahllos irgendwelche Ziffern zwischen 600 und 614 zugeordnet sind. In kleinen Buchstaben steht unter jeder Nummer das Wort »Penthouse«. Das erste, an dem wir vorbeikommen, die Nummer 614, ist ebenfalls als private Suite gekennzeichnet.

»Es ist die Nummer 600, da, am anderen Ende« erkläre ich Francie und schultere unsere Sachen.

»Hier wohnen Leute?«, fragt sie.

»Ich glaube schon.« Bevor ich die Oberschicht von Valmont kennengelernt habe, hätte ich das auch für abwegig gehalten. Jetzt überrascht mich in dieser Stadt nichts mehr.

»Mit so etwas habe ich nicht gerechnet, als du sagtest, der Familie deines Freundes gehört ein Hotel. Ich dachte, es wäre so ein Laden wie der, in dem wir bei Roanoke übernachtet haben. Der mit dem Minikühlschrank und der kaputten Eismaschine.« Sie verstummt, als ich die Tür zur Suite öffne. Sie ist locker doppelt so groß wie unsere Wohnung in Queens. In der Privatsuite der Eatons wurde an nichts gespart. Vor einem großen Kamin stehen sich zwei pflaumenblaue Samtsofas mit gedrehten Armlehnen gegenüber. Über unseren Köpfen hängt ein Kronleuchter, dessen Licht funkelnd auf die edlen Tapeten fällt. Cyrus hatte von einer Kochnische gesprochen, doch es stellt sich heraus, dass sie größer als unser Zimmer und mit Luxusgeräten ausgestattet ist, einschließlich einem Kühlschrank mit Glastür. Zwischen Küche und Wohnzimmer steht ein Eichentisch für zwölf Personen, der bereits für ein Abendessen eingedeckt ist. Auf dem Tresen liegt eine Nachricht.

Fühlt euch wie zu Hause. Bestellt, was ihr wollt. Keine Sorge wegen der Rechnung. Das geht aufs Haus.

Francie sieht sich alles an und bleibt kurz stehen, ehe sie weiter den Flur hinuntergeht. Es gibt zwei Schlafzimmer, jedes hat ein eigenes Bad. Ich stelle Francies Tasche in das größere und drehe mich grinsend zu ihr um. Doch sobald ich ihr Gesicht sehe, vergeht mir das Grinsen.

»Ich weiß nicht, was ich davon halten soll«, sagt sie. »Das ist ein teurer Laden, Sterling.«

»Ich glaube, ich habe jetzt Freunde ziemlich weit oben.« Der Scherz kommt nicht an.

»Dieses Mädchen? Adair? Hat sie auch so viel Geld?«

»Eher noch mehr«, antworte ich ehrlich. Ich lasse mich aufs Bett fallen, mir ist klar, dass es einiges gibt, worüber wir sprechen müssen.

»Warum hast du mir nicht erzählt, dass sie reich ist?«

»Spielt das eine Rolle?«

»Im Grunde nicht«, sagt sie. »Aber weißt du, worauf du dich da einlässt?«

In mir steigt Ärger auf. Francie war diejenige, die mich auf diese reiche Privatuni gedrängt hat. Was hat sie denn gedacht, wer meine Kommilitonen sind? Ich unterdrücke meine Wut jedoch. Ich hatte dieselben Bedenken, als ich Adair und ihre Freunde kennengelernt habe.

»Adair ist anders«, verspreche ich.

Francie mustert mich, dann zwingt sie sich zu einem Lächeln. »Ich hoffe, du hast recht.«

ADAIR

HEUTE

»Das ist dein Schreibtisch.«

Ich streiche mit dem Finger über den billigen Bürostuhl. Es ist alles sehr einfach. Ein Schreibtisch in einer Ecke des Raums, daneben ein alter Aktenschrank.

Die Büroräume von Bluebird Press befinden sich im Souterrain. Die Atmosphäre hier ist viel lebendiger als in anderen Büros, die ich kenne. An den zwei Außenwänden sind hohe Fenster, durch die erstaunlich viel Tageslicht in den vollgestellten Raum fällt. Auf zerschrammten Holzschreibtischen liegen Bücherstapel und lose Manuskripte voller Kaffeeflecken. Die Luft ist etwas abgestanden, es sei denn, man geht gerade durch den Luftstrom, den der alte Deckenlüfter ausbläst. Der Geruch von Kaffee wabert durch den Raum, aber es ist nicht klar, ob er tatsächlich von der Kaffeemaschine stammt oder ob es hier einfach schon immer so gerochen hat.

Ein paar Schritte von meinem Schreibtisch entfernt steht ein Gemeinschaftskopierer, an dem überall Anweisungen kleben, wie man ihn dazu bringt, das zu tun, was man will. Es ist ganz sicher nicht das Geschäftsführerbüro, in dem ich mir vorgestellt hatte, eines Tages zu sitzen.

Aber das ist mir egal, denn auf meinem Schreibtisch wartet ein Stapel Manuskripte auf mich. Wen interessiert der vollgestopfte Raum? Bücher entführen einen auf Reisen durch die ganze Welt. Und das ohne Reisepass. Trish beobachtet mich nervös, wahrscheinlich fragt sie sich, ob ich gleich ein Eckbüro verlange.

Dank Poppys Eingreifen bin ich an meinem ersten Tag bei der Arbeit overdressed. Während Trish bequem gekleidet ist und eine schmale Kaki-Hose mit gelben Ballerinas und einem weißen oversized Tanktop trägt, bin ich in einen nichtssagenden Bleistiftrock gekleidet, der sich um meine üppigen Hüften schmiegt, und trage knapp acht Zentimeter hohe Krokodillederpumps, die Poppy als »harmlos genug für die Arbeit« befunden hat. Meine Rettung ist das weiche Jeanshemd, auf dem ich bestanden habe. Vorne geknotet lässt es das Outfit klassisch und zugleich lässig wirken.

Jetzt frage ich mich, ob ich die falsche Botschaft aussende. Ich will nicht, dass Trish denkt, ich wäre hier, um den Laden zu übernehmen. Ich muss eine Menge von ihr lernen, bevor ich eine richtige Lektorin werden, geschweige denn den ganzen Verlag leiten kann.

»Ist es okay?«, fragt sie, als ich zu lange schweige. »Wir können Ihren Schreibtisch auch umstellen …«

»Nein!«, unterbreche ich sie. Sie soll mir nicht den Moment ruinieren. »Es ist perfekt so.«

»Ich weiß, es ist nicht gerade komfortabel …« Trish sieht sich um, als fürchtete sie, jemand könnte sie hören. »Aber wir können uns nicht viel leisten.«

»Apropos.« Ich hole tief Luft und wappne mich. »Mein Gehalt.«

»Offensichtlich ist es nicht wettbewerbsfähig«, sagt sie. »Ich werde sehen, ob mehr drin ist.«

»Machen Sie Witze? Das ist mein erster richtiger Job. Ich würde wahrscheinlich auch dafür arbeiten, dass ich den Kaffee umsonst bekomme«, gestehe ich. Jetzt, wo sie weiß, wer ich bin, muss ich kein Geheimnis daraus machen. »Aber da mir der Laden gehört, sollte ich vielleicht gar kein Gehalt nehmen.«

»Natürlich sollten Sie ein Gehalt nehmen.« Trish sieht mich erstaunt an. »Wenn Sie meinen, Sie würden als Besitzerin Geld verdienen, machen Sie sich etwas vor.«

Ich hätte wissen müssen, wie schwierig das hier wird. So sehr ich diesen Job möchte, kann ich doch die Tatsache nicht ignorieren, dass ich für alle hier verantwortlich bin. Ich weiß nicht, warum ich dachte, ich könnte herkommen, die Lektorin spielen und so tun, als hätte ich nicht die Macht, über das Schicksal dieses Verlags zu entscheiden. Als ich nun zwischen meinen neuen Kollegen stehe, merke ich, dass sie mehr als das sind. Sie sind das Rückgrat meiner neuen Firma.

»Sie sollen für Ihre Arbeit bezahlt werden. Das ist nur fair. Aber vielleicht möchten Sie sich mit der Buchhaltung absprechen – und damit meine ich mit Meg.« Trish grinst und deutet auf eine Frau, die am anderen Ende des Raumes sitzt. »Sie kümmert sich überwiegend um die Buchhaltung. Wir haben hier ein ziemlich ausgeklügeltes System der Arbeitsteilung.«

»Das sehe ich.« Ich erwidere ihr Lächeln. Wenn sie mit alldem klarkommt, kann ich das auch. Trish verhält sich nicht anders als bei unserer Begegnung in der letzten Woche. »Ich will tun, was ich kann, damit Bluebird erfolgreich ist. Aber ehrlich gesagt möchte ich unbedingt mit Büchern zu tun haben.«

»Ich will mich klar ausdrücken: Sie haben sich den Lektoratsjob verdient«, erinnert mich Trish. »Ich hatte keine Ahnung, wer Sie waren. Nicht, dass das eine Rolle spielt.«

»Nicht?«, murmele ich.

Trish deutet meine Miene falsch. »Keine Sorge. Ich habe keinem gesagt, dass wir jetzt Ihr Eigentum sind.«

»Das sind Sie nicht«, erwidere ich schnell. Etwas an der Art, wie sie das sagt, erinnert mich an meinen Vater.

»Ich mache nur Spaß.«

»Tut mir leid, ein heikles Thema«, gebe ich zu. »Eine MacLaine zu sein, ist eine ziemliche Bürde.«

»Ich hätte gedacht, es öffnet einem viele Türen«, sagt Trish nachdenklich.

»Das stimmt – aber überwiegend zu Zigarrensalons, Jungsclubs und Treffen mit alten Männern.«

»Wenn Sie das so sagen.« Trish lächelt mitfühlend. »Ich habe keine Ahnung, warum Ihr Vater Bluebird all die Jahre über behalten hat, wenn ich ehrlich bin. Wir haben immer damit gerechnet, dass er uns für nicht profitabel genug befindet oder dass wir andere Arten von Büchern herausbringen müssten. Es war eine Erleichterung, als …« Sie hält inne und schließt abrupt den Mund.

»Schon okay. Ehrlich gesagt, ist es ganz erfrischend zu wissen, dass ich nicht die Einzige bin, die über seinen Tod ein bisschen erleichtert war.« Ich kann nicht glauben, dass ich das laut ausspreche, aber Trish wirkt nicht schockiert.

»Wir sind nur froh, dass wir jetzt in guten Händen sind.« Sie zwinkert mir zu. »Also, wie dem auch sei, wir sind hier nicht sehr förmlich. Kommen und gehen Sie, wie es Ihnen passt. Ich bitte Sie nur, die Manuskripte und Notizen bis zu den Terminen, die auf den Post-it-Zetteln stehen, an mich zurückzugeben.« Sie tippt auf einen gelben Klebezettel mit der Aufschrift »18. Juli«, der auf einem Manuskript klebt. »Wenn Sie eine Deadline nicht einhalten können, sagen Sie mir Bescheid. Wenn einer Ihrer Autoren Schwierigkeiten macht, sagen Sie mir ebenfalls Bescheid. Wenn Sie irgendetwas brauchen …«

»Sage ich Bescheid«, verspreche ich.

»Ich muss noch ein paar Anrufe erledigen. Sie können anfangen, wann immer Sie wollen. Ich glaube, diese Manuskripte hier werden Ihnen gefallen.« Sie zögert eine Sekunde, dann nimmt sie mich flüchtig in den Arm. Als sie sich wieder von mir löst, hebt sie den Daumen. »Willkommen im Team.«

Team. Das klingt gut. Ich setze mich an meinen Schreibtisch und nehme das erste Manuskript zur Hand. Ich dachte immer, meine Träume wären unerreichbar, dabei musste ich nur die Straße hinuntergehen.

Ich bin so in das Manuskript der Absolventin aus Valmont vertieft, dass ich die Mittagspause ausfallen lasse und weiterlese. Es ist anders als alles, was ich je gelesen habe. Es ist ein Thriller, aber zugleich ist das Buch romantisch und verträumt. Ich möchte bei jedem Wort verweilen und jeden Satz genießen. Es ist so gut, dass ich vor Schreck fast aus dem Stuhl aufspringe, als Trish mir auf die Schulter tippt. Hastig lasse ich die Seite auf den Stapel zurückfallen.

»Tut mir leid«, sagt sie und klingt belustigt, »aber Sie haben *Besuch*.«

Einen Sekundenbruchteil lang bin ich verlegen und frage mich, wer von meinen Freunden vorbeigekommen ist, um Bilder von mir zu machen, als wäre es mein erster Schultag oder der Abschlussball. Dann bemerke ich den verwirrten Ausdruck in Trishs Gesicht. Mein Blick gleitet zur Tür, und auf einmal weiß ich genau, wen ich dort sehen werde. Sterling steht an der Tür und erinnert ein bisschen zu sehr an ein Model. Als ich mich im Büro umsehe, bemerke ich, dass alle ihn anstarren. Und Sterling? Der sieht nur mich an und durchbohrt mich mit seinem Blick.

»Danke. Ist das okay?«, frage ich Trish und hoffe, dass sie mir von einer bislang nicht erwähnten Regel erzählt, die unangemeldete Besuche von scharfen Männern verbietet, die das gesamte Büro von der Arbeit ablenken.

»Also, wenn Sie seinen Besuch nicht wollen, kann er gern bei mir vorbeikommen«, flüstert sie.

Ich winke ihn heran, und sie schenkt mir ein flüchtiges Lächeln und verschwindet hinter ihrem Schreibtisch. Ich bemerke unwillkürlich, dass sie ihn jedoch weiterhin beobachtet. Sterling windet sich mit dem Selbstbewusstsein eines Mannes durch das Labyrinth aus Schreibtischen, der genau weiß, was er will, und keine Hindernisse auf seinem Weg sieht. Aus dem Fünfuhrschatten auf seinem Kinn ist ein sexy Dreitagebart geworden. Sein Haar ist glatt zurückgekämmt und betont die markante Nase und die unnatürlich blauen Augen – aus denen er mich unverwandt ansieht. Mit jedem Schritt, den er näher kommt, schlägt mein Herz ein bisschen schneller.

»Hast du dich verlaufen? Oder hattest du das Bedürfnis, die ganze Belegschaft von der Arbeit abzulenken?«, frage ich, stütze das Kinn in die Hände und sehe zu ihm hoch.

»Ich? Ablenken?« Er dreht sich um, als wäre ihm das neu. Im ganzen Büro werden rasch die Köpfe gesenkt. Achselzuckend sieht er wieder zu mir. »Alle scheinen beschäftigt zu sein. Vielleicht lenke ich nur dich ab, Lucky.«

»Wohl kaum.« Ich schnaube und hoffe, dass es glaubhaft klingt. Die Wahrheit ist, sosehr ich mich wieder meinem Manuskript zuwenden möchte, mein Körper rebelliert. Ich presse die Schenkel zusammen und versuche, das heftige Pulsieren zu ignorieren, das bei seinem Anblick dort begonnen hat. Ich muss Sterling hier wegschaffen, ehe ich eine Pfütze auf meinem Stuhl hinterlasse. »Warum bist du hier?«

»Es ist dein erster Tag. Ich habe ein Geschenk für dich.« Er hält eine braune Papiertüte hoch.

»Das wäre nicht nötig gewesen.« Ich zögere und lehne mich auf dem Stuhl zurück. Ich muss direkter sein – überzeugender. Ich darf ihn nicht denken lassen, dass er sich in mein Herz schleichen kann. »Das *solltest* du nicht.«

»Ich weiß«, unterbricht er mich, ehe ich ihn bitten kann zu gehen. »Ich habe über das nachgedacht, was du gesagt hast, und vielleicht hast du recht.«

Ich klammere mich an die Stuhllehne, um mich zu vergewissern, dass ich nicht träume. »Wie bitte?«

»Ich muss dir ein paar Sachen erzählen«, er senkt die Stimme, sodass uns niemand hören kann. »Ich darf dir nicht alles erzählen …« Ich öffne den Mund, um zu protestieren, doch er schüttelt den Kopf. »Nicht bei jeder Geschichte habe ich das Recht, sie dir zu erzählen.«

»Aber du erzählst mir von dem Typ im Hotel und den letzten fünf Jahren?«

»Ja«, sagt er.

»Und du dachtest, hey, das ist ja kein besonderer Tag für Lucky, also komme ich mal vorbei und lenke sie so effizient wie möglich ab, während sie versucht, einen möglichst guten ersten Eindruck zu machen ...?« Ich öffne eine Schreibtischschublade und wühle darin herum.

»Äh, sorry«, sagt er und sieht verwirrt aus, »was machst du da?«

»Ich suche nach einem Vertragsformular. Das will ich schriftlich haben«, sage ich.

»Sehr witzig.« Er lässt das Geschenk auf das Manuskript auf meinem Schreibtisch fallen. »Was machst du heute Abend?«

Ich beiße mir auf die Unterlippe. Ich will Antworten bekommen, und ich will nicht auf sie warten, aber Sterling verspricht oft mehr, als er dann hält.

»Denk nicht lange nach«, sagt er. »Sag einfach, dass du mit mir zu Abend isst, damit wir reden können.«

»Okay«, stimme ich nachdenklich zu, »aber nur unter einer Bedingung: nicht bei dir und nicht bei mir. Auf neutralem Gebiet.«

»Abgemacht.« Ein breites Lächeln legt sich auf sein Gesicht und macht mich vorübergehend ehrfürchtig. Er wirkt nur selten richtig glücklich, doch wenn er es ist, kann ich nichts gegen die Freude tun, die ich darüber empfinde. Er ergreift die Gelegenheit, sich herunterzubeugen und mir einen Kuss auf die Stirn zu hauchen. »Ich hole dich um halb sechs ab.«

Ich brauche einen Moment, um mich zu sammeln, und ehe ich begreife, was er gesagt hat, ist er schon halb aus der Tür. »Um sechs«, rufe ich ihm noch schnell hinterher.

Er steht mit dem Rücken zur Tür und nickt, dann setzt er eine Pilotenbrille auf. Als er schließlich weg ist, bemerke ich, dass ich nicht die Einzige bin, deren Blick auf die Tür geheftet ist. Trish ist schon wieder an meinem Schreibtisch. »Wer war das?«

Mein größter Fehler? Was ich am meisten bedaure? Wie soll ich Sterling beschreiben?

»Oh, oh«, sagt sie und lässt sich auf meine Schreibtischkante sinken. »Diesen Ausdruck kenne ich.«

Ich schaffe es, meinen Blick vom Ausgang loszureißen. »Welchen Ausdruck?«

»Den Blick einer Frau, die in einen Mann verliebt ist und sich wünscht, sie wäre es nicht.«

»Ist das so offensichtlich?«, frage ich seufzend.

»Nur für diejenigen unter uns, die Augen haben«, versichert sie mir. »Wenn ich Ihnen einen Rat geben darf? Männer sind wie Manuskripte – wenn man sie liebt, sollte man um sie kämpfen, ehe sie einem jemand anders wegschnappt.«

»Gibt es hier viel Konkurrenz?«, frage ich trocken.

»Um Manuskripte«, sagt sie, dann deutet sie mit dem Kopf zur Tür. »Aber ich habe seinen Blick gesehen. Er ist hundertprozentig in Sie verliebt.«

Ich schaue zu ihr hoch. Hat sie recht? Im Grunde verdient sie ihr Geld mit dem Studium menschlichen Verhaltens. »Ich weiß nicht, ob das genügt«, sage ich.

»Mädchen, Liebe ist die einzige unerschöpfliche Quelle auf dieser Welt«, sagt sie. »Wenn Sie mehr brauchen, fordern Sie mehr. Sie verdienen es. Und dieser Mann will es Ihnen geben.«

Sie geht wieder zu ihrem Schreibtisch und lässt mich mit einem halb gelesenen Manuskript und mit dem Gefühl zurück, dass mein Herz in einem Schraubstock gefangen ist.

Vielleicht hat sie recht. Ich richte meine Aufmerksamkeit auf das Buch und hoffe, ich kann mich nach der spontanen Ablenkung durch Sterling wieder konzentrieren, da entdecke ich das Geschenk, das er mir dagelassen hat. Eingewickelt in Seidenpapier finde ich eine Nachricht.

Lucky,
ich wollte dir eigentlich einen schickeren Rotstift besorgen, aber der hier ist alternativlos. Also dies ist dein ganz eigener Lektorinnenstift. Präge deine Geschichte nach deinen Vorstellungen und hab keine Angst, Fehler zu machen. Du kannst sie immer wieder ausradieren.

Auf dem Boden der Tüte liegt ein angespitzter roter Buntstift. Ich drehe ihn in den Fingern, dann lege ich ihn neben das Manuskript. Unwillkürlich deute ich mehr in sein Geschenk und die Nachricht. Ich habe jede Menge Fehler gemacht, das weiß er. Wenn es nur so leicht wäre, sie auszuradieren, wie einen schlechten Satz. Ich weiß nicht, ob ich Sterling vertrauen kann, aber ich weiß, dass das zwischen uns sich nicht ausradieren lässt, ob es ein Fehler ist oder nicht. Er hat recht. Es ist Zeit, meine Situation zu redigieren.

Mein ganzes Leben lang habe ich gewartet – darauf, frei zu sein, gewollt zu werden, und auf ihn. Ich habe es satt zu warten. Es wird Zeit, ein paar Änderungen vorzunehmen. Denn das ist meine Stadt, mein Leben und mein Herz – und er muss sich seinen Platz in alldem erst verdienen.

16

ADAIR

DAMALS

Am Morgen von Thanksgiving folge ich dem Duft von Kürbis und Nelken in die Küche, wo Felix den Pumpkin Pie aus dem Ofen holt. Das heutige Essen bereitet unsere Köchin Sadie mit ihrem Team zu, doch Felix ist für den Nachtisch zuständig. Er ist in Festtagslaune und trägt eine Schürze, die mit orangefarbenen und gelben Blättern bestickt ist.

»Sagen Sie, dass Sie auch einen fürs Frühstück gebacken haben«, bettele ich und atme den himmlischen Duft ein.

»Da ich Sie kenne …« Er holt einen Minikuchen aus dem Ofen und stellt ihn auf den Tresen.

»Sie sind der Beste.« Ich nehme den Kuchen gierig in die Hand, bedaure es allerdings sogleich, weil ich mir die Finger verbrenne.

»Jedes Jahr dasselbe.« Er schüttelt den Kopf.

»Apropos, wer sind in diesem Jahr die Ehrengäste?«, frage ich und puste auf meinen Kuchen, um mir nicht auch noch die Zunge zu verbrennen.

Feiertage sind eine Gelegenheit für die MacLaines, unter

dem Deckmantel der Gastfreundschaft ihren Wohlstand zu demonstrieren. Meist ist jemand – normalerweise ein Geschäftspartner meines Vaters – an Thanksgiving zum Essen da. Dann findet eine Woche vor Weihnachten in Windfall eine Riesenparty statt, die jedes Jahr größere und groteskere Ausmaße annimmt. Heiligabend ist privat, da packen wir die Geschenke aus, damit wir am nächsten Morgen in den Familienurlaub fliegen können, den meine Mutter geplant hat. Letztes Jahr haben wir die Woche vor Silvester in London verbracht. Dies ist das erste Jahr, in dem ich am Weihnachtsmorgen aufwachen werde und nicht wegfahre. Plötzlich ist mir der Appetit auf den Minikürbiskuchen vergangen.

»Deine angeheiratete beziehungsweise deine zukünftige Verwandtschaft kommt zum Abendessen. Ich nehme an, sie werden jetzt an den meisten Feiertagen hier sein«, sagt Felix.

Ich rümpfe die Nase. »Toll.«

Felix wirft mir einen Blick zu.

»Was ist?«, frage ich abwehrend. »Die sind total langweilig. Ginnys Vater macht die ganze Zeit rassistische Witze, und ihre Mutter ist wie wandelndes Teleshopping. Sie erzählt die ganze Zeit, wie viel was gekostet hat. ›Sehen Sie dieses Armband‹«, äffe ich sie nach, »›dafür hat Ronald fünftausend Dollar bezahlt. Wir haben uns gerade einen neuen Lexus gekauft und die Zierleisten austauschen lassen.‹ Mann, das ist so pervers.«

»Warum, denken Sie, tut sie das?«, fragt Felix sanft.

Nach allgemeinen Maßstäben ist Ginnys Familie wohlhabend. Ihr Vater ist ein bekannter Arzt in Nashville, ihre Mutter Hausfrau. Ehe ihre Tochter meinen Bruder kennengelernt hat, gehörten sie in ihren Kreisen vermutlich zur absoluten Elite. »Ich weiß nicht. Um uns zu beeindrucken?«

»Um dazuzugehören«, sagt er. »Überlegen Sie, wie überwältigend alles hier für sie sein muss.«

Ich lasse die Schultern hängen, nicht, weil ich Familie Higginboth nicht richtig beschrieben habe, sondern weil Sterling mir in den letzten Monaten die Augen geöffnet und mir gezeigt hat, wie extrem reich unsere Familie ist. »Ich wünschte nur ...«

»Wünschen Sie sich nichts. Handeln Sie«, rät er. »Vielleicht können Sie dafür sorgen, dass sie sich wohler fühlen.«

»Okay«, verspreche ich. Ich nehme meinen Kuchen, gehe zurück auf mein Zimmer und frage mich, wodurch sich Sterling wohler fühlen würde. Ehrlich gesagt kann ich mir nicht vorstellen, dass er sich jemals hier zugehörig fühlt – doch das größere Problem ist, dass ich nicht weiß, ob ich das überhaupt wollen würde.

Das Essen ist eine förmliche Angelegenheit und findet jedes Jahr um punkt drei Uhr statt. Das erlaubt den Frauen, den ganzen Tag über zu hungern, um sich auf die Aufnahme der Kalorien vorzubereiten, während den Männern genügend Zeit für Zigarren und Brandy bleibt. Manches ändert sich nie. Ich wähle ein tiefrotes langärmeliges Kleid mit Glockenärmeln und einem weiten Rock, verzichte allerdings auf die üblichen hohen Absätze zugunsten flacher goldener Samtballerinas, die ich letztes Jahr an Weihnachten getragen habe. Ich öffne die Schublade mit meinem Schmuck und erstarre, als ich eine kleine elfenbeinfarbene Karte entdecke. Darauf steht in der vertrauten geschwungenen Handschrift:

Liebling, ich bin so stolz auf dich. Ich kann es nicht erwarten, bis du in vier Jahren deinen Abschluss in Valmont machst. Die sind wahrscheinlich etwas übertrieben für den Campus, aber als ich sie sah, musste ich an dich denken.

Mit zitternden Händen hebe ich die Karte hoch und finde darunter ein Paar zarter Goldohrringe, die wie Blütenkelche geformt sind. An einem zierlichen Häkchen in der Mitte der Blüte ist ein wundervoller Opal befestigt. Mein Geburtsstein. Wie lange warten die dort schon auf mich? Mindestens seit August. Mom muss sie dort hineingelegt haben, als ich in Valmont zu studieren angefangen habe. Ich stecke die Karte zurück in die Schublade. Sie ist die letzte, die ich jemals von ihr bekommen werde. Ich starre auf die Ohrringe, nehme sie schließlich in die Hand und stecke sie mir in die Ohren. Als ich in den Spiegel blicke, sehe ich, dass sie den Kupferton meines Haars einfangen und in einem Dutzend verschiedener Schattierungen schimmern.

Mein Telefon schrillt los und erinnert mich daran, dass es Zeit ist, nach unten zu gehen. Zögernd verlasse ich mein Zimmer, und als ich die Treppe erreiche, ist unten am Treppenabsatz mein Vater und sieht wütend zu mir hoch.

»Drei Uhr heißt nicht fünf nach drei«, bellt er, dann rollt er in seinem Rollstuhl weg.

Ich weiß nicht, was das alles soll. Warum müssen wir so tun, als sei alles normal? Wozu ist es wichtig, ob es genau drei Uhr ist – die Zeit, die meine Mutter festgelegt hat – oder eine halbe Stunde später? Warum müssen wir dieses Jahr überhaupt für irgendetwas dankbar sein?

Ich setze ein Lächeln auf und betrete das Esszimmer, wo alle bereits auf ihren Plätzen sitzen. Meist werde ich zwischen Gästen platziert, die mich nicht interessieren. In diesem Jahr bleibe ich stehen, weil ich sehe, dass kein Platz mehr für mich frei ist.

Mein Vater räuspert sich und deutet auf das Kopfende des Tisches, ihm gegenüber. »Du bist jetzt die Dame des Hauses.«

Mein Blick springt zum Stuhl meiner Mutter, auf dem jetzt eigentlich sie sitzen und alle bezaubern würde. Sie würde Streitigkeiten zerstreuen, ehe sie überhaupt aufkommen, darauf achten, dass die Gänge genau zum richtigen Zeitpunkt aufgetragen werden, und dafür sorgen, dass es niemandem am Tisch an etwas fehlt.

Ich rühre mich nicht vom Fleck, dieser Aufgabe fühle ich mich nicht gewachsen.

»Adair«, sagt mein Vater lächelnd, aber mit einem scharfen Unterton.

»Vielleicht sollte Ginny …«, stammele ich.

»Unsinn. Ginny sitzt Malcolm gegenüber, nicht mir«, sagt er.

»Vielleicht sollten dann beide am Kopfende sitzen«, platze ich heraus, ohne darüber nachzudenken.

Eine bedrohliche Stille senkt sich über den Tisch. Die Blicke zucken zwischen uns hin und her, während unsere Gäste bemüht sind, sich unter dem sich zusammenbrauenden Sturm wegzuducken.

»Sie stehen diesem Haus nicht vor«, sagt er beunruhigend leise.

»Ich auch nicht. Wir können den Platz im Gedenken an Mom doch einfach frei lassen«, schlage ich vor.

»Setz dich.« Er schlägt mit der Faust auf den Tisch.

Ich weiß nicht, warum ich es nicht mache. Es wäre besser, ich würde mich einfach fügen. Das hätte meine Mutter getan. Sie hätte sich gesetzt und die peinliche Situation schnell mit einer geistreichen Geschichte überspielt. Ich war noch nie gut darin, vornehm zu tun. Stattdessen balle ich die Hände zu Fäusten und schüttele den Kopf.

»Los jetzt«, sagt mein Vater.

»Nein«, sage ich mit leiser, aber fester Stimme.

»Du wirst ...«

»Nein«, schreie ich. »Ich werde mich nicht setzen, ich werde nicht ihren Platz einnehmen und so tun, als wäre alles in Ordnung. Ich werde nicht so tun, als wäre es für mich okay, dass sie nicht mehr da ist, wo wir doch alle wissen, dass es dich hätte treffen sollen.«

»Geh auf dein Zimmer!«, brüllt er.

»Ich dachte, ich wäre die Dame des Hauses«, schieße ich zurück. »Das heißt doch wohl, dass ich tun und lassen kann, was ich will.«

Ich stürze aus dem Zimmer und hinunter in die Küche. Ich weiß nicht, warum ich renne, er kann mir in seinem Rollstuhl nicht folgen. Ich weiß nur, dass ich hier weg muss – fort von ihm, weg aus Valmont, weg von den Geheimnissen, die mich von innen her auffressen.

Genau wie meine Mutter es hätte tun sollen, solange sie noch die Chance dazu hatte.

17

STERLING

»Der Truthahn ist fertig!«, ruft Francie halb singend und klingt dabei so fröhlich, dass mir ganz warm ums Herz wird.

Ich habe ihre Art vermisst, sich über Kleinigkeiten freuen zu können. Kochen ist unsere gemeinsame Leidenschaft, zumal wir immer zu wenig Geld hatten, um Essen zu bestellen oder in neue, hippe Läden in Manhattan oder Queens zu gehen. Stattdessen machten wir die besten Straßenläden und Imbissstände ausfindig und lernten, wie man das zubereitet, was wir gern essen. Insgeheim war ich froh, als sie angekündigt hat, an Thanksgiving zu kochen.

Als Francie und ich uns mit diversen Tüten voller Lebensmittel in den Fahrstuhl des Eaton quetschten, haben uns die anderen Hotelgäste ziemlich schräg von der Seite angesehen. Francie hatte nur einen Blick auf das Hotelmenü geworfen, gelacht und beschlossen, sich auf die Suche nach einem Supermarkt zu machen. Es war nicht ganz leicht gewesen, aber schließlich hatten wir einen mit frischen Truthähnen gefunden, der auch sonst das meiste von dem führte, was sie als unverzichtbar für den Feiertag hält. Zu ihrem Entsetzen gab es in dem ganzen Laden keine einzige frische Cranberry, woraufhin wir welche im Glas kaufen mussten.

»Riecht nicht schlecht«, sage ich und lehne mich an den Tresen.

Sie schlägt mit dem Teigschaber nach mir, mit dem sie gerade die frisch geschlagene Sahne in eine Schüssel umfüllt, und verteilt Sahnespritzer auf meinem Hemd. Keiner von uns mag das Zeug in den Plastikbehältern, und da wir uns einig sind, dass Sahne für den Kuchen unverzichtbar ist, haben wir selbst welche geschlagen.

»Also essen wir jetzt, bevor ich noch vor Hunger sterbe?«, frage ich und wische mir etwas Schlagsahne vom Handrücken.

»Drängle nicht. Du hast mir schließlich kein bisschen geholfen.«

»Das ist nicht fair.« Ich nehme den Schneebesen und trage ihn zum Spülbecken, um ihn abzuwaschen. »Du hast mich rausgeworfen, schon vergessen? Du hast gesagt, du willst mit dem Viking allein sein?«

Sie hatte mich vorhin doch tatsächlich verscheucht, weil sie die Granitarbeitsplatten und den eleganten Edelstahlofen von Viking für sich haben wollte. Ich habe so getan, als wäre ich angewidert, als sie ihre Wange daran schmiegte, aber gleichzeitig hatte ich das Gefühl, ihr endlich etwas schenken zu können. Vielleicht nur für ein paar Tage – aber manchmal ist eine Erfahrung mehr wert als irgendein Geschenk, das man auspacken kann.

»Eine Frau hat eben ihre Bedürfnisse«, sagt sie und tätschelt liebevoll einen der Knöpfe.

Wieder würge ich zum Spaß und verdrehe die Augen.

»Als deine Freundin ihr Oberteil verkehrt herum angezogen hatte, schienst du nichts gegen diese Bedürfnisse zu haben.«

»Das ist hart«, sage ich, »aber fair.«

»Geh mir aus dem Weg«, befiehlt sie, »sonst brennt der Truthahn noch an.«

»Erst beklagst du dich, dass ich dir nicht helfe, dann wirfst du mich schon wieder raus. Ich mache mir Sorgen um deinen Geisteszustand, Francie.«

Sie holt gerade den Vogel aus dem Ofen, als jemand an der Tür klopft.

»Oh Gott, hoffentlich hat dein Mitbewohner nicht dieses traurige Menü für uns bestellt.«

Lachend gehe ich zur Tür und überlege, ob ich ein zweihundert Dollar teures Essen ablehnen soll. Doch es ist nicht der Zimmerservice.

»Lucky.« Ich reiße die Tür auf und ergreife ihre Hand. Sie ist kreidebleich und zuckt zusammen, als ich sie berühre.

»Es tut mir leid«, sagt sie eilig. »Ich hätte anrufen sollen, aber …«

»Hoffentlich sind das nicht die grünen Bohnen mit Mandelblättchen und der Cranberry-Apfelkuchen«, ruft Francie. »Lass alles zurückgehen. Das können sie selbst essen. Cranberry-Apfelkuchen zu Thanksgiving!«

»Ich sollte gehen.« Adair dreht sich um, aber ich lasse sie nicht los.

»Wir haben genug Essen für eine ganze Armee. Komm rein.«

»Was machst du da?« Francie kommt zur Tür und wischt sich die Hände an einem Handtuch ab. »Oh! Adair. Sterling hat gar nicht gesagt, dass du kommst.«

»Ich störe«, sagt sie und versucht, ihre Hand aus meinem Griff zu befreien.

»Nein, komm rein! Jemand sollte meine Mühe zu schätzen wissen«, sagt Francie und winkt sie herein. »Der Junge hier hat mir den ganzen Tag nur beim Kochen zugesehen.«

»Du Lügnerin.« Ich grinse Adair an und hoffe, sie versteht, dass wir nur Spaß machen. Sie bringt ein kleines Lächeln zustande, und ich ziehe sie herein und schließe die Tür hinter uns.

»Ich konnte meinen Vater nicht eine Sekunde länger ertragen«, gesteht sie mir flüsternd.

»Wir sind froh, dass du da bist.« Ich lege einen Arm um ihre Taille und hebe ihr Kinn an, um sie zu küssen.

»Spart euch das für nach dem Abendessen«, ruft Francie.

»Dann sind wir zu vollgefressen«, sage ich.

»Genau!« Adair kichert, dann windet sie sich mit einem schüchternen Lächeln aus meinem Griff.

»Das riecht ziemlich gut«, sagt Adair. »Kann ich Ihnen irgendwie helfen?«

Francie und ich tauschen einen Blick. »Kannst du kochen?«

»Äh, eigentlich nicht«, gibt sie zu.

»Warum legst du nicht noch ein Besteck für dich auf? Ich habe den ganzen überflüssigen Kram da drüben hingepackt.« Francie deutet auf das Ende des Küchentresens. »Die haben den verdammten Tisch gedeckt, als wäre das hier der Buckingham Palast.«

»Die Eatons übertreiben manchmal ein bisschen«, sagt Adair, trägt ein Gedeck zum Tisch und legt es ordentlich hin.

»Ich will alles über diese Familie hören«, sagt Francie und

wedelt etwas zu dramatisch mit einem Tranchiermesser. »Ich muss wissen, mit wem mein Sterling sich herumtreibt. Kennst du sie gut?«

»Das könnte man sagen.«

Mein Sterling? Das hat sie noch nie gesagt. Sie hat noch nie Ansprüche auf mich angemeldet. Ich versuche, nicht zu viel Gefallen daran zu finden, und helfe Adair, den Tisch fertig zu decken.

Wir essen nur an einem Ende, damit wir uns richtig unterhalten können. Wobei wir uns einig sind, dass wir noch mal ein richtig förmliches Abendessen veranstalten und uns wie Adelige verhalten sollten, ehe unsere Zeit in der Suite zu Ende geht. Wahrscheinlich nimmt Adair regelmäßig an solchen Abendessen teil, aber sie ist eine begeisterte Befürworterin des Plans.

Sollte ich irgendwelche Bedenken gehabt haben, was Francie von Adair hält, sind sie am Ende des Essens auf jeden Fall zerstreut, hauptsächlich weil sie etwas Gemeinsames entdeckt haben: Sie versuchen, mich in Verlegenheit zu bringen. Ich spiele mit und tue, als wäre ich über jede Enthüllung schockiert. Darüber, wie ich durchs kleine Klofenster abhauen wollte, als ich frisch bei Francie eingezogen war – was sie demütigend, aber zutreffend als Pu-der-Bär-Vorfall bezeichnet – bis hin zu Adairs Bericht über meinen ersten Ausritt, über den Francie schallend lacht.

»Der Stadtjunge auf einem Pferd. Mach beim nächsten Mal Fotos.«

»Versprochen.« Auch Adair lacht.

Nach dem Kuchen macht Francie eine Flasche Wein auf.

»An die Badewanne könnte ich mich gewöhnen«, sagt sie.

»Betrügst du den Viking schon?«, frage ich, woraufhin Adair mich fragend ansieht.

»Ich bin zu alt, um mich zu binden«, sagt Francie augenzwinkernd und steht auf, um ins Bett zu gehen. »Ihr zwei benehmt euch.«

Ich winke ihr hinterher, setze mich aufs Sofa und klopfe auf den Platz neben mir. Adair zieht sich die Schuhe aus, kuschelt sich an mich und zieht die Beine hoch. Ich lege den Arm um sie, und meine Hand landet auf ihrem üppigen Rock.

»Das ist ganz schön viel Kleid«, stelle ich fest.

»Thanksgiving in Windfall ist eine förmliche Angelegenheit«, erwidert sie stöhnend. »Ich habe nicht über passendere Kleidung nachgedacht, als ich abgehauen bin.«

Ich zögere. Wir haben es geflissentlich vermieden, darüber zu sprechen, was sie heute Abend vor meine Tür getrieben hat. Ich weiß nicht, ob es daran lag, dass Francie dabei war. »Willst du darüber reden?«

»Ehrlich gesagt, nein.« Sie sieht unter ihren dunklen Wimpern zu mir hoch. »Ist das okay?«

»Ja.« Ich küsse sie auf die Stirn, und sie seufzt leise. »Ist es egoistisch, dass ein Teil von mir froh darüber ist, denn deshalb bist du jetzt hier?«

»Ziemlich egoistisch.« Sie grinst. »Aber dann bin ich auch egoistisch, denn ich bin viel lieber hier bei dir.«

»Wie fändest du es, aus diesem Kleid herauszukommen?«, frage ich.

»Sterling Ford, du sollst dich doch benehmen.« Während sie mich neckt, gleitet ihre warme Hand über meinen Schenkel.

Es erfordert einige Anstrengung, mich nicht über sie herzumachen. »Ich kann dir was anderes zum Anziehen geben.«

Ich löse mich von ihr, gehe in mein Schlafzimmer und grabe in der Reisetasche. Adair sieht von der Tür aus zu, wie ich ein sauberes geripptes Unterhemd und Boxershorts aufs Bett werfe.

»Hier. Mach es dir bequem. Du kannst heute Nacht hier schlafen«, sage ich.

Ihr Blick zuckt an mir vorbei, und ich weiß, was sie sieht. Nicht die Sachen, die ich für sie herausgesucht habe, sondern das King-Size-Bett.

»Ich schlafe auf dem Sofa«, sage ich schnell.

»Nein«, platzt es aus ihr heraus. »Ich kann auf dem Sofa schlafen.«

Am liebsten würde ich sie hochheben, zum Bett tragen, sie eigenhändig ausziehen und unsere halbherzigen Versuche, den Anstand zu wahren, beenden.

»Warum schlafen wir nicht einfach beide hier?«, schlägt sie vor. »Das Bett ist riesig. Wir können uns trotzdem *benehmen.*«

»Ich bin schockiert.« Ich tue beleidigt. »Für so einen Typen hältst du mich?«

Adair geht zum Bett, nimmt die Sachen und streckt mir die Zunge heraus. Sie geht ins Bad, um sich umzuziehen. Ich starre auf die geschlossene Tür. Eine lebhafte Fantasie steigt in mir auf.

Ich gehe zum Bad, öffne die Tür und finde sie nur in BH und Slip vor. Adair tut gar nicht erst, als sei sie überrascht, sondern wirft sich sofort in meine Arme. Eine Sekunde später habe ich sie an die Wand gedrängt, und meine Lippen küssen ihren Hals, während sie sich an mir reibt. Ich greife über meinen Kopf und ziehe mir das Shirt aus. Ihre Haut fühlt sich weich und einladend an. Sie streicht mit den Händen über meine Brust.

»Sterling«, flüstert sie.

»Sterling!«

Ich blinzele und sehe sie im Türrahmen stehen.

»Sorry«, sage ich. »Ich war in Gedanken.«

Sie grinst, und ich frage mich, ob sie meine Gedanken womöglich lesen kann. Nachdem ich wieder auf der Erde gelandet bin, stelle ich fest, dass die Realität noch besser ist als meine Fantasie. Meine Boxershorts sitzen locker auf ihren Hüften, und mein Unterhemd schmiegt sich um ihre Kurven. Unter dem dünnen Stoff zeichnen sich ihre Nippel ab. Sie durchquert das Zimmer und kommt auf mich zu, wobei ihr nicht bewusst zu sein scheint, wie unglaublich sexy sie aussieht.

»Schläfst du so?«, fragt sie und zeigt auf mich.

»Äh …« Was sind schon Worte? »Nein.« Ich ziehe mein T-Shirt aus, werfe es auf den Boden und merke, dass jetzt Adair diejenige ist, die mich anstarrt. Als ich auch die Hose ausziehe, leuchten ihre Wangen rosig.

»Sehen wir uns einen Film an«, sagt sie schnell und schnappt sich die Fernbedienung.

Wir steigen ins Bett und zögern beide, weil wir nicht wissen, wie nah wir uns kommen sollen. Adair rutscht neben mich, bis sich unsere Körper berühren, und schaltet den Fernseher ein. Sie zappt so konzentriert durch die Kanäle, als wäre sie eine Gehirnchirurgin bei der OP. Schließlich landet sie bei einer alten Verfilmung von *Sturmhöhe.*

»Das habe ich nie gelesen«, gesteht sie. »Ich bin da irgendwie stecken geblieben.«

»Heathcliff ist ein Dreckskerl«, sage ich.

Adair lacht und wirft mir einen bedeutungsvollen Blick zu.

»Was ist?«

»Ich dachte gerade, man sollte nicht von sich auf andere schließen.« Ihre Augen leuchten, und obwohl sie mich geärgert hat, küsse ich sie. Langsam und zärtlich, aber unsere Körper reagieren schnell. Adair spreizt einladend die Beine. Sanft streicht sie über meine Bauchmuskeln, lässt die Hand auf meinen Rücken gleiten und schiebt sie in den Bund meiner Boxershorts. Ich unterbreche den Kuss, rutsche ein Stück nach unten und küsse mich ihren Hals hinunter. Ich streiche mit den Lippen über ihr Brustbein und bewege mich langsam zu dem Tal zwischen ihren Brüsten. Sie stöhnt leise und sinkt schwer in das Bett. Ich deute das als Zeichen, dass ich weitermachen soll, bewege mich zu ihrem Nippel, schließe den Mund um den dünnen Stoff und sauge vorsichtig.

»Du bestehst diese Wirtschaftsprüfung doch, oder?«, keucht sie.

Ich lasse von ihr ab. »Warum fragst du, Lucky?«

»Weil dies ein sehr großes Bett ist«, flüstert sie, »und es wäre schade …«

»Ja?«, frage ich nach. »Es wäre schade …?« Ich muss hören, wie sie es ausspricht – wie sie darum bittet. Es ist ihr erstes Mal. Ich darf sie nicht drängen, auch wenn das Blut, das in meinen Unterleib strömt, anderer Ansicht ist.

»Sterling, ich will …«

Sie verstummt, als die Tür zum Schlafzimmer auffliegt. Ich rolle mich von ihr herunter und ziehe schnell die Decke über sie, dann rufe ich: »Mach die verdammte Tür zu!«

Aber dort steht nicht Francie. Ein Mann in einem teuren Anzug marschiert wutschnaubend ins Zimmer. Er ist groß, mit leicht ergrautem Haar und einer langen Hakennase. »Wer zum Teufel seid ihr?«, faucht er.

»Wer zum Teufel sind Sie?«, frage ich zurück.

»Ich bin Nicholas Randolph, der Hotelmanager«, sagt er knapp, holt ein Funkgerät aus der Tasche und schaltet es ein. »Schickt die Security in Suite 600.«

Fuck!

»Das ist ein Missverständnis«, sage ich eilig. »Wir sind Freunde der Familie Eaton.«

»Die Familie hat mich nicht informiert, dass sie Gäste in der Suite untergebracht hat. Wir klären das mit der Polizei.«

»Was? Nein? Ich bin Cyrus Eatons Mitbewohner. Er hat mir den Schlüssel gegeben. Das können Sie überprüfen.« Die Situation gerät derart schnell außer Kontrolle, dass mir schwindelig wird. »Rufen Sie nicht die Polizei.«

»Das ist im Hotel so üblich, und außerdem steht es Mr. Cyrus nicht zu, die Schlüssel Fremden zu überlassen. Das muss mit seinem Vater geklärt werden. Wir müssen ihn kontaktieren, aber in der Zwischenzeit ...«

Cyrus und seine Familie sind in irgendeinem privaten Resort auf einer ebenso privaten Insel. Es könnte Stunden dauern, sie zu erreichen. Lange genug, um mich ins Gefängnis zu schaffen, da bin ich sicher.

»Was ist los?« Francie erscheint im Bademantel und zieht den Gürtel enger.

Hilflos sehe ich zu, wie hinter ihr die Security eintrifft und sie am Arm packt. Dann komme ich zu mir. Ich springe auf. »Lassen Sie sie los. Das ist ein Missverständnis.«

»Sie sind widerrechtlich hier eingedrungen«, sagt Randolph, als wäre das eine unumstößliche Tatsache.

Ein Wachmann packt mich, doch ehe er mich wegschleifen kann, ruft Adair. »Halt!«

Hocherhobenen Hauptes steigt sie aus dem Bett, mit mehr Würde, als es ihr Outfit eigentlich zulässt. »Wir können in die Suite meiner Familie umziehen, wenn es ein Problem gibt.«

Randolph bleibt abrupt an der Tür stehen und dreht sich vorsichtig zu ihr um. »Und Sie sind?«

»Adair MacLaine. Die Suite meiner Familie befindet sich den Flur hinunter. Wir hätten auch dort unterkommen können, aber dort gibt es nur ein Schlafzimmer, und wie Sie sehen, ist die Familie meines Freundes zu Besuch. Daher fand Cyrus, hier hätten wir mehr Platz.« Sie nimmt das Telefon, das auf dem Nachttisch steht. »Die Eatons werden Sie nicht erreichen. Sie sind über Thanksgiving immer in Saint John. Aber wir können meinen Vater anrufen. Er ist zu Hause und unterhält seine künftige Verwandtschaft. Es ist sicher kein Problem. Natürlich könnte ich Cyrus auch eine Nachricht schicken. Er kann seinen Vater bitten, Sie anzurufen. Sicher hat er zu dieser späten Stunde nichts anderes vor.«

»Bitte entschuldigen Sie, Miss MacLaine. Ein bedauerliches Missverständnis. Wir würden Sie nicht im Traum bitten, die Suite zu wechseln, aber wir sind jederzeit bereit, die Suite Ihrer Familie für Sie zu öffnen, falls Sie zusätzlichen Platz benötigen.« Randolph zieht sich derart schnell zurück, dass er quasi schon aus dem Zimmer ist. Er schnippt mit den Fingern und zischt den Securityleuten zu: »Lasst die Gäste in Ruhe.«

Francie starrt den Wachmann wütend an, der sie gepackt hat. »Schämen Sie sich.«

»Es tut mir furchtbar leid«, sagt Randolph, aber er spricht nicht mit mir, sondern mit Adair.

»Ich bin nicht diejenige, bei der Sie sich entschuldigen sollten«, sagt sie.

»Ja, natürlich. Mr. …« Es sieht aus, als würde es ihm körperliche Schmerzen bereiten, mich anzusehen.

Ist es so offensichtlich, dass ich nicht hierhergehöre?

»Ford«, drängt Adair von oben herab.

»Bitte verzeihen Sie, Mr. Ford. Dürfen wir Ihnen morgen als Wiedergutmachung für unseren Fehler das Frühstück aufs Zimmer bringen lassen?«, fragt er.

»Nicht nötig«, erwidere ich mit zusammengebissenen Zähnen und riskiere einen Blick zu Francie. »Ich glaube, nach *Ihrem* Fehler werden wir den Rest unseres Aufenthalts woanders verbringen.«

Er versucht, es mir auszureden, aber ich habe mich bereits entschieden. Sich immer wieder verbeugend und entschuldigend zieht er sich zurück, bis er mit der Security zusammen das Zimmer verlassen hat. Ich schlage hinter ihm die Tür zu.

»Ich muss packen«, sage ich und gehe zurück in Richtung Schlafzimmer.

»Wir müssen nicht gehen«, sagt Adair verwirrt.

Ich kann mich nicht überwinden, sie anzusehen, und setze meinen Weg ins Schlafzimmer fort. Ich höre, wie Adair hinter mir herkommt, aber Francie hält sie im Flur zurück.

»Lass ihn«, sagt Francie. »Wir wollen niemandes Gastfreundschaft strapazieren.«

»Aber das tun Sie doch gar nicht«, sagt Adair. »Sie haben jedes Recht, hier zu sein.«

»Wir haben aber auch das Recht zu gehen, wenn uns jemand schlecht behandelt«, erklärt Francie. »Wir fühlen uns woanders wohler. Warum ziehst du dich nicht an, und dann überlegen wir, was wir machen.«

Adair kommt leise zurück ins Zimmer. Sie verschwindet im Bad, während ich meine Sachen in die Reisetasche stopfe. Ich ziehe mich an, setze mich ans Fußende des Bettes und warte auf sie. Immer wieder gehen mir die letzten Minuten durch den Kopf. Nicht der gute Teil, als ich mit Adair im Bett lag, sondern alles, was danach passiert ist. Adairs erschreckter Aufschrei, als die Tür aufflog. Die verkniffene missbilligende Miene des Hotelmanagers. Francie, die im Flur auftaucht. Aber die Bilder sind nicht das Schlimmste – sondern die Scham, von denen sie begleitet sind.

Dass der Manager einen Fehler gemacht hatte, war komplett egal – bis Adair sich eingeschaltet und ihren Familiennamen benutzt hat, um es zu beweisen. Ich hätte genauso gut chinesisch sprechen können. Nichts, was ich sagte, spielte eine Rolle, weil ich ein Niemand war.

Ich bin ein Niemand.

»Hey«, sagt Adair leise. Sie hat wieder ihr aufwendiges Kleid an.

»Wir sollten gehen.« Ich traue mir nicht zu, mehr zu sagen. Es ist nicht ihre Schuld, dass das passiert ist. Ich hätte nicht so dumm sein dürfen zu meinen, ich könnte mich einfach hier aufhalten, ohne irgendwelche Fragen zu provozieren.

»Es tut mir leid, dass das passiert ist«, sagt sie. »Sie hatten kein Recht, euch so zu behandeln.«

»Nicht? Ich gehöre nicht in eine schicke Suite ins Eaton. Ich gehöre nicht nach Valmont. Und ganz bestimmt gehöre ich nicht zu dir.«

»Hör auf«, befiehlt sie. Adair kommt zu mir und fasst mein Kinn. »Die entscheiden nicht, wer zu mir gehört. Das entscheide ich! Und ich habe mich für dich entschieden. Die anderen können ihre geistlosen Cocktailpartys veranstalten und wetteifern, wie wichtig sie sind. Sie brauchen das, weil sie der Welt sonst nichts zu bieten haben.«

»Aber ich?«

»Ja«, sagt sie. »Du bist klug und nett und besser als alle anderen zusammen, und ich würde all das aufgeben, wenn ich dafür mit dir zusammen sein kann.«

»Das sagst du jetzt, aber warte, bis du in einem winzigen Apartment in Queens hockst und versuchst, das Nötigste zum Leben zusammenzukratzen. Ich kann dir dieses Leben nicht bieten.«

Sie schließt die Augen und atmet tief durch.

»Warum siehst du nicht, was ich sehe?« Als ich antworten will, legt sie einen Finger auf meine Lippen. »Ich will dieses Leben nicht. Ich will dich.«

Ich weiß nicht, was ich dazu sagen soll, darum küsse ich sie. Als ich sie schließlich loslasse, sagt sie: »Ich suche meine Schuhe. Wir können zu dir ins Wohnheim gehen oder zu mir. Egal.«

Sie verschwindet im Flur, ich folge ihr und entdecke Francies Silhouette, die an der Tür wartet. Unsere Blicke treffen sich, und es ist klar, dass sie alles gehört hat, was Adair zu mir gesagt hat.

»Ich weiß nicht, was ich tun soll«, sage ich leise zu ihr.

»Glaub ihr«, sagt sie sanft, »und glaub an dich, denn was dich angeht, hat sie recht.«

18

STERLING

HEUTE

Nach meinem Besuch bei Adair ist Geschäftliches das Letzte, wonach mir der Sinn steht, aber ich kann die Situation mit Noah nicht ignorieren. Außerdem habe ich gerade etwas zugesagt, das ich versprochen hatte, nie zu tun, und das bedeutet, ich muss mit meinen Brüdern reden.

Das Barrelhouse ist nur wenige Blocks von Adairs Büro entfernt, also schicke ich Luca eine Nachricht, dass er dort hinkommen soll. Jack steht hinter dem Tresen, wo er sich auf den abendlichen Ansturm vorbereitet. Das Shirt mit dem kultigen Logo der Blues-Bar spannt über seiner Brust, der Stoff ist schwärzer als seine Haut. Er begrüßt mich mit einem Lächeln, und ich bekomme ein schlechtes Gewissen.

»Du siehst aus wie jemand, der was ausgefressen hat und beichten will«, sagt er, als ich mich an die Bar setze.

»Luca ist schon unterwegs«, sage ich. »Wir müssen über Noah und ein paar andere Sachen reden.«

Jack zieht eine Augenbraue hoch, dann nickt er und holt ein weiteres Glas aus dem Spülbecken.

»Was denkst du, warum er hier ist?«, fragt er, während er einen Tumbler abtrocknet und ihn zu den anderen sauberen Gläsern am Ende des Tresens stellt.

»Spülst du immer selbst ab?«, frage ich.

»Das entspannt mich«, sagt er. »Ich warte darauf, dass Noah durch die Tür marschiert. Da ist es besser, man hat etwas zu tun, sonst dreht man durch.«

Keiner von uns sollte sonderlich überrascht über Noahs Auftauchen sein. Luca hat ihn die ganze Woche beschattet, ohne viel berichten zu können oder sonderlich besorgt zu sein. Aber Luca könnte auch im Auge eines Hurrikans stehen, ohne auch nur ein bisschen zerzaust auszusehen. Jack hingegen neigt dazu, sich Sorgen zu machen. So auch jetzt. Er hat diesen Club nicht gekauft, um sich jetzt zu verstecken.

»Jack, er ist meinetwegen hier«, sage ich. »Vielleicht auch wegen Luca.«

»Soweit ich weiß«, sagt er, beugt sich über den Tresen und senkt die Stimme, damit die wenigen Angestellten, die alles für den Abend vorbereiten, ihn nicht hören, »bin ich genauso verantwortlich für das, was in Afghanistan passiert ist.«

»Ja, vielleicht«, sage ich achselzuckend. »Aber deswegen kann er nichts unternehmen. Das hat er doch schon versucht. Er will uns wegen was anderem drankriegen, aber du hast dir seit damals nichts zuschulden kommen lassen. Er hat keine Chance.«

»Was mich angeht, nicht. Vielleicht solltet ihr die Stadt verlassen«, fügt Jack hinzu und meint eigentlich nur mich. Untertauchen wäre vor ein paar Monaten eine Option gewesen. Um ehrlich zu sein, bin ich mir nicht ganz sicher, ob ich überhaupt nach Valmont zurückgekehrt wäre, wenn ich gewusst hätte, dass Noah hier herumschnüffeln würde. Ich habe meine Spuren gut verwischt, aber ein einziger Fehler genügt – es muss noch nicht einmal mein eigener sein –, um dem FBI einen Grund zu liefern, wieder zu ermitteln. Das führt zu der Frage: Habe ich Mist gebaut? Oder jemand anders? Oder ist das nur ein Anstandsbesuch, um mich daran zu erinnern, dass Noah nicht aufgibt?

»Ich muss wissen, warum er hier ist«, sage ich. »Bis dahin kann ich nichts tun.«

Jack stöhnt und trocknet weiter Gläser ab. »Woher weißt du eigentlich, dass er deinetwegen hier ist? Soweit ich weiß, ist Luca genauso schlimm – wenn nicht noch schlimmer.«

»Das ist das Netteste, das jemals jemand über mich gesagt hat.« Luca lässt sich auf den Barhocker neben mir fallen. »Er hat recht, weißt du? Noah könnte es auch auf mich abgesehen haben. Andererseits ist es ziemlich egal, nach wem er sucht, denn er will uns alle drei fertigmachen.«

»Genau das macht mir Sorgen«, sagt Jack.

Auf Lucas Feingefühl ist Verlass. Nicht dass er Jacks Sorge nicht spürt, er hat es nur einfach lieber, wenn es chaotisch zugeht anstatt geordnet. »Kümmere dich wie bisher um dein Geschäft und bleib unter dem Radar«, sage ich zu Jack. »Er hat nichts gegen dich in der Hand.«

»Womit wir bei der Frage wären, was er gegen dich in der Hand haben könnte«, sagt Jack.

»Wenn ich das wüsste.« Mir sind schon ein paar Dinge eingefallen, und ich bin mit meinen Überlegungen noch nicht am Ende. »Aber eigentlich will ich mit euch über etwas anderes reden.«

»Jetzt kommt's«, murmelt Luca und verdreht die Augen.

»Also, die Lage mit Adair hat sich verändert«, beginne ich.

»Das haben wir schon gemerkt«, sagt Jack.

»Aber sie weiß zu wenig von mir«, fahre ich fort. »Sie hat Fragen.«

»Das ist nicht weiter überraschend«, sagt Jack. »Was will sie wissen?«

»Die Liste der Dinge, die sie nicht wissen will, ist deutlich kürzer. Ich habe ihr schon gesagt, dass ich ihr nicht alles erzählen kann, aber …«

»Ich kann nicht fassen, dass du derjenige bist, der den Pakt bricht«, wirft Luca ein. »War es nicht seine Idee?«, fragt er an Jack gewandt. Der nickt, aber anders als Luca wirkt er nicht verärgert, sondern als müsste er sich ein Lachen verkneifen.

»Ich habe es doch gleich gesagt«, bemerkt Jack.

»Moment, was?«, frage ich. »Ich hatte nicht vor, ihr irgendetwas zu erzählen, als wir hergekommen sind.«

»Genau das ist der Punkt«, sagt Jack. »Vielleicht hast du es nicht vorgehabt, aber wie Luca und ich gesagt haben, ein Mann ist nicht fünf Jahre lang von einer Frau besessen, nur um es dann nicht noch einmal mit ihr zu versuchen.«

»Ich bin nicht hergekommen, um eine zweite Chance zu bekommen«, protestiere ich.

»Dann hast du wohl Glück, dass sie dir trotzdem eine gibt«, erwidert Jack.

»Können wir uns auf die Tatsache konzentrieren, dass er vorhat, seinen heiligen Schwur zu brechen?«, fragt Luca, der scharfe Unterton ist aus seiner Stimme verschwunden. Das heißt allerdings nicht, dass er erfreut über meinen Sinneswandel ist.

»Ich halte euch zwei da raus«, verspreche ich.

»Auf keinen Fall«, sagt Luca, fährt auf seinem Hocker herum und bohrt mir einen Finger in die Brust. »Du lässt dich nicht allein für unseren ganzen Erfolg feiern.«

»So nennst du das?«, fragt Jack trocken.

»Okay, ich halte Jack da raus«, stelle ich klar.

»Und du sorgst dafür, dass sie weiß, dass Kairo …«

»Erzähl ihr, was du ihr erzählen musst, Bruder«, sagt Jack schnell. Er will auf keinen Fall, dass wir uns wieder darüber streiten, was in Ägypten passiert ist, insbesondere da diesmal seine Bar dabei Schaden nehmen könnte.

»Na gut, na gut. Wie wär's mit Lunch?«, fragt Luca. Er sieht auf seine Rolex. »Oder vielleicht ein frühes Dinner? Was immer man um drei Uhr nachmittags macht.«

»High Tea«, schlägt Jack grinsend vor. »Willst du mich nicht fragen?«

Luca verdreht die dunklen Augen. »Ich würde dich ja fragen, aber sehen wir den Tatsachen ins Auge, du bist mit diesem Laden verheiratet.«

»Und es ist wahre Liebe«, sagt Jack grinsend.

»Ich habe heute Abend etwas vor und muss mich vorbereiten«, sage ich absichtlich vage.

»Mit wem?« Jack klimpert mit den Wimpern und tut unschuldig.

»Ich hatte keine Ahnung, dass ihr meine Termine überwacht«, weiche ich der Frage aus.

»Wir sind nur neugierig«, sagt Luca. »Es muss wichtig sein, wenn du den Mann, der dir das Leben gerettet hat, nicht zum Lunch einladen kannst.«

»Du bringst da was durcheinander«, sage ich. »Ich habe *dir* das Leben gerettet.«

»Jungs«, unterbricht Jack. »Streiten wir uns nicht, zumal ich derjenige bin, der *euch beiden* den Arsch gerettet hat.« Er schiebt Luca ein Glas zu. »Bleib hier und trink mit mir. Wir können die Zähmung unseres lieben Freundes Sterling betrauern.«

»Und den Verlust seiner Eier«, fügt Luca hinzu, während Jack eine Flasche aufschraubt und einschenkt.

»Ich kann gar nicht verstehen, warum ihr zwei immer noch Singles seid«, spotte ich.

»Ja, das ist ein Rätsel, oder?«, stimmt Luca mir zu. Er nimmt einen Schluck von dem Whiskey, den Jack ihm eingeschenkt hat. »Feiert ihr ihren neuen Job?«

Ein Urinstinkt erwacht in mir, und ich trete einen Schritt näher. »Woher weißt du davon?«

»Sie wohnt auf einem Flur mit mir, schon vergessen?« Er schwingt seine Serviette wie eine Friedensfahne. »Keine Sorge. Ich schnüffele deinem Mädchen nicht hinterher.«

»Das habe ich auch nicht behauptet«, sage ich steif. Ich muss dieses Steinzeitgehabe abstellen, sonst machen sich die beiden nur noch mehr über mich lustig. »Genauso wenig, wie ich behauptet habe, dass sie mein Mädchen ist.«

Luca riecht an seinem Glas, sieht zu Jack und reckt die Nase in die Luft. »Was riecht hier so?«

»Wonach riecht es denn?«, fragt Jack, legt besorgt die Stirn in Falten und sieht sich schnüffelnd in der Bar um.

»Hier stinkt was.« Luca dreht sich wieder zu mir um. »Irgendein Scheiß. Vielleicht der, den du da erzählst?«

Ich springe vom Barhocker. »Sehr witzig, ehrlich. Das nächste Mal, wenn ich über eine Frau reden muss, rufe ich meine Schwester an. Ich muss los.«

Gerade habe ich die Bar verlassen, als sich mir eine vertraute Gestalt in den Weg stellt. Wie der Rest von uns hat auch Noah Porter seit den Tagen beim Militär zugelegt. Allerdings ist es bei ihm nicht die Brieftasche. Der Anzug, den er trägt, ist typisch FBI: schwarzes langweiliges Polyester. Sein Haar ist immer noch kurz geschoren, und er gibt sich keine Mühe, die hässliche Narbe auf seiner Wange zu verbergen. Doch anders als andere FBI-Agenten, denen ich begegnet bin – und ich bin einigen begegnet –, sieht er aus, als würde er gleich aus allen Nähten platzen. Als ich ihn jetzt ansehe, kann ich mir kaum noch vorstellen, dass wir einmal so viel gemeinsam hatten. Jetzt sind wir unterschiedlich wie Tag und Nacht. Wir leben noch nicht einmal mehr in derselben Zeit.

»Es ist eine Weile her«, sagt Noah. Er nimmt seine billige Sonnenbrille ab und mustert mich von oben bis unten. Ich frage mich, was er sieht. Ist es das gleiche Bild, das ich sehe? Wenn ich mich anders entschieden hätte, könnte ich jetzt an seiner Stelle sein. Das weiß er. Und umgekehrt. Das macht es uns so schwer, einander anzusehen, geschweige denn nebeneinander zu existieren. Wir repräsentieren jeweils die verpasste Gelegenheit des anderen.

»Ich wusste nicht, dass du in der Stadt bist.« Ich schiebe die Hände in die Hosentaschen und rede mir gut zu, dass wir nur zwei alte Freunde sind, die sich zufällig begegnen. Dennoch prüfe ich, ob in meinem Blickfeld andere Beamte rumlungern. Doch die Straße ist ruhig und verlassen. Er ist allein gekommen, was bedeutet, dass er nicht vorhat, mich festzunehmen. Was auch immer er gegen mich in der Hand hat, muss ziemlich dürftig sein. Nicht dass das eine Rolle spielt. Er ist gefährlich. Noah wird mich umkreisen und warten. Ich habe ihn ziemlich oft abgehängt, aber man wird ihn einfach nicht los. Ich weiß nicht, warum ich dachte, er würde mich in Ruhe lassen, wenn ich nach Valmont komme. Weil ich mich hier unverdächtig verhalte? Weil ich nicht aktiv für Kunden arbeite? Weil er weiß, dass ich nach Valmont zurückkehre wie der verlorene Sohn nach Hause?

»Ach, nein?« Er lächelt kühl und zeigt mir eine Reihe gerader Zähne, die ein Kieferorthopäde aus dem Mittleren Westen perfekt arrangiert hat. »Nachdem du dir die Mühe gemacht hast, deine Freundin auf ihr Zimmer zu tragen?«

Fuck. Er *hat* mich an dem Tag in der Lobby gesehen. Ich zucke die Schultern, als wüsste ich nicht, wovon er spricht.

»Die hübsche Rothaarige.«

»Sie ist nicht meine Freundin.« Es geht mir locker über die Lippen, weil es stimmt. Das hat Adair deutlich gemacht.

»Warum bist du dann zurückgekommen?«

»Geschäfte«, sage ich. Meine Bemerkung ist ein Köder für den Hai, das weiß ich. Aber sie wird Noah von Adair ablenken, und das ist alles, worauf es ankommt.

»Dann bist du nicht wegen Adair MacLaine zurückgekommen?«

Natürlich weiß er, wer sie ist. Er hat Zugang zu Akten voller Informationen, die er, wenn es nach mir ginge, lieber nicht sehen sollte. So vorsichtig ich auch bin, dem FBI gelingt es normalerweise trotzdem, etwas herauszufinden. Das ist das Problem, wenn man ehemalige beste Freunde belügt – manchmal wissen sie zu viel über einen. Noah Porter war einmal einer von uns, was heißt, dass er alles über das Mädchen weiß, das mir das Herz gebrochen hat. Ich kann nicht fassen, dass er sich nach all der Zeit noch an ihren Namen erinnert.

»Darf ich dich auf einen Drink einladen?«, fragt er.

»Ich trinke nicht«, erinnere ich ihn.

»Stimmt. Ich war verwirrt, weil du aus einer Bar kamst.« Er tut so, als habe er es tatsächlich vergessen, aber das ist ein Test.

»Lunch?«

»Ich habe eine Verabredung und wollte mich gerade auf den Weg machen.«

»Ich komme mit«, sagt er und stellt mich auf die Probe.

»Du hast gewonnen.« Wir könnten diesen Tanz den ganzen Tag weiterführen, aber ich habe meine Tanzschuhe nicht dabei. Ich gehe los. Zumindest kann ich ihn von Jack und Luca weglocken. »Wie wäre es mit einem Kaffee?«

»Einverstanden.« Er blickt zum Schild des Barrelhouse. »Vielleicht sollten wir den Jungs auch Bescheid sagen.«

»Betrifft es auch sie?« Wir können jetzt genauso gut Tacheles reden.

»Eigentlich nicht.« Er macht ein ernstes Gesicht, als müsste er mir schlechte Nachrichten überbringen.

»Guck nicht so enttäuscht«, sage ich.

»Schon okay. Ich muss mich nur daran erinnern, dass Geduld eine Tugend ist. Irgendwann finde ich einen Grund, mich mit Luca und Jack zu treffen.«

Ich hoffe, das wird nicht passieren.

»Es war mutig von euch«, fährt er fort, »zu dritt herzukommen.«

»Fühlst du dich ausgeschlossen?«, frage ich.

»Ein bisschen«, sagt er.

Ich führe ihn einen Block weiter und schicke Luca eine kurze Warnmeldung. Noah behauptet, dass er nicht wegen einem von ihnen hier ist, aber sie müssen wissen, dass er Kontakt zu mir aufgenommen hat. Er würde nicht riskieren, dass wir abhauen, wenn ihm selbst das nicht irgendwie von Nutzen wäre. Ich sollte so viele Informationen sammeln wie möglich.

»Grüß sie von mir«, sagt Noah, ehe ich das Telefon zurück in die Tasche gleiten lasse. Er bleibt vor einem Café stehen und fragt: »Hier rein?«

Mir ist ganz egal, wohin wir gehen, solange wir es schnell hinter uns bringen, also nicke ich. Wir setzen uns in eine Nische mit hohen Rückenlehnen. Eine Kellnerin mit violetten Haaren kommt mit eingeschweißten Speisekarten in der Hand auf uns zu und lässt sie auf den Tisch fallen. »Was kann ich euch bringen?«

»Zwei Kaffee«, sage ich, ehe Noah etwas sagen kann.

»Wollt ihr was essen?«, fragt sie mich und bleibt neben dem Tisch stehen.

»Zwei Kaffee«, sage ich mit Nachdruck. Ich gebe Noah genau so viel Zeit, wie es dauert, den Becher leer zu trinken, dann bin ich weg.

»Keine Sorge, ich brauche nicht lange.« Er lehnt sich gegen die rote Lehne und mustert mich einen Moment lang. »Du hast dich verändert.«

»Du dich auch«, sage ich, als die Kellnerin mit zwei Bechern zurückkehrt.

»Ja, ich hab's geschafft«, sagt er. »Aber du siehst auch gut aus. Erfolgreich.«

»Lass mich raten, du würdest gern wissen, was ich in letzter Zeit getrieben habe.«

»Nein.« Er pustet den Dampf von seinem Becher. »Das weiß ich schon.«

In meinem Kopf schrillt ein Alarm los. Betont ruhig leiere

ich herunter: »Eine Wohnung gekauft. In einen Medienkonzern investiert. Langweiliges Zeug.«

»Meiner Erfahrung nach sind Sterling Ford und langweiliges Zeug ein Widerspruch in sich.«

»Und trotzdem. Alles, was ich hier mache, ist, mit meinem Hund spazieren gehen und alte Freunde treffen.« Ich trinke die Hälfte des Kaffees in einem Zug und ignoriere das Brennen in meiner Kehle. Ich will vielleicht nichts verraten, aber ich werde auch nicht den ganzen Tag hier herumsitzen und Small Talk betreiben.

Noah stellt seinen Becher ab. »Pass auf, ich weiß nicht, warum ich dir das sage.«

Ich kneife die Augen zusammen. Noah hat schon öfter versucht, mich reinzulegen. Der Unterschied zwischen damals und jetzt ist, dass er beunruhigend aufrichtig klingt. »Warum du mir was sagst?«

»Du gehörst ins Gefängnis«, sagt er und schüttelt energisch den Kopf.

»Das brauchst du mir nicht zu sagen«, erwidere ich trocken. »Dieser Tatsache bin ich mir durchaus bewusst.«

»Aber du verdienst es nicht, unter der Erde zu landen«, sagt er.

Meine Augenbrauen schießen nach oben, ich starre ihn an und warte auf die Pointe, die nicht kommt. »Da sind wir uns ausnahmsweise einmal einig.«

»Jemand hat die Kolzows verpfiffen«, erklärt er, »und in dem Zusammenhang ist dein Name gefallen.«

Ich kann nicht glauben, was ich höre. Nicht das mit den Kolzows. Das war nur eine Frage der Zeit. »Moment, willst du mich tatsächlich warnen?«

»Ich gebe dir eine Chance. Du kannst immer noch das Richtige tun«, sagt er. »Stell deinen guten Ruf wieder her. Sei der Kerl, den ich einmal gekannt habe.«

Denkt er, das wäre so leicht? Ich müsste mir nur ein paar schlechte Anzüge kaufen und wie er beim FBI anfangen? Das Problem mit Noah ist sein Patriotismus. Er hat die Welt immer durch rot-weiß-blaue Gläser gesehen. Er ist zum Militär gegangen, um seinem Land zu dienen. Ich glaube, er hat uns anderen das nie ganz abgenommen, wenn wir sagten, dass wir nicht die Wahl hatten. Jack wollte aus der Stadt weg. Luca musste eine Weile aus dem Familiengeschäft aussteigen, um einen klaren Kopf zu bekommen. Ich – nun ja – ich bin vor einem Mädchen davongelaufen. Noah war ein Idealist. Schwarz und weiß, richtig und falsch. Für Noah Porter gab es nichts dazwischen.

»Und du denkst, das ist es, was ich will?«

»Du bist nach Hause gekommen«, sagt er, als würde das alles erklären. »Du hast nach deinem Mädchen gesucht. Meinst du wirklich, sie passt in ein Leben, wie du es führst? Wir wussten beide, dass die Kolzows hinter dir her sein würden.«

»Sie haben nichts gegen mich.« Das meine ich ernst. Ich habe jeden Job erledigt, den sie mir aufgetragen haben. Zwischen uns war alles wunderbar.

»So einfach ist das nicht. Die räumen jetzt auf. Die Hälfte der Leute auf der Liste ist schon tot.«

»Und du meinst, ich wäre der Nächste?«

»Du hörst mir nicht zu. Die *wissen*, dass jemand, der geplaudert hat, deinen Namen genannt hat …«

»Was heißt, dass *dein Büro* Scheiße gebaut hat«, zische ich und versuche, leise zu sprechen, damit mich niemand hört. »Und jetzt sprichst du hier mit mir, was mich noch mehr zur Zielscheibe macht. Also, hör auf, so zu tun, als wärst du hier, um mir zu helfen.«

Noah macht ein finsteres Gesicht, aber er gibt nicht auf. »Bin ich jetzt daran schuld, dass die Kolzows aufräumen? Hör zu, ich weiß nicht, ob sie ihre Liste chronologisch abarbeiten, aber irgendwann bist du dran.«

»Danke für die Warnung.« Ich werfe einen Zwanzigdollarschein auf den Tisch.

Noah nimmt ihn und wirft ihn zu mir zurück.

»Darf jemand wie ich dich nicht zum Kaffee einladen?«, frage ich.

»Ich versuche, sauber zu bleiben.«

»Du hast mir einen Gefallen getan. Mir gesagt, was mich erwartet. So sind wir quitt«, sage ich und lasse den Schein zurück auf den Tisch fallen. »Bis dann. Danke für die Warnung.«

»Du hast die Chance, das Richtige zu tun, Sterling. Vergeude sie nicht«, rät er mir.

»Ich erschaffe immer wieder neue Möglichkeiten«, sage ich und knöpfe mein Sakko zu. »Du aber redest davon, dass sich Türen schließen.«

»Und diese Tür willst du wirklich offen halten?« Er deutet auf die Stadt vor dem Fenster des Cafés.

»Vorerst.« Ich will ihm nicht noch mehr von meiner Zeit schenken, auch wenn er mir eine Menge Stoff zum Nachdenken gegeben hat. Es ist eine Sache, dass das FBI in der Stadt herumschnüffelt. Wenn ich sauber bleibe, kann er mir nichts anhaben. Aber die Kolzows? Das ist was anderes. Wenn er recht hat, dann werde ich schon bald von ihnen hören. »Bis dann.«

Er nickt mir zu, er zeigt erst auf sich, dann auf mich. »Ich hab dich im Blick.«

»Darauf wette ich.« Sobald ich draußen bin, rufe ich Luca an. Ich habe keine Zeit zu verlieren.

»Hast du ihn wieder verprügelt?«, ist seine erste Frage, als er abnimmt.

»Sei still. Das hier ist wichtig.« Ich berichte ihm, was Noah gesagt hat.

Er stößt einen Pfiff aus, dann erwidert er: »Sieht aus, als würde Nashville endlich ein bisschen interessanter.«

»Erzähl es Jack«, sage ich und ignoriere seinen unangebrachten Scherz.

»Mach ich«, sagt er.

»Du weißt, dass er sich an ihre Fersen heften wird«, fügt Luca leise hinzu.

»Ja«, entgegne ich knapp.

»Pass auf dich auf, Bruder.«

»Mach ich doch immer.«

Wo habe ich sie da hineingezogen? Valmont ist nicht groß genug für uns alle. Nicht wenn meine früheren Fehler mir in die Stadt gefolgt sind.

»Und pass auch auf sie auf«, sagt er, ehe er auflegt.

Ich dachte, Valmont bräuchte eine Racheaktion, aber nachdem der Stadt jetzt eine droht, frage ich mich nicht nur, ob es ein Fehler war zurückzukommen, sondern auch, wer für diesen Fehler bezahlen wird.

ADAIR

DAMALS

»Ich werde mit Sterling schlafen.«

Poppys Audi schlingert und gerät auf die Gegenfahrbahn, schnell reißt sie das Lenkrad herum und entgeht so knapp einem Frontalzusammenstoß mit einem Mini-Van.

Sofort bedaure ich, dass ich es ihr erzählt habe, solange sie hinterm Steuer sitzt.

»Ich dachte, das hättest du schon«, meldet sich Kai von der Rückbank.

»Wie bitte? Natürlich nicht!«, ruft Poppy mit schriller Stimme, schaltet das Radio aus und blickt sich gereizt nach ihm um.

»Sieh auf die Straße!« Ich packe das Lenkrad und steuere geradeaus, bis sie sich wieder gesammelt hat.

»Wenn sie mit ihm geschlafen hätte, wüssten wir es. Sie würde es uns erzählen«, erklärt Poppy. »Das ist Teil der Regeln.«

»Es gibt Regeln?«, frage ich.

»Ja, und die hast du so verinnerlicht, dass du es noch

nicht einmal weißt. Du wusstest nur, dass du es uns erzählen musst!« Poppy klatscht in die Hände, dann greift sie wieder das Lenkrad. »Ups! Sorry.«

Wir unterbrechen die Unterhaltung, bis wir in Sicherheit sind, doch sobald wir festen Boden unter den Füßen haben, bombardieren sie mich mit Fragen.

»Wann?«, fragt Poppy.

»Wo?«

»Freitag, mehr weiß ich nicht.« Ich ringe die Hände. Das ist der Teil, der mich belastet. Einerseits wünsche ich mir, wir wären an jenem Abend im Eaton nicht unterbrochen worden. Dann hätte ich es schon hinter mir. Seit Francie abgereist ist, war Sterling ganz auf die Abschlussprüfungen konzentriert, und es war wenig Zeit für romantische Zwischenspiele. »Ich habe ihm gesagt, dass ich mit ihm schlafe, wenn er in Wirtschaft ein A bekommt.«

»Du hast deine Jungfräulichkeit als Anreiz benutzt?« Ich höre Poppy an, dass ihr das nicht gefällt.

»Ich weiß, dass ich sie an Sterling verlieren will, also dachte ich, ich schlage zwei Fliegen mit einer Klappe.«

»Wie romantisch«, bemerkt Kai kichernd.

»Ich glaube, das wird es tatsächlich.« Ich beiße mir auf die Lippe und wünschte, sie könnten in ihm sehen, was ich sehe. Leider haben die zwei ein paar ziemlich schlechte Auftritte von ihm mitbekommen, sodass das etwas schwierig ist. Ich hole tief Luft und lasse die größere Bombe platzen. »Ich glaube, ich liebe ihn.«

Eigentlich weiß ich es.

Poppy fährt zu mir herum und fasst meine Hände. »Oh mein Gott, hat er es gesagt?«

Es ist egal, ob Poppy ihn mag. Sie weiß, dass ihre persönlichen Vorbehalte in einem solchen Moment in den Hintergrund treten müssen. Als ich den Kopf schüttele, macht sie ein langes Gesicht.

»Wir machen nur beide ständig Andeutungen«, gebe ich zu. »Wir haben zwar das L-Wort benutzt, aber noch nicht wirklich ›ich liebe dich‹ gesagt.«

Sogar als ich die Worte ihnen gegenüber ausspreche, krampft sich mein Magen zusammen.

»Sag es nicht zuerst«, rät Poppy.

»Warum nicht?« Kai teilt ganz offensichtlich nicht ihre altmodischen Ansichten von Beziehungsetikette.

»Wir sagen es, wenn es richtig ist.« Mir ist klar, dass es ausschließlich darum geht, was richtig für Sterling und mich ist. Ich musste es nur jemandem erzählen, bevor ich implodiere, weil ich versuche, die ganze Nervosität und Aufregung für mich zu behalten. »Aber ich weiß nicht, was ich tun soll. Ich meine, wie sage ich ihm, dass ich mit ihm schlafen will, ohne es direkt zu sagen?«

»Zieh keinen Slip an«, sagt Poppy ernst. Kai und ich schütten uns aus vor Lachen, und sie schüttelt den Kopf. »Nichts ist als Signal eindeutiger. Strapse und sonst nichts.«

»Das merke ich mir, aber ich bin mir nicht sicher, ob ich bereit bin, gleich von der Jungfrau zur Femme fatale zu werden.«

»Willst du die Wahrheit wissen?«, fragt Kai.

Ich nicke und hoffe, einer von ihnen hat einen echten Ratschlag für mich.

»Es ist wie jeder andere Tag in deinem Leben. Da ist nichts Feierliches dabei – es sei denn, du wartest bis zu deiner Hochzeitsnacht«, fügt er hinzu.

»Auf keinen Fall.«

»Dann zieh etwas an, worin du dich gut fühlst, sag ihm, dass du mit ihm abhängen willst und …«

»Und was?« Das kann doch wohl nicht alles sein.

»Küss ihn«, sagt Poppy.

»Ihn küssen? Das ist alles?«

Sie teilt einen schalkhaften Blick mit Kai. »Küss ihn«, wiederholt sie. »Der Rest ergibt sich von selbst.«

Ich versuche zwar, mir einzureden, dass ich nicht nervös bin, doch als ich Moms Roadster vor Sterlings Wohnheim parke, sind meine Handinnenflächen feucht. Ich bin zu spät, was nicht überraschend ist bei den vielen Outfits, die ich anprobiert habe. Wir haben uns verabredet, um die Abschlussprüfungen zu feiern. Trotz der Versicherung meiner Freunde, dass ein Kuss als Botschaft genügt, hoffe ich, dass er sich noch an mein Versprechen erinnert. Ich will mich nicht zum Affen machen.

Ich will, dass alles perfekt ist. Stundenlang habe ich meinen Kleiderschrank nach dem passenden Outfit durchforstet. Kai sagte, es sollte bequem sein, aber ich bezweifle, dass ich das richtige Signal sende, wenn ich in Yogahose auftauche. Ich muss scharf aussehen, aber ich habe verstanden, dass ich es an meinem Geburtstag etwas übertrieben habe. In einem Minikleid würde ich mich in seinem Wohnheimzimmer nicht wohlfühlen. Am Ende habe ich mich schließlich für ein graues T-Shirt mit tiefem V-Ausschnitt, Jeans und eine schwarze Bikerjacke entschieden. Ich finde, ich sehe cool aus, jetzt muss ich diese Energie nur noch in etwas Selbstbewusstsein umwandeln.

Ich werfe dem Rückspiegel einen Kussmund zu und überprüfe meine Zähne auf Lippenstiftspuren. Alles in Ordnung.

Sterlings Abschlussprüfung war eine der letzten, und der Parkplatz ist fast leer. Er bleibt noch eine Woche, damit er zur Weihnachtsfeier meiner Familie kommen kann, anschließend verbringt er die Ferien bei Francie in New York. Darum soll es heute Nacht passieren. Ich will so viel Zeit wie möglich mit ihm verbringen, bevor ich die Weihnachtsferien ohne ihn durchstehen muss.

Sein Wohnheim erinnert an eine Geisterstadt, darum überrascht es mich, als die Aufzugtüren auseinanderfahren und er plötzlich vor mir steht. Als er mich sieht, weiten sich seine Augen. »Verdammt, Lucky. Du siehst toll aus. Ich wollte gerade rausgehen, um auf dich zu warten.«

Ist es möglich, dass einem das Herz wegen eines Typen explodiert? Meins fühlt sich jedenfalls so an, als würde es gleich platzen.

Auf mich warten? Anscheinend freut er sich genauso auf mich wie ich mich auf ihn. Er wirkt lässig und sexy. Sterling gibt zwar nicht Tausende von Dollar für seine Garderobe aus wie die meisten Typen, die ich kenne, aber was er trägt, steht ihm. Sein verwaschenes T-Shirt betont seinen muskulösen Oberkörper und die breiten, kräftigen Schultern. Die Lederjacke war schon vor zwanzig Jahren Vintage, aber das macht sie nur noch besser. Ausnahmsweise ist er glatt rasiert, in seinem Gesicht klebt ein kleiner Papierfetzen, wo er sich beim Rasieren geschnitten hat.

»Du siehst auch nicht schlecht aus«, sage ich und pflücke den Papierschnipsel ab.

Er grinst unsicher und reibt über die Stelle.

Ich liebe ihn. Das spüre ich jedes Mal, wenn er mich ansieht. Wenn er bei mir ist, habe ich das Gefühl zu schweben und kann nicht genug von ihm bekommen.

»Wie ist es in Wirtschaft gelaufen?«, frage ich.

»Ziemlich gut, glaube ich. Bei zwei Fragen war ich mir nicht sicher, aber bei dreißig Fragen ist das nicht schlimm.«

»Bereit zu feiern?« Er weiß nicht, wie wichtig seine Antwort für mich ist, wie sehr ich ihn heute Abend ganz für mich brauche.

»Unbedingt«, sagt er seufzend. »Cyrus ist über die Ferien weggefahren. Eigentlich sieht es so aus, als hätten wir das gesamte Wohnheim für uns. Ich dachte, wir könnten uns einen Film ansehen. Aber ich habe Cys Netflix-Passwort vergessen, darum sollten wir zur Bibliothek gehen und uns einen ausleihen.«

»Hat die noch geöffnet?«

»Ich glaube, es stehen noch ein paar Abschlussprüfungen an. Die schließen erst, wenn die Gehirne aller Studenten durchgebrannt sind«, sagt er grinsend. »Keine Sorge. Ich habe die Öffnungszeiten gecheckt.«

Also hat er sich auch Gedanken um den heutigen Abend gemacht. Eine DVD in der Bibliothek leihen? Nicht zum ersten Mal werde ich daran erinnert, wie unterschiedlich unsere Leben sind. Ich will ihm gerade sagen, dass wir meinen Netflix-Account nutzen können, als mir klar wird, dass das vielleicht seinen Stolz verletzt. Also lächele ich strahlend, auch wenn ich keinen Film brauche. »Na, dann los.«

Die Eaton Bibliothek ist zwei Blocks von Sterlings Wohnheim entfernt. Die Bibliothekarin am Empfang wirft uns einen finsteren Blick zu, als wir eintreten. Anscheinend sehnt sie das Ende der Prüfungen genauso herbei wie die Studenten.

»Hier entlang.« Sterling scheint sich gut auszukennen, führt mich endlose Regalreihen entlang und dann eine Treppe hinauf. Ganz offensichtlich verbringt er viel Zeit hier.

In der oberen Etage stehen wir vor Valmonts magerer DVD-Sammlung. Fast auf allen Hüllen steht *Klassiker* oder *Die 100 besten Filme*.

»So etwas sehen sich wohl Filmstudenten an«, vermute ich.

»Ich bezweifle, dass die Klassiker wie *Waterworld* studieren.« Er nimmt den Film in die Hand. »Was willst du sehen?«

»Egal.« Schließlich habe ich nicht vor, viel von dem Film mitzubekommen.

»Francie mag alte Filme«, fährt er fort. »*Die Nacht vor der Hochzeit, Arsen und Spitzenhäubchen.* Cary Grant ist super.«

Denkt er eigentlich gar nicht an …? Ich habe erwartet, dass wir dort weitermachen, wo wir in der Suite vom Eaton aufgehört haben.

»Also Cary Grant.« Ich bilde einen kleinen Stapel. Wenn wir die alle mitnehmen, haben wir eine Weile keinen Grund mehr, sein Zimmer zu verlassen.

»Von dem habe ich gehört«, sagt Sterling und dreht eine von den Hüllen um. »Charade. Cary Grant. Audrey Hepburn.«

»Perfekt.«

Wir nehmen die DVDs mit zum Empfang und leihen sie aus. Ich bin ein paar Stufen vor ihm, als wir das Gebäude verlassen und er mir plötzlich seine Jacke um die Schultern legt.

»Oh, nein. Nicht«, sage ich. »Draußen ist es eiskalt.«

»Schon okay, Lucky.« Als wir am Food Court vorbeikommen, bleibt er stehen. »Gegen Abend wird es ja noch kälter.

Warum nehmen wir uns hier nicht was zu essen mit? Dann müssen wir nicht noch mal raus.«

Endlich denkt er mit. Doch der Food Court hat geschlossen.

»Mist«, sagt er, als er das Schild liest.

»Dann bestellen wir uns eine Pizza oder so. Ich lade dich ein«, sage ich.

»Darum geht es nicht. Ich hätte noch mal einkaufen sollen, bevor die schließen. Ich habe nicht nachgedacht, und ich bin noch eine ganze Woche hier, ehe ich nach New York fahre.«

»Keine Sorge. Wir können zum Supermarkt fahren«, sage ich, ohne nachzudenken.

Bei dem Vorschlag zuckt er zusammen. Manchmal vergesse ich, wie empfindlich er wegen seines Stipendiums ist. Das wird mich aber nicht davon abhalten, dafür zu sorgen, dass er isst, auch wenn ich das Essen auf meinem nackten Körper drapieren muss, damit er es annimmt.

»Oder …« Sterling sieht sich rasch um und geht dann zu dem Teil des Food Courts, in dem die Studenten Lebensmittel kaufen können, um sie mit aufs Zimmer zu nehmen. Das Licht ist aus, aber die Waren sind frei zugänglich. Man kann sie nur nicht bezahlen. Sterling nimmt sich einen Apfel und zwei Bananen, dann schnappt er sich noch eine kleine Schachtel Müsli.

»Hier.« Ich nehme alles und will es in die große Jacke packen, die er mir umgehängt hat.

»Auf keinen Fall. Ich lasse dich doch nicht für mich klauen«, sagt er und sieht dabei zugleich stur und besorgt aus.

»Wenn du erwischt wirst, kriegst du Riesenärger«, sage ich entschieden. »Wenn ich erwischt werde, wird man sich am

Ende bei mir entschuldigen, weil geschlossen war. Also, überlass das mir.«

Seine Miene versteinert, und ich bedaure meine Worte.

»Das vergammelt sowieso alles. Wir tun denen einen Gefallen«, sage ich.

»Gut«, erwidert er etwas milder, »aber wenn die Campuspolizei uns anhält, sage ich, dass ich das war.«

Wir packen das geklaute Essen in seine Jackentaschen, dann nehme ich ein Stück Kuchen in einem Plastikbehälter.

»Äh, was machst du denn da, Lucky?«

»Ich will Kuchen.«

»Nein, nicht in meinen Taschen.«

»Und das«, sage ich, ignoriere ihn und nehme einen Brownie. Die Taschen voll Diebesgut gehe ich zum Ausgang. »Du wirst mir noch dankbar sein.«

Sterling muss sich beeilen, um mit mir Schritt zu halten.

»Du bist gerade so scharf«, sagt er anerkennend.

»Ich weiß«, versuche ich, cool zu sagen, doch ein schiefes Grinsen schleicht sich in mein Gesicht. Ist das die Aufregung, weil ich zum ersten Mal etwas klaue? Oder beflügelt es mich, meine verdorbene Seite auszuleben? Erst Klauen. Als Nächstes Sex. Vielleicht färbt er auf mich ab.

Weil ich die Hände voll Essen habe, öffnet Sterling mir die Tür. Fast stoße ich mit zwei Professoren zusammen und obwohl ich gerade noch dachte, dass mir die Folgen egal sind, setzt kurz mein Herz aus. Einer der Professoren, ein freundlich aussehender onkelhafter Mann mit buschigen Augenbrauen macht große Augen, als er mich mit dem Brownie sieht. Nach einem Moment scheint er mich allerdings für eine studentische Hilfskraft zu halten, die nach der Arbeit Essen mit nach Hause nimmt, denn er schenkt mir ein strahlendes Lächeln und sagt: »Sieht lecker aus.«

»Das sollte es auch sein«, sage ich.

Sterlings Wohnheim befindet sich auf der anderen Straßenseite, und erst als er die DVD einlegt, beruhigt sich mein Herzschlag, und ich habe nicht mehr das Gefühl, auf der Flucht zu sein. Jetzt fühle ich mich einfach wie ein Mädchen, das dabei ist, etwas Einmaliges zu erleben. Ich lenke mich ab, indem ich das geklaute Essen wie ein Festmahl auf dem Couchtisch drapiere.

»Hast du Hunger?«

Ich schüttele den Kopf, ich bin zu aufgeregt, um etwas zu essen. »Vielleicht später.«

Er legt sich aufs Sofa und lockt mich mit dem Finger, zu ihm zu kommen.

»Hast *du* Hunger?«, frage ich, weil mir nichts anderes einfällt. Ich lehne mich zurück und er legt einen Arm um mich, sodass mein Kopf an ihm lehnt wie an einem Kissen. Mit dem anderen Arm umfasst er meine nackte Taille.

»Ich brauch nichts.«

Ich überlege, ihn zu bitten, den Film zu vergessen und mich stattdessen überall zu berühren, beiße mir aber auf die Zunge. Er startet den Film, und ich versuche, der Handlung zu folgen, kann aber nur daran denken, wie sich sein Körper an meinem anfühlt, wie stark seine Arme sind, wie gut er riecht.

»Da würde ich gern mit dir hinfahren«, sagt er.

Ich konzentriere mich auf den Bildschirm. Paris ist in goldenes Abendlicht getaucht, und die Helden des Films sind irgendwo auf einem Boot auf der Seine und streiten sich.

»Nach Paris?«, frage ich verträumt und stelle mir vor, Hand in Hand mit ihm unter dem Eiffelturm zu schlendern.

»Du warst schon da, stimmt's?«, vermutet er.

»Ja, aber ich glaube, mit dir wäre es besser.« Ich denke, dass alles mit ihm besser wäre.

»Irgendwann«, verspricht er, sein Atem kitzelt mein Ohrläppchen, und ein Beben durchläuft meinen Körper. »Irgendwann fahre ich mit dir nach Paris und nach London und erfülle dir jeden Traum.«

»Ich will nur mit dir dorthin.« Einen Moment sehe ich Audrey Hepburn zu. Es ist nicht gerade eine alltägliche Romanze. Sie scheint den Großteil des Films herausfinden zu wollen, ob er nur hinter ihrem Geld her ist. »Sind sie verliebt?«

»Ich weiß es nicht.« Seine Lippen streifen mein Ohr. »Was meinst du?«

Reden wir noch von dem Film?

Ich möchte mich zu ihm umdrehen und seinen Körper erforschen. Aber irgendwie fehlt mir der Mut dazu. Stattdessen setze ich mich auf und nehme mir ein Stück Schokoladenkuchen. Es gibt keine Gabeln, also breche ich ein Stück ab und schiebe es mir in den Mund. Die volle cremige Glasur ist Balsam für meine überreizten Nerven. Schokolade scheint die Antwort auf alles zu sein, auch auf Angst vor dem Geschlechtsakt.

»Ich glaube, wenn man ihn geklaut hat, schmeckt er noch besser«, sage ich mit vollem Mund.

Sterling lacht und nimmt sich auch ein Stück. »Eindeutig.«

Wir haben das Stück fast aufgegessen, und ich linse auf den Brownie, als Sterling sich vorbeugt. »Du hast da Glasur …«

Er wischt mir mit dem Daumen über die Lippe, dann leckt er die Schokolade von seinem Daumen ab.

Fast verschlucke ich mich, dann fasse ich mich wieder und drehe ihm mein Gesicht zu. »Ist alles weg?«

»Oh, ich hab da was übersehen.« Er streckt die Hand aus, doch diesmal zieht er mein Gesicht zu sich heran und küsst mich auf den Mundwinkel. »Hmm. Du schmeckst sogar noch besser als Kuchen.«

Ich öffne erwartungsvoll die Lippen und werfe die Kuchenschachtel zur Seite. Sterling küsst mich und legt die Hände auf meine Wangen. Dann dreht er mich um, sodass ich unter ihm liege, und *Charade* ist vergessen. Er küsst meine Lippen und mein Kinn, und ich tue es ihm gleich. Wir lassen uns Zeit, unsere Münder zu erforschen. Als er mein Schlüsselbein küsst, streiche ich mit den Fingern durch sein Haar und ziehe ihn an mich. So sollte es immer sein.

Bald, wenn ich im Januar wieder zur Uni gehe, habe ich immer eine Ausrede, bei ihm zu sein. Die Herausforderung wird darin bestehen, etwas anderes als das hier zu tun.

Denn das hier ist alles, was ich will. Dieses wundervolle Gefühl, das seine Berührung in meinem gesamten Körper auslöst. Ich möchte dieses köstliche Verlangen spüren, von ihm berührt, von ihm geküsst zu werden. Mehr will ich nicht.

Er streicht über meine Brust, zieht die Hand jedoch schnell wieder zurück und testet ganz offensichtlich die Grenzen aus. Zur Antwort schiebe ich meine Hand in seine Jeans und fasse seinen Hintern. Das sollte meine Haltung deutlich machen.

»Bett«, sage ich und löse mich von ihm. Ich habe zwar keine genauen Vorstellungen, wie das abläuft, aber ich will meine Jungfräulichkeit nicht auf dem Sofa verlieren.

Er lässt mich los, und ich stehe taumelnd auf und strecke ihm die Hand hin. Er ergreift sie, doch als er steht, umfasst er mit seinen starken Händen meinen Po und hebt mich hoch. Ich schnappe nach Luft, doch schon schließt er meinen Mund mit seinen Lippen. Ich bin schwerelos in seinen Armen. Das Blut in meinen Ohren rauscht im Rhythmus mit meinem Herzen und dem Pulsieren zwischen meinen Beinen. Ich brauche ihn. Nur ihn. Sonst nichts.

Die Welt gerät aus den Fugen, als er mich sanft aufs Bett legt und sich neben mich setzt. Ich will, dass er schneller macht. Und langsamer. Soll ich mich aufs Bett zurücklegen? Oder auf ihn warten? Warum übernimmt er nicht einfach die Führung? Er ist derjenige mit der Erfahrung. Ich lasse die Hände zum Knopf seiner Jeans gleiten.

»Wow, Lucky«, sagt er, und ich erstarre. Will er das nicht? Ist das jetzt etwa der Teil, in dem er mir das Herz bricht?

»Willst du nicht …« Ich suche in seinem Gesicht nach einem Hinweis, warum er zögert.

»Das musst du mich nicht fragen. Gott, ich werde es sicher bereuen.« Er dreht den Kopf weg. »Wenn du noch nicht so weit bist, ist es okay. Wahrscheinlich ist das nicht so, wie du es dir vorgestellt hast. Nicht besonders, meine ich.«

»Was?«, sage ich. »Ich will dich – nein, das ist nicht richtig. Ich *brauche*, dich, Sterling. Wie ich noch nie etwas gebraucht habe.«

»Hier? In meinem schäbigen Zimmer?«

»Was stimmt nicht damit?«, sage ich und meine es ernst.

»Du verdienst ein Penthouse in Paris. Champagner. Es sollte …« Ich lege die Fingerspitzen auf seine Lippen, und er küsst sie.

»Ich will nur dich.« Ich sehe ihm in die Augen, und einen Moment lang eröffnet sich mir dort eine ganze Welt. »Okay?«

Er küsst mich und lehnt die Stirn gegen meine. »Es ist mir ernst mit dir.«

Ich greife nach dem Saum seines Shirts, aber er weicht zurück.

»Warte.« Er dreht sich um und öffnet eine Schublade in seinem Nachttisch. Mir stockt der Atem, als er ein Kondom herausholt und auf den Nachttisch legt. Sterling dreht sich wieder zu mir um. »Ich dachte, es ist besser, wir …«

»Gute Idee.« Kann er mich überhaupt hören, so laut wie mein Herz schlägt? Wie sollte das noch mal laufen?

Ein Kuss.

Ich presse meine Lippen auf seine, und Sterling legt die Hand auf meinen Hinterkopf. Ich ziehe an seinem Shirt, und diesmal hilft er mir, es ihm auszuziehen. Darunter kommen perfekt geformte Muskeln zum Vorschein, die sich am Bauch zu einem V verjüngen – kein Gramm Fett. Sobald das T-Shirt ausgezogen ist, legt er die Arme um mich, und wir sinken aufs Bett.

Sofort streichelt er sanft über meinen Körper, während wir mit den Zungen unsere Münder erkunden. Ich halte es nicht mehr aus, ich muss seine Haut auf meiner spüren. Ich ziehe mein T-Shirt aus, und Sterling ist bereit. Mit der linken Hand öffnet er geschickt den Verschluss meines BHs, während er mit der rechten meine Brust massiert, dass ich aufstöhne vor Lust.

Unendlich langsam zieht er mir den BH aus und saugt gierig den Anblick meiner Brüste in sich auf. Dann sieht er hoch in meine Augen, und irgendwie weiß ich, dass er sich vergewissern will, dass mir keine Zweifel gekommen sind. Ich lächele schüchtern und lasse mich etwas gegen das Kissen sinken.

Er streicht mir das Haar von den Schultern. »Du bist vollkommen.«

»Küss mich.«

Er beugt sich zu mir herunter und beginnt, an meinem Ohr zu knabbern und zu saugen, dann gleitet er langsam zu meinen Brüsten hinunter. Als er meinen Nippel in den Mund nimmt, dränge ich meine Hüften an ihn. Ich kann mich nicht erinnern, dass wir diesen Reflex im Biounterricht besprochen hätten. Doch auch wenn das alles neu für mich ist, fühlt es sich unbeschwert an. Einfach … richtig.

Sterling lässt mich nicht los, er hält mich fest. Jedes Mal, wenn ich in sein Gesicht sehe, betrachtet er mich voller Verlangen und mit einem Hauch Sorge. Er hält am Knopf meiner Jeans inne, und als ich nicke, zieht er sie mir langsam aus und wirft sie auf den Boden. Beim Anblick meines roten Slips entfährt ihm ein Stöhnen.

»Ich bin der glücklichste Mensch auf Erden«, sagt er an meinen Lippen. »Aber …«

Ich bringe ihn mit einem Kuss zum Schweigen und öffne den Knopf seiner Jeans. Er hält die Luft an, als ich meine Hand in seine Boxershorts gleiten lasse und meine Faust um ihn schließe.

»Oh, fuck«, sagt er und stößt einen tiefen Seufzer aus.

Er ist bereits hart, doch sobald ich ihn berühre, wächst er noch weiter. Mit einer energischen Bewegung zieht er sich die Jeans aus und als er sich von ihr befreit hat, lässt er eine Hand zwischen meine Beine gleiten.

Zunächst streicht er sanft über meinen nassen Slip. Ich kreise unwillkürlich die Hüften und versuche, mehr Reibung zu erzeugen, zugleich umfasse ich seinen Schwanz und streiche sanft darüber. Ich will, dass er sich auch gut fühlt. Ich wünschte nur, ich wüsste, dass ich es richtig mache.

Es dauert einen Moment, bis wir uns aufeinander eingestellt haben. Als seine Hand mich dort unten berührt, erfordert es meine ganze Konzentration, ihn weiter zu streicheln. Plötzlich spüre ich, wie mein Körper zittert, und Sterling hält inne.

»Ist alles okay?«

»Ja. Alles okay«, sage ich. »Mir ist nur kalt.«

»Warte.« Er hilft mir aus dem Bett und als er sich umdreht, um die Decke zurückzuschlagen, ziehe ich mir den Slip aus. Irgendwie ist es leichter, das zu tun, wenn er nicht zusieht.

Er gleitet unter die Decke und hält sie hoch wie den Eingang zu einem Zelt. »Komm her.«

Ich bin mir überaus bewusst, dass ich nackt vor ihm stehe, und krieche rasch zu ihm unter die Decke. Es ist das erste Mal, dass er mich ganz nackt gesehen hat. Das erste Mal, dass mich irgendein Typ ganz nackt gesehen hat. Sterling erforscht meine Lust, hab ich das Gefühl. Er streicht mit der Fingerspitze über meine Scham, findet die pulsierende Mitte, und ich zucke zusammen. Es fühlt sich an, als hätten sich all meine Sinneswahrnehmungen verschärft. Ich wusste nicht, dass sich etwas so anfühlen kann.

Er lässt sich Zeit und wartet, bis ich mich an die neuen Gefühle gewöhnt habe. Dann lässt er einen Finger in mich hineingleiten und beginnt, mich sanft zu massieren.

»Bitte«, stöhne ich. Ich bin bereit für mehr. Bereit für ihn.

»Wir müssen es langsam angehen«, flüstert er. »Ich will dir nicht wehtun.«

Er legt sich auf mich und beobachtet mich mit Adleraugen. Ich stelle die Knie auf, und er beugt sich herab, um meine Brust zu küssen. Ich höre, wie er die Verpackung des Kondoms aufreißt, und beobachte, wie er nach unten greift, um es überzustreifen. Dann bewegt er sich zwischen meine Beine und hält einen Moment inne.

»Ich liebe dich.«

Seine Worte dringen nur langsam in mein vernebeltes Hirn vor. *Er liebt mich.* Ich will ihm antworten, doch die Gefühle schnüren mir die Kehle zu. Meine gesamte Welt besteht aus einem kleinen Bett in einem Studentenwohnheim mit einem wundervollen, gebrochenen Jungen. Etwas Neues beginnt – und das ist beängstigend und aufregend zugleich.

Schließlich finde ich die richtigen Worte, ich hatte sie zurückgehalten, aber er hat sie mir freigiebig geschenkt. »Ich liebe dich.«

Überraschenderweise reagiert er mit einem schüchternen Lächeln, und mir wird klar, dass dies auch für ihn das erste Mal ist.

Vielleicht nicht mit einem Mädchen.

Aber mit Liebe.

Er stützt sich mit dem Arm ab, mit dem er meine Schultern umfasst. Mit der anderen Hand positioniert er seinen Penis vor meiner Muschi und gleitet dann vorsichtig in mich hinein, wobei er mich aufmerksam, aber entspannt beobachtet. Es fühlt sich an, als würde ich zerplatzen, und ich keuche.

Sterling erstarrt, und ich umfasse seine Schultern, ich habe Angst, etwas falsch gemacht zu haben.

Entspann dich. Du bist bereit. Du willst das hier.

Ich umschlinge ihn mit den Beinen und versuche, ihn dazu zu bringen, tiefer in mich einzudringen, doch er weigert sich.

»Langsam«, warnt er. »Es wird leichter, das erste Mal… Vertrau mir, okay?«

Ich beiße mir auf die Lippe und nicke.

Er dringt etwas weiter vor, und ein brennender Schmerz durchfährt mich, dann beginnt Sterling, sich zu bewegen. Jeder Stoß ist von Schmerz begleitet, der zu einem dumpfen Pochen wird. Ich schließe die Augen und klammere mich an ihn.

Er hält inne. »Ist alles okay, Lucky?«

»Mach weiter«, flüstere ich.

Nun kommen langsame, feste Stöße. Ich bin so von ihm ausgefüllt, dass mir keine Luft mehr zum Atmen bleibt, hab ich das Gefühl. Und die ganze Zeit lässt er mich nicht aus den Augen, hält seine Bedürfnisse im Zaum. Langsam zerstört Sterling mich und setzt mich dann wieder zusammen, bis ich nicht mehr das Mädchen bin, das in dieses Zimmer gekommen ist. Ich bin eine ganz andere Person.

Als sein Atem schließlich stoßweise geht, küsst er mich, und ich spüre, wie sich sein Körper anspannt und verkrampft.

»Das war unglaublich«, sagt er, als er sich wieder entspannt hat, und streicht mit dem Daumen über meine Lippen.

Ich spüre, dass er darauf wartet, dass ich auch etwas sage, aber ich kann irgendwie mein Sprachzentrum nicht finden. Alles ist neu, alles ist möglich.

»Ja… ja«, stottere ich, und die einzigen Worte, die mir einfallen, sind die, die zählen. »Ich liebe dich.«

»Ich liebe dich auch.«

Er schließt mich in seine Arme und hält mich fest, als mein Körper zittert. Und als das Zittern nachlässt, küsst er meinen Hals. »Ich bin sofort zurück.«

Sterling kommt mit einem Waschlappen wieder und wäscht mich damit sanft zwischen den Beinen. Ich stütze mich auf die Ellbogen und entdecke einen dunkelroten Fleck auf dem Laken.

»Oh mein Gott«, sage ich erschrocken. »Es tut mir leid.« Ich lasse mich zurückfallen, lege die Arme über das Gesicht und wäre am liebsten unsichtbar.

»Hey.« Er zieht die Arme von meinem Gesicht, aber ich weigere mich, die Augen zu öffnen. »Das ist normal. Das muss dir nicht leidtun.«

»Ich habe dein Laken versaut«, sage ich.

»Du kannst mir ja zu Weihnachten ein neues schenken.«

Ich öffne ein Auge. »Und? War ich schlimm?«

»Ehrlich?« Er zögert, und ich wünschte, das Bett würde mich komplett verschlingen. »Es hat sich noch nie etwas so gut angefühlt, wie in dir zu sein. Ich wünschte nur, du hättest es auch mehr genießen können.«

»Das habe ich!« Ich schieße im Bett nach oben und ziehe verlegen die Decke über meinen Körper. »Es war das Beste. Ich bedaure nichts.«

»Ich meine, ich will, dass du kommst«, sagt er und lacht über meine Reaktion.

»Oh«, sage ich schüchtern und beiße mir auf die Lippe. Das will ich auch. »Wir könnten es doch noch mal probieren.«

»Das werden wir«, verspricht er, nimmt meine Hand und küsst mein Handgelenk.

»Jetzt?«, frage ich voller Hoffnung.

»Wie wäre es, wenn wir den Film ansehen und deinem Körper eine kleine Pause gönnen?«, schlägt er vor.

Das klingt gut. »Dann nach dem Film?«

Sein Lachen hallt durchs Zimmer. »Das ist meine Schuld.«

»Was?«, frage ich verwirrt.

»Ich habe dich Lucky getauft.«

20

STERLING

HEUTE

Im Laden brauche ich länger als geplant, um die Zutaten für mein Date mit Adair zu besorgen. Sie hat um neutrales Gebiet gebeten. Diesen Wunsch kann ich ihr erfüllen, aber das heißt nicht, dass ich fair spiele. Sie will wissen, wo ich die letzten Jahre gewesen bin? Ich werde es ihr zeigen, indem ich die guten Teile hervorhebe und die schlechten beschönige. Das ist zwar nicht der beste Plan, aber einen anderen habe ich nicht.

»Abendessen?«, fragt Percy, als ich mit zwei Tüten voller Lebensmittel in den Aufzug steige.

»So ähnlich. Ich habe ein Date.«

»Haben Sie Ihre Lektion gelernt?«, fragt er mich ernst.

Ich starre den alten Mann an und ziehe fragend eine Augenbraue hoch. Ich kann nur ahnen, worauf er anspielt, schließlich entgeht ihm nichts, was im Twelve and South Tower passiert.

»Ich nehme an, Miss MacLaine hat Ihnen eine Lektion erteilt, als sie neulich weggelaufen ist«, sagt er schulterzuckend.

»Ich habe vergessen, dass Sie da waren«, gebe ich verlegen

lächelnd zu. Ich kann nur erahnen, wie das gewirkt haben muss – oder was er gesehen hat. Ich bin nackt hinter Adair hergelaufen, um sie aufzuhalten, als die Fahrstuhltüren sich gerade hinter ihr schlossen. Mir war nicht in den Sinn gekommen, dass Percy sich ebenfalls in dem Aufzug befunden hatte. »Moment, darum haben Sie auf dem Weg zurück nach oben auf jeder Etage gehalten.« Das wird mir erst jetzt klar. »Hat sie Sie etwa darum gebeten?«

»Ein Gentleman schweigt«, sagt er und legt sich einen Finger an die Nase, um zu zeigen, dass ich den Nagel auf den Kopf getroffen habe.

»Und eine Dame fragt nicht«, murmele ich. Adair hält mich ganz schön auf Trab. Womöglich hätte ich mehr Spaß an der Jagd, wenn ich nicht noch andere Sorgen hätte, wie den FBI und einen übervorsichtigen Auftragskiller von der Bratwa, der russischen Mafia.

»Ihre neue Hundesitterin ist äußerst charmant«, wechselt Percy das Thema, vielleicht spürt er, dass ich nicht gerade glücklich darüber bin, welche Rolle er bei Adairs Flucht gespielt hat.

»Danke.« Ich kenne das Mädchen nicht sonderlich gut, aber wahrscheinlich verbringt sie angesichts von Zeus' Gassiplan genauso viel Zeit mit Percy wie ich. »Der Hund lebt sich langsam ein. Er verlangt zwei Spaziergänge am Tag, aber ich glaube, er hat es nur auf die Leckerlis abgesehen.«

»Er ist ein guter Hund«, bestätigt Percy. »Ich glaube, Sie haben ihm genau das gegeben, was er braucht, um aufzublühen.«

»Und das wäre?«, frage ich, als der Fahrstuhl meine Etage erreicht.

Percy legt fragend den Kopf schief, als wäre das eine seltsame Frage. »Ein Zuhause, Mr. Ford.«

»Oh, ja.« Ich schüttele den Kopf. Das war mir gar nicht in den Sinn gekommen. Ja, ich habe den Hund aufgenommen, ihn adoptiert. Ich tue gern so, als wäre es nach dieser blöden Benefizgala aus Mitleid passiert, aber als ich die Lebensmitteltüten auf einen Arm packe, um an den Wohnungsschlüssel zu kommen, halte ich inne und starre auf meine Wohnungstür.

Das hier ist mein Zuhause. Ich weiß nicht, wann das passiert ist, aber ich habe Wurzeln geschlagen. Das war nicht Teil meines Plans, und doch ist es so. Bei Francie habe ich mich noch am ehesten zu Hause gefühlt, aber selbst bei ihr hat mir etwas gefehlt. Und das Haus, in dem ich gelebt habe, bevor ich in Pflegefamilien kam? Das kann man nur als Hölle bezeichnen. Ein merkwürdiges Gefühl steigt in mir auf, als ich den Schlüssel umdrehe und in die Wohnung trete.

Ich bin zu Hause.

Ich trage die Einkaufstüten zum Küchentresen und rufe nach Zeus. Als ich seine Pfoten nicht über die Fliesen schliddern höre, sehe ich auf meine Armbanduhr. Er sollte jetzt eigentlich nicht zum Spaziergang draußen sein, aber vielleicht ist Carly heute spät dran.

»Hey, ich habe einen Knochen für dich«, rufe ich, hole ihn aus der Tüte und gehe damit ins Wohnzimmer. »Besser, du liegst nicht in meinem Bett oder …« Die Worte ersterben mir auf den Lippen, als ich Zeus auf dem Sofa liegen sehe, den Kopf in jemandes Schoß. »Er darf nicht aufs Sofa.«

»Weiß er das?«, fragt Sutton und grinst mich frech an. »Wo ist mein Knochen?«

Ich werfe ihn auf den Boden, und schließlich befreit sich

Zeus aus dem Bann meiner Schwester und springt herunter, um sich den Knochen zu holen. »Wenn ich gewusst hätte, dass du auch einen willst, hätte ich zwei gekauft.«

»Hättest du mal.« Ihre blauen Augen blitzen, als sie aufspringt, um mich zu begrüßen. Ehe ich es mich versehe, bin ich in einer Sutton-Umarmung gefangen. Sutton lässt einen nie zuerst los. Sie erdrückt einen fast, und es ist ihr egal, ob man umarmt werden will oder nicht. Ich tue so, als fände ich es schrecklich, aber eigentlich weiß ich nur nicht, wie ich mich verhalten soll. Ich habe nicht viel Erfahrung mit Umarmungen. Anders als ich hatte Sutton einen dauerhaften Platz in einer wohlhabenden Pflegefamilie. Sie war jung genug, um von den geregelten Verhältnissen zu profitieren. Sie nannte ihre Pflegeeltern sogar Mom und Dad. Das alles macht sie in meinen Augen allerdings nicht weniger zu einer Ford. »Ich bin gekommen, um dich zu retten.«

»Ich wüsste nicht, dass ich gerettet werden muss«, sage ich, »aber es ist schön, dich zu sehen.«

»Nun ja, du hast seit ein paar Tagen nicht mehr auf meine Nachrichten geantwortet«, sagt sie und bezieht sich auf die berüchtigte Unterhaltung, die Adair versehentlich gelesen hat.

»Ich hatte viel zu tun«, sage ich und gehe in die Küche, um einige Sachen in den Kühlschrank zu räumen. Käse und Obst lasse ich draußen.

»Ich weiß. Jack hat mich auf den neuesten Stand gebracht.« Sutton nimmt sich eine Weintraube und zeigt ihre violett lackierten Fingernägel. »Klingt, als wärst du diesmal richtig eingestiegen, großer Bruder.«

»Stimmt«, sage ich und versuche, locker zu klingen, »weshalb du deinen Hintern zurück nach New York schaffen musst.«

»Ich kann mich schon benehmen«, erwidert sie abwehrend.

Ich werfe ihr einen zweifelnden Blick zu. Dieses Gespräch haben wir schon öfter geführt. Seit sie in meiner Wohnung in Manhattan aufgetaucht war, habe ich mein Bestes getan, um Sutton von den weniger angenehmen Seiten meines Lebens fernzuhalten.

»Als Noah Porter nach dir gesucht hat, habe ich mich gut gehalten«, sagt sie.

Ich lasse das Messer fallen, mit dem ich gerade die Tomaten schneide.

»Noah war bei dir?«

»Er ist in meinem Wohnheim aufgetaucht.« Sie nimmt sich noch eine Weintraube, als wäre es ganz alltäglich, dass das FBI sich an der New York University blicken lässt.

»Warum hast du mich nicht angerufen?«, frage ich. Ich will auf keinen Fall, dass er sie da hineinzieht.

»Er war nicht ehrlich zu mir.« Sie verdreht die Augen, stellt ihre Füße auf den Barhocker und zieht die Knie an die Brust. »Er hat gesagt, er müsse mich zu meiner Familie befragen. Ich dachte, es ginge um unsere Kindheit, und habe ihm erzählt, dass ich seit meinem achten Lebensjahr in einer Pflegefamilie war. Dann hat er mich gefragt, ob ich noch Kontakt zu meiner Familie habe. Ich dachte, er meint Dad, also sagte ich ›nein‹, und dann ist er gegangen. Er hat mir seine Nummer gegeben.«

Während ihres gesamten Vortrags starre ich sie an. »Er hat dir seine Nummer gegeben? Oder seine Visitenkarte?«

»Seine Nummer«, antwortet sie und lässt keinen Zweifel

aufkommen, was sie damit meint. »Ich habe sie irgendwo. Willst du sie?«

Ich bringe ihn um. Natürlich würde Noah meine kleine Schwester vögeln. Sutton zieht Männer wie ihn magisch an. Sie ist einfach zu hübsch, und sie hat ein schnelles Mundwerk. Genau die Mischung, auf die Alphatiere wie er stehen.

»Ich werde ihn aber nicht anrufen«, sagt sie. »Ich bin vom anderen Ufer, schon vergessen?«

»Wie hast du herausgefunden, dass er mich gesucht hat?« Wenn ich mir nur noch eine Sekunde länger vorstelle, wie Noah versucht, mit Sutton zu flirten, lande ich noch vor Sonnenuntergang wegen Mordes im Gefängnis.

»Luca hat es mir erzählt.« Sie erstarrt mit einer Weintraube in der Hand, dann verzieht sie das Gesicht.

»Das solltest du mir nicht erzählen, stimmt's?«, sage ich lässiger, als mir zumute ist.

»Wenn du mich auf dem Laufenden halten würdest, hätte ich ihn nicht fragen müssen. Aber zwischen uns herrscht ja Funkstille. Was sollte ich denn machen?« Sie strafft die Schultern. Wie ich sie kenne, wird sie in einer Minute zu einem ein Meter sechzig großen und fünfundfünfzig Kilo schweren Feuerball mutieren.

»Du bist nicht diejenige, die in Schwierigkeiten steckt«, sage ich ruhig, und dann explodiert sie.

»Luca hat mir nur erzählt, dass du mit der Bitch alle Hände voll zu tun hast.« Sutton rümpft die Nase, um mich daran zu erinnern, was sie von Adair hält.

Ich atme tief ein. »Was das angeht …«

»Ja«, unterbricht sie mich. »Jack hat es bestätigt. Was zum Teufel denkst du dir dabei?«

»Ich liebe sie.« Je eher Sutton die Wahrheit akzeptiert, umso besser. Um in Adairs Augen gut dazustehen, kann ich keine Sutton gebrauchen, die unsere Beziehung torpediert.

Sutton schüttelt den Kopf. »Dein Schwanz liebt sie.«

»Nett«, murmele ich und wende mich dem Jerusalem-Salat zu, den ich zubereiten will. Ich sehe auf die Uhr und versuche abzuschätzen, ob ich die Zeit habe, dem Beschuss meiner Schwester standzuhalten und währenddessen das Essen für mein Picknickdate vorzubereiten. »Ich erwarte nicht, dass du das verstehst. Ich verstehe es ja selbst kaum, aber es ist so, okay?«

»Klingt, als wüsste sie noch nichts von ihrem Glück.«

»Na ja, sie hat Fragen an mich.« Nachdem ich mit dem Salat fertig bin, wische ich mir die Hände an einem Handtuch ab. Als Nächstes wende ich mich dem Hummus zu, püriere Kichererbsen, Knoblauch, Tahini und Zitrone mit meiner Geheimwaffe, die mir eine griechische YaYa verraten hat: geräuchertem Paprika.

»Was für Fragen?«, will Sutton wissen.

»Zu den letzten fünf Jahren«, gebe ich zu.

»Was hast du ihr erzählt?«

»Nichts.«

»Moment!« Sutton dreht sich mit dem Hocker um und springt herunter. »Ich weiß mehr als sie?« Sie klatscht in die Hände und hüpft in ihren Socken auf und ab. Ich tue mein Bestes, ihren fröhlichen Tanz zu ignorieren, aber ich kann nicht verhindern, dass sich ein Lächeln in mein Gesicht stiehlt. Auch wenn sie hier für viel Ärger sorgen wird – und das wird sie –, sie hat mir gefehlt.

»Setz dich«, befehle ich ihr, als Zeus vor Angst zu jaulen beginnt.

Offensichtlich hat er solchen Wahnsinn noch nie erlebt. Manche Menschen müssen ins Fitnessstudio, um ein bisschen Energie zu kriegen, aber Sutton würde sterben, wenn sie still sitzen müsste, so viel hat sie davon.

»Also, was kochst du für mich?«, fragt sie mit leuchtenden Augen und sieht mir über den Tresen hinweg bei der Arbeit zu.

»Bestell dir was«, sage ich. »Das hier ist reserviert.«

Sie schiebt die Unterlippe vor und schmollt. »Und wer bekommt deine Bockwurst?«

Als ich nicht antworte, stöhnt sie. »Das ist nicht fair! Ich bin den weiten Weg von New York hergekommen, um dich zu besuchen!«

»Ohne vorher anzurufen«, bemerke ich.

»Als Überraschung!« Sie tut, als wäre sie zutiefst gekränkt. »Nur um herauszufinden, dass ich von der Bitch ersetzt wurde.«

Sie beobachtet mit gespielter Wehmut, wie ich mit Mörser und Stößel frisches Za'atar mahle, eine betörend duftende Mischung aus Thymian, Sesam und einer getrockneten Beere, die Sumach heißt.

»Dich kann niemand ersetzen«, sage ich und meine es ernst.

»Es sei denn, beim Abendessen«, murmelt sie.

Adair öffnet die Tür zu ihrer Suite gerade so weit, dass sie mit ihrer Tasche in der Hand hindurchschlüpfen kann. Sie trägt ein legeres Leinenkleid und hat das Haar kunstvoll lässig hochgesteckt, sodass ihr langer Schwanenhals zur Geltung kommt. Die Träger ihres Kleides sind so schmal, dass ich jede wunderbare Sommersprosse auf ihren Schultern sehen kann.

»Stimmt etwas nicht mit deiner Tür?«, frage ich und beuge mich vor, um sie zu küssen. Als ich einen Schritt zurück mache, sind ihre Wangen stark gerötet.

Sie schluckt, dann sagt sie in geschäftsmäßigem Ton: »Ich dachte, es ist das Beste, wir wahren einen Sicherheitsabstand zum Bett.«

»Wenn mich mein Gedächtnis nicht täuscht, war dir die Wand hier auch ganz recht«, sage ich und tätschele die Tapete.

»Denk nicht mal dran«, warnt sie mich, »oder ich bringe zu all unseren Dates einen Anstandswauwau mit.«

Dates? Plural? Das ist ein gutes Zeichen. Ich versuche, eine neutrale Miene zu bewahren, aber sie hat mich offenbar durchschaut.

»Beherrsch dich und lass die Hose an, okay?«

»Sehr gern«, verspreche ich, biete ihr meinen Arm und träume von all den Dingen, die ich mit ihr anstellen könnte, auch wenn ich eine Hose anhabe. Ich bin gern großzügig.

»Der Ausdruck auf deinem Gesicht gefällt mir nicht«, sagt sie, hakt sich aber dennoch bei mir ein. »Und? Wohin gehen wir?«

»Rate.«

»Hennie's«, sagt sie.

»Ich würde zwar für ein Hot Chicken sterben«, erwidere ich, »aber ich dachte, etwas Romantischeres wäre angebracht.«

»Wir wollten reden.« Sie bleibt derart abrupt mitten in der Lobby des Eaton stehen, dass ein Page sie beinahe mit einem Gepäckwagen umrennt. Ein paar Koffer poltern bei der Vollbremsung, die er hinlegt, auf den Boden.

»Das werden wir auch.« Ich ziehe sie mit mir und rufe dem

Typen, der die Koffer vom Boden aufsammelt und zurück auf den Wagen packt, eine Entschuldigung zu.

»Über dich«, beharrt sie, »nicht über uns.«

»Es gibt kein *ich* ohne *uns*«, sage ich, ohne nachzudenken. Wieder bleibt sie stehen, und ich drehe sie um, lege meine Hände auf ihre Wangen und sehe ihr in die grünen Augen. »Ich gebe mir wirklich Mühe. Versprochen.«

Ein unsicherer Ausdruck huscht über ihr Gesicht, doch schließlich nickt sie. »Okay, gehen wir, aber es sollte besser ein neutraler Ort sein.«

»Neutraler geht es nicht«, verspreche ich und lege meine freie Hand über ihre, die in meiner Armbeuge liegt. Neutral hin oder her, sie entkommt mir nicht noch mal.

Es ist eine schwüle Sommernacht, wie sie typisch sind für Nashville. Die Neonreklamen leuchten unter der blassen Sonne. Bis sie untergeht, dauert es zwar noch ein paar Stunden, aber das Licht hat bereits den rosigen Schimmer der Dämmerung angenommen, als wir aus der Stadt Richtung Valmont fahren.

»Neutrales Gebiet?«, fragt sie mit hochgezogener Augenbraue, als wir den ersten Meilenstein passieren.

»In Tennessee gibt es nicht viele Orte, die für uns neutral sind«, erinnere ich sie. Wenn ich es perfekt machen wollte, würde ich mit ihr an den Rand von Windfall fahren wie bei unserem ersten Picknick. Doch das kommt nicht infrage. Momentan wage ich mich nicht in die Nähe ihres Familienanwesens. Außerdem sind wir beim letzten Mal mit Pferden dorthin geritten, was Adair inzwischen nicht mehr macht. Das erinnert mich an etwas. »Warum reitest du eigentlich nicht mehr?«

»Ich hatte einen Unfall«, sagt sie angespannt und zeigt plötzlich intensives Interesse an der Landschaft.

»Das hast du schon erzählt.« Ich warte auf weitere Erklärungen, und als nichts mehr kommt, füge ich an: »Wenn du nicht darüber reden willst …«

»Will ich nicht.«

Anscheinend darf Adair alle möglichen Informationen von mir verlangen, ich dagegen darf sie nicht nach einem Ereignis fragen, das ihr Leben dramatisch verändert hat. »Ich weiß nur, wie gern du geritten bist. Fehlt es dir?«

»Ich versuche, nicht daran zu denken.« Sie dreht sich zu mir um und nimmt meine Hand. »Können wir das Thema beenden? Es ist keine schöne Erinnerung, und du kannst es nicht ändern.«

»Warum spielt das eine Rolle?«, frage ich.

»Weil du versuchen wirst, es für mich in Ordnung zu bringen«, sagt sie, »aber das kann man nicht in Ordnung bringen. Ich habe etwas Dummes getan – etwas richtig Dummes –, und ich kann es nicht mehr rückgängig machen. Das ist alles, was du wissen musst.«

»Es tut mir jedenfalls leid«, sage ich und drücke ihre Hand. Anschließend ist sie so still, dass ich fast an den Straßenrand fahre, um mich um sie zu kümmern. Ihre Miene wirkt gequält – sie ist weiß wie eine Magnolienblüte –, und als sich unsere Blicke treffen, blinzelt sie, um die Trauer aus ihrem Gesicht zu vertreiben.

»Okay, ein erfreulicheres Thema«, sage ich. »Hast du schon erraten, wo wir hinfahren?«

»Willst du es mir wirklich nicht sagen?« Sie dreht sich in ihrem Sitz um und sieht mich mit großen Augen an.

»Nein. Du wirst es ja sehen.«

»Was, wenn ich es errate?«, fragt sie.

»Das kannst du gern versuchen.«

»Wir fahren nach Valmont, aber nicht nach Windfall, also zum Campus? Oder in die Market Street zum Abendessen?«

Ich grinse. »Ganz kalt. Ich will mit dir an einem Ort sein, an dem wir unter uns sind, der aber neutral ist«, füge ich schnell hinzu. »Außerdem habe ich das Abendessen schon dabei.« Ich deute mit dem Daumen auf den Rücksitz.

Adair sieht nach hinten und entdeckt meinen Picknickkorb. »Ein Picknick? Ist das eine gute Idee?«

»Das Wetter ist gut.«

»Es ist höllisch heiß«, sagt sie ungläubig.

»Es wird kühler«, sage ich. Aber ich weiß, warum sie eigentlich gegen die Idee ist. Ein Picknick mag an einem neutralen Ort stattfinden, aber es wäre gut möglich, dass wir allein sind.

»Du bist das Letzte«, sagt sie, als hätte sie meine Gedanken erraten.

»Nein, Lucky, ich bin ein Opportunist«, sage ich und lenke den Wagen eine schmale Straße hinunter.

»Moment, wohin fahren wir für dieses Picknick?« Sie blickt aus dem Fenster und stöhnt, als sie die Landschaft erkennt. »Du bist dreist.«

»Es ist ein öffentlicher Ort. Draußen. *Suuuuuper* neutral.«

»Little Love«, stöhnt sie. »Du bist unverschämt.« Trotzdem lässt sie ihre weiche, warme Hand in meiner, als der Wagen die gewundene Straße zum höchsten Punkt von Valmont hinauffährt.

Little Love ist nach seinem deutlich beeindruckenderen Cousin Love Circle benannt, von dem aus man ganz Nashville überblickt. Love Circle ist ein spektakulärer Ort, an dem gern Heiratsanträge gemacht werden.

Von Little Love aus hingegen überblickt man nur das Universitätsgelände. Während des Semesters gehen Paare aus eher niederen Beweggründen dorthin, etwa um ihren Mitbewohnern zu entkommen oder Hasch zu rauchen. Doch jetzt sind in Valmont Semesterferien, das heißt, es wird nicht viel los sein. So bin ich mit Adair allein und stelle sicher, dass nicht die falschen Leute etwas hören, was sie nicht hören sollen. Adair möchte wissen, was ich in den letzten Jahren getan habe? Gut. Aber ich darf nicht riskieren, dass Noah Porter in der Nähe ist oder dass mir jemand von den Kolzows gefolgt ist.

Als wir den Gipfel des Hügels erreichen, ist es dort allerdings nicht nur ruhig, sondern regelrecht verlassen. In der orangefarbenen Dämmerung funkeln Lichter, unter uns erstreckt sich die Uni. Um uns blitzen Funken auf und verglühen, zum Abend hin kommen die Glühwürmchen heraus. Die Grillen begleiten sie mit einer Symphonie. Es sollte magisch sein, aber Adair sitzt widerwillig auf dem Beifahrersitz, während ich draußen eine Wolldecke ausbreite und den Korb auspacke.

Ich schenke ihr ein Glas Wein ein und mache mir selbst ein Pellegrino auf, dann locke ich sie mit dem Zeigefinger zu mir. Sie kneift die Augen zusammen und presst die Lippen aufeinander, als ob sie ernsthaft überlegte, im Wagen sitzen zu bleiben.

»Komm, Lucky, lass uns reden!«, rufe ich.

Sie wirft verzweifelt die Hände in die Luft, steigt aber schließlich aus. Am Rand der Decke bleibt sie stehen und starrt auf das Festmahl, das ich aufgebaut habe. »Was ist das?«

»Ich habe mich für ein Picknick entschieden, weil vieles von dem sehr guten Essen, das ich in den letzten fünf Jahren kennengelernt habe, genauso gut kalt schmeckt.« Ich hebe zu einer Beschreibung von jeder Speise an, doch sie unterbricht mich.

»Aber wo hast du das her?«, fragt sie, setzt sich vorsichtig zu mir auf die Decke und breitet sorgfältig ihren Rock aus.

»Das meiste ist selbst gemacht.« Ich nehme ein Stück Käse – die Obst- und Käseauswahl gehört im Mittleren Osten zum Standard. Ich bin mir nicht ganz sicher, wie Adair auf das Sujuk reagieren wird, eine getrocknete würzige Rinderwurst, aber es kann sein, dass sie alles andere schon kennt.

»Du hast gekocht?«, fragt sie.

Ich runzele die Stirn. Warum tut sie, als wäre das so ungewöhnlich? »Ich koche gern, weißt du das nicht mehr?«

»Ich weiß, aber so hat noch nie ein Mann für mich gekocht«, sagt sie, und ihre Stimme klingt seltsam brüchig.

»Ich habe für dich gekocht.«

»Mit Francie«, sagt sie in Erinnerung an die Mahlzeiten, die wir mit meiner Pflegemutter vor fünf Jahren gegessen haben. »Aber nie so.«

»Hast du Angst zu essen, was ich gemacht habe, Lucky?«

Sie schüttelt den Kopf, und eine kupferfarbene Haarsträhne fällt ihr in die Augen. »Das ist … wirklich nett.«

Ich stecke ihr die Haarsträhne hinters Ohr, dann streiche ich ihr mit dem Daumen über die Wange. »Ich will für dich sorgen.«

Wir sehen uns durchdringend an, keiner sagt ein Wort.

Um uns erstreckt sich eine ganze Welt, aber ich sehe nur Adair. Und ich will es auch nicht anders.

»Also, was ist das?« Sie zeigt auf eine Schale mit einer öligen Kräuterpaste.

»Das, Lucky, ist Za'atar. Und ich bin froh, dass du es noch nie gegessen hast.« Ich reiße ein Stück Barbari ab, eine Art persisches Fladenbrot, so ähnlich wie Pita, aber knuspriger, und tauche es in Za'atar, dann stecke ich es mir in den Mund.

Adair tut es mir gleich, und zieht überrascht die Augenbrauen hoch. »Wo hast du gelernt, das zu machen?«, fragt sie, während sie genüsslich kaut.

»Ich war eine Zeit lang in der Türkei. Für die Türken ist das wie für uns Ketchup.« Ich zucke die Schultern, als wäre das keine große Sache, aber ich weiß es besser. Ich habe gerade die Tür geöffnet, die sie seit meiner Rückkehr zu öffnen versucht.

»Du warst in der Türkei?«

»Eine Weile, nachdem ich die Marine verlassen habe«, erkläre ich.

»Und du warst bei der Marine?«

Ich zögere und bin kurz überrascht. Die Tatsache ist nicht gerade topsecret. Es wäre nicht schwierig für sie gewesen, das herauszufinden. »Ich dachte, das wusstest du. Ich habe es Cyrus erzählt.«

»Ich habe gehört, dass du zum Militär gegangen bist. Das ist alles. Kurz nachdem du dich verpflichtet hast, bin ich nach London gegangen«, sagt sie leise. »Ich musste weg.«

Nicht zum ersten Mal will ich sie fragen, warum. Warum ist sie nicht in London geblieben? Warum ist sie zurückgekommen? Warum wollte sie nie woanders hin? Aber ich bin derjenige, der versprochen hat, heute Abend Antworten zu geben. Meine eigenen Fragen müssen warten.

»Was ist passiert, als du weggegangen bist?«, fragt sie.

Ich nehme an, sie will wissen, *warum* ich weggegangen bin, aber diesen Teil verschweige ich. Adair hat genug gelitten, ohne zu wissen, was ihr Vater mir angetan hat – uns. Es gab eine Zeit, da dachte ich, ich könnte ihr niemals vergeben, dass sie sich auf seine Seite gestellt hat. Mittlerweile ist mir klar geworden, dass ich es ihr dadurch, wie ich sie verlassen habe, nur noch schwerer gemacht habe, sich von ihrer Familie zu lösen.

»Ich habe mich verpflichtet. Francie war echt wütend«, beginne ich.

»Das kann ich mir vorstellen«, sagt Adair mit wissendem Lächeln. »Ich hoffe, sie hat dich ordentlich zusammengefaltet.«

»Keine Sorge. Das hat sie«, bestätige ich, »aber ich konnte unmöglich nach New York zurückgehen und ihr weiter auf der Tasche liegen. Also habe ich mich verpflichtet und kam in ein Ausbildungslager. Mein Ausbildungsoffizier sagte, dass ich einen Killerinstinkt hätte und keinen Respekt vor Menschenleben, insbesondere nicht vor meinem eigenen.«

»Hart, aber ich kann mir vorstellen, dass denen so was gefällt«, sagt sie und schenkt sich ein zweites Glas Wein ein. Wenn ich Glück habe, stimmt sie das für den Rest der Geschichte etwas milder.

»Mir war wirklich alles egal. Ich dachte wohl, ich habe nichts zu verlieren, und habe einfach alles mitgemacht. Jede Ausbildungsübung. Zum Glück mochte sie mich.«

»Sie?«, fragt Adair. »Dein Offizier war eine Frau?«

»Sei nicht eifersüchtig.«

»Oh, das bin ich nicht.« Sie hält ihr Weinglas hoch. »Ich kann nur nicht glauben, dass sie dich mochte.«

»Frauen finden mich charmant.«

»Ich dachte, sie hielt dich für leichtsinnig und lebensmüde«, sagt sie.

»Sehr charmant und lebensmüde«, erkläre ich. »*Egal,* sie hat ein paar Strippen gezogen, und ich wurde in eine Spezialeinheit versetzt. Dort habe ich Jack und Luca kennengelernt.«

»Was haben sie dort gemacht? Sie wirken beide nicht so«, sagt sie nachdenklich.

Da hat sie recht, aber ich habe auch andere Seiten von meinen besten Freunden kennengelernt – Seiten, die sie hoffentlich niemals zu sehen bekommt. »Darüber darf ich nicht sprechen, Lucky.«

»Ist okay. Sorry, dass ich gefragt habe.«

»Vielleicht erzählt Luca es dir, wenn du seinem Ego genug schmeichelst«, rate ich. »Das wird allerdings ein gutes Stück Arbeit sein, so groß wie sein Ego ist.«

»Das ist der Trick bei Egos – die großen brauchen nicht viel Schmeichelei.« Ich muss über ihre scharfsinnige Beobachtung lachen. Sie hat ihn durchschaut. »Also, man schickte uns mit einer Spezialeinheit nach Afghanistan. Es gab Gerüchte, dass die Taliban von einer unbekannten Quelle Waffen erhielten, und wir sollten die Quelle finden.«

»Und was solltet ihr dann tun?« Sie hat aufgehört zu essen.

»Sie umbringen«, antworte ich sachlich und wage einen Blick in ihre Augen.

»Und, habt ihr?« Ich bin mir nicht sicher, ob sie die Antwort hören will.

»Ja, und ab da lief die Sache schief.«

Sie sieht mich skeptisch an und stellt vorsichtig ihr Weinglas ab. »Inwiefern?«

»Erinnerst du dich an den Typen im Hotel?«, frage ich.

Sie nickt und befeuchtet ihre Lippen. Darauf hat sie gewartet, und ich kann nur hoffen, dass sie mich noch genauso ansieht, wenn sie alles weiß.

»Er war auch in meiner Einheit – unser vierter Mann. Ein ebenso guter Freund wie Jack und Luca. Er heißt Noah Porter.«

»Und jetzt seid ihr nicht mehr befreundet«, vermutet sie.

»Das wäre stark untertrieben. Noah ist jetzt beim FBI.«

Es folgt eine lange Pause. Sie wusste, dass das kommt. Adair ist zu schlau, um die Wahrheit nicht zu sehen. Dass ich ein schlechter Mensch bin. Dass mein Geld mit Blut befleckt ist. Vielleicht kennt sie keine Details, aber sie sieht das große Ganze. Das hält sie aber nicht davon ab, es sich von mir beschreiben zu lassen.

»Und warum ist das ein Problem? Warum hast du dich vor ihm versteckt? Und Luca angerufen?«

»Weil das FBI, oder vielmehr Noah, seit Afghanistan versucht, uns mit dem Hintern an die Wand zu nageln. Und ein paarmal hätte er es fast geschafft. Das ist seine Form der Rache.« Ich versuche, in ihren Augen zu lesen, wie sie das alles aufnimmt.

»Wofür will er sich rächen?«

»Dafür, dass wir drei anderen ihn vor einen Disziplinarausschuss geschleift haben. Wahrscheinlich wäre er wie wir anderen entlassen worden, wenn wir nicht geschworen hätten, dass er nicht involviert war.«

»Involviert in was?«, fragt sie langsam.

»Wir waren zwei Monate dort und haben versucht, nicht in die Luft gesprengt zu werden, aber wir konnten ums Verrecken nicht herausfinden, woher die Waffen stammten. Jede Spur führte ins Nichts. Dann hat Jack etwas belauscht, und wir haben Nachforschungen angestellt. Wir behielten es für uns und weihten schließlich Luca ein.

»Was war mit Noah?«

»Sagen wir einfach, dass Noah immer besser im Ausführen von Befehlen war als darin, selbstständig zu denken. Wir wussten, dass er uns nicht glauben würde, bis wir etwas beweisen könnten.«

»Was beweisen?«

»Jack hatte herausgefunden, dass unser Leutnant die Waffen geschmuggelt und sogar mit Drogen gedealt hat.«

Sie starrt mich mit offenem Mund an. »Moment, was?«

»Ja, wir steckten in einem Dilemma. Wir konnten ihn anzeigen und hoffen, dass jemand Höhergestelltes uns glaubt. Aber wir wussten auch, dass er nicht allein agieren konnte, darum hatten wir keine Ahnung, wem wir es sagen sollten. Du machst dir keine Begriffe davon, wie ernst beim Militär ein Verstoß gegen die Befehlskette genommen wird. Außerdem ist es nicht gerade leicht, Nachrichten an deinem befehlshabenden Offizier vorbeizuschmuggeln, wenn man sich mitten in einem Kriegsgebiet befindet.«

»Und was habt ihr getan?«

»Wir beschlossen, die nächste Ladung zu stehlen«, sage ich achselzuckend. Adair ringt nach Luft, und mir ist klar, was sie von diesem Plan hält. »Dann hätten wir einen Beweis und ein Druckmittel. Natürlich ist Noah uns auf die Schliche gekommen, aber er hat die Lage falsch gedeutet und uns angeschwärzt. So hat der betreffende Leutnant davon erfahren. Er hat uns mit Noah zum Gespräch zitiert, und da begriffen wir, wer ihm hilft.«

»Wer?«

»Alle. Es stellte sich heraus, dass der Rest der Truppe ebenfalls korrupt war und dass sie uns Neue umbringen wollten, damit ihre Machenschaften nicht herauskommen. Sie mussten es natürlich wie einen Unfall aussehen lassen. Aber der Leutnant hatte Noahs Verrat an uns fehlinterpretiert. Er dachte, Noah wollte bei ihnen mitmachen, und ausnahmsweise war Noah schlau genug mitzuspielen. Er machte ein großes Bohei um seine Loyalität, und man schleppte uns in eine Zelle. In jener Nacht hat Noah uns befreit.«

»Seid ihr geflohen?«

»Wohin zum Teufel sollten wir in der Wüste laufen? Das sagten wir ihm, und ehe er uns aufhalten konnte, kümmerten wir uns um die Situation.«

Das Schweigen, das sich zwischen uns ausbreitet, ist ohrenbetäubend. Sie rechnet zwei und zwei zusammen. »Oh«, sagt sie schließlich.

»Ich hatte keine Wahl, Lucky.« Kann sie das verstehen? Ist das wichtig?«

»Ihr habt sie umgebracht.« Sie sagt es laut, als müsste sie die Worte ausprobieren.

»Uns blieb nichts anderes übrig.« Ich warte auf ein Zeichen, dass sie das versteht, aber sie sagt nichts. Sie starrt nur auf ihr Glas. »Sie wollten uns umbringen. Wenn wir versucht hätten zu fliehen, wären wir von den Taliban getötet worden. Wir konnten schließlich nicht einfach jemanden anrufen und um Hilfe bitten.«

»Wie viele?«, fragt sie leise. »Wie viele Menschen habt ihr getötet?«

»Ist das wichtig?« Das habe ich mich immer wieder selbst gefragt. Wie viel Blut klebt seit jener Nacht an meinen Händen? Habe ich die richtige Entscheidung getroffen? Eins weiß ich genau. Eine Sache, die ich ihr gestehen muss, bevor sie auf die Idee kommt, dass ich eine unerträgliche aber edle Entscheidung getroffen habe. »Nachdem man einmal einen Menschen getötet hat, ist es leichter, es wieder zu tun. Es ist immer noch leicht.«

»Du hast …« Sie verstummt.

»Ja«, gestehe ich. »Es war nicht das letzte Mal, dass ich einen Menschen umgebracht habe. Ich habe daraus keinen Beruf gemacht, aber ich habe ein paar beschissene Entscheidungen getroffen. Entscheidungen, bei denen es hieß, ich oder der andere.«

Einen Moment lang sagt sie nichts, dann sieht sie schließlich auf und mustert mich. Sieht sie noch denselben Mann in mir? »Was ist danach passiert? Wie habt ihr es erklärt? Warum hasst Noah euch?«

»Dazu kommen wir gleich«, sage ich finster.

Ich deute es als gutes Zeichen, dass sie mir immer noch zuhört, nach dem, was sie bislang erfahren hat.

»Also, alle waren tot«, fahre ich fort, »und ein komplett neuer Zug traf ein, um die Sache zu untersuchen und uns in Gewahrsam zu nehmen. Sie forschten nach, und zum Glück war unser Leutnant ein echter Dreckskerl, denn sie haben jede Menge Beweise gegen ihn gefunden.«

»Dann wurdet ihr nicht angeklagt?« Sie knabbert nervös an ihren Nägeln, aber ich ziehe sanft ihre Hand fort.

»Sie befanden, dass wir aus Notwehr gehandelt haben. Noah bestätigte unsere Geschichte, und wir stellten klar, dass wir alle umgebracht haben.«

Sie schüttelt verwirrt den Kopf. »Warum wurdet ihr dann entlassen?«

»Glaub mir, die Marine will keine Jungs in ihren Reihen haben, die ihre eigene Einheit umgebracht haben, auch wenn sie aus Notwehr gehandelt haben. Ich glaube, in ihren Augen hätten wir besser sterben sollen, um unsere Loyalität zu beweisen. Noah hätte es getan, wenn wir ihn nicht ausgeschaltet hätten, bevor die Schießerei begann.« Ich halte inne, das ist zwar nicht die ganze Geschichte, aber sie wird sie akzeptieren.

»Und darum hasst er euch.« Sie verzieht die Lippen zu einer Grimasse. »Ihr habt ihm das Leben gerettet.«

»Sag ihm das nicht«, rate ich ihr. »Seiner Meinung nach haben wir sein Leben ruiniert, indem wir seine makellose Akte beschmutzt haben.«

»Aber warum ist er hinter euch her?«, hakt sie nach.

Ich ziehe meine Hand fort und trinke einen Schluck Sprudelwasser, das warm und fade von der Sommerhitze ist. »Das Team, das den Vorfall untersucht hat, hat Beweise dafür gefunden, dass der Leutnant eine große Ladung Schmuggelware erwartete, die jedoch nicht kam. Man konnte jedoch keine Waffen finden. Auch keine Drogen. Der Verdacht fiel auf uns. Wir schworen, nichts zu wissen, aber Noah vermutete, dass wir logen, und sagte ihnen das. Am Ende konnten sie uns nichts beweisen, und so hat man Jack, Luca und mich entlassen, erteilte Noah eine Verwarnung und versetzte ihn in irgendein Drecksloch.«

»Und Noah denkt immer noch, dass ihr etwas mit der vermissten Schmuggelware zu tun hattet?«, fragt sie. »Warum glaubt er euch nicht?«

»Wir haben früher Poker gespielt. In der Wüste kann man abends nicht viel anderes tun. Laut Noah sieht man mir an, wenn ich täusche«, gestehe ich mit amüsiertem Grinsen. Sie findet das sicher nicht lustig. »Er schwört, dass ich die Untersuchungseinheit getäuscht habe.«

»Und Jack und Luca, was denken sie?«, fragt sie leise; sie kennt die Antwort schon, doch sie klingt nicht anklagend oder verurteilend. Sie lässt mir die Wahl. Ich kann sie anlügen, sie wird mich nicht drängen, aber ich habe keinen Zweifel, dass ich sie dann verliere. Oder ich kann ihr die Wahrheit sagen, dann werde ich sie wahrscheinlich auch verlieren. Ich kann nicht gewinnen.

Ich wende den Kopf ab, um zu überlegen, was ich sagen soll. Schließlich ist es eigentlich keine Entscheidung. »Sie wussten, dass ich lüge, Lucky.«

»Was hast du getan?«, fragt sie ausdruckslos.

»Uns blieben zwei Tage Zeit, bevor jemand zu uns rauskam. Ich habe gewartet, bis die anderen schliefen und ich Wache hatte, dann habe ich das ganze Zeug versteckt.«

»Du hast die … Waffen versteckt?«

»Ich wusste, dass man uns entlassen würde. Ich wusste, dass niemand einen Scheiß interessiert, was aus uns wird.« Ich nage an meiner Unterlippe und frage mich, ob ich die falsche Entscheidung getroffen habe, indem ich beschloss, ihr die Wahrheit zu sagen.

»Wie konntest du das nur tun?«

Mit dieser Frage habe ich gerechnet. Ich kann sie nicht bitten, über meine Verbrechen hinwegzusehen. »Eine ganze

Zeit lang schien es keine Rolle zu spielen. Ich hatte nichts zu verlieren. Dann tauchte Sutton vor meiner Tür auf, und alles änderte sich.«

»Du hattest eine Familie«, sagt sie distanziert. »Was ist mit Francie? Weiß sie davon?«

»Ich habe mir gesagt, dass ich es für sie tue – damit ich für sie sorgen kann …« Der Kloß in meinem Hals macht mir das Sprechen schwer. »So wie sie sich um mich gekümmert hat. Aber sie wollte nichts mehr mit mir zu tun haben.«

»Was?« Adair schüttelt ungläubig den Kopf. »Sie liebt dich wie einen Sohn.«

»Früher vielleicht«, sage ich. »Aber als ich aufgetaucht bin und ihr eine neue Wohnung kaufen wollte, einen neuen Wagen, hatte sie viele Fragen.«

Adair seufzt und verschränkt die Arme. »Lass mich raten. Du hast sie ihr nicht beantwortet.«

»Was sollte ich sagen? Ich habe ihr erzählt, dass ich entlassen worden bin, weil mein Vorgesetzter ein Scheißkerl war, und dass ich trotzdem mein Entlassungsgeld erhalten habe.«

»Für Entlassungsgeld bekommt man aber keinen Aston Martin und kein Penthouse«, bemerkt Adair trocken. »Das wusste sie.«

»Auch nicht für eine Ladung Handfeuerwaffen. Francie hätte mir vielleicht geglaubt. Sie sagte, ich sollte das Geld behalten und irgendwo Wurzeln schlagen. Sie hat nicht damit gerechnet, dass ich in den Mittleren Osten zurückgehe. Ich glaube, das hat sie letztlich davon überzeugt, dass mehr hinter der Geschichte steckt.«

»Du bist zurückgegangen?« Jetzt wirkt sie regelrecht schockiert.

»In den letzten drei Jahren war ich überall auf der Welt. Jack und Luca auch. Wir haben unsere eigenen kleinen Einsätze durchgezogen. Dank Lucas Beziehungen war es leicht, unter dem Radar zu bleiben. Außerdem hatten wir einen Plan. Sobald wir einen bestimmten Betrag zusammen hatten, wollten wir aussteigen, unserer Wege gehen und die Dinge ruhen lassen.«

»Aber ihr seid alle hier«, sagt sie blinzelnd, »das heißt, ihr macht immer noch, was auch immer ihr macht.«

»Nicht ganz. Jack wollte einen Club eröffnen. Das war immer sein Traum. Luca kommt und geht, wie es ihm gefällt. Jeder von uns arbeitet jetzt auf eigene Rechnung, nur eine letzte Mission gibt es noch.«

»Was um alles in der Welt könntet ihr in Nashville tun?«

Das ist auf reizende Weise naiv. Wenn Adair nur über die Hälfte der Verbrechen Bescheid wüsste, die um die Ecke von ihrer privilegierten Enklave stattfinden, würde sie ihre Stadt nie mehr mit denselben Augen sehen. »Ich hatte eine Liste«, erzähle ich, weil ich nur eine Chance habe, sie zu behalten: Ich muss ganz und gar ehrlich sein. Es ist der einzige Weg, ihr zu beweisen, dass ich es ernst meine.

»Was für eine Liste?« Sie rückt ein Stück von mir ab und setzt sich auf die Fersen.

»Eine Schwarze Liste von Leuten, die mein Leben ruiniert haben«, gestehe ich. »Eine Liste mit Menschen, die ich verletzten wollte, und jeder einzelne lebt in Tennessee.«

Vielleicht habe ich nicht bemerkt, dass der Himmel inzwischen dunkelblau geworden ist und über unseren Köpfen die Sterne funkeln. Vielleicht hat mich aber auch endgültig die Dunkelheit eingeholt. Sie sagt nichts, sieht mich nur an.

Als sie schließlich den Mund öffnet, fragt sie stockend: »Stand ich auf der Liste?«

Es gibt nichts, was ich sagen könnte, um Adair MacLaines Liebe nicht zu verlieren, also entscheide ich mich für den Weg, den ich schon vor Jahren hätte wählen sollen. »Du standest ganz oben.«

21

STERLING

DAMALS

Den Rest der Woche verbringen wir in meinem Zimmer im Wohnheim, ohne dass wir es schaffen, einen Film anzuschauen. Wir schalten den Film ein, bekommen aber schon die erste Szene nicht mehr mit. Wir machen Pausen, um zu duschen und Essen zu bestellen, was Adair immer hinter meinem Rücken tut.

»Du brauchst Ausdauer«, erklärt sie.

Und ich will, dass das niemals aufhört. Ich weiß nicht, was ihre Familie denkt, wo sie ist, aber niemand hat nach ihr gesucht. Das beweist nur, dass sie zu mir gehört, nicht zu denen. Als es Freitag ist, fürchte ich die Weihnachtsfeier in Windfall aus zwei Gründen: Erstens muss man sich dafür anziehen, und ich habe mich an Adairs nackten Körper gewöhnt. Eigentlich wäre es mir am liebsten, sie würde nie mehr etwas anziehen. Zweitens bedeutet die Feier, dass unsere letzte Nacht gekommen ist. Morgen fliege ich in aller Herrgottsfrühe nach New York.

Am frühen Nachmittag schafft Adair es, sich von mir

loszueisen und nach Hause zu fahren, um sich fertig zu machen.

»Man braucht doch keine sechs Stunden, um sich fertig zu machen«, sage ich, fasse sie um die Taille und werfe sie zurück aufs Bett. Ich stürze mich auf sie und halte sie fest.

»Ich muss noch etwas besorgen.« Sie reckt den Hals, um mich zu küssen, und ehe ich es mich versehe, ist ihr Slip ausgezogen, und ich bin in ihr.

Das Mädchen ist übereifrig, sie kann einfach nicht die Hände von mir lassen. Obwohl ich sie darauf hingewiesen habe, dass ihr Körper Zeit bräuchte, um sich an den Sex zu gewöhnen, verführte sie mich, so oft sie konnte. Sie legte sich nachts auf mich, weckte mich mit ihrem wunderhübschen Mund und weigerte sich tagelang, ein Stück Stoff zu tragen. Am dritten Tag passten wir zusammen, als wären unsere Körper aus einem Stück Marmor geschlagen. Das ist ihr Verdienst.

Sie lässt den Kopf zurück aufs Kopfkissen sinken, atmet flach und stoßweise, und ein leises Wimmern entfährt ihren Lippen, bis sie schließlich aufschreit und mich zwischen ihren Beinen gefangen hält. Wenn sie das macht, kann ich mich nicht mehr lange beherrschen – das ist immer so.

Sie ergreift die Gelegenheit, sich ihre Sachen zu schnappen, während ich das Kondom abziehe und entsorge. Ein kurzer Blick in meine Nachttischschublade zeigt, dass ich nur noch das Gratiskondom vom Gesundheitsdienst des Campus' übrig habe. Sieht so aus, als müsste ich auch noch etwas besorgen.

»Kommst du um sieben?«, fragt sie und zieht die Sachen an, in denen sie letzten Freitag hergekommen ist. Es ist das erste Mal, dass sie sich bequemt, sie vom Boden aufzuheben.

»Cy holt mich um halb sieben ab.« Mein Mitbewohner hat uns den Gefallen getan, sich die Woche über fernzuhalten, zum Ausgleich für die Panne im Hotel. Ich bin mir ziemlich sicher, dass ich bei diesem Deal ziemlich gut weggekommen bin.

Adair hält inne, die Hand auf der Klinke. »Ich liebe dich.«

Ich mache Anstalten, zu ihr zu gehen, doch sie kreischt. Wenn ich sie zum Abschied küsse, kommt sie nie hier weg – das ist uns beiden klar. Sie hat schon zweimal diese Woche versucht zu gehen, und irgendwie ist sie immer wieder in meinem Bett gelandet. Sogar frische Bettwäsche hat sie uns ins Zimmer liefern lassen, damit wir dafür nicht hinausgehen mussten.

»Ich liebe dich«, sage ich und bleibe in sicherem Abstand stehen.

Die Tür geht zu, und das Zimmer fühlt sich leer an ohne sie. Zum ersten Mal seit einer Woche habe ich einen Moment für mich, um zu verarbeiten, was zwischen uns passiert ist. Adair MacLaine liebt mich. Es ist unglaublich, aber wahr.

Ich denke noch darüber nach, während ich den alten Anzug hervorhole, den Francie mir bei ihrem Besuch mitgebracht hat. Ich hatte ihn in meinem Kleiderschrank in New York zurückgelassen. Denn ich hasse das Ding. Es ist ein Erbstück von ihrem Schwager. Er hat ihn mir für eine Bewährungsverhandlung meines Vaters geschenkt. In diesem Anzug habe ich gegen ihn ausgesagt, soll er doch im Gefängnis verrotten. Aber ich habe nichts anderes, worin ich zu der Weihnachtsfeier der MacLaines gehen könnte. Also ziehe ich ihn um sechs Uhr an und halte mich vom Spiegel fern. Als Cyrus hereinkommt, weiß ich, dass ich mir zu Recht Sorgen gemacht habe.

»Hast du nichts anderes zum Anziehen, Sterling?«, fragt er,

wirft einen Blick auf meinen dunkelblauen Polyesteranzug und geht zu seinem Kleiderschrank.

Ich sehe auf meine Armbanduhr. Wir müssen in wenigen Minuten aufbrechen, und ich habe keine Wahl. Auch wenn ich sein Geld hätte, bezweifle ich, dass ich um diese Uhrzeit irgendwo einen maßgeschneiderten Smoking bekäme, selbst in Nashville nicht.

»So schlimm?« Offensichtlich, wenn er schon etwas sagt. Normalerweise ist Cyrus mir gegenüber sehr rücksichtsvoll.

»Du willst doch einen guten Eindruck auf diese Leute machen.«

»Ich hab nur den oder Jeans, Mann.« Ich warte auf seine Antwort. »Was findet ihr Vater wohl besser?«

»Einen Smoking.« Er holt einen grauen Kleidersack aus dem Kleiderschrank. Cyrus mag besser sein als der Großteil seiner Clique von Valmonts Treuhandfondsbesitzern, aber er ist nicht immun gegen die zwanghafte Wertschätzung von Äußerlichkeiten. Natürlich hat er einen Smoking hier gelagert.

Ich weiß nicht genau, warum. Für einen Smoking-Notfall? »Im Ernst?«

»Der sollte dir passen. Wir sind ungefähr gleich groß. Denk nur daran, ihn reinigen zu lassen, bevor du ihn mir zurückgibst. Vielmehr erinnere mich daran, dass ich meine Putzfrau das ganze Zimmer hier durchputzen lasse.« Er schenkt mir ein wissendes Grinsen. »Poppy sagt, sie hat euch die ganze Woche nicht gesehen. Wart ihr zwei gar nicht an der frischen Luft?«

Ich ignoriere ihn. Die meisten Typen wollen mit ihren Eroberungen prahlen. Und ich kann auch nicht behaupten, dass ich noch nie in einer Umkleide angegeben hätte, aber bei Adair ist das etwas anderes. Sie teile ich nicht. Noch nicht einmal, indem ich über sie spreche. Ich ziehe den Reißverschluss des Kleidersacks herunter, dahinter verbirgt sich ein schwarzer Smoking, der nach Mottenkugeln riecht. »Bist du dir sicher, dass der mir passt? Er riecht nach Dachboden.«

»Ja, nun, ich habe ihn noch nie getragen«, sagt er verlegen. »Er hat meinem Vater gehört, und meine Mutter hat ihn für mich ändern lassen, bevor ich aufs College gegangen bin. In ihrer Fantasie existierte offenbar die Möglichkeit, dass ich unbedingt einen Smoking brauche und keine halbe Stunde Zeit habe, um eben nach Hause zu fahren.«

Moment, gibt es tatsächlich Smoking-Notfälle?

»Danke.« Ehrlich gesagt würde ich fast alles tun, um dieses Gespräch zu beenden. Männer reden nicht über Kleidung, und ein Teil von mir wünscht sich, ich könnte einfach so hingehen, wie ich bin. Dass mir egal wäre, was diese reichen Leute über mich denken.

»Adair wird der Smoking lieber sein«, sagt Cyrus, als könnte er meine Gedanken lesen.

Da hat er recht. Sie ist nervös, weil ich ihre Familie kennenlerne. Ich weiß nicht, ob sie sich Sorgen macht, dass ich sie blamiere, oder umgekehrt, aber ich will niemandem einen Anlass bieten, auf mich herabzuschauen.

So schnell ich kann, ziehe ich mich um und fürchte, dass es irgendeinen Knopf, eine Schnalle oder ein Teil gibt, das mir gänzlich fremd ist, und ich Cyrus um Hilfe bitten muss. Doch am Ende ist alles ziemlich einfach, nur ein normaler schwarz-weißer Smoking mit Kummerbund und Fliege, von der ich keine Ahnung habe, wie man sie bindet. Ich stecke sie in die Jackentasche und beschließe, Adair aus dem Auto anzurufen. Etwas sagt mir, dass sie mir helfen kann.

Ein kurzer Blick in den Spiegel bestätigt, dass der Smoking passt und wesentlich besser aussieht als mein billiger Anzug. Ich trete zu Cyrus in den Flur, und wir springen in seinen Jaguar, um nach Windfall zu fahren. Ich bin mir sicher, er hat bemerkt, dass ich die Fliege nicht trage, aber er sagt nichts. Ganz offensichtlich war es für ihn eine ebenso traumatische Erfahrung, seine Kleidung mit mir zu teilen, wie für mich.

Auf halbem Weg rufe ich Adair an, aber sie nimmt nicht ab. Sofort probiere ich es noch mal, aber wieder dasselbe.

»Mist«, murmele ich und klappe die Sonnenblende herunter, um ich mich im Spiegel zu betrachten.

»Versteh schon«, sagt Cyrus, ohne mich anzusehen. Er gibt etwas in das Display des Wagens ein, und aus den Lautsprechern ertönt Telefonklingeln.

»Hey, bist du schon da? Ich bin unterwegs«, sagt Poppys Stimme, fröhlich wie immer.

»Fast. Hör zu, ich habe Sterling bei mir. Er braucht jemanden, der eine Fliege binden kann.« Cyrus kann sich ein Grinsen nicht ganz verkneifen, aber ich vergebe ihm.

»Zu euren Diensten.« Sie klingt total begeistert, als hätte sie ihr Leben lang auf eine solche Bitte gewartet. »Ich habe gerade geparkt. Kommt zu meinem Wagen.«

Cyrus und ich fahren noch einige Minuten schweigend weiter, dann passieren wir die Pförtnerloge von Windfall und fahren auf einen großen Parkplatz, der hinter einer von Windfalls gepflegten Hecken liegt. Cyrus parkt neben Poppy, die an seiner Stelle auf dem Fahrersitz Platz nimmt. Sie trägt ein rosa Seidenkleid und um die Schultern ein kleines Cape aus weißem Fell – ein so teures Kleidungsstück habe ich noch nie zuvor an jemandem sehen.

Cyrus hat mir zu Recht geraten, mich umzuziehen. Ich empfinde eine seltsame Mischung aus Dankbarkeit und Ablehnung und brauche eine Sekunde, bis ich begreife, dass Poppy etwas gesagt hat.

»Wie bitte? Sorry, ich war in Gedanken. Du siehst toll aus, Poppy.«

An ihrer Reaktion erkenne ich, dass ich nicht auf ihre Frage geantwortet habe, was auch immer sie gesagt hat, aber mein Kompliment lässt sie erröten. »Beug dich vor.«

Sie lässt die Hände um meinen Kragen gleiten und zupft die Fliege zurecht. »Fliegen sind viel leichter zu binden als Krawatten«, erklärt sie, während sie mit ihren geschickten Händen letzte Korrekturen vornimmt, die mir wahrscheinlich nicht auffallen würden, auch wenn ich sie sehen könnte.

»Ist eine Fliege nicht so eine Art Krawatte?«, frage ich.

»Sei nicht albern.« Poppy grinst, dann macht sie plötzlich ein ernstes Gesicht. »Verdammt.«

»Was ist?«

»Sie ist zu klein für deinen Hals«, stellt sie fest, hebt einen Finger und legt das Telefon an ihr Ohr. »Das geht nicht.«

»Felix? Hier ist Poppy. Ich brauche Adair. Ja, es ist ein Notfall.« Sie schweigt eine ganze Weile, und ich höre, dass Cyrus auf der Rückbank auf seinem Smartphone Sport guckt.

Ich bin ein Smoking-Notfall und fühle mich furchtbar.

»Poppy?«, höre ich Adairs Stimme durchs Telefon sagen.

»Adair, hör zu. Ich bin hier mit Sterling auf dem Parkplatz, und wir brauchen die größte Fliege, die du finden kannst. Sofort.«

»Verstanden«, sagt sie, dann höre ich, wie sie sich bei Felix bedankt.

Die hintere Wagentür wird geöffnet, dann die vordere. »Komm, Poppy. Dafür müssen wir doch nicht hierbleiben. Ich möchte mit einem Grog am Feuer stehen. Gott, es ist verdammt kalt.«

Sie strahlt Cyrus hingebungsvoll an und nimmt die ihr dargebotene Hand, um aus dem Wagen zu steigen. Offenbar läuft es ganz gut zwischen den beiden, doch ich frage mich, wie lange. Ihre Köpfe verschwinden hinter der Hecke, und fünf Minuten später stürzt Adair, zitternd vor Kälte, in den Wagen.

»Lucky, warum hast du keinen Mantel an?« Sie hat doch sicher etwas Warmes aus Fell, so wie Poppy.

»Keine Zeit«, sagt sie und richtet sich auf, ihr Atemhauch verbindet sich mit meinem.

»Die musste ich einem vom Personal wegnehmen«, erklärt sie gestresst. Sie legt mir die Fliege um den Hals und beginnt, sie zu binden.

»Du hast sie einem anderen Menschen weggenommen? Habe ich das richtig verstanden?«

»Es hieß, das ist ein Notfall.«

»Na ja«, wehre ich beschämt ab.

Sie rollt mit den Augen. »Ich weiß, es ist lächerlich.«

Darum verstehen wir uns.

»Du siehst atemberaubend aus«, sage ich und bewundere ihr smaragdgrünes Samtkleid. Sein eindrucksvoller tiefer Ausschnitt zeigt einen Großteil ihres wundervollen Dekolletés. Mein Schwanz zuckt vor Bewunderung. Der Rest des Kleides ist eher konservativ – ohne Schlitz – und bedeckt alles oberhalb ihrer Knöchel. Doch es betont ihre prächtigen Hüften.

»Danke«, sie schenkt mir ein knappes Lächeln, dann konzentriert sie sich wieder darauf, letzte Hand an die Fliege zu legen. »So. Du siehst sehr gut aus. Ziemlich sexy.«

»Danke. Der Smoking ist von Cyrus«, gebe ich zu.

»So etwas dachte ich mir schon«, sagt sie, und ich merke, dass sie eine Träne wegblinzelt.

»Wie geht es dir? Du wirkst ziemlich gestresst.« Ich drücke sanft ihre Hand.

»Ach, es ist nur wegen meines Vaters. Es ist das erste Weihnachten, seit …« Ihre Stimme bricht, und sie verstummt. »Ich bin froh, dass du da bist.«

Wie dumm, Sterling.

»Es tut mir leid. Ich wollte nicht …«

»Nein!«, stößt sie hervor. »Das hat nichts mit dir zu tun. Mein Vater will, dass alles so weitergeht, als wäre sie noch da, aber er tut nichts dafür. Vor zwei Stunden hat er einfach einen ganzen Berg Deko vor Ginny und mir abgeladen, und seitdem sind wir eine Million Meilen gerannt.«

»Tut mir leid.« Ich weiß nicht, was ich sonst sagen soll.

»Gehen wir rein«, sagt sie, als ihre Zähne zu klappern beginnen.

Wir springen aus dem Wagen, und ich lege ihr meine Smokingjacke um die Schultern. Sie führt mich zu einem Seiteneingang, der in die geschäftige Küche von Windfall führt. Wir durchqueren drei weitere Räume, dann erreichen wir einen langen, schmalen Flur, der nur wenig geschmückt ist.

»Es ist gleich hinter diesen Türen«, sagt sie und zeigt auf das Ende des Flurs. Sie gleitet aus meiner Jacke und reicht sie mir zurück, dann drückt sie mich sanft gegen die Wand, sodass ein Kellner – der so leise war, dass ich ihn gar nicht bemerkt habe – mit einem großen Silbertablett voller Kanapees an uns vorbeikommt. »Ich muss mich noch um ein oder zwei Sachen kümmern und komme so bald wie nur irgend möglich nach.«

Dann fasst sie das Revers meines Smokings und zieht mich zu einem Kuss zu sich herunter, zwinkert mir zu und geht zurück in Richtung Küche.

Ich folge ihrer Beschreibung. Auf der Trauerfeier ihrer Mutter war ich nicht in diesen Teil des Hauses gelangt, was nicht weiter überraschend ist, denn schließlich ist Windfall groß wie ein Schloss. Ich weiß nicht, was mich hinter der Tür am Ende des Flurs erwartet, aber dass ich in einer Szene aus *Der große Gatsby* landen werde, kann ich nicht voraussehen. Das Atrium von Windfall ist der beeindruckendste Raum, den ich je gesehen habe. Zweigeschossige gemeißelte Steinsäulen stützen eine mit vergoldetem Glas durchsetzte Kuppel aus Holzbögen, die sich zu einem weiteren Stockwerk ausdehnt und von einer versteckten Lichtleiste angestrahlt wird, sodass der Raum von künstlichem Sternenlicht erfüllt wird. Ich bin mir sicher, dass hier mehr Walnussholz verbaut wurde als in allen Jaguars, Rolls und Bentleys, die jemals gebaut wurden, zusammen. In riesigen Übertöpfen stehen exotische Bäume, die sich kunstvoll um den Raum winden. Überall hängen rote und grüne Girlanden, und auf dem Boden befindet sich das aus unterschiedlichen Marmorarten zusammengesetzte Familienwappen, falls jemand vergessen sollte, in wessen Haus er sich befindet.

Ich sehe weder Cyrus noch Poppy – oder überhaupt irgendjemanden, den ich kenne. Langsam bewege ich mich durch den Raum, versuche, einer Unterhaltung aus dem Weg zu gehen. Schließlich erreiche ich eine mehrstufige Plattform, die vor der äußeren Glaswand der Halle errichtet wurde. Ich frage mich, was das ist, und bleibe stehen, um es mir genauer anzusehen, was sich als Fehler erweist.

»Die Bühne für den Chor«, erklärt mir ein Mann, der hinter mir steht.

Er ist ungefähr fünf Jahre älter als ich und hat einen verkniffenen missbilligenden Gesichtsausdruck, der im Widerspruch zu dem albernen Lächeln steht, das er aufgesetzt hat.

»Ah«, sage ich und versuche meiner Stimme die richtige Mischung aus höflich und desinteressiert zu verleihen.

»Malcolm MacLaine.« Er streckt mir die Hand hin.

Ich drücke sie fest, aber nicht zu fest. Wahrscheinlich wäre es keine gute Idee, die Familie meiner Freundin zu verprellen. »Sterling Ford.«

Ich beobachte, wie sein Blick hin und her schnellt, als würde er im Geiste rasch eine Akte mit bekannten Persönlichkeiten durchgehen, und als er mich darin nicht findet, zuckt er die Achseln. Er mustert den Schnitt meines Smokings, schnieft und runzelt leicht die Stirn. Das muss an den Mottenkugeln liegen. »Was machen Sie beruflich, Ford?«

»Ich bin Student«, antworte ich gelassen und sehe mich im Raum um.

»Betriebswirtschaft?«, fragt er, entscheidet sich dann jedoch schnell noch um. »Nein, Jura. Du siehst wie ein Anwalt aus.«

»Nein.« Ich glaube, er hat mich gerade beleidigt, aber ich bin mir nicht ganz sicher. »Ich habe mich noch nicht für ein Hauptfach entschieden, ich habe gerade erst in Valmont angefangen.«

»Natürlich«, sagt er, wirft noch einen Blick auf meine Kleidung und schnieft noch einmal, diesmal etwas dezenter. »Viel Spaß.« Er entdeckt jemanden in unserem Radius und macht ein großes Tamtam um die Begrüßung eines alten Freundes.

Nach weiteren zehn Minuten habe ich meine Runde durch die Halle beendet und bin gezwungen, ein kurzes Gespräch mit ein paar älteren Herren zu führen, die mich herzlich begrüßen, weil sie mich für den Sohn eines Freundes halten, ehe sie merken, dass ich nicht wichtig bin, und weitergehen. Gerade will ich mein Telefon herausholen und Cyrus fragen, wohin er verschwunden ist, als ich eine wütende Stimme durch den Flur donnern höre, aus dem ich in die Halle gelangt bin. Ein weiterer Kellner mit Kanapees öffnet die Tür, und ich höre, dass Adair antwortet, aber zu leise, als dass ich sie verstehen könnte.

»Wenn ich deine verdammte Meinung hören wollte, hätte ich dich gefragt. Es ist mir egal, was deine Mutter getan hat, ich werde diesen Leuten keinen Cristal in die Kehle schütten. Das ist Geldverschwendung!«

Es kann sich nur um Adairs Vater handeln. Was für ein Arsch. Ich unterdrücke den Drang, ihm den Kopf abzureißen, indem ich mir vorstelle, dass ich dann im Gefängnis landen und Adair nie wiedersehen würde. Ich kann ihre Antwort nicht verstehen, aber sie besänftigt ihn etwas.

»Ich habe gesagt: ›Sorg dafür, dass es den Vorstellungen deiner Mutter entspricht‹, nicht, dass du die Familie in den Ruin treiben sollst. Regele das und dann geh in die Halle und sorg dafür, dass sich die Leute willkommen fühlen.«

Erneut kann ich Adairs Antwort nicht verstehen, stattdessen höre ich Schritte auf mich zukommen. Ich wende mich eilig ab und betrachte ein Gemälde, damit es nicht so aussieht, als hätte ich gelauscht. Das ist allerdings völlig überflüssig, denn Angus MacLaine rauscht, von einer Whiskeywolke umgeben, in seinem Rollstuhl durch die Tür. Mir fällt der nackte Hass in seinen Augen auf, mit dem er die Gäste betrachtet. Sein Blick geht in meine Richtung, doch nichts deutet darauf hin, dass er mich überhaupt registriert.

»Malcolm!«, brüllt er in den Raum, und Adairs Bruder eilt mit besorgter Miene herbei und beugt sich zu ihm hinunter.

Angus flüstert seinem Sohn etwas ins Ohr, das ich nicht verstehen kann, aber ich höre Malcolms Antwort. »Darum kümmert sich Ginny ganz bestimmt.«

»Sie ist eine dumme Kuh!«, zischt Angus, und einige Köpfe drehen sich zu ihm um, natürlich sagt keiner etwas.

»Da bist du ja«, sagt Adair leise, und ich drehe mich zu ihr um. Ihr schönes Gesicht drückt Erleichterung aus, und einen Moment bin ich sprachlos. Ich hatte keine Ahnung, dass ihre Familie so ausfällig ist. Sie hat immer gesagt, ihr Vater sei schrecklich, aber ich habe ihn mir kalt und gleichgültig vorgestellt, nicht derart gehässig. Ob Angus immer so war? Oder hat er es nur momentan schwer, weil seine Frau tot ist?

»Ja, ich bin da, Lucky.« Ich lege den Arm um sie und ziehe sie an mich, wobei meine Hand knapp über ihrem Po ruht. Sie braucht jetzt jemanden, der sie in den Arm nimmt, selbst wenn ich nicht besonders gut darin bin.

»Ich bin so froh, dass ich dich gefunden habe«, sagt sie und reckt sich nach einem Kuss, den ich ihr nur allzu gern gebe.

»Adair!«, zischt die Stimme ihres Vaters hinter uns, und er rollt zu uns herüber. Wangen und Nase sind von einem feinen Netz aus Äderchen überzogen, wie es typisch für einen Trinker ist. »Was habe ich dir gesagt…«

Im selben Moment fliegt die Tür zum Personalflur auf, und eine Reihe Kellner mit Tabletts voll Champagner strömt herein.

»Wurde aber auch Zeit, dass du ausnahmsweise mal was tust«, grummelt Angus.

Adairs Hand sucht meine, sie gräbt ihre Nägel in meine Handfläche, vermutlich um nicht loszuschreien.

»Meine Freunde! Nehmt euch ein Glas Champagner. Ich will einen Toast ausbringen!«, ruft Angus laut, und das muntere Treiben im Raum verstummt abrupt.

Alle schnappen sich ein Glas Champagner, und Angus rollt vor die Chorbühne. Die Champagnerflöte in der Rechten hebt er die Hände über den Kopf wie ein Marktschreier. »Wieder ist ein Jahr vergangen. Wieder feiern wir Weihnachten in Windfall.«

Ein paar Leute in der Menge klatschen höflich, in einer Ecke wankt jemand, der schon leicht angetrunken ist, und stößt einen lauten Pfiff aus, was Angus zu einem selbstgefälligen Lächeln veranlasst.

»Auf Windfall und auf Gott!« Er nimmt einen großen Schluck aus seiner Champagnerflöte, und fast alle im Raum folgen seinem Beispiel.

»Wow«, sage ich, als ein Kellner mit Champagnergläsern an uns vorbeikommt. Ich lehne ab, doch Adair nimmt eins.

»Nun, ich habe heute Abend ein kleines Unterhaltungsprogramm für euch in petto. Das Collegium Chorale der Valmont University wird euch mit einer Auswahl an Weihnachtsliedern erfreuen. Frohe Weihnachten!«, ruft er, dann klatscht er zweimal laut in die Hände. Die Türen in der Nähe von Adair und mir schwingen erneut auf, und Collegestudenten in Smokings und Paillettenkleidern betreten die Bühne.

Blitzschnell ergreift Adair meine Hand und zieht mich gegen den Gästestrom, der zu der Vorstellung drängt, mit sich. Als das erste Weihnachtslied – *Nun freut euch, ihr Christen* – erklingt, schlüpfen wir aus der Halle, in einen langen dezent geschmückten Flur.

»Noch ein Personalgang?«, vermute ich.

»Ja«, sagt Adair, drängt mich gegen einen Schrank und zieht mich zu einem Kuss zu sich herunter.

»Hast du keine Angst, dass jemand deinem Vater Bescheid sagt, wenn wir hier übereinander herfallen?« Ich weiß nicht, ob ich die Regeln von Adairs Welt verstehe. Wenn sie weiter meinen Hals küsst, sind sie mir womöglich auch egal.

»Die mögen mich lieber als ihn«, sagt sie und bringt mich mit einem gierigen Kuss zum Schweigen. Sie greift um mich herum nach meinem Hintern, und ich bin mir nicht sicher, wie lange ich mich noch beherrschen kann – scheiß auf die Party.

Ich lasse den Blick durch den Flur gleiten, während sie an meiner Fliege zieht und gierig meinen Hals küsst.

»Suchen wir uns einen ruhigeren Ort«, sage ich und ziehe sie zu einer kleinen Schwingtür. Dahinter führt ein schmales Treppenhaus nach unten und nach oben. Von unten höre ich das Klirren von Gläsern – offenbar arbeiten die Kellner im Keller hart daran, die Gäste betrunken zu machen, damit sie sich auf dieser spießigen Party amüsieren. Also führe ich uns Treppenabsatz für Treppenabsatz nach oben, bis die Luft immer kälter wird und unseren erhitzten Körpern die Wärme entzieht.

»Ich glaube, hier geht es nach draußen«, sagt Adair und versucht, eine Tür zu öffnen.

Das weiß sie nicht?

Kalte Luft pfeift laut durch die Öffnung, und ich höre Schritte auf der Treppe hinter uns, wobei es unmöglich zu sagen ist, ob die Person ganz nach oben kommt. Adair zieht mich mit sich durch die Tür und in einen kleinen niedrigen Bereich des Dachs, von dem aus man den darunterliegenden Lichthof überblickt. Der Wind fängt sich in der Tür, und ich schaffe es gerade noch rechtzeitig, sie zu fassen, ehe sie zuschlägt.

Zum Glück, denn ich stelle fest, dass sie sich nur von innen öffnen lässt. Die Vorstellung, zu der Party hinunterrufen zu müssen, damit uns jemand befreit, ist nicht gerade reizvoll. Neben der Tür liegt ein zerbrochener Dachziegel, und ich klemme ihn in den Spalt.

Als ich mich zu Adair umdrehe, sehe ich, wie sehr sie friert. Also ziehe ich mein Jackett aus und lege es ihr erneut um die Schultern. »Ist das besser, Lucky?«

»Etwas«, sagt sie mit klappernden Zähnen. Ein schiefes Grinsen erhellt ihr Gesicht. »Ich fürchte, es erfordert dein ganzes Geschick, mich zu wärmen.«

»Ja, Ma'am«, erwidere ich und ziehe sie an mich.

Unter uns endet das Weihnachtslied und wird mit Applaus gewürdigt. Goldenes Licht von den unzähligen Glasscheiben der Kuppel hüllt den Raum in warmes Licht. Hier oben ist es so viel dunkler als unten, dass ich mir sicher bin, dass uns niemand sehen kann.

»Mir wird kalt«, sagt Adair schmollend, und ich spüre, wie sie meine Hose öffnet.

Mein Verlangen gewinnt die Oberhand, ich drehe Adair herum, schiebe ihren Rock nach oben und beuge sie über die halbhohe Mauer, von der aus man das Partygeschehen unten überblickt. Beim Anblick ihres nackten, perfekt geformten Hinterns werde ich hart.

»Gott, Lucky. Kein Slip?«

Ich brauche einen Moment, um zu kapieren, was das bedeutet. Sie hatte das die ganze Zeit geplant.

Ich habe noch nie zuvor eine Frau in Strapsen gesehen. Sehr sexy. Strapse, aber kein Slip? Das ist ein göttliches Versprechen.

Sie wirft mir ein katzenartiges Grinsen zu. »Hast du ein Kondom dabei?«

Mein Schwanz drängt sich durch meine Boxershorts, doch ich brauche einen Moment, um mit meinen eiskalten Händen das Kondom aus der Brieftasche zu ziehen und überzustreifen. Dann nehme ich schnell wieder meine Position ein, und als ich in sie eindringe, zuckt ihr Körper, und ihrem Mund entfährt ein Stöhnen, das an ein Schnurren erinnert. Ihr Körper zittert in der Kälte und bebt vor Lust. Als ich das erste Mal zustoße, hört sie sofort auf zu zittern, und auf einmal ist uns beiden warm genug.

Ich pumpe in sie hinein und dränge sie gegen die niedrige Mauer.

»Du wirst schreien, wenn wir so weit sind«, verspreche ich ihr, während ich immer wieder zustoße. »Die Polizei kommt. Alle werden es erfahren.«

»Das … ist … ohhh … das ist es … wert«, keucht sie zwischen meinen Stößen.

Meine Worte sind eine sich selbst bewahrheitende Prophezeiung. Ihr Stöhnen wird mit jedem Stoß lauter, bis ich mir tatsächlich Sorgen mache, dass die Leute sie hören können.

Unten folgt auf *We Wish You A Merry Christmas Stille Nacht,* und ich passe meinen Rhythmus an das ruhige, gefühlvolle Lied an.

»Nein, nicht langsamer werden«, fordert sie.

Ich greife um sie herum und berühre mit den Fingerspitzen ihre Klitoris.

»*Ohhhhhh*«, schallt es durch den Raum, sie macht der Musik von unten Konkurrenz.

Ich gleite aus ihr heraus, woraufhin sie ihrem unerfüllten Verlangen Ausdruck verleiht. Ich drehe sie herum, hebe sie hoch und setze sie auf meine Hüften. In dem Bemühen, den Stoff aus dem Weg zu schaffen, kämpft sie mit ihrem Kleid. Dabei beugt sie sich so weit zurück, dass ich sie beinahe fallen lasse und mich an der breiten Wand neben der Tür abstütze. Sie ist eiskalt, doch wir sind viel zu heiß, als dass sie das mitbekommen könnte.

Sie windet sich auf meinen Hüften, um mich wieder in sich zu fühlen, und als es ihr endlich gelingt, wird aus ihrem Stöhnen lautes Keuchen. Sie drängt meine Lippen zu ihrem Dekolleté, das wie frisch gefallener Schnee schimmert.

»Fester«, keucht sie.

Meine Stöße treiben Schockwellen durch ihren Körper und entlocken ihrem Mund kehlige Laute der Lust.

Ein Teil meines Gehirns scheint noch normal zu funktionieren, denn ich höre die Schritte auf der Treppe unter uns. Wahrscheinlich jemand vom Personal, der auf dem Weg in die Halle ist. Doch bald ist mir klar, dass jemand auf dem Weg zu uns ist.

»Da kommt jemand«, sage ich und verlangsame den Rhythmus.

»Ist mir egal«, sagt sie und drängt mich mit ihren Hüften, den Rhythmus wieder zu beschleunigen.

Verdammt.

Ich verdoppele das Tempo, verzweifelt bemüht, zum Höhepunkt zu kommen, ehe uns jemand stört.

Adair ist so laut, dass wer auch immer dort auf der Treppe ist, uns auf jeden Fall hören kann.

Unter uns taucht ein Kopf mit silbernem Haar auf, dessen Besitzer uns den Rücken zugewandt hat. Adair stöhnt erneut laut auf, und ich lege ihr eine Hand auf den Mund. Ich kann kaum noch denken, doch der kleine, noch funktionierende Teil meines Hirns sagt mir, dass, was ich vorhabe, eine schlechte Idee ist.

Es ist mir egal.

Ich trete den Dachziegel, den ich in die Tür geschoben habe, beiseite, ehe die Gestalt auf der Treppe uns sehen kann, dann lasse ich mich gegen die Tür sinken. Jetzt sind wir ausgeschlossen.

Als Adair kommt, hallt ihr lustvolles Stöhnen durch die Kuppel und mischt sich mit den letzten Klängen eines weiteren Weihnachtslieds. Ich komme kurz nach ihr, und mein Körper bebt und zittert – vor Lust und Kälte gleichermaßen.

Ein lautes Klopfen an der Tür reißt uns zurück in die Realität. Ich setze Adair auf die Füße, stemme mich gegen die Tür und ziehe wie von Sinnen meine Hose wieder hoch.

Es folgt ein weiteres Klopfen, diesmal begleitet von einem Rufen. »Adair?«

Adairs Miene entspannt sich.

»Felix«, flüstert sie.

Gott sei Dank. Wenn es ihr Bruder gewesen wäre …

Wir treten von der Tür zurück, als wir hören, wie der alte Butler den Knauf dreht. Langsam geht die Tür auf, und obwohl es albern ist, tun wir so, als würden wir uns von hier oben die Vorstellung ansehen.

Obwohl er mich eindeutig sieht, beachtet er mich nicht. Stattdessen wendet er sich an Adair: »Die Vorstellung ist gleich zu Ende. Wenn Sie nicht wieder nach unten kommen, wird man Sie dort vermissen.«

»Danke, Felix«, sagt Adair, und ihre tief geröteten Wangen stehen im Widerspruch zu ihrem gelassenen Tonfall.

Hatte sie das mit ihm abgesprochen? Oder ist er einfach so gut in seinem Job, dass er immer genau weiß, was Sache ist? Anhand seiner Miene lässt sich das unmöglich sagen. Vermutlich ist ein Pokerface so etwas wie eine Grundvoraussetzung für die Arbeit als Butler.

Adair nimmt meine Hand und führt mich die Treppe hinunter. Halb erfroren erreichen wir die Halle, und zum Glück gilt alle Aufmerksamkeit dem Finale von *Oh, heilige Nacht*.

Die nächsten zwanzig Minuten betreibt Adair Small Talk, nimmt Beileidsbekundungen entgegen oder hört sich an, wie stolz ihre Mutter auf sie wäre, dass sie die Weihnachtsfeier so wunderbar gestaltet hat. Ihre Stimmung, die durch unser Stelldichein auf dem Dach belebt wurde, trübt sich erneut ein.

Und schon bald fühle ich mich genauso schlecht wie sie.

»Lucky, was hältst du davon, wenn du über Weihnachten mit mir nach New York kommst?«, frage ich plötzlich. Seit dem Abend nach meiner letzten Prüfung habe ich immer wieder daran gedacht, aber ich wollte sie nicht zu etwas drängen, das ihr vermutlich nicht viel Spaß machen würde. Nachdem ich jedoch ihren Vater und ihren Bruder gesehen und erlebt habe, wie sie sie behandeln, bin ich mir sicher, dass es das Richtige ist. Ich weiß, wie hart es ist, einen Elternteil zu verlieren, und wie es sich anfühlt, wenn einem am Weihnachtsmorgen bewusst wird, was man verloren hat.

»Ist das dein Ernst?«, fragt sie, und ihre Miene hellt sich auf, vermutlich auch, weil sie an den Weihnachtsbaum vor dem Rockefeller Center denkt oder an Shoppen bei F.A.O. Schwartz.

»Ja. Warum nicht? Es klingt, als müsstest du hier mal raus, und ich könnte dir zeigen, wo ich aufgewachsen bin. Meine Lieblingsorte in der Stadt.« Eine leise Sorge meldet sich in mir, als ich daran denke, wie bescheiden meine Vergnügungen sind. Ich stelle mir vor, dass Adair noch nie in einem so kleinen Zimmer geschlafen hat, wie ich eins bei Francie habe. Aber jetzt ist es ohnehin zu spät. Das Angebot ist ausgesprochen.

»Okay«, sagt sie, nachdem sie einen Moment nachgedacht hat. Sie zieht die Nase kraus und grinst, was bezaubernd aussieht. »Ich bin dabei. Mein Vater hasst New York. Wir waren einmal da, aber da war ich noch so klein, dass ich mich nicht mehr daran erinnere.«

»Es wird nicht schick. Unsere Wohnung ist total klein und …«

»Es wird toll«. Sie legt mir einen Finger auf die Lippen und bringt mich zum Schweigen. »Das weiß ich einfach.«

22

ADAIR

HEUTE

»Das ist eine furchtbare Idee.« Den ganzen Tag habe ich versucht, Poppy davon abzubringen, ins Barrelhouse zu gehen, doch wie üblich kann ich mich gegen sie nicht durchsetzen.

»Wir unterstützen Kai«, erinnert sie mich und schlägt das Lenkrad ihres Mercedes hart ein, um die Haarnadelkurve aus dem Parkhaus des Eaton Hotels zu nehmen. »Außerdem, warum sollte Sterling dort sein?«

»Oh, er wird dort sein«, murmele ich.

An dem Abend, an dem er mir gestanden hat, was er getan hat – wie er zu seinem Vermögen gekommen ist –, habe ich mich gefragt, ob ich ihm vergeben kann. Seit er mit einer dicken Brieftasche aufgetaucht war, Tausende von Dollar bei Benefizgalas gespendet und Anteile am Unternehmen meiner Familie gekauft hat, wusste ich, dass er in dubiose Geschäfte verwickelt sein muss. Und es ist ja nicht so, als hätte ich selbst keine Geheimnisse. Auch ich habe Fehler gemacht. Aber ich kann mir nicht vorstellen, dass ich versuchen würde, das Leben eines anderen Menschen zu zerstören.

Nachdem ich ihn an jenem Abend gebeten hatte, mich nach Hause zu fahren, haben wir kein Wort mehr gesprochen. Wir haben unser halb aufgegessenes Picknick eingepackt und sind schweigend nach Nashville zurückgefahren. Als er mich am Eaton absetzte, habe ich kein Wort gesagt. Und seither?

In der letzten Woche hat Sterling sich zurückgehalten. Es sind keine Blumen an meine Tür geliefert worden. Er ist nicht spontan bei mir im Büro aufgetaucht. Er hat noch nicht einmal angerufen.

Und irgendwie macht das alles noch schlimmer.

»Dann bin ich dein Bodyguard«, verspricht Poppy.

»Gut.« Nachdem wir sowieso schon unterwegs sind, ist es zwecklos, zu widersprechen, und sie hat ja auch recht. Schließlich tritt Kai nicht andauernd hier in einem Jazzclub auf. Normalerweise füllt er Hallen.

»Und morgen«, sagt sie, »fährst du nach Hause, um deine Klamotten zu holen.«

»Was stimmt nicht mit denen hier?«, frage ich. Ich finde mein gelb geblümtes Maxikleid bequem und hübsch.

»Äh, denk mal einen Moment nach. Kai Miles tritt in Nashville auf, ohne dafür Eintritt zu verlangen.«

Sie hat recht. Das Barrelhouse wird brechend voll sein, und so populär, wie Kai ist, werden die Leute sich sogar vor dem Laden auf der Straße drängen. Die Lokalnachrichten werden dort sein, und ich werde auf jeden Fall mit Kai sprechen. Vermutlich wird ein Bild von mir in diesem Kleid morgen auf der Titelseite der Zeitung sein.

»Ist es dir peinlich, mit mir in diesem Kleid gesehen zu werden?«, stichele ich. Auch in meinem Kleiderschrank in

Windfall habe ich nicht ein Viertel von dem, was Poppy an Klamotten besitzt. Wahrscheinlich schämt sie sich für mich.

»Was? Nein«, stammelt sie. »Nun ja, es ist etwas schlicht, das ist alles. Man will in einem Club doch nicht die Person sein, die am meisten anhat, oder? Vor allem in einem, in dem es heiß ist.«

»Ich bin nun mal schlicht, Poppy. Schlichter als du jedenfalls.«

»Unsinn«, sagt sie strahlend, »du bist fantastisch. Und lass dir von niemandem etwas anderes einreden. Vor allem nicht von dir selbst.«

Ich wünschte, ich fände mich selbst so schön, wie Poppy mich findet. Oder Sterling.

Sterling.

Wann immer ich an ihn denke, bin ich wie gelähmt. Ich bringe die verschiedenen Versionen von ihm noch nicht einmal im Ansatz zusammen. Den Naiven, den ich vor der Hochzeit meines Bruders gekannt habe. Den Verrückten, der zum Militär gegangen ist und das Richtige tun wollte – am Ende jedoch seine Kameraden umgebracht hat. Den Rachsüchtigen, der zurückgekommen ist, um mich zu zerstören, es aber nicht übers Herz gebracht hat. Den Gebrochenen, der Francie verloren hat.

All das ist Sterling, aber keiner davon ist der echte Sterling. Mein Sterling.

Und das ist knapp zusammengefasst das Problem. Sterling ist womöglich nicht der, für den ich ihn gehalten habe.

Als wir am Barrelhouse eintreffen, brauchen wir ein paar Minuten, um einen Parkplatz zu finden. Poppy schreitet zielstrebig an der Warteschlange vorbei zur Security. Ich bin mir ziemlich sicher, dass sie keine Schwierigkeiten hätte, hineinzukommen, auch wenn wir nicht auf der VIP-Liste stünden. Nicht mit dem kurzen champagnerfarbenen Paillettentop, das ihren straffen braunen Bauch freilässt, und mit dem engen Lederminirock und den hohen Riemchensandalen, die ihre langen Beine betonen. Ein paar Leute grummeln vor sich hin, als wir an ihnen vorbeigehen, aber keiner sagt etwas. Wie auch? Poppy sieht aus, als würde ihr der Laden gehören. Sie wirft sich das tiefschwarze Haar über die Schulter und schenkt dem Securitymann ein charmantes Lächeln.

»Poppy Landry und Adair MacLaine.«

»Hier entlang.« Er hält uns die Tür auf und mustert uns anerkennend.

Das Barrelhouse ist noch fast leer. Ein paar Bühnenarbeiter richten unter Jacks Aufsicht Mikro und Licht ein. Als wir hereinkommen, dreht er sich um, und auf seinem Gesicht erscheint ein warmes Lächeln. Ich versuche, so natürlich wie möglich zurückzulächeln. Er hat ein Dutzend Männer umgebracht? Vielleicht noch mehr? Wenn mir das jemand bei unserem ersten Treffen erzählt hätte, hätte ich denjenigen vermutlich ausgelacht.

Falls ich mich irgendwie merkwürdig verhalte, scheint Jack es jedenfalls nicht zu bemerken. Vermutlich ist er viel zu aufgeregt wegen des Konzerts. »Ihr seid da!« Ehe ich ihn davon abhalten kann, zieht er mich in seine Arme. Sie sind genauso stark wie Sterlings, und im Geiste sehe ich ihn im Tarnanzug in der Wüste. Als er von mir abrückt, hebt er die Augenbrauen. »Sorry. Bin ich zu stürmisch?«

»Sie steht nicht so auf Umarmungen«, erklärt Poppy, »aber

ich schon.« Die zwei umarmen sich herzlich, und ich frage mich, wie es wohl ist, wenn einem so etwas leichtfällt.

Jemand ruft ihm eine Frage zu, und Jack deutet auf den Seiteneingang. »Kai ist im Aufenthaltsraum. Wir sehen uns später.«

Wir schlängeln uns an den Tischen vorbei und gehen durch den Flur, der zu einem kleinen Zimmer führt, das den Künstlern zur Verfügung steht. Es ist erstaunlich, was für Namen in dem engen Flur an die Wand gekritzelt sind. Ein Stück Geschichte von Nashville.

»Er ist süß«, sagt Poppy leise, als wir an die Tür klopfen.

»Wer?«

»Jack«, sagt sie, »und er kann den Blick nicht von dir losreißen.«

Am liebsten würde ich ihr sagen, dass das vermutlich daran liegt, dass er weiß, dass ich weiß, dass er ein kaltblütiger Killer ist. Aber ich rolle nur mit den Augen. »Ich glaube eher, er hat ein Auge auf dich geworfen.«

»Ja, aber ich bin nicht vergeben«, sagt sie bedeutungsvoll. Ich weiß, dass Poppy wissen will, was zwischen Sterling und mir vorgefallen ist. Bislang habe ich über unser Date geschwiegen. Sie weiß nur, dass sich etwas zwischen uns verändert hat – vielleicht für immer.

Die Tür schwingt auf, und Kai zieht uns in den Raum, schließt die Tür und lässt sich von innen dagegen sinken. Er ist bereits für den Auftritt gekleidet und trägt eine verwaschene Levi's und ein schwarzes T-Shirt. Nur bei ihm sieht etwas so Einfaches derart hip aus.

»Ist alles okay?« Poppy spricht aus, was ich denke. Kai ist so blass, als müsste er sich gleich übergeben.

»Ich habe gerade meinen Agenten gefeuert«, sagt er und presst sich eine Hand auf die Brust, als wollte er seinen Herzschlag fühlen.

»Wie bitte? Warum?«

»Weil ich nach Nashville ziehen und mit Jack arbeiten will.« Er beißt sich auf die Unterlippe und wartet auf unsere Reaktion.

Es dauert einen Moment, bis ich die Information verarbeitet habe. Genau eine Sekunde länger als bei Poppy. Sie kreischt bereits. Als Nächstes werde ich in eine Gruppenumarmung gezogen.

»Ich bin so froh, dass ihr da seid«, sagt Kai und drückt uns. »Aber sagt mir – habe ich den Verstand verloren?«

»Auf keinen Fall«, sagt Poppy. »Stimmt's?«

»Nein!« Ich grinse ihn an, denke aber unwillkürlich an das, was Jack getan hat. Sterling sagte, Jack sei jetzt auf einem anderen Weg, aber sollte Kai nicht wissen, mit wem er arbeitet? Ich habe keine Ahnung.

»Adair!« Poppy schnippt mit den Fingern vor meiner Nase, und ich zucke zusammen. »Ich habe Kai erzählt, dass wir nächstes Wochenende in der Maison Blanc feiern. Anwesenheit ist Pflicht.«

»Das klingt toll«, sage ich mit schwacher Stimme.

»Noch nie hat jemand bei der Aussicht auf einen Tag im Spa derart deprimiert geklungen«, sagt Kai und mustert mich besorgt.

»Sie hat sich mit Sterling gestritten«, erklärt Poppy.

»Wir haben uns nicht gestritten.« Ich stoße die Luft aus und suche nach dem richtigen Wort für das, was passiert ist. »Es war ein Weckruf.«

»Aha.« Kai schüttelt den Kopf. »Wann lernt der Junge es endlich?«

Poppy sieht mich an und kann sich ein Lächeln kaum verkneifen. »Sobald sie es ihm beigebracht hat.«

Eine Stunde später ist das Barrelhouse brechend voll, und Cyrus ist eingetroffen. Dank Jack haben wir einen kleinen Tisch in der Nähe der Bar. Dicht genug, dass der Whiskey ohne Unterlass fließt und wir die Musik hören, aber weit genug von der Menge entfernt, die sich vor der Bühne drängt.

»Hey, seid ihr bereit?« Jack erscheint an unserem Tisch und reibt sich die Hände. Seine Begeisterung ist ansteckend.

Poppy, die sich einen Cowboyhut geklaut hat – wahrscheinlich von Kai – stößt einen lauten Pfiff aus. »Hast du deinen Künstler schon nicht mehr im Griff? Legt mal los!«

Jacks Augen funkeln. »Er hat es euch erzählt?«

»Ja, Glückwunsch.« Ich meine es ernst. Wenn Sterling recht hat und Jack versucht, sich zu ändern, wünsche ich ihm das Beste. Vielleicht hat er Fehler gemacht, aber er scheint sich verändert zu haben.

Die Lichter werden gedimmt, und das Publikum beginnt mit den Füßen zu trampeln. Einige Sekunden später steht Kai im Scheinwerferlicht, und die ersten Töne von *Liar* erklingen.

Jack winkt jemandem an der Tür zu. Mein Blick folgt seinem, und dort steht Sterling mit Luca. Gerade denke ich, dass ich am liebsten im Erdboden versinken würde, als ich hinter ihnen eine hübsche Frau in abgeschnittener Jeans und fast durchsichtigem Tanktop sehe.

»Das hat er nicht getan«, sagt Jack kopfschüttelnd.

Mir wird übel. Ich wusste, dass Sterling hier auftauchen

würde. Aber ich habe nicht damit gerechnet, dass er noch jemanden mitbringt. Eine Hand schließt sich um meine; und als ich aufsehe, mustert Poppy mich besorgt.

»Auf die Toilette. Jetzt gleich«, sage ich tonlos.

Jack hat so viel Arbeit investiert, um das Barrelhouse zeitgemäß zu gestalten, doch um die Damentoilette muss er sich noch kümmern. Davor steht eine Schlange, aber Poppy zieht mich an den anderen Frauen vorbei. »Sorry, Mädels, das ist ein Notfall. Sie hat *ihn* gerade gesehen!«

Aus der wartenden Menge kommt verständnisvolles Gemurmel. Keine muss erst fragen, wer »er« ist, keine versucht, uns aufzuhalten, als wir uns zu den Waschbecken durchdrängeln – vermutlich, weil wir nicht zur Toilette wollen, aber vor allem weil jede Einzelne von uns das kennt. Erklärung überflüssig.

»Er hat eine Frau mitgebracht«, sage ich unglücklich.

»Sie könnte Lucas Begleitung sein.«

Ich ignoriere diesen Einwand und bade lieber in Selbstmitleid. »Sie kann noch nicht einmal neunzehn sein. Wie ist sie überhaupt hier hereingekommen?«

»Sie kennt den besten Freund des Besitzers«, erklärt Poppy. »Oder vielleicht ist sie einfach nur zufällig hinter ihnen hereingekommen.«

Ich starre sie an. »Scheint in deiner Version der Realität immer nur die Sonne? Da möchte ich gern mal zu Besuch vorbeischauen. Meine Welt ist ätzend.«

»Es scheint nicht immer die Sonne«, sagt sie, »aber es regnet nie lange!«

»Muss schön sein«, grummele ich.

»Lass dich nicht verrückt machen.« Sie hebt die Stimme

und übertönt die Musik, die durch die Tür dringt. »Kinn hoch. Brust raus. Lass ihn nie sehen, dass du weinst.«

Einige Mädchen stimmen ihr lauthals zu, und ich schließe die Augen. Sie hat recht. Man wird stärker, einfach indem man sich dazu entschließt. Vielleicht bin ich noch nicht stark, aber mich zu behaupten, ist die einzige Möglichkeit, dass ich es – eines Tages – sein werde.

Ich folge ihr aus dem Waschraum und zurück in die Bar. Doch jetzt ist Cyrus nicht mehr der Einzige an unserem Tisch.

»Verflucht noch mal! Ich bringe ihn um.«

Ich weiß nicht, ob Poppy damit ihren Freund oder Sterling meint. Er sitzt an unserem Tisch und unterhält sich mit seinem ehemaligen Mitbewohner, und ich werde von der Erinnerung an das erste Mal überwältigt, das wir hier waren. An jenem Abend unterhielten die beiden sich auch. Damals war das Barrelhouse noch eine ziemliche Spelunke. Die Art von Laden, in dem Minderjährige nicht kontrolliert werden. Jemand spielte Blues. Die Erinnerung hat nichts mit der renovierten Bar und dem eingängigen Song gemein, den Kai auf der Bühne ins Mikro haucht.

»Sorry«, ruft Sterling, als er uns entdeckt. »Habe ich dir den Platz weggenommen?«

»Nein.« Ich setze mich auf einen Hocker ihm gegenüber und richte meine Aufmerksamkeit auf die Bühne.

»Ich sollte zu meiner Schwester zurückgehen. Man kann sie nicht lange allein lassen.« Sterling deutet mit dem Kopf auf die junge Frau. »Bis später, Cy. Poppy.« Er legt mir eine Hand auf die Schulter und lässt sie dort einen Moment zu lange liegen, als dass es als freundschaftliche Geste durchgehen würde. »Adair.«

Es ist mir unangenehm, wie er meinen Namen ausspricht: Bedauernd, gemischt mit Verlangen und einer Spur von etwas, das gefährlich nach Hoffnung klingt.

Sobald er außer Hörweite ist, fasst Poppy meinen Arm. »Sie ist seine Schwester.«

Ich wünschte, ich könnte mich darüber freuen. Vielleicht wollte ich Sutton früher einmal kennenlernen. Bevor ich herausgefunden habe, dass sie mich für eine Bitch hält, und bevor ich von Sterlings Plan erfahren habe.

»Das ist egal«, rufe ich ihr zu und richte meine Aufmerksamkeit wieder auf die Bühne, auf der Kai einen neuen Song singt, den ich noch nicht kenne. Sosehr ich mich auch bemühe, ich kann nicht verhindern, dass mein Blick durch die Bar wandert und bei Sterling landet. Er ist ganz von dem Konzert ergriffen und sucht nicht nach mir. Vielleicht spürt er, dass es wirklich vorbei ist. Ich wende den Blick von ihm ab und treffe auf den des Mädchens, das neben ihm sitzt.

Sutton starrt mich an, und wie es aussieht, hat sie ihre Meinung über mich nicht geändert. Ich zwinge mich zu lächeln, doch sie zeigt mir den Mittelfinger. Na, offenbar sollen wir beste Freundinnen werden.

Den Rest des Konzerts über spüre ich, wie ihr Blick sich in meinen Rücken brennt, und konzentriere mich mit aller Macht auf die Bühne. Diese Runde geht nicht an Sutton Ford. Ich habe Sterling ertragen, dann kann ich auch seine kleine Schwester ertragen.

Als das Set zu Ende ist, riskiere ich einen Blick zu ihr und stelle fest, dass sie allein am Tisch sitzt und mich immer noch mit finsterem Blick taxiert.

»Ich bin gleich wieder da«, sage ich zu Poppy. Sie nickt und setzt ihr Gespräch mit Cyrus fort.

Ich brauche einen Moment, mir einen Weg durch die Menge zu bahnen, aber als ich den Tisch erreiche, erwartet sie mich schon.

»Ich bin Adair«, sage ich und überlege, ob ich ihr die Hand reichen soll, doch das kommt mir etwas zu freundlich vor. Schließlich sieht sie aus, als würde sie mir am liebsten eine reinhauen.

»Ich weiß.«

Ich bin dieser Art von Verachtung schon früher begegnet. Sie scheint in der Familie zu liegen.

»Du hast gar nicht auf das Konzert geachtet«, sage ich zu ihr.

»Es ist schwer, sich zu konzentrieren, wenn man weiß, dass eine echte Bitch frei herumläuft.«

»Genau mein Gedanke«, sage ich. »Was ist eigentlich dein Problem?«

»Ich mag dich nicht.« Sutton trinkt einen großen Schluck Bier aus der Flasche. Es ist unglaublich, wie ähnlich sie ihrem Bruder sieht. Bis hin zu der finsteren Entschlossenheit in ihren Augen.

»Du kennst mich doch gar nicht.« Ich weiß nicht, warum ich überhaupt mit ihr diskutiere. Sie hat sich ihre Meinung über mich schon gebildet, bevor sie ins Barrelhouse gekommen ist. Das beweisen die Nachrichten, die sie Sterling geschickt hat.

»Ich kenne meinen Bruder«, sagt sie.

»Ach, ja?«, platze ich heraus und bedaure es sofort.

Sutton starrt mich wütend an und kratzt mit den Fingernägeln das Etikett von der Flasche. »Besser als du.«

»Das bezweifle ich.« Es gibt eine Menge Dinge, derer ich mir nicht mehr sicher bin, aber dass ich Sterling Ford besser als jeder andere kenne, zählt zu den wenigen Gewissheiten. Besser als Jack und Luca. Vielleicht besser, als er sich selbst kennt. Was nicht viel heißt. Doch um ihn zu verstehen, muss man begreifen, wie sehr er sich von der Welt abschottet – wie sehr er sie ausschließt.

»Er ist mein Bruder«, sagt sie. »Er ist meine Familie. Mein Blut. Weißt du, was das bedeutet?«

»Verwandt zu sein allein bedeutet nicht viel.«

»Vielleicht nicht für dich, Bitch.« Sie spuckt mir die Beleidigung praktisch entgegen, aber ich finde sie seltsam passend. »Uns bedeutet die Familie alles.«

»Na ja, du würdest es eh nicht verstehen.« Ich wende mich zum Gehen, bevor das Gespräch noch aus dem Ruder läuft.

Doch Sutton springt von ihrem Stuhl auf und stellt sich mir in den Weg. »Was soll das heißen?«

Sie denkt, sie will die Wahrheit wissen. Wir werden sehen, ob sie damit umgehen kann.

»Du wünschst dir so sehr eine Familie, dass du alles – alles – dafür tust, eine zu haben. Du erfüllst jede Erwartung. Du ignorierst das Offensichtliche und erfindest Ausreden. Aber eine Familie bittet dich nicht um so was. Eine Familie akzeptiert dich, wie du bist. Sie beschützt dich. Sie erwartet nichts. Sie kostet nichts. Familie gibt nur.«

»So wie Sterling mein Schuldgeld für die NYU bezahlt hat, nur wenige Monate, nachdem wir uns das erste Mal wiedergesehen haben? Oder vielleicht meinst du mit *geben* so etwas wie die Zeit, als er um drei Uhr morgens in irgendeinem Haus in Queens aufgetaucht ist, um mich abzuholen, weil mein Date auf einer Party zu aufdringlich geworden ist und ich zu betrunken war, um zu fahren? Oder dass er Francies Rechnungen bezahlt, ehe sie überhaupt in ihrem Briefkasten landen, weil er weiß, dass sie von ihm kein Geld annehmen würde? Er sorgt für seine Familie«, sagt sie. »Er gibt uns alles, was er kann.«

Ich schließe die Augen. Sie kennt Sterling. Vielleicht nicht so gut wie ich. Aber sie kennt die Seite von ihm, in die ich mich verliebt habe. »Weißt du, warum er so ist?«, frage ich sie.

»Weil er kein Dreckskerl ist, reiche Erbin?«, rät sie und verschränkt die Arme.

»Da hast du wahrscheinlich recht«, gebe ich zu. »Und er will geliebt werden. Mehr hat er nie gewollt.«

Ihre Augen, die seinen so ähnlich sind, brennen. »Wenn das stimmt, warum denkt er dann, dass er dich liebt? Er ist hergekommen, weil er dich hasst, und jetzt meint er, du wärst die Tollste! Lässt du ihn zappeln und hältst ihm die Liebe wie eine Karotte vor die Nase? Deine Liebe braucht er nicht.«

Vielleicht hat sie recht. Ich glaube, ich habe Sterling immer mehr gebraucht als er mich.

»Hey! Was machst du da?«, unterbricht Sterlings wütende Stimme unser Gespräch, aber er ist nicht sauer auf mich. »Trinkst du etwa? Willst du Jack ruinieren? Oder im Gefängnis landen?«

»Es war nur eine Flasche Bier.« Sie verdreht die Augen und stellt sie auf den Tisch. Dann hebt sie die Hände.

»Du hast mir versprochen, dich zu benehmen, wenn ich dich mitnehme. Ich will nicht, dass du Schwierigkeiten kriegst.«

Ich ziehe mich zurück, während er ihr weiter einen Vortrag hält. Diese Seite an ihm kenne ich nicht. Sterling ist als großer Bruder extrem beschützend und das nicht, um den Schein zu wahren, so wie Malcolm, sondern weil er wirklich auf sie aufpasst. Weil sie seine Familie ist.

Ich treffe Poppy und Cyrus an dem Tisch neben der Bar. Sie haben die Köpfe zusammengesteckt und sind in ein Gespräch vertieft. »Ich fahre nach Hause.«

»Was? Aber Kai kommt bald raus, und dann essen wir was zusammen«, sagt Poppy schmollend.

»Ich habe eine Deadline«, lüge ich, »und heftige Kopfschmerzen.« Der letzte Teil stimmt, auch wenn es nur ein metaphorischer Kopfschmerz ist.

»Soll dich jemand fahren?«, fragt Poppy und schiebt Cyrus ihren Ellbogen in die Rippen.

»Ja«, sagt er sofort. »Ich kann meinen Wagen rufen.«

»Es sind nur ein paar Blocks, und es ist noch früh. Ich glaube, ich gehe zu Fuß.«

Poppy bekommt schmale Lippen, als würde sie sich verkneifen zu sagen, was sie eigentlich von meinem Plan hält. Sie zwingt mich jedoch zu einer Umarmung. »Ruf mich an, wenn du zu Hause bist.«

»Mach ich. Sag Kai, dass es toll war.«

»Mach ich.« Sie haucht mir einen Abschiedskuss zu, dann wendet sie sich wieder ihrem Gespräch mit Cyrus zu. Ich empfinde einen Anflug von Neid. Meist bin ich nicht eifersüchtig auf ihre Beziehung. Sie ist nicht gerade gefestigt. Aber heute Abend fühle ich mich allein, der Schmerz geht tief und erinnert mich daran, dass ich immer das fünfte Rad am Wagen war. Das zweite Kind, das mein Vater nach der Geburt von Malcolm nicht mehr gebraucht hätte. Die Schwester, die nie von zu Hause weggegangen ist. Die Freundin, die immer einem glücklichen Paar hinterhertrottet.

Ich bahne mir einen Weg durch den Club, und niemand hält mich auf. Sobald ich aus der Tür trete, atme ich aus. Bis jetzt war mir gar nicht bewusst, dass ich die Luft angehalten hatte. Die schwüle Sommernacht ist kühler als die Luft in der vollen Bar. Ich grabe in meiner Tasche und finde ein Haargummi, hebe mein Haar im Nacken an und seufze erleichtert. Ich bin gerade dabei, mir einen Zopf zu binden, als mir jemand auf die Schulter tippt und ich vor Schreck zusammenzucke.

»He, ich bin's, Lucky«, höre ich Sterlings Stimme und beruhige mich.

»Schleich dich nicht so an mich heran«, sage ich und drehe mich zu ihm um.

Er entschuldigt sich nicht. Stattdessen runzelt er die Stirn. »Wolltest du gerade gehen?«

Ist das sein Ernst?

»Wir sind nicht zusammen hergekommen«, erinnere ich ihn und stemme die Hände auf die Hüften. »Vielmehr glaube ich, dass deine minderjährige Schwester dort drin ist. Musst du dich nicht um sie kümmern?«

»Nein, weil gerade zwei äußerst aufmerksame Ex-Marines jede ihrer Bewegungen überwachen«, sagt er. »Du hingegen gehst allein in der Dunkelheit nach Hause.«

»Die Neonlichter weisen mir den Weg«, entgegne ich trocken, doch er lacht nicht.

»Ich begleite dich«, entscheidet er.

Ich öffne den Mund, um zu widersprechen, merke jedoch,

dass es zwecklos ist. Sterling ist so stur wie … nun ja … wie ich.

»Worüber hast du mit Sutton gesprochen?«, fragt er.

»Ach.« Ich zucke die Schultern und achte sorgsam darauf, dass wir uns beim Gehen nicht berühren. »Über Mädchenkram.« Es gibt keinen Grund zu wiederholen, was sie über ihn gesagt hat. Das bringt nur eine von uns in Schwierigkeiten. Außerdem muss ich darüber nachdenken. Vielleicht hat sie recht. Nicht mit allem, aber mit einigem.

»Was für Mädchenkram?«, will er wissen.

»Über Jungs«, sage ich beiläufig. Das will er sicher nicht hören. Nicht, wenn es um seine Schwester geht.

»Wirklich?« Er klingt herausfordernd.

»Wirklich.« Mein Blick zuckt zu ihm. Hat er gehört, dass wir über ihn gesprochen haben? Weiß er, dass wir uns gestritten haben?

»Muss eine ziemlich einseitige Unterhaltung gewesen sein, Sutton ist nämlich lesbisch.«

»Ach ja? Oh.« Ich blinzele, und er grinst über meine Überraschung.

»Hast du nicht gesehen, wie sie den ganzen Abend über Poppy angestarrt hat?«, fragt er.

»Ich dachte …«

»Was dachtest du?«

»Ich dachte, sie starrt mich an«, gestehe ich.

»Wie narzisstisch«, erwidert er.

»Hey! Was sollte ich denken? Sie ist nicht gerade mein größter Fan.«

»Das ist ziemlich untertrieben«, murmelt er.

Eine Menge Leute strömen nebenan aus dem Tootsie's,

und wir überqueren den Broadway, um betrunkenen Touristen auszuweichen. Schweigend gehen wir die 5th Avenue hinunter, bis wir fast am Eaton sind. Sterling zeigt sich von seiner besten Seite. Ich bezweifle, dass er mir auch nur die Hand zum Abschied schütteln wird. Das bedeutet, er lernt. Und warum wünsche ich mir dann, dass er mich hochhebt und ins Bett trägt?

Er durchbricht die Stille und reißt mich aus meinen Gedanken. »Was willst du noch wissen, Lucky?«

»Worüber?«, frage ich abwesend.

»Über mich. Früher. Was auch immer.«

»Jetzt willst du mir auf einmal unbedingt die Wahrheit sagen.« Ich hole tief Luft. »Es ist spät. Ich bin müde. Das kann warten.«

»Das kann nicht warten!« Von jetzt auf gleich ist der geduldige, höfliche Sterling verschwunden. Seine Augen drücken Enttäuschung aus. Er streckt die Hand aus, als wollte er mich packen, doch dann besinnt er sich. Stattdessen rauft er sich die Haare, die daraufhin zerzaust abstehen. Ich verachte mich dafür, dass ich diese raue Seite von ihm mag.

Das ändert allerdings nichts an unserem grundlegenden Problem.

»Du bist mit einem Plan hergekommen!« Ich stoße die Worte hervor, sie schmerzen. »Du kannst sagen, dass es dir leidtut, und du kannst die Wahrheit sagen. Aber du hast das nun mal geplant. Also, sag mir, warum ich dir vergeben sollte?«

Sterling tritt näher. Mein Körper reagiert sofort auf seine Nähe, und ich will, dass er mich berührt. Ich will, dass er irgendwelche magischen Worte findet und dass alles gut wird.

Denn ich möchte ihm vergeben. Ich weiß nur nicht, ob ich es jemals kann.

»Ich liebe dich. Das habe ich nicht geplant«, sagt er mit sanfter Stimme. »Ich kann nicht ungeschehen machen, was ich getan habe. Vor fünf Jahren. Gestern. Diese Momente sind vorbei. Ich kann sie nicht mehr ändern. Ich kann nur vor dir stehen und dir die Momente anbieten, die noch kommen.«

»Wie viele davon hast du zu bieten, wenn das FBI und Gott weiß wer hinter dir her ist?«, frage ich. Wieder sieht er enttäuscht aus, woraufhin sich mein Puls beschleunigt. »Wie viele von diesen Momenten bekomme ich?«

»Alle.« Er strahlt Zuversicht aus. Er glaubt, was er sagt. Er meint es ernst.

Aber ich weiß, wie die Zeit Menschen verändert. »Bis du mich satthast. Oder eine andere Frau triffst.« Ich denke an meinen Vater. An Malcolm. Mein ganzes Leben lang habe ich das Scheitern von Ehen beobachtet. »Jeder glaubt, dass es für immer ist, wenn er es dem anderen nur schwört, aber niemand versteht, was das heißt.«

»Du willst wissen, was für immer heißt, Lucky? Für immer besteht aus Momenten. Diesem. Dem nächsten. Liebe bedeutet, nie mehr eine Sekunde ohne dich zu leben. Liebe ist du und ich – jetzt, morgen und jeden Tag danach. Das ist für immer.« Er traut sich, mit dem Handrücken meine Wange zu streicheln. Seine Berührung setzt mich in Flammen.

Dies ist meine Stadt. Mein Leben. Er muss sich einen Platz in beidem verdienen. Aber auch ich kann nicht leugnen, dass Hoffnung in mir keimt, dass ihm das gelingt. Ich schüttele den Kopf und weiche vor ihm und seiner intensiven

Berührung zurück. »Aber allein durch Worte passiert nichts, Sterling. Du musst handeln.«

»Dann werde ich es dir beweisen.«

23

ADAIR

DAMALS

Der Flug dauert gut zwei Stunden, und als wir am LaGuardia Airport landen, fliegen wir durch eine Wolkenbank, die tief über den Gebäuden zu hängen scheint. Das Terminal ist alt und vergilbt von jahrzehntelangem Zigarettenrauch, aber irgendwie verstärkt das den Charme noch. Ich kenne New York aus Filmen und weiß, dass dort das Herz der amerikanischen Verlagsbranche schlägt. Mein Vater hasst die Stadt. Ich weiß jetzt schon, dass ich sie lieben werde.

Am Ausgang nimmt Sterling mit undurchdringlicher Miene meine Hand.

»Freust du dich, nach Hause zu kommen?«, frage ich.

»Ein bisschen. Nicht auf zu Hause. Ich freu mich darauf, dir alles zu zeigen.« Er sieht aus, als hätte er ein schlechtes Gewissen, und als er meinen verwirrten Blick bemerkt, erklärt er: »Heute hat noch alles geöffnet. Morgen ist die Hälfte geschlossen, und an Weihnachten können wir zwischen Bodegas und Imbissständen wählen, aber davon abgesehen gibt es nicht viel.«

»Verstanden. Und wie lautet der Plan?«

»Francie ist bei der Arbeit. Wir sind schon in Queens, es dauert also nicht lange, eben daheim vorbeizufahren und unsere Sachen abzustellen. Danach fahren wir nach Manhattan und fangen an zu essen.«

»*Fangen an zu essen*? Wie viel wollen wir denn essen?« Mein Magen knurrt unüberhörbar, als würde er Sterling zustimmen.

Er nimmt mich lachend in den Arm und streicht mit dem Bartschatten an seinem Kinn über meine Schläfe. »Keine Sorge, nicht so viel, wie wir gehen. Hier rein«, sagt er und zeigt auf eine Bahn mit einem Schild, auf dem Symbole für verschiedene Transportmittel abgebildet sind. »New York ist eine unglaubliche Stadt für Essen. Und damit meine ich nicht Haute Cuisine, obwohl es davon auch jede Menge gibt. Imbissstände, Pizzerien, buchstäblich in Mauernischen. Jeder Immigrant, der herkommt, bringt sein Essen mit, und wenn du abenteuerlustig genug bist, kannst du Gerichte von überall auf der Welt haben.«

»Und, bist du abenteuerlustig?«, frage ich und lasse ihn meine Reisetasche mit Rollen nehmen, als ich in die Bahn steige.

»Ich will alles«, sagt er schlicht, und ich frage mich, ob ich ihn überzeugen kann, mir das Hirn wegzuvögeln, bevor wir die Wohnung in Queens wieder verlassen.

Nach ein paarmal Umsteigen kommen wir 40th Street – Lowery Street an. Als wir die Treppe hinaufsteigen und die Station verlassen, bin ich überrascht, wie klein die Gebäude hier sind, höchstens zehn Stockwerke hoch, die meisten kleiner.

»Ich dachte immer, in New York gibt es nur Wolkenkratzer«, sage ich und drehe mich langsam im Kreis, während ich Sterling über den Bürgersteig folge und alles betrachte.

»Ich glaube, das ist normal, weil man die ständig in Filmen sieht. Die meisten hohen Gebäude stehen in Manhattan, aber New York ist viel mehr als nur Manhattan«, erklärt Sterling und deutet, während wir unsere Koffer über den rissigen Asphalt rollen, mit dem Kinn auf einen Wald aus hohen, glänzenden Gebäuden in der Ferne.

»Hey, du«, ruft ein Mann mir zu und kriecht neben einem ziemlich schicken Schuhgeschäft unter einem Karton hervor. »Ich habe es dir doch gesagt. Ich habe es dir *gesagt.*«

Als mir klar wird, dass er obdachlos ist, bin ich beschämt. Ich überlege, was ich sagen könnte, um seine offensichtliche Wut zu lindern, doch Sterling legt einen Arm um mich und zieht mich mit sich. »Lass uns in Ruhe, Kumpel.«

Der Mann grummelt etwas vor sich hin, und als wir ein Stück weitergegangen sind, höre ich, wie er anderen Passanten dasselbe zuruft.

»Kennst du ihn von früher oder so?«, frage ich verwirrt, als wir ein Stück entfernt sind.

Er denkt einen Moment über seine Antwort nach.

»Wir waren einmal beste Freunde. Aber das war, bevor *sie* sich zwischen uns gedrängt hat«, sagt Sterling wehmütig, dann zuckt ein Grinsen um seine Mundwinkel.

»Von wegen.« Ich strecke ihm die Zunge heraus.

»Sei nicht sauer, Lucky. Deine Unschuld ist charmant.«

Sterling bleibt vor einem bescheidenen Backsteingebäude stehen, das mehr oder weniger wie die anderen in dem Block aussieht. »Warte hier draußen, ich bringe nur schnell die Taschen rein.«

»Kann ich nicht mitkommen? Ich weiß, du hast gesagt, Francie ist bei der Arbeit, aber meinst du, sie hätte etwas dagegen?« Ich bin fast so neugierig auf Francies Wohnung wie auf alles andere in New York.

»Besser nicht. Wir in geschlossenen Räumen, das ist zu riskant«, sagt Sterling, schnappt sich die Koffer und geht hinein.

Er ist vielleicht zwei Minuten weg, und ich habe etwas Zeit, darüber nachzudenken, wie ich es mit dem Geld halten soll. Ich habe reichlich davon. Mein Vater und mein Bruder haben darauf bestanden, dass ich mein Gewicht in Traveller Schecks mitnehme, dazu noch eine Kreditkarte und einen Elektroschocker. Den Elektroschocker habe ich natürlich unter meinem Bett zurückgelassen – damit wäre ich niemals ins Flugzeug gekommen.

Mein Vater war nicht gerade erfreut, als ich ihm sagte, dass ich wegfahren will. Er hat ganze fünf Minuten getobt, dass ich Weihnachten verderbe. Doch dann sagte er, nachdem er einen Moment überlegt hatte: »Okay« und ließ mich allein. Ich war nicht ganz ehrlich gewesen, mit wem ich fahren und wo ich wohnen würde. Wahrscheinlich hatte Malcolm deshalb vorgeschlagen, ich sollte im The Plaza einchecken.

So habe ich noch nie gewohnt. Zu all meinen Reisen gehörten Fünfsternehotels und Chauffeure. Ich will aber Sterlings Stadt kennenlernen. Dennoch mache ich mir Sorgen, dass Sterling versuchen wird, mich zu beeindrucken. Sterling ist zu stolz, um zuzulassen, dass ich für ihn bezahle. Vielmehr vermute ich, dass er noch nicht einmal zulässt, dass ich für mich selbst bezahle.

»Bereit?«, fragt er und richtet meinen Burberryschal, damit ich gegen den Wind geschützt bin.

»Ja.« Ich habe eine Lösung für das Geldproblem gefunden. Es ist mein ältester Trick: sich dumm stellen. Nach unserer Begegnung mit dem Obdachlosen wird er mir das abkaufen.

Zum ersten Mal kommt meine Strategie an der U-Bahn-Station in der Nähe seiner Wohnung zum Einsatz. Es ist ziemlich einfach, so zu tun, als wüsste ich nicht, was ich tue, als ich an dem Automaten statt einer zwei *Großraum*karten kaufe, während Sterling gerade nicht hinsieht.

»Ich habe dir auch eine gekauft«, sage ich stolz. »Reicht das?«

»Lucky, das ist eine Großraumkarte – für einen Monat. Wir sind nur eine Woche hier«, sagt er lachend. »Beim nächsten Mal lass mich dir helfen.«

Vielleicht funktioniert mein Trick ein bisschen zu gut.

Wir steigen in Queens in die U-Bahn und fahren mit der violetten Linie nach Manhattan hinüber. Von dort gehen wir einige Blocks zum Rockefeller Square. Wir sehen den Eisläufern zu – überwiegend Touristen in dicken bunten Jacken –, die versuchen, nicht hinzufallen. Besonders lustig ist es zu beobachten, wenn Eltern von ihren Kindern mitgerissen werden und alle lachend auf dem Eis landen. Mein Magen knurrt. »Hast du nicht was von Essen gesagt?«, frage ich.

»Ja. Es ist zwei Blocks entfernt. Ich dachte nur, wir sehen einen Moment hier zu. Ich bin noch nie hier gewesen«, sagt Sterling und zieht verlegen die Stirn kraus.

»Das Rockefeller-Center kann ich also jetzt von meiner Liste streichen. Aber ich will Sterling Fords New York sehen. Nicht das von allen anderen. Jetzt führ mich zum Essen!« Ich ziehe an seiner Jacke, bereit, die touristische Seite der Stadt hinter mir zu lassen.

Hand in Hand laufen wir noch ein paar Blocks weiter, bis wir einen Park erreichen, dessen eine Seite von Imbissständen gesäumt ist. »Hast du schon mal Dosa gegessen?«

»Do … was?«

»Do-sa. Das ist ein herzhafter gefüllter Pfannkuchen aus Südindien«, erklärt er.

Ich atme einen warmen, würzigen Duft ein. »Ist es das, was ich rieche? Das duftet unglaublich.«

Das ist noch untertrieben. Der Duft von Chilis und Zimt weht uns entgegen, und mein Magen schlägt Purzelbäume. Der Länge der Schlange nach zu urteilen, scheint sich das Anstehen zu lohnen – aber nicht, wenn ich vorher verhungere. Zum Glück geht es schneller voran, als ich dachte, und innerhalb von zehn Minuten bellt der Mann hinter dem Tresen. »Was bekommt ihr?«

»Zwei Pondicherry Spezial«, sagt Sterling.

Wir treten an die Seite und sehen zu, wie der Koch unsere Dosas macht. Er schöpft weißen flüssigen Teig aus einem Kühlbehälter und verteilt ihn mit der runden Seite der Kelle in großen Kreisen auf einer Heizplatte, dann wiederholt er das Ganze. Als Nächstes drückt er eine hellgelbe Flüssigkeit aus einer Flasche auf den schnell sich bräunenden Teig.

»Das ist geklärte Butter«, sagt Sterling, und als ich mich zu ihm drehe, sehe ich, dass er die Dosas genauso ansieht wie mich, wenn wir allein sind.

»Wow«, ist alles, was mir einfällt. Er meint es ernst, wenn er sagt, dass er Essen liebt.

Die Dosas sind fertig, und der Koch greift in seinen kleinen Kühlschrank und holt einen großen Behälter heraus, in dem Kartoffelpüree mit grünem Gemüse zu sein scheint. Er füllt zwei große Löffel auf jedes Teigstück, dann wickelt er es vorsichtig um die Füllung. Anschließend wirft er die Dosas auf kleine gefaltete Pappen und reicht sie uns mit einer Serviette, während er bereits die nächste Bestellung entgegennimmt.

Wir suchen uns eine Parkbank, und Sterling reicht mir die Dosa, die auf beiden Seiten ein gutes Stück über den Rand der Pappe hängt. Sie dampft und lässt mir das Wasser im Mund zusammenlaufen.

»Wie hast du den Stand entdeckt?«, frage ich und warte, dass Sterling den ersten Bissen nimmt, damit ich sehe, wie er es macht.

»In New York achten die Leute auf Schlangen«, erklärt er, hin- und hergerissen zwischen der Versuchung, den ersten Bissen zu nehmen, und dem Wunsch, meine Neugier zu befriedigen. »Eigentlich albern, aber es stimmt. Wenn du siehst, dass Alte, Junge, Arme, Reiche und Migranten danach Schlange stehen, sollte man das Essen wahrscheinlich probieren.«

Er drückt eine Seite des gerollten Teigs platt, um ihn in den Mund zu bekommen, und nimmt einen großen Bissen.

So viel zum Nachmachen.

»Und du hast hier die Schlange gesehen?«, hake ich nach, ehe ich selbst einen großen Bissen nehme.

Der Geschmack ist überirdisch. So viele Gewürze, so viele unterschiedliche Aromen scheinen unmöglich in einem einzigen Bissen Platz zu haben. Der Teig ist deutlich knuspriger, als ich erwartet habe, außen knusprig und innen weich und feucht. Die Füllung erinnert wirklich an Kartoffelpüree, aber nur von der Konsistenz her. Der Geschmack ist scharf und mild zugleich. Berauschend.

»Ja. Jetzt ist es zwei Uhr mittags, darum ist die Schlange so kurz wie sonst nie.«

»Nicht zu fassen, Sterling.«

»Finde ich auch.«

»Es ist, als hätte ich bis zu diesem Moment mein ganzes Leben lang nur Salzcracker gegessen.«

»Mhm.«

»Warum gibt es das nicht überall?«

»Das weiß ich nicht.«

Wir essen schweigend, doch mir fällt auf, dass alle Leute, die vom Dosa-Stand weggehen, uns im Vorbeigehen zunicken, als würden wir einem Geheimclub angehören. Und zumindest solange wir essen, komme ich mir nicht wie eine Touristin vor, sondern wie eine New Yorkerin.

»Welche Sorte von Dosa war das noch mal?«, frage ich und mache mir eine Notiz in meinem Handy. Ich will Felix fragen, ob er das machen kann, wenn ich zurückkomme.

»Pondicherry Spezial.«

»Okay.«

Lachend nimmt er mir die Pappe und die Serviette ab und entsorgt beides, dann nimmt er meine Hand und zieht mich hoch.

»Was als Nächstes?«, frage ich.

Wieder fahren wir mit der U-Bahn, diesmal mit der gelben Linie. Nach nur zwei Haltestellen steigen wir an der 23rd Street aus und als wir auf die Straße hinaustreten, sehe ich, dass wir im Flatiron District sind.

»Das ist eine ziemlich schicke Gegend«, erklärt Sterling. »Verlage, Werbeagenturen, da lang geht es auf die Fifth Avenue.«

Er zeigt in eine Richtung, aber bei den hohen Gebäuden und der verwirrenden Fahrt mit der U-Bahn kann er sich das sparen. So schnell werde ich mich hier nicht auskennen. Es fühlt sich an, als wäre ich in einer Schlucht aus Beton und Glas gelandet. Wo ich auch hinsehe, gibt es eine ganze Welt zu entdecken. Habe ich wirklich gedacht, dass ich den Leuten anschließend erzählen würde, ich hätte New York gesehen? Welches New York? Hier könnten zwei Leute ein Jahrzehnt lang leben, ohne je dasselbe zu tun oder am selben Ort zu essen.

Und während ich förmlich zugucken kann, wie sich mein Horizont erweitert, wird mir zugleich bewusst, wie viel kleiner Valmont und mein Leben dadurch werden. Ich wollte ein Semester zu Hause bleiben und dann woanders studieren, aber jetzt gibt es Sterling. Wie kann er in dieser verschlafenen Unistadt zufrieden sein, wenn er von hier kommt? Wenn die Welt all das zu bieten hat – nicht nur auf den Seiten eines Buches oder als Lektion im Seminar –, wie kann ich jemals wieder damit zufrieden sein, in Valmont zu leben?

Unmöglich.

Sterling beobachtet, wie ich mich wie ein Kreisel drehe, verhindert, dass ich mit ahnungslosen, gestressten New Yorkern zusammenstoße, und weist mich auf Dinge hin, die ich ohne ihn übersehen hätte. Wir laufen noch ein paar Blocks weiter, bis wir The Strand erreichen. Ich habe von der Buchhandlung gehört, aber es ist schwer zu glauben, dass es hier Meilen von Büchern gibt – bis wir hineingehen. Wir fahren mit dem Aufzug in die vierte Etage, wo es eine Sammlung seltener oder sammelwürdiger Bücher jeden Alters, jeden Inhalts und jeder Preisklasse gibt.

Ich kaufe nichts, zum Teil, weil ich mein Geld nicht vor

Sterling herausholen will, aber vor allem, weil ich keine schweren Bücher durch New York schleppen will. Nachdem wir eine halbe Stunde in alten Büchern geblättert haben, beschließt Sterling weiterzuziehen, und lässt mit wehmütigem Seufzen eine Ausgabe von *Fiesta* auf den Tisch fallen.

»Ich gehe noch eben auf die Toilette«, sagt er. »Warte unten auf mich.«

Sobald er weg ist, kaufe ich das Buch und stecke es in meine Tasche. Das schenke ich ihm zu Weihnachten, es ist nichts Teures, da kann er nicht sauer sein.

Es stellt sich heraus, dass es eine schlechte Idee war, uns zu trennen, denn wir brauchen zwanzig Minuten, bis wir uns wiederfinden. Als er mich endlich entdeckt, hat Sterling eine braune Papiertüte in der Hand.

»Lesestoff für den Rückflug«, sagt er. »In einem Buchladen darf man mich nicht allein lassen.«

»Das merk ich mir.«

»Kann ich das in deine Tasche stecken?« Er greift schon nach der Klappe.

»Ich mach das!«, sage ich schnell, nehme ihm die Tüte ab und stecke sie vorsichtig neben das Geschenk für ihn, sodass er es nicht sieht.

Er führt mich um eine weitere Ecke, und auf einmal stehen wir unter einem riesigen Baugerüst, das die gesamte Straßenseite einnimmt, sodass auch die Ladenschilder dahinter verschwunden sind. Wir betreten einen Laden, der Wurst und Käse aus eigener Herstellung verkauft, und ich brauche einen Moment, um zu begreifen, dass wir uns in einer Art Shopping Mall befinden, in der sich alles ums Essen dreht.

Mir dämmert, wo wir sind. »Moment, ist das …«

»Das ist Eataly«, sagt Sterling.

Als wir zusammen am Grab meiner Mutter waren, hatte er mir davon erzählt. Ich unterdrücke einen Anflug von Traurigkeit, der mich bei der Erinnerung überkommt, und konzentriere mich auf den Moment. Mom würde wollen, dass ich aus jedem Tag in New York einen Diamanten mache. Sie hat die Stadt geliebt, ist aber nach dem verheerenden Familienurlaub, als ich vier war, nie wieder hier gewesen.

Eataly ist ein Labyrinth aus Ständen mit Essen aus eigener Produktion, Wein und Küchenutensilien. Es erinnert an ein Kaufhaus, ist aber exklusiver ausgestattet. Außerdem ist es voll wie in Valmont bei einem Fußballspiel.

Hier kauft man nicht einfach ein Schneidebrett, hier kauft man eins aus afrikanischem Palisander, das von einem Typen in Italien gefertigt wurde, der davon nur drei oder vier im Jahr herstellt – und das auch nur, wenn er Lust hat. Ich verstehe diese Art von Luxus, auch wenn dieses Beispiel meine Vorstellungskraft übersteigt.

Einen Moment lang frage ich mich, warum wir hier sind, wenn es doch so teuer ist, aber der Grund wird bald deutlich. Jeder drängt einen zu probieren und hofft, in den letzten zwei Tagen vor Weihnachten noch seine Bestände zu leeren. Wir halten uns an den Händen und grinsen uns glücklich an, während wir uns ständig etwas in den Mund schieben und die Welt auf ganz neue Weise erkunden. Mein Favorit ist ein Käse, der Taleggio heißt – er ist butterweich und schmeckt wie eine Kreuzung aus Brie und Frischkäse.

Im Eataly lerne ich etwas über Sterling. Wann immer ich einen Bissen von etwas nehme, merke ich, dass er nervös wird. Er will, dass ich alles genauso genieße wie er.

Doch egal wie viel wir essen – und ich habe noch nie so viel gegessen –, ich will mehr. Ich kann nicht genug bekommen von Sterlings New York. Ich will nichts verpasst haben, wenn ich nach Valmont zurückkehre. Ich will mich nicht fragen, wie gut die seltsam aussehenden Knoten an dem chinesischen Stand geschmeckt hätten oder warum ein Laden nur Baguettes verkauft. Ich will es *wissen.*

Und das heißt, dass ich alles probieren muss.

Und vielleicht treffe ich deshalb eine Entscheidung, nachdem wir zurück auf die Straße taumeln und Sterling eine kleine Tüte mit Dingen trägt, denen ich einfach nicht widerstehen konnte: Den Rest der Reise werde ich alles kosten.

Warum auch nicht?

24

STERLING

Sie ist vollkommen verrückt. Als wäre sie ein anderer Mensch.

Und ich bin mir ziemlich sicher, dass ich dieses Monster erschaffen habe. Mein sorgfältig geplanter Tag ist nur so vorbeigeflogen – nicht, dass ich enttäuscht bin. Vor zehn Minuten haben wir Froschschenkel an einem Stand in Chinatown gegessen und hielten in der anderen Hand weiche Brezeln nach New Yorker Art. Anschließend habe ich sie in die U-Bahn geschleift, und als ich sie küsste, mussten wir beide von dem ganzen Fett aufstoßen. Wir brachen in hysterisches Lachen aus, aber hier in New York schien das niemanden zu stören.

Jetzt bin ich fast pleite, aber ich würde eine Bank ausrauben, wenn ich diesen unglaublichen Tag dann fortsetzen könnte. Wie oft weiß man schon, während man etwas erlebt, dass man es den Rest seines Lebens nicht mehr vergisst? Mir ist das noch nie passiert. Aus meiner Vergangenheit würde ich gern vieles vergessen. Ich habe mir immer vorgestellt, wenn ich heirate oder eine Reise nach Europa unternehme, wären das die Erinnerungen, die blieben. Große Momente, an die man sich erinnern sollte. Ich hatte keine Ahnung, dass sie einfach so … passieren können.

Aber so ist das mit ihr. Sie sagt ständig *mein* New York, aber es wirkt viel mehr, als würde New York jetzt ganz ihr gehören. Ich führe uns nach Greenwich Village, mit der vagen Idee zu sehen, ob es meinen Lieblings-Falafelladen noch gibt. In New York weiß man nie.

Wir treten aus der U-Bahn-Station in eine entspannte Atmosphäre. Diese Seite der Stadt hat sie bislang noch nicht gesehen. Hier geht es ruhiger zu. Es ist eine angenehme Abwechslung.

»Oh, wie *reizend*«, schwärmt Adair – betrachtet die ausladenden Bäume, deren winterlich kahle Äste mit Lichterketten geschmückt sind, die Kopfsteinpflastergassen und die friedliche Atmosphäre – und verliebt sich in Greenwich.

»Planst du dein neues Leben?«, necke ich sie, ziehe sie an mich und küsse sie unters Ohr.

»Sag bloß, du würdest nicht gern hier leben«, sagt sie und küsst mich auf die Wange.

»Ich würde *nicht* gern hier leben, Lucky. Tut mir leid, dir das sagen zu müssen.«

»Warum nicht?«

»Erstens ist es teuer«, rufe ich ihr hinterher, weil sie schon in halsbrecherischem Tempo eine Fußgängergasse mit den für hier typischen roten Backsteinhäusern hinuntergelaufen ist.

»Genau meine Meinung«, ruft sie mir über ihre Schulter hinweg zu, ohne ihren Schritt zu verlangsamen. »Es ist teuer, weil jeder hier wohnen will. Weil es großartig ist.«

»Für einige.«

»Was gefällt dir daran nicht? Sieh doch«, sie zeigt auf ein orientalisches Café, »Sie mögen Hummus. Wir mögen Hummus.«

»Stimmt.« Ich kann ihr nicht widersprechen, nicht, wenn sie so ist. Außerdem ist Hummus köstlich.

»Sieh, ein Sexshop. Sie mögen Sex. Und *wir* mögen Sex.«

»Ich bin mir nicht sicher …«

Zu spät. Schon spaziert sie in den Laden, als würde er ihr gehören.

Ich folge ihr, und Adair bleibt mit dem Rücken zu mir abrupt stehen.

»Hallo«, ruft uns eine Frau zu und kommt hinter dem Tresen hervor. Sie hat violette, zu einem strengen Bob geschnittene Haare, unglaublich gute Tattoos und ein selbstbewusstes Auftreten wie eine Vorschullehrerin am ersten Schultag – wenn Lehrer Vibratoren verkaufen würden.

»Was kann ich für euch tun?«

Ich kann Adairs Gesicht nicht sehen, aber ich weiß, dass sie überwältigt ist, weil *ich* überwältigt bin. Ich habe mein ganzes Leben lang in New York gelebt, aber ich bin noch nie in einem solchen Laden gewesen.

Sie weicht ein paar Schritte zurück, lächelt die Verkäuferin freundlich an und tastet mit ihrer Hand nach meiner. »Oh, ach eigentlich nichts. Ich bin mit meinem Freund unterwegs, und ich glaube, er wollte eigentlich gar nicht in diesen Laden.«

Die Verkäuferin verdreht leicht die Augen und lächelt Adair wissend zu. »Wie schade. Wir haben so einiges, womit man eine Menge Spaß haben kann.«

»Das möchte ich wetten«, sagt Adair, als würde sie sich über das Wetter unterhalten.

»Ich möchte euch aber nicht bedrängen«, sagt die Verkäuferin. »Lasst mich wissen, wenn ihr Fragen habt. Ihr werdet sicher Fragen haben. Ich weiß ja selbst noch nicht, wofür manches von dem Zeug gut ist.«

Schließlich findet Adair meine Hand und führt mich tiefer in die Lasterhöhle.

»Du musst nicht so tun, als wolltest du hier sein«, sage ich und versuche, nicht voreingenommen zu sein, während ich den Blick auf sie gerichtet halte. Schließlich seufzt sie.

»Komm, Geliebter«, sagt sie und zieht mich mit sich aus der Tür.

»Kommt wieder vorbei, wenn du ihn ein bisschen lockermachen konntest«, ruft uns die Verkäuferin hinterher.

»Alsoooo… warum bleiben wir nicht fürs Erste beim Essen?«, schlage ich vor.

»Verlegen, Ford?«, fragt sie mit leicht geröteten Wangen.

»Ich finde einfach, dass wir in dem Bereich keine Hilfe brauchen.« Ich mustere die bunte Auslage im Schaufenster. »Es sei denn, du willst mich ersetzen.«

»Niemals«, verspricht sie.

Wir kommen nicht weit, ehe sie den Schritt verlangsamt.

»Wie weit sind wir heute gelaufen?«, fragt Adair, dann winkt sie ab. »Suchen wir uns einen Ort, wo wir sitzen und etwas essen können, okay?«

Ich starre sie fassungslos an. »Noch mehr essen?«

»Findest du das schlimm?«

»Niemals«, erkläre ich.

Ich hole mein Smartphone heraus und suche in der Liste nach Levantine, meinem Lieblings-Falafelladen. Es gibt ihn noch. Er ist nur ein paar Blocks entfernt und hat noch zwei Stunden lang geöffnet. »Ich weiß genau den richtigen Ort.«

»Zeig ihn mir, Ford.« Mit der Autorität eines Generals deutet sie in eine Richtung, auch wenn es die falsche ist.

»Lucky, du steckst heute voller Überraschungen«, staune ich.

»Ja, und das ist alles deine Schuld. Zeigst mir lauter neue Sachen und was weiß ich.«

»Gut, dass es immer neue Sachen zum Probieren gibt«, sage ich und ziehe sie an mich.

»Das kann man wohl sagen. Jetzt gib mir was zu essen, sonst bist du mich los.«

25

ADAIR

Zum Abendessen mit Francie gibt es nur eine Kleinigkeit, denn ich bin immer noch pappsatt, nachdem ich das Essensangebot von halb New York probiert habe. Sie erzählt am Küchentisch Geschichten, und Sterling widerspricht ihr alle paar Sekunden, bis sie auf die Uhr an der Mikrowelle sieht.

»Ich muss früh raus«, sagt sie.

»Arbeitest du?« Ich bin überrascht. Morgen ist Heiligabend, und ich hatte erwartet, dass wir den Tag mit ihr verbringen.

»Morgen und übermorgen«, sagt sie. »Das Krankenhaus kennt keine Feiertage.«

Das ist allerdings auch für Sterling eine Neuigkeit. »Ich dachte, du hast frei.«

»Zwei Schichten noch, dann habe ich drei Tage Zeit für euch«, verspricht sie. »So ist es besser. Ich bekomme Feiertagszuschläge, und ich hatte schon an Thanksgiving frei.«

Sie steht auf, wuschelt ihm liebevoll durchs Haar und rekelt sich. Kopfschüttelnd sieht sie an sich hinunter. »Ich komme aus diesen Krankenhausklamotten gar nicht mehr raus. Ich brauche nicht lange im Bad. Ihr zwei bleibt sicher noch eine Weile auf.«

»Wir gehen in mein Zimmer. Ich will dich nicht stören.«

»Dein Zimmer?«, wiederhole ich. »Ich dachte, ich schlafe auf dem Sofa.«

Sterling und Francie tauschen einen Blick.

»Warum solltest du auf dem Sofa schlafen?«, fragt er.

»Hast du nichts dagegen?«, frage ich Francie. Selbst jetzt, einige Monate vor ihrer Hochzeit und nachdem sie seit einem Jahr zusammen wohnen, schlafen Ginny und mein Bruder in getrennten Zimmern, wenn sie bei uns übernachtet. So läuft das in Valmont.

»Du kannst gern auf dem Sofa schlafen, wenn du willst, aber es ist nicht sehr bequem«, warnt sie mich, dann verschwindet sie die Treppe hinauf.

»Hast du Angst, dass ich dich anmache?« Sterling streicht lachend mit der Nase über mein Ohr.

»Ich weiß, dass du mich anmachst«, murmele ich. »Ich glaube, ich bin es nicht gewohnt …«

»Wie eine Erwachsene behandelt zu werden?« Kaum hat er es ausgesprochen, spricht Bedauern aus seinen Augen. »Tut mir leid, ich sollte nicht …«

»Nein, du hast recht«, unterbreche ich ihn. »Mein Vater behandelt mich nicht wie eine Erwachsene. Ihn interessiert nur der äußere Schein.« Darum macht er eine große Sache aus Weihnachtsfeiern und getrennten Schlafzimmern. Was die Welt über ihn und seine Familie denkt, ist ihm wichtiger als ich.

Wir gehen die Treppe hinauf in den ersten Stock, und die Stufen unter dem alten zotteligen Teppich knarren. Sterling öffnet die erste Tür in dem kleinen Flur.

»Es ist winzig, aber hier habe ich den Großteil meiner

Jugend verbracht – nachdem ich zu Francie gekommen bin, versteht sich.« Sterling wirkt nervös. Vermutlich hat er Angst, dass ich nur einen Blick darauf werfe und ihm erkläre, ich würde mir ein Zimmer im Ritz nehmen.

Das Zimmer ist wirklich winzig, ungefähr die Hälfte von einem Wohnheimzimmer in Valmont. Ein kleines Fenster blickt auf ein rotes Backsteingebäude auf der anderen Seite der Gasse, und daneben in der Ecke steht ein Einzelbett. Der Rest des Zimmers ist mit Büchern gefüllt. Wo kein Platz für ein Bücherregal ist, sind Borde an die Wand montiert. Ich bemerke, dass die meisten Bücher eine weiße Signatur haben.

»Ist in der Bücherei noch ein Buch übrig?«, frage ich, ohne nachzudenken.

»Die sind nicht geklaut«, sagt er gekränkt.

»Tut mir leid. Ich wollte nicht …«

»Schon okay.« Fast wehmütig streicht er über einige Buchrücken. »Als die Bücherei um die Ecke schließen musste, wurden die meisten Bücher in andere Filialen gebracht. Was übrig blieb, wurde für einen Dollar verkauft. Ich habe jeden Dollar ausgegeben, den ich in die Hände bekommen konnte. Ich habe sogar auf dem Schulweg nach Münzen gesucht. Am Ende war ich so oft dort, dass die Bibliothekarinnen mir ganze Kartons umsonst mitgegeben haben, damit sie sie nicht entsorgen mussten.«

»Dass sie das gemacht haben, hatte natürlich nichts damit zu tun, dass du Bücher genauso liebst wie sie«, sage ich. »Wie viele von denen hier hast du gelesen?«

»Fast alle Romane«, sagt er geradeheraus. »Bei älteren Sachbüchern kann man Glück und Pech haben. Wenn sie von rassistischen Historikern stammen, sind sie schnell veraltet.«

Ich kann nicht glauben, dass er all diese Bücher gelesen hat. Ich trete vor ein Regalbrett, zähle die Bücher und multipliziere sie mit den Borden. »Sterling, hier sind wahrscheinlich zweitausend Bücher. Und du erzählst mir, dass du die fast alle gelesen hast?«

»Ich habe die Bibliothek in Windfall gesehen. Du hast wahrscheinlich mehr gelesen als ich.«

»Äh, nein. Nicht einmal annähernd. Worum geht es in dem hier?« Ich lege meine Hand auf irgendein Buch. Es stellt sich heraus, dass es sich um *Lady Chatterleys Liebhaber* von D.H. Lawrence handelt. Ups.

»Tu nicht so, als würdest du das nicht kennen. Du magst doch die Briten?«

»Das heißt nicht, dass ich die ganze britische Literatur besitze.« Ich sehe mich erneut im Zimmer um. »Ich meine, du hast alles.«

»Das ist jedenfalls nicht so toll. Zu streng britisch für meinen Geschmack. Du solltest es lesen.« Mit einem schiefen Grinsen fügt er hinzu: »Könnte dir Hinweise geben, wie es ist, sich in jemand niedriger Gestellten zu verlieben.«

Ich schüttele den Kopf. Ich mag es nicht, wenn er solche Sachen sagt, aber ich will mich nicht streiten – also tue ich so, als hätte ich es nicht bemerkt. »Willst du sagen, dass du ein Freigeist bist?«

»Deine Tugend ist bei mir jedenfalls nicht sicher.« Er zieht mich zu sich und streicht gierig über meinen Körper.

Als Sterling verspielt an meinem Ohr knabbert, ertönt hinter uns im Flur Francies Stimme. »Ich geh ins Bett. Gute Nacht, ihr zwei.«

Sie schließt ihre Tür. »Ich kann immer noch nicht glauben, dass es okay für sie ist, dass ich in deinem Zimmer schlafe.«

»Weil Leute in unserem Alter in Valmont nicht in einem Zimmer schlafen?«

»Wir werden zur Heimlichtuerei erzogen«, erkläre ich ihm. »Das gilt als anständig.«

»Moment, wo waren wir stehen geblieben?«

»Du hast dich über meine Tugend hergemacht.«

»Richtig«, sagt er, und wieder streicht er mit den Händen über meinen Körper. »Darf man die Geschenke eigentlich schon vor Weihnachten auspacken?«

Er öffnet den obersten Knopf meines rot karierten Pyjamas.

»Wir packen die Geschenke immer an Heiligabend aus.«

»Und was ist mit dem Abend vor Heiligabend? Ich weiß nicht, ob ich bis zum Weihnachtsmorgen warten kann«, erklärt er. »Du bist mein Geschenk, stimmt's?«

»Solange es Weihnachten nicht ruiniert oder so.«

Er öffnet einen weiteren Knopf, direkt zwischen meinen Brüsten, und ich spüre das vertraute Pulsieren, das seine Hände in meinem Körper auslösen, schließe die Augen und gebe mich dem Gefühl hin.

»Siehst du, das ist das Problem, Lucky.«

Ich spähe hinunter, um zu sehen, wovon er spricht. »Hä?«

»Die Schleife gehört außen an das Geschenk.« Er zeigt auf die kleine Seidenschleife, die auf meinen BH genäht ist.

»Ach, ich war mir auch nicht sicher, ob das so richtig ist. Deshalb habe ich zur Sicherheit zwei Schleifen.«

»Zwei?« Er nestelt an der Kordel von meiner Hose. »Wo ist die andere?«

»Die musst du suchen.«

Er packt mit beiden Händen mein Oberteil und zieht mich zu sich. Dann blickt er auf meine Brüste hinunter und betastet sie. »Nein, kalt.«

Dann geht er auf ein Knie und schiebt die Hände in die weiten Flanellbeine meiner Hose. »Wärmer?«

Er streicht über die Rückseite meiner Schenkel. Als er meinen Po erreicht, lässt er sich Zeit und genießt ganz offensichtlich die Untersuchung. »Da ist sie auch nicht.«

»Weißt du, wenn ich mich so richtig auf ein Geschenk freue, muss ich einfach die Verpackung aufreißen.«

Sterling steht auf und taxiert mich mit gierigem Blick. Als ich spüre, wie er den Stoff um die noch geschlossenen Knöpfe meines Oberteils packt, schließe ich wieder die Augen. Mit einem energischen Ruck reißt er die Seiten auseinander, dann höre ich, wie die Knöpfe in alle Richtungen auf den Boden springen.

»Und was soll ich Weihnachten tragen?«, keuche ich, aber Sterling lenkt mich sofort ab, indem er mich mit seinen starken Händen in der Taille packt und mich hochhebt. Dabei hält er mit den Füßen meine Hosenbeine unten fest, sodass sie von meinen Hüften gleiten. Das habe ich davon, dass ich ihm vorgeschlagen habe, sein Geschenk aufzureißen.

»Gefunden«, sagt er triumphierend. Seine Zähne knabbern an meiner Haut, und er bahnt sich einen Weg hinunter zu der Schleife an meinem Slip. Als er mich sanft auf das schmale Bett legt, hat er immer noch die Zähne darum geschlossen.

Mit der Schleife zwischen den Zähnen zieht er mir den Slip aus, und ich gehe in Flammen auf. Sterling grinst, als ich ihm meine Hüften entgegenstrecke. Er streicht mit den Händen über meine Innenschenkel, drängt meine Beine auseinander und taucht zwischen meine Knie.

Ich versuche, etwas zu sagen, doch das Gefühl von seinem Atem dort unten macht mich sprachlos.

Seine warme Zunge macht mich erst recht wehrlos, und ich höre, wie ich vor Lust stöhne, als gehörte mein Körper nicht mehr mir. Er lässt sich Zeit, dann beschleunigt er Tempo und Druck, bis ich in seinem Rhythmus pulsiere.

Er saugt an meinem Kitzler, und es ist, als ob jeder Tropfen Blut aus meinem Körper nach unten zu ihm strömte. Ich beiße mir auf die Lippe und versuche, meine lustvollen Laute zu unterdrücken. Auf keinen Fall können diese Wände die Lust, die aus mir herauszubrechen droht, dämmen. Er umkreist und liebkost mich, und mir entfährt das erste laute Stöhnen.

Sterling legt mir eine Hand auf den Mund. Anscheinend hat auch er Angst, Francie zu stören.

Mit der anderen Hand spreizt er mich, dann taucht er tiefer mit der Zunge in mich ein. Ich wimmere in seine Hand und lege meine eigene auf seine, um meine Laute zusätzlich zu dämpfen. Er scheint zu spüren, dass ich gleich komme, und stößt die Zunge in mich, während er mit der Hand meine Schreie zu unterdrücken versucht.

Die Lust reißt mich wie eine Flutwelle mit sich, dennoch vermisse ich etwas. Als die Wellen verebben, schiebe ich seine Hand von meinem Mund. »Ich brauche dich. Jetzt.«

»Das Bett quietscht ganz fürchterlich.« Er schüttelt den Kopf, und ich spüre ein schmerzhaftes Pochen, wo zuvor sein Mund war.

»Dann scheiß auf das Bett.« Ich schiebe ihn von mir und

lasse mich auf den Boden fallen. Er versteht und kommt zu mir, während ich neben dem Bett nach meiner Tasche greife und ein Kondom auspacke. Mit schmalen Augen beobachtet er, wie ich es über seinen Schwanz rolle.

Ich steige auf ihn und platziere seine Hände dort, wo ich sie haben will. Eine wie zuvor auf meinem Mund, die andere auf meiner Hüfte, dann lasse ich mich auf ihn sinken, bis ich das kurze Brennen von Latex spüre und dann, wie er Stück für Stück in mich hineingleitet. Es scheint mir nur gerecht, dass ich jetzt die Führung übernehme. Sterling starrt mich an und wirkt fast ehrfürchtig, als ich um ihn zu kreisen beginne.

»Fuck«, stöhnt er.

Ich hebe die Hüften und bewege sie instinktiv. Als ich den Höhepunkt keinen Moment länger zurückhalten kann, fasse ich seine Hände und presse sie auf meinen Hintern. Mit aller Kraft drängt er unsere Hüften aneinander. Ich komme, und Sterling presst seinen Mund auf meinen und verschluckt meine Schreie, während sich sein eigener Körper anspannt. Verschwitzt und atemlos sinken wir aneinander.

»Und wenn ich hundert werde«, sagt er außer Atem, »etwas so Scharfes werde ich nie wieder erleben.«

»Herausforderung angenommen«, sage ich und streiche mit der Nase über seine Brust.

Am nächsten Morgen werde ich von grellem Licht geweckt, das durchs Fenster hereinfällt, und greife hinter mich, taste jedoch nur eine leere Matratze. Ich springe aus dem Bett und reibe mir die Augen, dann stelle ich fest, dass es so hell ist, weil es geschneit hat.

In Middle Tennessee schneit es normalerweise erst nach

den Weihnachtsferien. Das letzte weiße Weihnachten, an das ich mich erinnere, liegt fünf Jahre zurück. Ich krame in meinem Koffer und hole dicke Fleeceleggings und ein übergroßes Sweatshirt mit dem Logo der Valmont University heraus. Dann laufe ich nach unten, um Sterling zu suchen.

Am Fuß der Treppe bleibe ich kurz stehen und sehe mich um. Gestern Abend bei unserer Ankunft war es schon dunkel, und wir waren bei Francie in der Küche geblieben. Jetzt sehe ich mich zum ersten Mal richtig im Haus um. Das Wohnzimmer ist klein und mit alten Möbeln aus unterschiedlichen Jahrzehnten eingerichtet. In einer Ecke steht ein alter Fernseher auf einem Rollwagen – und überall sind Bücher. Ich frage mich, ob sie Francie oder Sterling gehören. Aber etwas fehlt.

Ein Weihnachtsbaum.

»Sterling«, rufe ich auf dem Weg in die Küche. »Wo ist der …« Als ich um die Ecke biege, lasse ich meine Frage verhallen. Sterling steht an der Arbeitsplatte und sieht einen Stapel Briefumschläge durch, während eine Kaffeemaschine aus schwarzem Plastik Kaffee brüht. Doch das ist es nicht, was mich verstummen lässt, sondern dass er nur in Boxershorts dasteht. Ganz gleich, wie oft ich ihn so gesehen habe, sein Körper beeindruckt mich immer wieder aufs Neue.

Er dreht sich zu mir um und grinst mich schief an, auf seinem Kinn liegt ein Bartschatten. »Hast du vergessen, was du sagen wolltest, Lucky?«

Ich schüttele den Kopf, um meine Gedanken zu ordnen, die genauso durcheinanderwirbeln, wie die Schneeflocken vor dem Fenster. Um mich zu fassen, schließe ich kurz die Augen.

»Weihnachtsbaum«, sage ich. »Wo ist der Weihnachtsbaum?«

»Im Central Park«, antwortet er.

Der Bann ist gebrochen, und ich kann ihn wieder ansehen, wobei ich sorgsam darauf achte, den Blick auf Schulterhöhe zu halten. »Euer Weihnachtsbaum?«

»So etwas haben wir nicht«, sagt er.

»Ihr … was?«

»Francie arbeitet fast immer an Weihnachten, weil es sonst keiner tun will«, sagt er. »Wozu einen Baum für ungefähr fünf Minuten aufstellen?«

Meine Familie hatte immer einen Baum – selbst wenn wir am Weihnachtsmorgen in den Urlaub gefahren sind. Ich kann mir nicht vorstellen, keinen zu haben. »Das ist doch Tradition.«

»Wir können ihren Kaktus schmücken«, schlägt er vor und zeigt auf eine kleine Topfpflanze auf dem Fensterbrett.

»Also, ich weiß schon, was wir heute machen«, sage ich.

»Lucky …«

»Doch.« Ich gehe zu ihm und lege die Arme um seine Taille. »Mit dir habe ich so einiges zum ersten Mal getan, Sterling Ford. Feiere du mit mir dein erstes richtiges Weihnachten.«

»Darf ich dich auspacken?«, fragt er und lässt die Hand zu meinem Po gleiten.

»Schon wieder?«

»Also, ich hätte auch schwören können, dass ich dich schon ausgepackt habe, aber jetzt ist mein Geschenk wieder komplett eingepackt.«

»Zieh dich an«, befehle ich und gebe ihm einen flüchtigen Kuss. »Ich will in den Schnee, und wir können einen Baum besorgen und …«

»Okay, langsam.« Er lässt die Umschläge auf die Arbeitsplatte fallen und betrachtet sie. Obenauf liegt ein Umschlag von der Uni in Valmont.

»Ist alles okay?«

»Rechnungen«, sagt er angespannt. »Sieht aus, als würde mein Stipendium nicht alle Kosten decken.«

»Was heißt das?«, frage ich.

»Nichts, worum du dir Sorgen zu machen brauchst. Ich rede mit Francie. Ich wünschte nur, sie hätte es mir gesagt. Ich hätte dieses Semester arbeiten können.«

»Du hast studiert«, erinnere ich ihn.

In seinem Kiefer zuckt ein Muskel, und er formuliert seine Antwort mit Bedacht. »Nicht jeder kann sich den Luxus leisten, Vollzeit zu studieren. Das ist nicht weiter schlimm. Ich kann mir auf dem Campus einen Job suchen.«

Er küsst mich und saust nach oben, um sich anzuziehen. Ich starre auf den Umschlag und kämpfe mit der Versuchung, ihn zu öffnen und nachzusehen, wie hoch die Schulden sind. Für mich wäre es ein Leichtes, sie zu bezahlen. Mithilfe meines Nachnamens könnte ich sogar jemanden in der Verwaltung dazu bringen, künftige Rechnungen direkt an mich zu schicken. Dann müsste er sich keine Sorgen mehr machen und Francie müsste nicht an den Feiertagen arbeiten. Aber wenn er es jemals herausfände …

Als Sterling angezogen wieder erscheint, liegt die Rechnung noch unberührt auf der Arbeitsplatte und ich habe einen Becher Kaffee getrunken.

»Okay, zeig mir, wie das mit Weihnachten funktioniert, Lucky.«

Wir gehen hinaus in den Schnee, um einen Weihnachtsbaumstand zu suchen, aber ich kann nicht aufhören, an die Rechnung zu denken und zu überlegen, was man deshalb unternehmen könnte.

Der nächste Weihnachtsbaumstand hat bereits geschlossen, und so müssen wir einen Block weiter zu einem anderen laufen. Dort stehen nur noch ein paar krumme, dürre Kiefern, die aussehen, als hätten sie bereits die Hälfte der Nadeln verloren.

»Stellt der keine Brandgefahr dar?«, fragt Sterling. »Der ist doch tot.«

Ich betrachte den Baum, auf den er zeigt, und muss zugeben, dass er recht hat. Der ist mausetot.

»Suchen wir weiter.«

»Du hast schon blaue Lippen«, stellt er fest und richtet zum zehnten Mal meinen Schal. »Gehen wir zurück, und ich wärme dich auf.«

Das Angebot ist verlockend, und ich bin kurz davor einzuknicken, als ich ein paar kleinere Bäume neben dem Verkaufsbüro entdecke. Sie sind nur einen halben oder einen Meter hoch, aber sie sind gesund.

»Da!« Ich zeige auf sie.

»Du willst einen Charlie-Brown-Baum?«

»Einen was?«, frage ich.

Er starrt mich an. »Und ich bin derjenige, der nicht richtig Weihnachten feiert?«

Der Verkäufer schenkt uns den Baum. Das gefällt Sterling, und weil er so klein ist, kann er ihn auch mühelos nach Hause tragen. Den Nachmittag über basteln wir Anhänger aus einem alten rassistischen Geschichtsbuch, von dem er sich schon immer trennen wollte – eine bessere Verwendung dafür gibt es nicht.

Als wir den Baum mit unserem selbst gebastelten Schmuck behängt haben, treten wir zurück, um unser Werk zu bewundern.

»Er ist toll«, sagt Sterling.

»Perfekt.«

»Was soll ich sonst noch tun?«, fragt er. »Was macht ihr bei dir zu Hause?«

»Wir packen am Weihnachtsabend Geschenke aus, dann frühstücken wir am nächsten Morgen, und anschließend verreisen wir. Die Reisen hat Mom immer geplant.« Meine Stimme bricht, als ich merke, dass diese Tradition für immer vorbei ist. Dass ich in New York bin, lenkt mich ab, aber es ändert nichts daran.

»Dann lass uns Geschenke auspacken«, sagt er.

»Wirklich?«, frage ich. »Du hast ein Geschenk für mich?«

»Natürlich«, knurrt er. »Ich bin doch kein kompletter Amateur – aber es ist nur eine Kleinigkeit.«

»Ich habe auch etwas für dich. Etwas Kleines«, füge ich schnell hinzu.

»Ich habe es noch nicht eingepackt.«

»Ich auch nicht.«

»Na, wir sind ja zwei Spezialisten«, sagt er.

»Wir üben fürs nächste Jahr«, erwidere ich.

»So lange willst du mich also behalten?«, fragt er. Es soll scherzhaft klingen, aber in seinem Ton schwingt noch etwas anderes mit.

»Eine Sekunde, ich hole deins.«

Ein paar Minuten später treffen wir uns wieder im Wohnzimmer und setzen uns vor unseren Baum.

»Du zuerst.« Ich gebe ihm die Tüte von The Strand.

Ein amüsiertes Lächeln spielt um seinen Mund.

»Was ist?«, frage ich.

»Das wirst du noch sehen.« Langsam holt er den Roman aus der Tüte, und ich kann seine Miene nicht deuten.

»Ich habe beobachtet, wie du es dir angesehen hast«, erkläre ich, als er nichts sagt. »Darum habe ich es heimlich gekauft.«

»Es ist wunderbar«, sagt er leise. »Besser als meine alte Ausgabe aus der Bibliothek.«

Ich weiß nicht, ob es ihm wirklich gefällt. Vielleicht ist er enttäuscht, ein Buch zu bekommen, das er bereits besitzt. Vielleicht habe ich sein Interesse fehlinterpretiert. Ich breche das Schweigen und ziehe an seiner Hand. »Ich bin dran!«

»Äh, ich sollte wirklich …« Er rutscht ein Stück zur Seite, und ich bemerke eine braune Papiertüte neben ihm – die er zu verstecken versucht.

»Ist es das?« Ehe er mich aufhalten kann, nehme ich es mir.

»Ich … musste an dich denken, aber es ist albern.«

Auf der braunen Papiertüte ist das Logo von The Strand abgebildet, und mir wird klar, dass es sich um den »Lesestoff für den Rückflug« handelt. Raffiniert. Darüber hat er sich eben amüsiert. Wir haben beide heimlich ein Buch für den anderen gekauft. Ich öffne die Tüte und ziehe eine gebrauchte Ausgabe von *Der große Gatsby* heraus. Es ist keine edle Ausgabe aus dem Raum mit den seltenen Büchern, in dem wir waren. Dass es alt aussieht, liegt hauptsächlich daran, dass es offenbar lange Zeit ungelesen im Regal gestanden hat. Und das Cover ist altmodisch, ganz schlicht, es sind nur zwei Augen darauf gezeichnet. Als ich es aufschlage, höre ich, wie der Rücken knackt. Die Seiten sind etwas vergilbt, aber sonst makellos, bis auf die Notizen, die überall am Rand stehen.

»Das war ich«, gesteht er. »Heute Morgen. Ich dachte, es wäre cool für dich, meine Gedanken zu kennen … Das war dämlich.«

»Ich finde es toll«, sage ich ehrlich.

»Es ist nicht annähernd so hübsch wie das hier«, sagt er.

»Deine Idee ist großartig. Und du hast mir das Herz des Buches geschenkt.« Ich schiebe mich zu ihm und küsse ihn.

»Das ist alles, fürchte ich«, sagt er. »Ich habe dir ja gesagt, Weihnachten ist bei mir zu Hause keine große Sache.«

»Das ist alles?«, wiederhole ich und tue verwirrt. »Ich hätte schwören können, dass du noch etwas anderes für mich hast.«

Er begreift schnell, und den Rest des Tages verbringen wir damit, uns unsere Herzen zu schenken.

Aus Francies Schicht wird eine Doppelschicht, und als sie nach Hause kommt, ist Sterling auf dem Sofa eingeschlafen. Er wacht noch nicht einmal auf, als sie die Schlüssel laut auf die Arbeitsplatte wirft. Ich löse mich von ihm und freue mich, eine Minute mit ihr allein zu haben.

»Du bist ja wach«, sagt sie, als ich in die Küche komme.

»Ich habe Weihnachtsfilme geschaut. Meine Mutter hat sie geliebt«, erkläre ich und setze mich an den Küchentisch. Irgendwie fühle ich mich ihr näher, wenn ich mich an die kleinen Rituale erinnere. Die ohne Partygäste und Bordkarten.

»Ist Sterling da?« Sie öffnet den Kühlschrank und holt eine Plastikdose heraus.

»Er ist bei *Das Leben ist schön* eingeschlafen.«

»Du hast ihn wohl geschafft.«

Es dauert einen Moment, bis ich begreife, dass sie von unserem Tag spricht und nicht darauf anspielt, dass sie uns letzte Nacht gehört hat. »Ich habe ihn dazu gebracht, einen Baum zu besorgen.«

»Das reicht. Wenn er glücklich ist, wird er immer müde«, sagt sie und drückt die Tasten an der Mikrowelle, um Reste aufzuwärmen. »Das ist er nicht gewöhnt.«

Sie kennt ihn.

»Ich hoffe, das ändert sich«, gestehe ich.

»So lange du realistisch bleibst, Mädchen. Manchmal macht die Liebe einen zu einem besseren Menschen, aber sie akzeptiert auch, wenn man es nicht ist.« Sie setzt sich zu mir an den Tisch. »Er hatte es nicht leicht.«

»Er hat mir von … seinen Eltern und seiner Schwester erzählt.«

Das scheint sie zu überraschen. »Er spricht nicht gern über seine Familie. Das Meiste weiß ich aus Akten und Aussagen vor Gericht«, erzählt sie. »Ich bin froh, dass er sich dir geöffnet hat.«

»Ich dachte, ich könnte ihm vielleicht helfen, seine Schwester zu finden, solange …«

»Das ist keine gute Idee«, unterbricht sie mich. Als sie meine enttäuschte Miene sieht, fährt sie rasch fort. »Er hat sie vor ein paar Jahren gesucht und auch gefunden.«

»Und?«, frage ich atemlos. Diesen Teil der Geschichte hatte er ausgelassen. »Ging es ihr gut? Haben sie Kontakt?«

»Sie ist in eine sehr nette Familie gekommen – wohlhabend, glücklich. Er ist fast daran zerbrochen.«

»Was? Warum?« Das ist doch genau das, was er sich für sie gewünscht hat. Darum hatte er sie zum Jugendamt gebracht.

»Ich glaube nicht, dass er es jemals zugeben würde, aber er war verletzt. Nicht weil er wollte, dass sie einsam ist, sondern weil sie darüber hinweg ist. Ich denke nicht, dass er das jemals schafft. Er war so viel älter als sie, als es passiert ist. Ich glaube, er hat mehr Narben davongetragen.«

Und er war derjenige, der die Leiche gefunden hat, derjenige, der seine hungernde Schwester versorgen musste, der sie zum Sozialdienst gebracht hat.

»Der Junge musste erwachsen werden, bevor er bereit dazu war, und er ist wütend«, sagt sie und spießt mit ihrer Gabel ein Stück Huhn auf. »Nicht weil sie ein besseres Leben hat. Das hat er für sie gewollt. Sondern weil niemand da ist, dem er vergeben kann. Sein Vater hat ihn nie um Vergebung gebeten, und seine Mutter ist tot, darum trägt er den ganzen Schmerz mit sich herum und frisst ihn in sich hinein …«

Bis er es nicht mehr aushält. Ich habe erlebt, wie er zuschlagen kann. Ich hatte gesehen, wie er das Schlimmste angenommen hat.

»Aber das eigentliche Problem ist, dass er Mitleid verabscheut«, fährt Francie fort. »Wenn er denkt, du hast Mitleid mit ihm, wendet er sich ganz schnell von dir ab.«

»Darum warst du immer streng zu ihm«, vermute ich. Ich hatte von ihren Regeln und Erwartungen gehört.

»Liebevolle Strenge«, sagt sie.

»Ich weiß nicht, ob ich das kann«, gebe ich zu.

»Das ist meine Aufgabe. Ich weiß nicht, ob er mich so sieht, aber Sterling ist mein Sohn. Meine Aufgabe als seine Mama ist es, streng zu sein und ihn zu lieben. Von dir braucht er etwas anderes.«

Plötzlich weiß ich nicht, ob ich das alles richtig mache. »Woher weiß ich, ob ich ihm gebe, was er braucht?«

»Weil es das ist, was du brauchst, Schätzchen. Darum geht es bei der Liebe – geben und nehmen, akzeptieren und herausfordern, weich und hart. Die Liebe umfasst alles. Wenn du den richtigen Menschen triffst, ist er deine Familie, dein Freund, dein Partner, deine beste und deine schlechteste Seite. Das verstehen so viele Menschen nicht«, sagt sie leise. »Sie stürzen sich nur auf einen Teil der Liebe und meinen, der würde sie tragen. Wahre Liebe nimmt alles, was du zu geben hast.«

»Aber sie ist es wert.« Das weiß ich. Ich spüre es. »Er muss nicht perfekt sein. Er muss nur bei mir sein.«

»Das ist ein guter Anfang.« Sie zögert einen Moment. »Ist er glücklich in Valmont?«

»Manchmal.« Ich beschließe, nicht zu lügen. »Nicht immer. Es ist alles ganz anders als hier.«

»Aber er hat dich.«

»Manchmal«, sage ich lachend. »Wir hatten unsere Momente.«

»Ihr werdet noch mehr von ihnen haben.«

»Francie.« Ich weiß nicht, wie ich auf die Rechnungen zu sprechen kommen soll. »Ich hoffe, du nimmst mir das nicht übel – Sterling würde mich umbringen –, aber er hat die Rechnung von der Uni gesehen. Ich kann dir helfen.«

»Du bist süß«, sagt sie und tätschelt meine Hand. »Ich habe das Geld. Sie ist gerade erst gekommen. Ich habe etwas von dem Geld zur Seite gelegt, das ich die letzten Jahre vom Jugendamt für Sterling bekommen habe. Ich wusste immer, dass er zu klug ist, um nicht aufs College zu gehen.«

»Aber Valmont ist teuer.«

»Und sein Stipendium deckt die meisten Kosten. Den Rest schaffe ich.« Sie sieht mich ernst an. »Aber wenn du mir helfen hilfst, sorg dafür, dass du ihn nicht zu sehr ablenkst. Er braucht weiter gute Noten.«

»Ja, Ma'am.« Das ist das Mindeste, was ich tun kann.

»Was hältst du von Weihnachtsgebäck?«, fragt sie. »Ich habe die Plätzchen versteckt, damit Sterling sie nicht alle aufisst, während ich bei der Arbeit bin.«

Sie holt eine alte Blechdose aus einem Schrank über dem Kühlschrank und öffnet den Deckel. Als sie sie gerade vor uns auf den Tisch stellt, taucht Sterling auf und reibt sich den Schlaf aus den Augen.

»Hat hier die Plätzchendose geklappert?«

Wir prusten los, und er sieht uns verwirrt an.

26

ADAIR

HEUTE

Für mich als Kind war Windfall so weitläufig, dass es nirgends zu enden schien. Es war meine ganze Welt, aber ich habe nie richtig dort hingehört. Als ich es heute im warmen Junilicht betrachte, wirkt es klein. Vielleicht war es nie so beeindruckend, wie ich dachte. Vielleicht ist meine Welt jetzt auch einfach nur viel größer. Ich weiß es nicht. Doch obwohl seine Wirkung auf mich nachgelassen hat, habe ich ein mulmiges Gefühl und spüre Angst in mir aufsteigen, als ich am Tor vorbei zum Haupthaus fahre. In mir ringen zwei Sehnsüchte miteinander: Ich will weg, und ich will bleiben. Beides kann ich nicht haben, und ich weiß nicht, ob ich die richtige Entscheidung treffe.

Ich spare mir die Mühe, hinter dem Haus zu parken. Mir bleibt eine Stunde, bis Ginny vom Tanzunterricht mit Ellie zurückkommt, Malcolm ist im Büro. Ich würde die Kartons lieber nicht durch zwei Flügel und den Personalflur schleppen müssen. Es kommt mir merkwürdig, aber irgendwie notwendig vor, an der Haustür zu klingeln und zu warten. Felix öffnet in Rekordzeit.

»Sie müssen nicht klingeln«, sagt er.

»Ich glaube, doch«, sage ich. »Und wenn nur, um mir klarzumachen, dass das hier nicht mehr mein Zuhause ist.«

»Wie fühlt sich das an?« Er tritt zur Seite und lässt mich herein.

»Seltsam, aber es tut nicht weh.« Ich blinzele und überlege, wie ich es am besten ausdrücke. »Es fühlt sich richtig an. Das ist das Komische.«

Er nickt und lächelt verständnisvoll. »Sie haben sich verändert.«

»Ich glaube, ich habe mich hier nie zu Hause gefühlt«, gestehe ich.

Felix hält inne, als würde er darüber nachdenken, geht aber nicht weiter darauf ein. »Und Ihre neue Wohnung im Eaton? Wie ist es dort?«

»Wie in einem Hotel.« Vermutlich wird das immer so bleiben. Ich überlege schon, ob ich die Wohnung nicht verkaufen und mir irgendwo in der Nähe vom Verlag ein kleines Haus kaufen sollte. Nichts Schickes. Nur etwas, das mir gehört.

»Es wird besser.«

»Ich sollte anfangen. So kann ich auf der Arbeit nicht rumlaufen«, sage ich grinsend und deute auf meine Leinenshorts und das Tanktop, das ich angezogen habe, um meine Habseligkeiten einzupacken. »Wahrscheinlich nehme ich heute nur ein paar Sachen mit, packe den Rest zusammen und lasse alles von jemandem abholen. Haben Sie meine Nachricht wegen der Kartons erhalten?« Ich habe überlegt, mir einen Transporter zu mieten, aber bei der Vorstellung, alles ins Eaton zu schleppen, habe ich es mir anders überlegt. Ich habe bereits eine Umzugsfirma ausfindig gemacht und einen Termin vereinbart.

»Ja, aber …« Felix zögert und klingt etwas angespannt. »Es ist etwas passiert.«

Ich mustere ihn mit schief gelegtem Kopf. Sein Adamsapfel zuckt nervös auf und ab. Normalerweise ist Felix nicht so ängstlich.

»Was ist los?«, frage ich. Ich hätte nicht gedacht, dass sich das mulmige Gefühl in meinem Bauch noch verstärken könnte, doch da habe ich mich getäuscht.

»Ihre Sachen sind schon zusammengepackt und auf den Speicher gebracht worden.« Er schüttelt den Kopf. »Ich habe versucht, Sie zu erreichen, als es passiert ist, aber Sie sind nicht ans Telefon gegangen. Nachdem Sterling hier war und Sie gesucht hat, hat Malcolm das Personal angewiesen, alles einzupacken. Als ich Ihre Nachricht erhalten habe, war es schon passiert. Ich hätte es Ihnen sagen sollen, aber ich habe mir Sorgen gemacht, dass Sie dann vielleicht nicht noch mal zum Haus kommen.«

»Ist das Ihr Ernst?« Ich rase die Treppe zu meinen Zimmern hinauf. Ganz bestimmt wäre ich nicht mehr hergekommen, wenn ich gewusst hätte, dass mein Bruder versucht hat, mich komplett aus dem Haus zu verbannen. Atemlos erreiche ich mein Schlafzimmer. Dort steht eine Handvoll Kartons unter einer Plane, die weißen Wände sind frisch gestrichen. Wie angewurzelt bleibe ich in der Tür stehen und starre auf das, wozu mein Leben gerade zusammengeschrumpft ist: ein leeres Zimmer und weiße Wände.

Felix tritt zu mir und legt mir einen Arm um die Schulter.

»Ich frage mich, in welchem Karton meine Unterwäsche ist«, sage ich leise. Er zieht mich näher an sich.

»Die Mädchen haben alles beschriftet. Ich finde sie«, verspricht er.

Wie konnte mein Bruder das tun? Ich habe alles für meine Familie aufgegeben – für ihn, Ginny und Ellie. Ich habe unseren Vater ertragen. Ich habe alles getan, was man von mir verlangt hat. Und das erste Mal, dass ich es wage, die Grenzen zu übertreten, die sie mir gesetzt haben, werde ich zusammengepackt und auf den Speicher verfrachtet. Ich taumele nach vorn und reiße die Plane herunter. Darunter befinden sich drei Kartons, und auf allen dreien steht: »Müll«. Ich reiße das Klebeband ab, öffne den ersten und finde stapelweise alte Notizhefte. Mir steigt die Galle hoch. Ich weiß nicht, was schlimmer ist: Dass er beinahe meine alten Tagebücher weggeworfen hätte oder dass er sie wahrscheinlich gelesen hat. Ich öffne die anderen beiden Kartons und finde Bücher und Fotos, sogar ein gerahmtes Bild von mir mit meiner Mutter, das wenige Monate vor ihrem Tod entstanden ist.

»Was haben sie auf den Speicher gebracht?« Meine Stimme überrascht mich, sie klingt Millionen Meilen weit entfernt. Mit meinen Tagebüchern in der Hand drehe ich mich zu Felix um.

Entsetzt starrt er auf die Fotografien und Notizhefte. »Wenn ich gewusst hätte …«

»Ich weiß«, unterbreche ich ihn. Felix hätte niemals zugelassen, dass sie meine Vergangenheit auf diese Weise entsorgen, wenn man ihn einbezogen hätte. Das kann nur eins bedeuten. »Er hat es ihnen befohlen. Er hat dem Personal gesagt, dass sie das wegwerfen sollen.«

Irgendwo auf dem Speicher werde ich Kartons mit Kleidung und Schuhen finden. Sachen, die ich brauche, aber die man ersetzen kann. Was Malcom mir fast genommen hätte, ist unbezahlbar, und das weiß er.

»Warum hasst er mich?«, frage ich Felix mit leiser Stimme. »Was habe ich getan?«

»Sie hatten den Mut zu gehen.« Felix legt mir die Hände auf die Schultern und dreht mich zu sich herum. »Diesen Mut hat er nie gehabt. Sein ganzes Leben lang ist er den Fußstapfen Ihres Vaters gefolgt. Selbst jetzt noch. Aber Sie? Sie haben sich von alledem distanziert. Sie haben sich allein auf den Weg gemacht.«

»Das ist nicht der einzige Grund.« Ich riskiere einen Blick zu Felix. »Wir wissen beide, dass es um denjenigen geht, der nicht mehr hier ist. Aber wie konnten sie mich dafür hassen?«

»Liebe ist ein schwieriges Thema in Ihrer Familie.«

»Für mich auch.« Meine Gedanken wandern zu Sterling. Ich weiß, wie sich Liebe anfühlt, weil in den letzten fünf Jahren kein Tag vergangen ist, an dem ich nicht an ihn gedacht habe, an dem ich ihn nicht geliebt habe. Das Problem ist, dass ich wie meine Familie nie wusste, was ich mit diesen Gefühlen anfangen sollte.

»Der Trick ist, jemanden zu finden, der die Liebe wert ist«, erklärt Felix. »Finden Sie jemanden, der Sie herausfordert. Der das Beste in Ihnen zum Vorschein bringt. Jemanden, zu dem Sie nach Hause kommen und von Ihrem Tag erzählen wollen. Jemanden, mit dem Sie über alles reden können.«

Meine Gefühle schnüren mir die Kehle zu und hindern mich daran, etwas zu erwidern. Felix seufzt.

»Vermutlich steht es mir nicht zu, anderen Beziehungsratschläge zu geben«, gibt er zu.

»Ich bin keine Expertin, aber das schien mir ein guter Ratschlag zu sein. Vielleicht sollten Sie Maria anrufen«, sage ich bedeutungsvoll.

Als ich seine ehemalige Geliebte erwähne, eine Grundschullehrerin, senkt Felix den Blick. Sie hatten über Jahre eine On-off-Beziehung, doch jetzt hat er seit Monaten keinen Kontakt mehr zu ihr. »Ich fürchte, der Zug ist abgefahren – nach Memphis.«

»Wie bitte?«

»Ich habe zu lange gewartet«, sagt er. »Sie wollte Familie, und ich war noch nicht bereit.«

Er lügt. Felix hätte weggehen, Maria heiraten und für immer mit ihr glücklich werden können. Stattdessen ist er hiergeblieben, um mir nach dem Tod meiner Mutter beizustehen. Dann war Sterling gegangen, und ich nach London gezogen. »Sie haben gekündigt, bevor ich nach England gezogen bin. Warum sind Sie dann doch geblieben?«

»Ihr Vater hat mich gebeten, noch ein bisschen zu bleiben, bis er einen Ersatz gefunden hätte. Das war eine verständliche Bitte«, sagt Felix, »und Maria hatte kein Problem damit – bis ich meine Meinung geändert habe und bleiben wollte.«

»Aber warum haben Sie Ihre Meinung geändert?« Warum war er geblieben? Warum war er nicht geflohen? Er hatte das glückliche Leben, das er mit Maria hätte haben können, aufgegeben und stattdessen jahrelang unter dem schimpflichen Verhalten meines Vaters gelitten.

»Sie wissen, warum«, flüstert er. »Ich konnte es nicht ertragen, dass Sie sich bei Ihrer Rückkehr allein mit Ihrer Familie auseinandersetzen müssen.« Er hatte mir gegenüber noch nie zugegeben, was wir beide wussten. Felix war meinetwegen geblieben. Meinetwegen und wegen Ellie, Ginny und Malcolm – und was hatte er davon?

»Das hätten Sie nicht tun sollen.«

Ein zartes Lächeln umspielt seine Lippen. »Ich würde es sofort wieder tun.«

Und jetzt sitzt er hier fest, weil mein Vater ihn in seinem Testament zum Treuhänder von Windfall ernannt hat, bis Ellie alt genug ist, ihr Erbe anzutreten. »Man wird Sie schrecklich behandeln.«

»Ich tue es nicht für Ihren Bruder.«

»Danke.« Mehr kann ich ihm nicht geben für das Opfer, das er gebracht hat.

»Bringen wir die in Ihren Wagen«, schlägt er vor.

Ich nehme einen Karton, Felix die beiden anderen. Wir sind gerade auf der Hälfte der Treppe, als Malcolm durch die Haustür stürmt.

»Was machst du da?«, bellt er.

»Ich hole meine Sachen.« Ich zwinge mich weiterzugehen, aber sobald ich unten ankomme, stellt er sich mir in den Weg.

»Du hast nicht darum gebeten, das Haus betreten zu dürfen.«

»Sie muss nicht darum bitten«, schaltet sich Felix in warnendem Ton ein. Es sieht ihm nicht ähnlich, sich mit meinem Bruder anzulegen. Doch nachdem er jetzt für Ellies Erbe verantwortlich ist, kann Malcolm ihn nicht feuern.

»Ihr gehört dieses Haus nicht«, sagt Malcolm und versucht, mir den Karton wegzunehmen. »Oder irgendetwas, das sich darin befindet.«

»Dir auch nicht.« Ich schwinge den Karton zur Seite und gehe um ihn herum.

»Es ist meine Schuld«, sagt Felix und versucht, die Wut meines Bruders auf sich zu lenken.

Es funktioniert. Malcolm wendet sich an ihn. »Ich kann nicht fassen, dass Sie sie hereingelassen haben, nachdem ich Sie ausdrücklich angewiesen habe, es nicht zu tun.«

»Moment.« Ich bleibe stehen und setze den Karton auf einem Beistelltisch ab, ehe ich noch die Fassung verliere und ihn auf Malcolm schleudere. »Du hast ihm befohlen, mich nicht ins Haus zu lassen?«

»Das Haus mag mir nicht gehören«, zischt Malcolm, »aber dir auch nicht. Es gehört meiner Tochter.«

»Deiner Tochter?«, wiederhole ich und spüre, wie ein gefährliches Gefühl in mir die Oberhand gewinnt. »Vielleicht sollte ich *sie* fragen, ob ich kommen darf. Das ist so typisch für dich, dass du Ellie da mit hineinziehst. Halte sie aus unseren Problemen heraus. Felix ist ihr Treuhänder. Er kann entscheiden, wer hier willkommen ist.«

»Vorerst«, sagt er und wirft Felix einen sarkastischen Blick zu.

Mein Herz schlägt wie eine Kriegstrommel und warnt mich, dass ich gleich etwas Schreckliches erfahren werde. »Was soll das heißen?«

»Ich habe einen Antrag bei Gericht eingereicht, Felix als Treuhänder von Ellies Vermögen zu ersetzen. Ich bezweifle, dass man einem Vater widersprechen wird, der die Interessen seines Kindes schützen will.«

Seine Worte treffen mich so, als hätte er auf mich geschossen. Als ich mit dem Finger auf ihn zeige, zittert meine Hand vor Wut, so wütend bin ich noch nie in meinem Leben gewesen. »Du hast dich noch nie um ihre Interessen geschert. Nicht, seit sie auf der Welt ist. Du dachtest, ein Baby würde dir dein Erbe sichern, und jetzt, wo das nicht geklappt hat …«

»Mach mich hier nicht zum Bösewicht, Adair«, fällt er mir ins Wort. »Tu nicht so, als würdest du dich mehr für sie interessieren als ich. Du hast dieses Haus verlassen.«

»Ich werde nicht zulassen, dass du sie um ihr Geburtsrecht bringst«, zische ich. »Ich habe mein Erbe nicht aufgegeben …«

»Nein, das hast du nicht«, unterbricht er mich erneut. »Er hat es dir weggenommen – und das hast du nicht anders verdient!«

Seine Worte prallen an mir ab. Ich hatte jahrelang Zeit, mich damit abzufinden. »Warum interessiert dich das Haus überhaupt? Lass es doch auf ihren Namen laufen. Wohne hier. Felix wirft dich nicht raus.«

»Das geht dich nichts an.«

»Ach, nein?«, fordere ich ihn heraus. »Was, wenn ich beschließe, dass es mich sehr wohl etwas angeht? Was, wenn ich ebenfalls Ansprüche auf das Erbe erhebe?«

»Das wagst du nicht.« Er macht einen drohenden Schritt auf mich zu.

»Nenn mir einen guten Grund, warum ich das nicht tun sollte«, sage ich.

»Weil ich heute Morgen das Almosen, das unser Vater uns hinterlassen hat, eingesetzt habe, um wieder an Einfluss in der Firma zu gewinnen. Der einzige Weg, den Deal durchzuziehen, ist, Windfall zu verkaufen.«

Ich höre, wie hinter mir jemand nach Luft schnappt, und fahre herum. In der Tür steht Ginny mit Ellie an der Hand.

Sie zerrt ihre Tochter, die noch in Strumpfhosen und Trikot ist, mit zu uns. »Das hast du nicht getan!«

»Soll ich mir etwa die Chance entgehen lassen zurückzubekommen, was meine Familie aufgebaut hat?«, brüllt Malcolm.

»Aber wie?«, stammelt Ginny und wird unter seinem wütenden Blick ein Stück kleiner. Ellie klammert sich an sie, doch ihr Blick ist auf mich gerichtet.

Ich lächele, in der Hoffnung, dass sie das beruhigt, aber sie versteckt ihr Gesicht hinter der Tasche ihrer Mutter. Malcolm ist nicht der Einzige, der wütend ist, dass ich gegangen bin.

»Sobald wir das Haus verkauft haben, ist alles gut«, sagt Malcolm und rückt seine Krawatte zurecht. Ich widerstehe dem Drang, sie zu packen und ihn damit zu erwürgen.

»Aber wo werden wir wohnen, und wie sollen wir das überhaupt machen? Haben Sie ihm die Erlaubnis dazu gegeben?« Ginny wendet sich mit aufgewühlter Miene an Felix.

»Nein«, antwortet Felix fest.

»Die Anwälte arbeiten daran, Felix als Ellies Treuhänder zu ersetzen«, erklärt Malcolm. »So ist es besser. Dann haben wir das Sagen. Wir finden ein kleineres Haus und machen den Familiennamen wieder zu dem, was er einmal war.«

Und in dem Moment begreife ich, warum er das macht. Ich habe mich geirrt. Malcolm hält sich nicht mehr an das Drehbuch, er schreibt sein eigenes. Er will sich profilieren, genau wie ich. Auch wenn er gegen das fragwürdige Testament meines Vaters vorgeht, hält er sich doch an die wichtigste Regel der MacLaines: Wenn wir ihm im Weg stehen, macht er uns alle platt. In seinem Bemühen, sich von unserem Vater zu befreien, wird er genauso schrecklich.

»Wir sollten das später besprechen«, sage ich sanft und beobachte immer noch Ellie, die sich mit ängstlichem Blick halb hinter Ginny versteckt.

Malcolm dreht sich mit hasserfüllter Miene zu mir um. »Du gehörst nicht mehr zu dieser Familie. Es gibt nichts zu besprechen. Verschwinde aus diesem Haus.«

»Nein!« Ellie springt hinter ihrer Mutter hervor, läuft zu mir und schlingt die kleinen Arme um mein Bein. »Geh nicht, Tante Dair!«

»Siehst du, wie du sie verwirrst, wenn du herkommst?«, wirft Ginny mir vor und packt Ellie an der Schulter, um sie von mir fortzuziehen.

Ich schiebe ihre Hand weg und lege schützend den Arm um das kleine Mädchen. »Nicht.«

Ellie sieht mit Tränen in den Augen zu Ginny hoch. »Ich bin doch brav. Genau, wie du gesagt hast.« Sie dreht sich zu mir und sagt mit flehender Stimme. »Ich habe es versprochen. Ich habe ihr gesagt, ich würde mich benehmen, damit du nicht wieder gehen musst.«

»Was hast du ihr erzählt?«, frage ich Ginny entsetzt.

»Die Wahrheit. Dass ihre Tante sie verlassen hat und nicht mehr zurückkommt.«

»Wie konntest du nur?«

»Ich bin ihre Mutter. Ich bin alles, was sie braucht.« Ginny reißt Ellie von mir weg, aber die macht sich von ihr los und klammert sich wieder an mich.

»Verlass mich nicht«, schluchzt sie.

Ich starre meinen Bruder und seine Frau an, dann sehe ich verwirrt zu Felix. Schließlich blicke ich zu Ellie hinunter. Wenn ich hierbleibe, macht das für Ellie alles nur noch schlimmer. Zumindest auf kurze Sicht. Mir ist klar, dass ich keine Wahl habe. Ich darf nicht zulassen, dass Malcolm Windfall verkauft, und ich darf mich nicht darauf verlassen, dass sie Ellies Interessen wahren.

Ich gehe auf ein Knie hinunter und lege die Arme um Ellie, dann sehe ich in ihre tränennassen Augen. Dass ich sie hier zurücklassen muss, bereitet mir im ganzen Körper Schmerzen. »Für heute muss ich gehen, aber ich komme zurück. Ich werde dich niemals verlassen.« Mit dem Finger male ich ein kleines Herz auf ihre Brust. »Ich bin immer da.«

Sie legt ihre weiche Hand auf meine Brust. »Und ich bin da?«

Ich unterdrücke ein Schluchzen. »Immer.« Ich umarme sie fest und schließe die Augen, damit ich Ginnys gehässigen Gesichtsausdruck nicht sehen muss. »Felix wird sich um dich kümmern, und ich besuche dich, bevor du mich überhaupt vermissen kannst.«

»Versprochen?«, fragt sie mit ihrer Kinderstimme.

»Wage es ja nicht«, warnt Ginny mich. »Wage es ja nicht, Ja zu sagen. Du hast kein Recht dazu.«

Ich lasse Ellie los, und sie läuft zu Felix. Ich stehe auf, nicke ihm zu, und er nimmt sie auf den Arm. »Wollen wir doch mal sehen, ob wir einen Cookie für dich finden.«

Zum Glück gibt es Felix und seine Cookies. Ich warte, bis sie gegangen sind.

»Ich habe jedes Recht«, erkläre ich ihr. Ginny öffnet den Mund, um zu widersprechen, doch ich lasse es nicht zu. »Sag es ihr, Malcolm.«

Ginny erblasst und dreht sich zu ihrem Mann um. »Was meint sie damit?«

Malcolm strafft die Schultern und ignoriert sie, um mich voller Hass anzustarren. »Verschwinde von hier.«

»Du hörst von meinen Anwälten«, sage ich.

Darüber lacht er doch tatsächlich. »Du hast keine Anwälte. Die Familie hat Anwälte, und ich glaube, ich habe ziemlich deutlich gemacht, dass du nicht länger zu dieser Familie gehörst.«

»Ich habe mein ganzes Leben lang in Valmont gelebt«, erinnere ich ihn. »Ich kenne eine Menge Anwälte.«

»Ich werde dich mit Prozessen überschütten«, droht er. »Damit kommst du nicht durch. Du hast nicht die Mittel, um mit mir um dieses Haus zu kämpfen.«

»Das Haus will ich nicht«, sage ich leise. »Ich will, was mir gehört, und ich kenne jemanden, der über die Mittel verfügt, mir zu helfen.«

»Sterling Ford?«, vermutet er. »Was meinst du, wer die Firmenanteile an mich zurückverkauft? Er denkt nur an sich.«

»Wie bitte?« Ich kann nicht fassen, was er da sagt. Warum sollte Sterling sein Interesse an MacLaine Media jetzt aufgeben? Ich muss ihn aufhalten. Ich muss ihm erklären, was auf dem Spiel steht.

»Du weißt, was für ein Mensch er ist«, sagt Malcolm. »Ich wusste es vom ersten Moment an. Er ist skrupellos, kalt und manipulativ. Er wäre ein besserer MacLaine als du.«

Ruhig gehe ich zu den Kartons, die Felix abgestellt hat, als er mit Ellie in die Küche gegangen ist. Ich hebe sie hoch und bringe sie zu dem anderen Karton auf dem Tisch. Es ist etwas schwierig, alle drei zu tragen, aber ich kann sie nicht zurücklassen. Nicht wenn ich weiß, dass er sie wegwerfen wird, ehe ich wiederkommen und sie holen kann.

Als ich die Tür erreiche, taste ich nach der Klinke und schaffe es so gerade, sie zu öffnen, während Ginny und Malcolm mir ungerührt zusehen.

Kaum bin ich aus der Tür, ruft Malcolm mir hinterher: »Du kannst nichts sagen, was seine Meinung ändert. Die Sache ist besiegelt.«

Ich halte mich nicht mit einer Antwort auf. Ich muss gehen, bevor er merkt, dass er mich mit allem aus dem Haus hat gehen lassen, womit ich ihn vernichten kann. Er denkt, es gibt nichts, was ich tun kann, um Sterlings Meinung über den Verkauf der Firma zu ändern? Das werden wir ja sehen.

27

STERLING

Ich habe den Verstand verloren. Anders ist nicht zu erklären, was ich gerade getan habe. Als ich Laird & Wharton verlasse, achte ich nicht auf das vibrierende Smartphone in meiner Hosentasche. Wahrscheinlich ist es Sutton, die mich wieder davon abhalten will, die Dokumente zu unterschreiben. Ich kann es ihr nicht verübeln. Wenn mir jemand vor zwei Monaten gesagt hätte, was ich heute tun würde, hätte ich es nicht geglaubt.

»Mr. Ford.« Cameron Laird, meine neue Anwältin, stürmt mit einer Akte in der Hand aus dem Gebäude. »Das haben Sie vergessen. Es sind die Kopien von Ihren Dokumenten. Sobald wir die letzten Unterschriften erhalten, können wir die Sache voranbringen.«

Ich nehme ihr die Akte ab und klemme sie mir unter den Arm. »Danke, Miss Laird.«

»Darf ich Sie Sterling nennen?«, fragt sie, streicht sich eine blonde Strähne aus den Augen und steckt sie sich hinters Ohr. Es ist das Einzige an Ms. Laird, das nicht an seinem Platz ist. Ansonsten ist sie von ihrem nüchternen schwarzen Hosenanzug bis hin zu den schlichten Diamantohrringen und dem sorgfältig frisierten Haar ganz Geschäftsfrau. Darum überrascht mich ihre Frage.

»Meine Freunde tun das«, sage ich.

»Sterling, als Ihre Freundin«, hebt sie an und stemmt eine Hand auf ihre Hüfte, »nicht als ihre Anwältin, darf ich Sie fragen, ob Sie sich sicher sind? Ich will nicht, dass Sie einen Fehler machen. Sie würden mehr verdienen, wenn Sie einen privaten Broker beauftragten, einen zuverlässigen Investor zu finden.«

»Hier geht es nicht um Geld«, sage ich.

»Ich dachte, es geht immer um Geld.« Sie verzieht die blutroten Lippen zu einem amüsierten Lächeln. »Wenn es nicht um Geld geht, geht es um Liebe. Wie dem auch sei, wenn Sie das durchziehen, sind Sie verrückt.«

»Glauben Sie mir, ich bin verrückt, wenn ich es nicht tue.«

Sie sieht auf ihre Armbanduhr. »Ich muss wieder rein zu meinem nächsten Termin. Wir hören uns.« Sie macht einen Schritt, dann zögert sie. »Denken Sie noch mal darüber nach.«

Ich nicke, aber ich weiß, dass weder sie noch irgendjemand anders mich von meinem Vorhaben abbringen wird. Ich habe mich bei MacLaine Media eingekauft, um es zu zerstören. Das haben Angus und Malcolm MacLaine verdient. Sie verdienen es immer noch, aber ich kann meinen Plan nicht durchziehen, ohne Adair zu schaden. Darum habe ich keine andere Option, und ich habe keine Lust, diese Bürde weiter mit mir herumzuschleppen.

Als mein Telefon zum dritten Mal klingelt, hole ich es aus der Tasche. Es wird Zeit, mich der Realität zu stellen.

»Wo bist du gewesen?«, fragt Sutton, kaum dass ich mich melde.

»Ich war in einem Meeting.« Ich gehe die Market Street hinunter und klemme das Telefon zwischen Ohr und Schulter, um nach meinem Schlüssel zu suchen.

»Sag mir, dass du nicht gerade Millionen abgeschrieben hast.«

»Habe ich nicht.« Das ist die Wahrheit. Ich habe nichts unterschrieben. Noch nicht. »Wer hat dir das erzählt?«

»Luca hat mir gesagt, wo du bist«, sagt sie.

»Warum sprichst du mit Luca?«

»Weil er meine Anrufe annimmt.«

Stirnrunzelnd nehme ich mir vor, mit meinem besten Freund wegen meiner kleinen Schwester ein ernstes Wörtchen zu sprechen. Ich weiß, dass Luca gern mit ihr zusammen ist, aber es ist gefährlich für sie, einem DeAngelo zu nahe zu kommen.

»Du weißt, was diese Familie getan hat«, fährt sie fort. »Was sie nicht nur dir angetan hat. Die sind schrecklich. Sie verdienen keine zweite Chance.«

Ich bleibe ein Stück vor meinem Aston Martin stehen. »Ich gebe ihnen keine zweite Chance.«

Ich kann nicht von ihr erwarten, dass sie das versteht. Sie ist zu jung, um mit dieser Welt Erfahrungen gemacht zu haben. Bevor ich ihr das sagen kann, fällt ein Schatten in meinen Weg. Ich sehe hoch in ein vertrautes Augenpaar, das zu einer muskulösen, einen Meter neunzig großen Gestalt gehört, der ich nicht begegnen möchte.

Nikolai Kolzow. Wenn man zufällig ein Mitglied der Semsynowej Bratwa auf der Straße trifft, bleibt man stehen. Einer Begegnung mit einem der Kolzow-Brüder geht man nicht aus dem Weg. Wie beim Rest seiner Familie – zumindest bei denjenigen, die ich kenne –, ist vom Hals abwärts jeder sichtbare Zentimeter seiner Haut mit Tattoos bedeckt. Ein Streifen blonder Haare ist glatt aus dem Gesicht zurückgekämmt, die Seiten seines Schädels sind kahl rasiert. Er verschränkt die Arme, und der Stoff des blauen Sakkos spannt sich über den Muskeln, die er in seiner Jugend aufgebaut hat, als er immer wieder ins Gefängnis musste.

»Hey, ich muss Schluss machen«, sage ich zu Sutton, ignoriere ihren Protest und lege auf. »Es ist lange her.«

»Und viele Meilen.« Sein Akzent ist kaum zu hören, denn er hat fast sein ganzes Leben lang in Amerika gelebt. Die Geschäfte seiner Familie werden allerdings so häufig auf Russisch abgewickelt, dass ein leichter Akzent geblieben ist.

»Dass wir uns hier treffen«, sage ich. »Es sei denn, das ist kein Zufall.« Am besten, ich stelle mich dumm, um Zeit zum Nachdenken zu gewinnen. Das Schlimmste, was ich tun kann, ist, die kleine Neun-Millimeter zu ziehen, die ich unter dem Arm trage. Nikolai ist mit Sicherheit bewaffnet, und er ist sehr wahrscheinlich genauso schnell wie ich.

»Kein Zufall«, sagt er, »aber ich glaube, das weißt du schon.«

Es war klar, dass ich einem Kolzow nichts vormachen kann. Mein Zeigefinger zuckt. »Was ist es dann?«

»Ein Höflichkeitsbesuch«, antwortet er.

Damit habe ich nicht gerechnet. Ich blinzele. Noah scheint sich ziemlich sicher zu sein, dass die Kolzows mich umbringen wollen. Nach allem, was ich über die Bratwa weiß, war ich geneigt, ihm zu glauben.

»Ein Informant hat deinen Namen genannt.« Er pflückt einen Fussel von seinem Ärmel, wobei ich vier verschiedene

Kreuze sehe, die in seine Knöchel gestochen sind. »Normalerweise würden wir dich umbringen.«

Ich hebe die Augenbrauen. Das läuft eindeutig nicht wie erwartet. »Aber heute ist mein Glückstag?«

»Wir sind dir was schuldig«, erklärt er.

»Ach, ja?« Ich krame in meinem Hirn nach einem Grund, warum die Kolzows mir etwas schuldig sein sollten, doch mir fällt nichts ein.

»Ein paar von uns«, sagt er. »Nicht alle Brüder sind sich in diesem Punkt einig, aber sie sind bereit, ein Auge zuzudrücken, wenn du verschwindest. Zumindest, bis die Sache geklärt ist.«

»Und wie lange wird das dauern?«, frage ich angespannt.

»Wochen. Jahre. Wer weiß?«

»Ich kann nicht verschwinden«, sage ich. »Aber ich habe kein Interesse, deiner Familie zu schaden. Du hast mein Wort.«

Nikolai streicht sich mit dem Daumen über die Lippe und schüttelt den Kopf. »Leider bedeutet dein Wort nicht viel. Nichts für ungut.«

»Kein Problem.« Ich weiß die geschäftliche Seite dieser Verhandlung zu schätzen. »Und wenn ich nicht gehe?«

»Ich fürchte, meine Brüder sind schon ziemlich ungeduldig. Sie haben in den letzten Wochen viel über dich herausgefunden«, sagt er. »Und sie meinen, sie könnten dich leicht motivieren, deine Meinung zu ändern.«

»Wie?«

»Deine Familie ist hier in Tennessee, oder?«

»Ich rate euch, euch von meiner Schwester fernzuhalten«, sage ich kühl. Ich nehme mir vor, Sutton innerhalb der nächten vierundzwanzig Stunden in ein Flugzeug in irgendein tropisches Land zu setzen.

»Nein, wir respektieren die Liebe eines Bruders zu seiner Schwester, aber es gibt noch andere, die dir nahestehen. Dein Blut, wenn du so willst«, sagt er. »Dein Vater, diese Frau, Adair MacLaine und …«

»An deiner Stelle würde ich aufhören.«

»Und ich an deiner Stelle«, sagt er und beugt sich zu mir vor, »würde die Stadt verlassen. Ich habe gehört, London soll um diese Jahreszeit sehr schön sein.«

»In London ist es um diese Zeit ziemlich heiß«, sage ich ausdruckslos.

Lachend holt er eine Sonnenbrille hervor und setzt sie auf. »Nicht so heiß wie in der Hölle, Mr. Ford.«

An guten Tagen herrscht in Nashville nachmittags nur dichter Verkehr, an schlechten Stau. Heute liegt irgendwo dazwischen: Eine endlose Autoschlange quält sich langsam voran. Verzweifelt haue ich mit der Faust auf die Hupe, und der Typ vor mir zeigt mir den Mittelfinger. Kurz stelle ich mir vor, aus dem Vanquish zu steigen, den Mann aus seinem Scheiß-Kia zu zerren und auf ihn einzuprügeln, bis ich meinen Frust abgebaut habe. Ich zwinge mich, mich auf etwas anderes zu konzentrieren, beuge mich über das Lenkrad und entdecke vor mir eine freie Parklücke. Ich lege mich auf die Hupe, lasse den Motor aufheulen und stupse gegen die Stoßstange des Kerls vor mir. Ich sehe, wie er flucht, hupe aber einfach noch mal, bis er ein Stück vorfährt. Es dauert ein paar Minuten, aber Stück für Stück nähere ich mich der Parklücke, bis ich endlich einbiegen kann.

Ich springe aus dem Wagen und ignoriere die Leute, die die Fenster heruntergefahren haben, um mich anzuschreien. Ich ziehe mein Sakko aus und werfe es auf den Rücksitz, dann laufe ich los und merke erst da, dass ich mein Waffenholster angelassen habe. Meine Neun-Millimeter schlägt gegen meine Rippen, doch das ignoriere ich. Das Eaton liegt nur sieben Blocks entfernt Richtung Norden. In Laufschuhen braucht man dafür vielleicht fünf Minuten, in Berlutis brauche ich zehn.

Der Concierge hält inne, als ich vollkommen aufgelöst von meinem spontanen Lauf in der Hitze des Südens in die Lobby stürme. »Kann ich Ihnen helfen, Sir?«

Aber ich bin schon bei den Aufzügen und rufe ihm über die Schulter zu: »Ich weiß, wo ich hinwill«, während ich mehrmals auf die Taste drücke, um den Fahrstuhl zu rufen.

Ein Paar, das in der Nähe wartet, entfernt sich langsam. Die Türen öffnen sich, und die Leute machen Anstalten auszusteigen, erstarren jedoch, als sie mich sehen. Ich trete zur Seite und schlüpfe in die Kabine, sobald sie leer ist. Niemand versucht, mit mir einzusteigen. Im Fahrstuhl überlege ich, meine Waffe zu ziehen. Nikolai hat Adair bedroht. So viel weiß ich. Es kam mir jedoch eher wie ein Ultimatum als wie eine direkte Drohung vor. Ich werde mich allerdings erst entspannen, wenn ich sie sehe. Auf ihrem Flur ist es ruhig, und ich muss mir überlegen, was ich mache, wenn sie nicht öffnet. Sie könnte im Verlag oder mit Poppy unterwegs sein, aber das weiß ich nicht. Sie nimmt meine Anrufe ja nicht an.

Ich klopfe an die Tür, bis ich ein gereiztes »Komme« von innen höre. Mit großer Erleichterung höre ich ihre Stimme. Sie reißt die Tür auf und stemmt die Hände auf die Hüften –

sie ist barfuß, und das Haar fällt ihr offen über die Schultern. Sie öffnet den Mund, um mich zusammenzustauchen, doch dafür habe ich keine Zeit.

In Sekundenschnelle ziehe ich sie in meine Arme, in der nächsten presse ich meine Lippen auf ihre. Ihre Hände liegen flach auf meiner Brust, doch anstatt mich wie erwartet zurückzustoßen, krallt sie die Finger in mein Hemd und zieht mich näher. Sie drängt sich an mich, und ihr Körper schmiegt sich an meinen. Ganz gleich, wie viel Zeit vergeht, egal, wie sehr sie sich verändert – wir haben immer und werden immer perfekt zusammenpassen. Meine Hände gleiten nach unten, und ich hebe sie mit einer geschmeidigen Bewegung hoch, drehe mich um und schließe mit dem Fuß die Tür hinter uns. Der Kuss wird leidenschaftlicher, verzweifelter. Als wir uns schließlich voneinander lösen, sind Adairs Lippen leicht geschwollen, und ihr ist der Schweiß auf die Stirn getreten.

»Wieso hast du das gemacht?«, fragt sie atemlos.

Weil du lebst, denke ich, doch es ist wohl besser, das nicht laut auszusprechen. Ich lehne meine Stirn gegen ihre. »Weil ich dich küssen musste.«

»Musstest?«, murmelt sie.

»Ein besseres Wort habe ich nicht. Man hat noch keins erfunden. Vermutlich weil noch nie jemand einen anderen Menschen so sehr geliebt hat.«

»Du liebst mich?«, fragt sie.

»Das weißt du doch.« Ich stehle ihr noch einen Kuss, um sie noch einmal zu spüren.

»Ich war mir nicht sicher, ob *du* es weißt.«

»Du hast dich nicht gewehrt«, sage ich. Ich kann mich nicht überwinden, sie loszulassen.

»Du hattest das Überraschungsmoment auf deiner Seite.« Sie betrachtet mein derangiertes Erscheinungsbild. »Was ist passiert …?«

»Das ist eine lange Geschichte.« Ich lockere meinen Griff um sie ein bisschen. Dann bemerke ich die Unordnung in ihrem Wohnzimmer. »Was zum Teufel ist hier passiert, Lucky?«

»Nichts«, sagt sie schnell und macht sich von mir los. »Ich habe ein paar Dinge aus Windfall geholt und bin sie durchgegangen.« Sie hebt ein paar Sachen vom Boden auf und wirft sie in offene Kartons.

Ich ziehe fragend die Augenbrauen hoch. Es sieht aus, als hätte ein Sturm gewütet und nicht, als würde sie ein paar Unterlagen durchgehen. »Suchst du etwas?«

»Ja«, sagt sie gedankenverloren, dann schüttelt sie den Kopf. »Ich meine, nicht wirklich. Malcolm … ach, weißt du was? Das ist auch eine lange Geschichte.« Sie unterbricht ihr eiliges Aufräumen und dreht sich zu mir um. »Hast du Malcolm angeboten, ihm deine Anteile an MacLaine Media zu verkaufen?«

So wollte ich dieses Gespräch mit ihr nicht führen, aber ihrem Ton nach zu urteilen, weiß sie es bereits. »Ich habe ihm gesagt, er soll mir ein Angebot machen.«

Adair schließt die Augen und klammert sich an eine Stuhllehne. »Warum machst du das?«

»Ich habe nicht gesagt, dass ich sein Angebot annehme.« Ich gehe zu ihr, wobei ich vorsichtig über die Papiere, Bücher und Fotos steige, die auf dem dunkelblauen Teppich verstreut sind. »Eigentlich wollte ich einen anderen potenziellen Investor aufsuchen.«

Sie reißt die Augen auf. »Wen?«

»Ist das nicht offensichtlich? Dich.«

Adair starrt mich mit offenem Mund an, während sie diese Information verdaut. »Mich?«

»Das wolltest du doch immer: die Macht haben.«

»Über mein Leben. Nicht über die Firma.«

»Es mag dir nicht gefallen, Lucky, aber du bist eine MacLaine. Diese Firma gehört dir genauso sehr wie ihm. Du willst die Macht? Nimm sie dir. Oder weise sie zurück. Das überlasse ich dir«, sage ich. »Du musst entscheiden, was du damit machst. Du bist genauso sehr eine MacLaine wie Malcolm. Dein Vater hätte dir nichts anderes vermitteln dürfen.«

In ihren grünen Augen sehe ich den Kampf, der in ihr tobt. Es ist keine leichte Entscheidung. Das war mir vorher klar. Aber sie muss sie treffen. Vielleicht wird sie mir nie wieder vertrauen. Vielleicht sind wir immer noch verdammt. Aber das kann ich ihr geben, wenn auch sonst nichts.

»Ich habe schon die Verträge aufsetzen lassen«, sage ich.

»Ich habe nicht das Geld, sie zu kaufen«, sagt sie leise. »Das weißt du doch.«

»Lucky, sie gehören dir. Das ist dein Geburtsrecht. Ich verkaufe sie dir nicht. Ich schenke sie dir.« Ich zögere, als mir klar wird, dass sie noch ein paar andere Dinge wissen sollte. »Ich halte allerdings nicht alle Anteile. Jack und Luca haben auch welche.«

»Das habe ich mir gedacht.« Sie ist zu Recht entrüstet. »Ich kann die Anteile nicht übernehmen. Sie gehören dir.«

»Du verstehst nicht.« Ich schiebe einen Finger in den Bund ihrer Hose und ziehe sie zu mir. »Alles, was ich habe – alles, was ich bin –, gehört dir.«

»Weiß die Bank das auch?« Sie lacht nervös, verstummt jedoch, als sie sieht, dass ich es ernst meine.

»Man wartet nur noch auf deine Unterschrift.«

Adair schiebt mich mit großen Augen weg. »Was sagst du da?«

»Ich meine es ernst«, sage ich. »Was ich auf die Karte geschrieben habe, war ehrlich gemeint. *Für immer.* Vielleicht ist das ein Scheißweg, es dir zu zeigen, aber was mir gehört, gehört dir. Alles. Du kannst mir helfen, mehr daraus zu machen, oder mich ruinieren, aber ich kann nicht leugnen, dass du zu mir gehörst, an meine Seite. Gleichberechtigt. Ich weiß, dass das wenig ist, aber es gehört dir.«

»Es ist alles«, flüstert sie.

»Ich habe nie gedacht, dass eine MacLaine sich mit so wenig zufriedengibt«, necke ich.

»Sterling.« Sie beißt sich auf die Unterlippe und sucht blinzelnd meinen Blick. »Was, wenn ich keine MacLaine mehr sein will?«

Bei der Bedeutung ihrer Worte wird mein Schwanz hart. »Was sagst du da, Lucky?«

»Es gibt so vieles, was ich dir erzählen muss, und ich habe noch immer Fragen …«

»Was sagst du da?«, wiederhole ich, ehe sie ihre Worte zurücknehmen kann.

Sie ist so atemlos, dass ich sie kaum verstehe. »Ich will keine MacLaine mehr sein. Ich will eine echte Familie haben. Ich will dich.«

»Komm her.« Ich ziehe sie in meine Arme, halte sie und genieße das Gefühl, durch sie ganz zu werden. Ihr Kopf passt in die Kuhle unter meinem Kinn, und ihr Duft – der Duft von Magnolien – steigt mir in die Nase und sagt mir, dass ich zu Hause bin.

Fast einen Monat lang habe ich mich damit verrückt gemacht, Adair meine Liebe zu beweisen. Jetzt habe ich es geschafft und weiß nicht genau, wie. Denn sie ist diejenige, die mich gerettet hat. Vor dem Wahnsinn. Vor dem Ruin. Ich habe mir fünf Jahre lang eingeredet, dass die Liebe nicht real wäre, habe geglaubt, dass sie eine Strafe verdient und dass ich dann von ihr frei wäre.

Aber jetzt erkenne ich die Wahrheit. Unsere Leben waren nie getrennt. Aber andere haben sich zwischen uns gestellt, und das haben wir zugelassen. Seither waren wir nur blasse Schatten unserer selbst, konnten jedoch nie von dem realen Leben lassen, dem wir kurz begegnet waren.

Ich lege die Hand um ihr Kinn und hebe ihren Kopf an. »Ich werde dich immer lieben.«

»Ich liebe dich auch, Sterling«, erwidert sie und streicht mit der Nase über mein Ohrläppchen.

»Fühlt es sich gut an, das noch mal zu sagen?« Ich hebe sie hoch auf meine Arme und trage sie ins Schlafzimmer.

»Gott, ja«, sagt sie und blickt aus ihren smaragdgrünen Augen direkt in meine Seele.

»Ich werde dir huldigen und dich anbeten, Lucky. *Jeden verdammten Zentimeter von dir.*« Ich muss ihr unbedingt einen Vorgeschmack auf das geben, was sie für den Rest ihres Lebens erwartet.

»Mhm?« Sie schenkt mir einen verträumten Blick und verzieht die Mundwinkel zu einem zufriedenen Grinsen. »Jeden Zentimeter also?«

»Du bist eine Göttin.« Ich trete rücklings durch die Tür ins

Schlafzimmer und lege sie aufs Bett. »Göttinnen verdienen es, angebetet zu werden.«

»Sollte ich mir Notizen machen?«, sagt sie neckend, aber ihr Blick ist bereits verhangen, und ihre Lippen zu einem perfekten Schmollmund geformt, bereit, geküsst zu werden.

Ich öffne meine Krawatte, löse sie und lege sie neben Adair aufs Bett. Das weckt sie ein wenig auf. Ihre Zunge zuckt über ihre Unterlippe, während ich nach dem obersten Knopf von meinem Hemd fasse.

»Fühl dich frei, gleich zum entscheidenden Teil zu springen«, sagt sie und zieht mir das Hemd aus der Hose, doch ich schiebe ihre Hand weg.

»Geduld«, murmele ich. Sie schmollt, aber ich lasse mir mit jedem Knopf Zeit, ohne auch nur eine Sekunde ihren Blick loszulassen. »Es gibt ein Huldigungsritual, Adair«, erkläre ich. »Gewisse Formalitäten, die eingehalten werden müssen.«

Diese Ankündigung wird mit einem skeptischen Blick quittiert. »Scheiß auf Formalitäten!«

Ich streife meine Schuhe ab und beuge mich hinunter, um mir langsam die Socken auszuziehen. Adair beobachtet mich und windet ungeduldig die Hüften. Sie beißt sich auf die Unterlippe und greift nach meiner Gürtelschnalle, und bei dem gierigen Ausdruck in ihren Augen wird mein Schwanz hart. »Oh, ich weiß nicht. Ich glaube, am Ende werden dir die Formalitäten gefallen.«

Auf ihrer cremefarbenen Haut erscheinen rötliche Flecken. Ich lege den Gürtel neben meiner Krawatte ab. Adairs Atem wird flach, als ich meine Hose öffne und sie auf den Boden fallen lasse. Sie richtet ihre grünen Augen auf meinen Schwanz, der aus meinen Boxershorts drängen will. Ich schiebe meine

Daumen unter den Bund und halte inne, um ihren Anblick zu genießen, wie sie auf dem Bett liegt und auf mich wartet. Ihre Beine sind aufgestellt, die Shorts um ihren knackigen Hintern straff. Sie hat eine Hand zwischen die zusammengepressten Schenkel geschoben, während sich ihr Körper vor Verlangen windet. Die Träger ihres abgetragenen Tops sind ihr über die Schultern gerutscht. Und erst ihr Gesicht! Ihre Lippen sind prall, die Wangen gerötet, und ihre Haare bilden einen kupferfarbenen Heiligenschein um ihren Kopf. Sie ist das Schärfste, was ich je in meinem Leben gesehen habe.

Ich gehe um das Fußende herum, lasse mich auf die Matratze sinken und krieche zu ihr. An ihren Füßen mache ich halt, ziehe ihr die Sandalen aus und küsse jeden Zentimeter nackter Haut. Meine Hände gleiten an ihren Beinen hinauf und greifen nach ihren Shorts. Schnell küsse ich mich von ihren Füßen zu ihren Knien hinauf und verlangsame das Tempo, als ich ihre perfekten Schenkel erreiche. Instinktiv hebt sie die Hüften an, und ich ziehe ihr die Shorts aus, unter denen ein schwarzer Spitzenslip zum Vorschein kommt.

Ich streiche aufreizend mit den Lippen ihre Schenkel hinauf und genieße ihre weiche Haut, bis ich ihren Slip erreiche und den Mund über ihrem mit Spitze bedeckten Venushügel schließe. Ihr Duft erfüllt meine Nase und treibt noch mehr Blut in meinen bereits schmerzhaft harten Schwanz. Ich kann sie durch den Stoff hindurch schmecken und sauge unwillkürlich sanft an ihr. Ein Stöhnen löst sich von ihren Lippen, gefolgt von einem weiteren »Ich liebe dich«.

Ich folge mit den Lippen ihren Hüften bis zu ihrem Bauchnabel und schiebe den Saum ihres Shirts nach oben, um noch mehr köstliche Haut zu entblößen. Ihr BH ist schwarz, durchsichtig und mit Spitze eingefasst, und das Versprechen ihrer üppigen Brüste lässt meinen Schwanz pulsieren. Ich ziehe sie an mich und drücke ihre vollen rosigen Lippen auf meine, sauge an ihrer Unterlippe und genieße nicht nur ihren Geschmack, sondern auch, wie sie sich an mich schmiegt. Ich kann mit ihr machen, was ich will. Sie hat mir ihren Körper ganz überlassen. In ihr ist kein bisschen Widerstand, und ich werde sie für ihre Hingabe belohnen.

Ich lasse von ihren Lippen ab, um ihr das Top über den Kopf zu ziehen. Sie hält den Atem an, dann stößt sie einen tiefen Seufzer aus. Ich öffne ihren BH und werfe ihre Kleider hinter mir auf den Boden. Jeder Teil von ihr soll geschwollen und empfindlich sein. Ich will, dass jeder Zentimeter von ihr den Orgasmus fühlt, den ich ihr bereite. Das ist es, was eine Göttin verdient.

Ich lasse ihre Schultern zurück aufs Bett sinken, mein Mund sucht ihre rechte Brust und verteilt Küsse um ihren Nippel, während meine Hand ihre linke Brust streichelt. Als ich ihren Nippel in den Mund nehme und fest daran sauge, stößt sie geräuschvoll die Luft aus. Ich wende mich ihrer anderen Brust auf dieselbe Weise zu und lasse eine Hand langsam zu ihrem Slip hinuntergleiten.

Adairs Körper reagiert sofort, und sie hebt die Hüften, um mehr Reibung zwischen meiner Hand und ihrem Slip zu erzeugen. Einen Moment lang tue ich nichts und lasse sie nur die Hüften an meiner Hand kreisen, bin gebannt von ihrem perfekten Körper.

Als ich von ihrem Nippel ablasse, stöhnt sie, und der Laut zieht mich zu ihrem Mund. Als Nächstes suchen meine Lippen ihre, dann wandern sie zu der sanften Neigung zwischen

Schulter und Hals. Als ich an der zarten empfindlichen Haut knabbere, bäumt sie sich auf, gräbt die Zähne in meine Schulter und bewegt sich gierig. Sie gräbt die Fingernägel in meinen Rücken und umklammert mich fest.

Sie saugt an meinem Ohr und beißt fest in die Sehne zwischen Nacken und Schulter. Sie könnte mich bei lebendigem Leib verschlingen, und ich würde mich noch bei ihr bedanken.

Aber ich kann mich nicht beherrschen, muss wieder die Führung übernehmen. Ich bringe mein Gesicht über ihres, fange erneut ihre Lippen ein und sauge an ihnen, bis sie einen leisen Schmerzenslaut von sich gibt. Sie lässt von mir ab, und ich tauche nach unten und vergrabe das Gesicht zwischen ihren Schenkeln. Ihre Finger streichen durch mein Haar, während ich ihren Slip umfasse.

»Ich habe dir doch befohlen, die nicht mehr zu tragen«, sage ich, »aber ich reiße sie dir gern vom Leib.« Ich zerre an dem Saum, und meine Anstrengung wird von dem leisen Reißen des Stoffes belohnt.

Luckys ganzer Körper beginnt erwartungsvoll zu zittern, als auch das Letzte, was noch zwischen uns war, verschwunden ist. Sie wimmert, reißt mit den Fingern an meinem Haar und drängt mir ihre Hüften entgegen. »Leck mich. Verwöhn mich.«

»Fuck, ja, Göttin«, sage ich so überwältigt, dass ich nicht weiß, wer von uns es mehr braucht.

Als sie die Hüften hebt und sich mir ganz öffnet, lasse ich die Zunge in sie hineingleiten. Ich lecke sie langsam und genüsslich mit langen festen Strichen und beschleunige das Tempo im Rhythmus ihrer Hüften.

»Oh, mein Gott«, stößt sie aus tiefer Kehle hervor, als ich ihre Knospe in den Mund nehme und daran sauge. Sie verstärkt den Griff in mein Haar und zieht daran. Es ist keine Bitte aufzuhören, vielmehr sucht sie Halt, während sie ihre Lust auslebt.

Als die Wellen verebben, und ihre Finger in meinem Haar sich entspannen, rücke ich nach oben, küsse ihren Bauch und ihre Brüste und genieße das träge Beben ihres Körpers.

»Ich muss dich in mir fühlen«, bittet sie mit tiefer gequälter Stimme. »Mach Liebe mit mir.«

»Ich huldige dir«, sage ich, küsse ihr Schlüsselbein, senke meine Hüften auf sie, dränge mich in ihre feuchte Hitze und verharre dort. »Ich liebe dich.«

Sie wehrt sich nicht, als ich zustoße. Sie nimmt mich ganz in sich auf, dann erscheint ein Ausdruck auf ihrem Gesicht, den ich für immer in meinen Träumen sehen werde – göttlich und profan zugleich. Eine Göttin, die auf die Erde herabgestiegen ist.

Ich kann nicht sanft oder langsam machen. Ich will sehen, wie sie sich erneut auflöst. Also packe ich ihre Schultern und stoße immer wieder zu.

»Ja!«, schreit sie und gibt sich mir ganz und gar hin.

Das spornt mich an und berauscht mich. »Ich liebe dich«, löst sich von meinen Lippen.

»Verlass mich nicht wieder«, schluchzt sie und verschränkt die Hände hinter meinen Hüften, um mich noch stärker in sich zu ziehen. Sie gräbt die Finger in meinen Rücken, und jedes Mal, wenn ich mich aus ihr zurückziehe, drängt sie mich, sogleich zurückzukehren.

»Niemals«, verspreche ich. Unsere Blicke treffen sich, Ruhe im Auge des Sturms, der in unseren Körpern tobt.

Sie kommt zuerst, ihre Muskeln ziehen sich um mich zusammen, und ich komme mit ihr. Mein tiefes, nicht enden wollendes Stöhnen füllt den Raum im Chor mit ihrem.

Als das Beben nachlässt, sinkt ihr Körper aufs Bett, und ich ziehe mich vorsichtig aus ihr zurück, drehe sie auf die Seite und ziehe sie an mich. Sie liegt mit dem Rücken an meiner Brust, mein Kinn auf ihrer Schulter, meine Arme um sie, mit dem Versprechen, sie nie mehr gehen zu lassen.

Die Welt fühlt sich zart und verletzlich an, genauso neu und wunderschön wie die Frau in meinen Armen. Ich will beides erkunden. Doch fürs Erste will ich sie einfach nur halten.

28

STERLING

DAMALS

Ich weiß nicht, wie ich hier gelandet bin.

In meinen Oberschenkel bohrt sich eine Nadel, und ich keuche auf und starre wütend auf die Schneiderin hinunter.

»Tut mir leid«, sagt sie an einem Dutzend weiterer gefährlicher Nadeln vorbei, die noch zwischen ihren Zähnen klemmen.

»Brauche ich wirklich einen eigenen Smoking?«, frage ich Adair zum ungefähr zwanzigsten Mal in dieser Woche.

»Der von Cyrus passt dir nicht«, erklärt sie mit Nachdruck, »und warum leihen? Ich werde dich wahrscheinlich noch zu einer Million weiterer Veranstaltungen schleppen müssen.«

»Will dein Bruder so viele Frauen heiraten?« Ich suche im Spiegel ihren Blick und ziehe eine Augenbraue nach oben.

»Er und alle anderen, die ich kenne«, neckt sie. »Das ist unser Lebensstil.«

Die Schneiderin holt die letzte Nadel aus ihrem Mund. »Da hat sie recht.«

Es ist merkwürdig, wie leicht die Leute sich hier über

Hochzeiten und Scheidungen lustig machen. Je näher Malcolm MacLaines Hochzeit rückt, desto mehr Witze habe ich gehört – von allen. Cyrus. Adair. Selbst Poppy hat ein oder zwei Scherze gemacht, und sie ist normalerweise die Optimistische.

»Du musst natürlich nicht kommen«, sagt Adair.

»Ich komme, Lucky. Abgemacht. Es sei denn, du willst mit jemand anderem hingehen.«

Sie tritt hinter mich, legt ihre zarten Hände auf meine Schultern, und unsere Blicke treffen sich erneut im Spiegel. »Nicht, seit du so aussiehst. Verdammt, Ford.«

Zumindest schmeichelt sie meinem Ego, wenn sie schon darauf besteht, mir den Anzug zu kaufen. Bereits vor unserer Abreise aus New York hat sie angefangen, Andeutungen zu machen. Dann hat sie Details der geplanten Hochzeit erwähnt: eine förmliche Trauung am Nachmittag, in einer großen Kathedrale in Nashville, gefolgt von einer Feier im Valmont Country Club. Ich habe zugesagt, bevor ich herausfand, dass sie während der Trauung gar nicht bei mir sein würde, doch sie beruhigte mich damit, dass Cyrus und Poppy auch kommen. Als das neue Semester drei Wochen alt war, sagte sie, dass sie mir einen Smoking kaufen wolle.

»Du hättest mir sagen können, dass du mich zu einer Anprobe schleppst, weißt du?«

»Wärst du dann mitgekommen?«, fragt sie.

»Wenn du derart zurechtgemacht auftauchst und mich lockst, dir zu folgen, mache ich mir doch Hoffnungen. Das ist unfair.«

Sie war in einem knappen Jeansminirock und mit Overknee-Stiefeln aus Wildleder vor meinem Finanzkurs aufgetaucht. Ich hätte wissen müssen, dass sie etwas im Schilde führt. Das habe ich davon, wenn ich meinem Schwanz das Denken überlasse.

Adair beugt sich vor und flüstert mir ins Ohr: »Ich mache es wieder gut.«

Das klingt schon besser.

Sie zieht die Mundwinkel nach unten, und ich begreife etwas verzögert, dass ihre gereizte Miene dem Klingeln ihres Telefons geschuldet ist.

»Wer kann das sein?«, frage ich.

»Man heiratet nur einmal zum ersten Mal«, sagt sie mit zusammengebissenen Zähnen. »Ich bin gleich zurück.«

Es ist das dritte Mal, dass ihre zukünftige Schwägerin anruft, seit wir in dem Laden für italienische Anzüge angekommen sind. Eilig verlässt Adair die Garderobe, um den Anruf anzunehmen, und lässt mich verlegen zurück, während die Schneiderin weiter den Sitz meines Anzugs korrigiert. Schließlich tritt sie zurück und bewundert ihr Werk.

»Nächste Woche ist er fertig. Wann brauchen Sie ihn?«

»Die Hochzeit ist Samstag in einer Woche«, sage ich.

»Kein Problem.« Sie macht sich eine Notiz. »Holen Sie ihn ab?«

»Ich glaube schon.« Ich wünschte, Adair wäre nicht gegangen und könnte alle diese Fragen beantworten. Ich habe zu alldem nicht viel zu sagen. Plötzlich verstehe ich, wie sich eine Vorzeigefrau fühlt. Mein Job ist es, den Smoking zu tragen und an ihrer Seite rasant gut auszusehen.

»Und die Rechnung?«

»Ach so, ja.« Ich weiß nicht, was ich sagen soll.

»Sie können bei der Abholung bezahlen«, bietet sie an.

Sie reißt ein gelbes Blatt von ihrem Quittungsbogen und legt es auf den Stuhl mit meinen Sachen. »Wir rufen an, wenn er fertig ist. Ziehen Sie ihn jetzt aus und hängen Sie ihn dort hin.«

Sie geht, und ich folge ihren Anweisungen, ziehe vorsichtig alles aus und hänge den Anzug auf. Ich will die Quittung nicht anfassen, aber ich muss, wenn ich meine Jeans haben will. Ich weiß nicht, was ein Smoking kostet, und Adair weigert sich, es mir zu sagen. Ich schiebe den gelben Zettel zur Seite, aber eine Zahl springt mir ins Auge: eine Fünf gefolgt von zu vielen Nullen. Jetzt nehme ich die Quittung doch in die Hand und sehe sie mir an.

Ich starre noch immer auf den Preis, als Adair zurückkommt.

»Sie wollte mit mir besprechen, welchen Nagellack wir tragen«, verkündet sie. »Anscheinend darf ich das nicht frei entscheiden.« Sie wartet, dass ich etwas erwidere. Als ich nichts sage, hört sie auf, in ihr Smartphone zu tippen, und sieht zu mir herüber. Kaum sieht sie die Quittung, nimmt sie sie mir weg.

»Bist du verrückt geworden?«, frage ich. »Fünftausend Dollar? Für einen Anzug?«

»Du brauchst …«

»Ich müsste ihn jede Sekunde für den Rest meines Lebens tragen und mich darin beerdigen lassen – und selbst dann bin ich mir nicht sicher, ob die Summe gerechtfertigt wäre.«

Sie seufzt und lässt die Schultern hängen. »Mach nicht so eine große Sache daraus.«

»Es *ist* eine große Sache.« Ich darf sie nicht in dem Glauben lassen, dass das normal ist. Nicht für mich. »Das verdient

Francie in einem Monat. Unsere Miete für das Haus kostet die Hälfte. Das ist … einfach … verrückt.«

»Ich habe mich den letzten Monat mit einem Walking Coach getroffen, die mir beigebracht hat, anmutig den Gang hinunterzuschreiten – als ob ich vergessen hätte, wie man geht. Ich wurde gezwungen, fünfzig verschiedene Torten zu probieren und die Kostproben anschließend auszuspucken, damit ich noch in mein Kleid passe. Am Hochzeitstag sind drei Stunden für Frisieren und Schminken vorgesehen. Und ich muss dieses Wochenende in Ashville verbringen und so tun, als wollte ich Ginny nicht erwürgen«, explodiert sie. »Wirst du also einfach zulassen, dass ich dir einen Smoking kaufe, damit ich jemanden bei mir habe, der sexy aussieht und mit dem ich mich nächste Woche von diesem Scheißzirkus ablenken kann?«

Nun ja, wenn sie es so ausdrückt. Ich hebe die Augenbrauen. »Du findest, ich sehe sexy aus?«

Adair sieht mich aus schmalen Augen an und presst die Lippen zu einer Linie zusammen, aber sie muss unwillkürlich lachen.

»Sorry, Lucky«, sage ich und ziehe sie an mich. »Ich gebe mir Mühe.«

»Ich weiß. Ich auch. Wir werden besser darin.«

»Worin? Damit umzugehen, dass wir aus unterschiedlichen Welten stammen.«

»Darin, uns nicht über Kleinigkeiten zu streiten«, sagt sie.

Ich öffne den Mund und will ihr sagen, dass fünftausend Dollar keine Kleinigkeit sind, doch dann überlege ich es mir anders. Sie hat recht. Geld ist viel wichtiger, wenn man es nicht hat. Adair hat es. Daran kann ich nichts ändern. Also kann ich mich genauso gut abregen.

»Also, hast du nicht gesagt, dass du es wiedergutmachen willst?«, erinnere ich sie und neige den Kopf zu ihrem Hals.

»An was denkst du?«, murmelt sie.

»Das zeige ich dir.«

Ich bin noch nicht auf vielen Hochzeiten gewesen. Pflegekinder bekommen keine Einladungen zu solchen Veranstaltungen, aber vermutlich ist diese etwas verrückter als die meisten Hochzeiten. Bei tausend Gästen und nachdem *in* der Kirche lebende Tauben fliegen gelassen wurden, frage ich mich, ob auf der Party der Cirque du Soleil auftreten wird. Zum Glück ist es aber nur eine weitere extravagante Party.

Girlanden aus blassrosa Rosen und Efeu sind elegant unter der Decke gespannt und treffen sich in der Mitte, wo ein Kristalllüster über der Tanzfläche hängt. Um die Tanzfläche herum stehen an die hundert Tische, alle sorgfältig mit Porzellan und Silberbesteck gedeckt.

»Willst du etwas von der Bar haben?«, fragt Cyrus, als wir unseren Tisch gefunden haben.

»Cyrus!«, sagt Poppy scharf.

»Oh, sorry, Mann.« Mein Mitbewohner guckt peinlich berührt.

»Schon okay.« Ich umfasse meine Stuhllehne und blicke mich um. »Ich glaube, ich suche mal Adair.«

Ich bahne mir einen Weg durch die Menge der High Society von Valmont und suche nach ihr, als sich eine Hand um meinen Arm legt. Ich drehe mich um, und da steht sie vor mir.

»Ich habe gerade nach dir gesucht…« Mir fehlen die Worte. Ich habe sie zwar in ihrem Brautjungfernkleid den

Gang hinunterschreiten sehen, doch die Menge hatte mir den Blick verstellt. Von Nahem ist sie ein Traum. Ihr Kleid ist blassrosa, fast so hell wie ihre Haut. Der netzartige Stoff ist zart über ihren Brüsten gekreuzt und um ihre Schultern geführt, sodass ihre Sommersprossen zum Vorschein kommen. Trotz des stundenlangen Schminkens sieht sie aus wie morgens, nachdem wir uns geliebt haben – rosa Lippen, gerötete Wangen. Ich werde mich nicht genau daran erinnern, was sie getragen hat, aber ich werde nie dieses Gefühl vergessen, das ich bei ihrem Anblick habe.

»War ich gut?«, fragt sie mit amüsiertem Blick. Als ich nicht antworte, hakt sie nach. »Als ich den Gang hinuntergeschritten bin? Ich hoffe, das Üben hat sich gelohnt.«

Ich schüttele mich, um wieder zu mir zu kommen, und locke sie mit dem Finger zu mir. »Du bist nicht ein einziges Mal gestolpert«, sage ich und versuche, natürlich zu klingen. »Dafür verdienst du eine Belohnung.«

Da wir auf einer Hochzeit sind, bemerkt niemand, dass wir uns küssen. In der romantischen Atmosphäre fallen wir nicht auf. Darum nehme ich mir Zeit und zeige ihr genau, wie vollkommen sie ist. Als ich schließlich von ihr ablasse, wandern wir durch die Menge und entfernen uns von den anderen.

Die deckenhohen Fenster des Ballsaals im Country Club blicken auf einen großen malerischen See. Reihen von golden angestrahlten Zypressen stehen am Ufer, und in alle Richtungen erstreckt sich der grüne Fairway. In dem See spiegelt sich der Himmel, der in den Orange-, Rot- und Violetttönen der untergehenden Sonne leuchtet.

Ich drücke Adairs Hand, als der geschmeidige Bariton des Conférenciers über die Lautsprecher verkündet: »Bitte kommen Sie in den Ballsaal, Malcolm und Virginia beginnen ihren Hochzeitstanz.«

Hand in Hand schreiten die Frischvermählten in die Mitte des Parketts, als über ihnen ein Scheinwerfer angeht. Alle applaudieren, sogar ich. Malcolm und Ginny und der Rest der Familie MacLaine könnten mich ehrlich gesagt kaum weniger interessieren. Es ist eher so, als würde ich die Idee beklatschen, dass zwei Menschen sich einander auf diese Weise hingeben.

Adair wirft mir einen überraschten Blick zu.

»Was ist?«, frage ich abwehrend. »Das ist ziemlich magisch.«

»Hochzeiten sind eindeutig romantisch«, sagt Adair seufzend. Sie nimmt meine Hand in ihre und lehnt ihren Kopf an meine Schulter, als die ersten Klänge des Stückes ertönen.

Es ist kurz, und als das nächste beginnt, lädt der Conférencier die Gäste ein, ebenfalls auf die Tanzfläche zu kommen.

Adair hat jedoch andere Pläne und zieht mich in den Flur.

»Wohin gehen wir, Lucky?«

»Hier entlang«, sagt sie mit einem unbeschwerten, vom Champagner gefärbten Lächeln.

»Wo führt der Flur hin?«

»Pscht. Pscht.« Sie legt mir einen Zeigefinger auf die Lippen und sieht sich übertrieben aufgeregt um. »Das ist ein Geheimnis.«

Der Country Club ist riesig, und je mehr Treppen wir hochgehen, desto weniger Menschen begegnen wir.

»Willst du nicht tanzen?«, frage ich.

»Doch, es ist so eine Art Tanz«, sagt sie mit teuflischem Grinsen und zieht mich in ein Zimmer, an dem *Wäsche* steht.

»Ich glaube nicht, dass das eine gute Idee ist, Lucky. Ich habe kein Kondom dabei, und da sind Leute …«

»Was ist verkehrt an Leuten?«, fragt sie um eine präzise Aussprache bemüht, will weniger beschwipst klingen, als sie ist. »Auf einer Hochzeit sollten viele Leute sein. Die sind da, um dich anzusehen und dir zu sagen, wie glücklich du aussiehst. Ach, und die Geschenke. Sie bringen Geschenke mit. Geschenke sind gut.«

»Wir wollen keine solche Hochzeit, Lucky. Hochzeiten sollten klein und intim sein. Es sollten nur Menschen dabei sein, die dir wirklich etwas bedeuten.«

Sie hält den Atem an, und ihre Augen glänzen nicht nur vom Champagner. »Du planst also unsere Hochzeit?«

»Adair MacLaine, ich wusste vom ersten Moment an, dass du die Richtige für mich bist.« Ich lege die Hand um ihr Kinn. »Dann warst du eine Zicke und ich ein Idiot – und vielleicht wussten wir es einfach beide, und es hat uns Angst gemacht. Aber wir konnten uns nicht dagegen wehren. Wir werden uns nie dagegen wehren können.«

»Wie kannst du dir sicher sein?« Ihr Blick gleitet über mein Gesicht.

»Ich habe aufgehört, über *meine* Zukunft nachzudenken. Es gibt nur noch *unsere* Zukunft. Ich kann nicht mehr anders.«

»Sterling, ich …« Sie schweigt verlegen.

»Es ist mir ernst, Adair. Ich liebe dich.«

Sie zieht mich an sich.

So sollte es sein. Ihr Verlangen erfüllt mich mit Entschlossenheit: ein besseres Leben zu führen, ein besserer Mensch zu sein, sie glücklich zu machen, sicher, erfüllt. Und es sind nicht nur die offensichtlichen Dinge – ihr Sinn für Humor, ihre Intelligenz, ihr perfekter Körper. Es sind die kleinen Sachen, von denen ich nicht genug bekommen kann. Die feinen Härchen in ihrem Nacken, die sich aufrichten, wenn ich ihr etwas ins Ohr flüstere. Die Fältchen, die sich um ihre Augen bilden, wenn ich sie ärgere. Wie sie sich mir ganz und gar hingibt, wenn wir uns lieben. Jeden Tag entdecke ich etwas Neues, ein neues Detail, das mir noch nicht aufgefallen ist. Ich möchte den Rest meines Lebens damit verbringen, so viele wie möglich davon zu entdecken.

»Ich muss dich in mir fühlen.« Ihr Körper vibriert vor nervöser Energie. Sie wirft einen Stapel ordentlich gefalteter Handtücher auf den Boden und macht Platz auf einem schmalen Tresen vor der Wand. Fieberhaft schiebe ich ihren Rock zu den Hüften hoch und hebe sie auf den Tresen. Ihre Finger nesteln an meinem Gürtel und öffnen meine Hose.

Ihr Blick trifft meinen, und ich weiß, ich würde alles tun, damit sie mich für immer so ansieht.

Ich bin erleichtert, in ihr zu sein, als es endlich so weit ist. Adair legt die Arme um meine Schultern und schmiegt sich an mich. Einen Moment lang frage ich mich, womit ich sie verdient habe. Wie ich so viel Glück haben konnte, jetzt mit ihr hier zu sein, wo wir uns mit unseren Körpern ewige Treue schwören.

Wir sind nicht in einer Wäschekammer, wir befinden uns an unserem ganz eigenen Ort.

Hier kann uns niemand finden.

Wir haben alle Zeit, die wir brauchen.

Und als wir nach einem berauschenden Höhepunkt allmählich wieder zu uns kommen, liegt uns die Welt zu Füßen.

»So ist es … so viel … besser«, keucht Adair.

Nein, nicht besser.

Vollkommen.

29

ADAIR

HEUTE

»Was ist das eigentlich alles?«, fragt Sterling und bindet seinen Bademantel zu, während wir auf den Zimmerservice warten. Er blickt auf die Kartons, deren Inhalt überall im Wohnzimmer verteilt ist.

Er kann sich ruhig alles ansehen, denn es ist nicht hier. Ich habe alles durchsucht. Ich hätte es nicht weggeworfen, was bedeutet, dass Malcolm es genommen haben muss. Mein Herz rast. Ich verdränge die Angst. Ich muss es finden. Ich werde es finden, und er wird mir vergeben. Aber nicht heute. Heute will ich uns noch ein bisschen genießen, ehe ich die Vergangenheit ans Licht zerre. »Ich habe etwas gesucht. Ich weiß nicht, wie viel Malcolm weggeworfen hat.«

»Er hat deine Sachen weggeworfen? Was für ein Arsch.« Sterling hebt mit angewiderter Miene ein Blatt Papier hoch. Bislang mochte er Malcolm nicht, jetzt verachtet er ihn.

»Meine Kleider sind irgendwo auf dem Speicher.« Ich verdrehe die Augen. »Typisch mein Bruder, ein gerahmtes Foto von meiner Mutter und mir wegzuwerfen, aber mein Kleid vom Abschlussball zu behalten. Sentimentalität gibt es in unserer Familie nicht.«

»Aber du bist sentimental.« Er hebt einen Stapel Bücher hoch und lächelt. Es ist meine alte Ausgabe von *Stolz und Vorurteil*, die er gelesen und in die er mir Notizen an den Rand geschrieben hat. Außerdem ein Steinbeck, den ich mir von ihm geliehen habe, und die Ausgabe von *Der große Gatsby*, die er mir vor fünf Jahren zu Weihnachten geschenkt hat. Sein Blick flackert gefährlich, und ich spüre eine Anspannung in meinem Bauch. Er denkt ebenfalls an die Vergangenheit, und so wie er aussieht, ziemlich sentimental.

Mein Klingelton zerstört den Moment, und ich greife nach meinem Handy. »Sag es niemandem.«

Sobald ich sehe, wer anruft, lehne ich den Anruf ab.

Malcolm müssen die Ohren klingeln. »Wenn man vom Teufel spricht.«

»Ich dachte, ich bin der Teufel«, sagt Sterling und blättert durch *Stolz und Vorurteil*. »Das ist meins.« Er hält *Früchte des Zorns* hoch.

»Ich wollte es dir zurückgeben.« Wieder klingelt mein Telefon, und ich lehne den Anruf ab.

»Wie lange dauert es, bis der Zimmerservice kommt?«, fragt Sterling und tritt einen Schritt näher.

»Normalerweise sind die ziemlich schnell.« Ich hebe warnend einen Finger. »Darum komm nicht auf dumme Gedanken. Wir sollten warten.«

Er senkt den Kopf und reibt die Nase an meinem Hals, sein Atem streift kitzelnd mein Ohrläppchen. »Aber das, was wir nicht tun sollten, macht am meisten Spaß.«

Wie soll ich diesen Mann überleben? Er streicht mit dem

Mund über meinen Kiefer, hin zu meinen Lippen, und ich finde mich bereits damit ab, dass das Essen kalt wird, als es an der Tür klopft.

»Merk dir, wo wir stehen geblieben sind«, befiehlt er und verschwindet, um dem Zimmerservice zu öffnen.

Ich ziehe den Gürtel um meinen Bademantel fest und sehe, dass Anthony unser Essen bringt, der arme Kerl, der den falschen Schraubendreher gebracht hatte. Als er mich entdeckt, senkt er den Blick und murmelt Sterling etwas zu, während er den Servierwagen ins Wohnzimmer rollt.

Doch ich nehme es kaum wahr. Der Schraubendreher. Die Schublade. Ich habe mir gesagt, dass ich die Finger davon lassen sollte, doch jetzt fällt mir auf, dass meine Familie immer gut darin war, schmutzige Geheimnisse zu verstecken. Vielleicht gibt es einen Grund, weshalb die Schublade verschlossen ist. Warum mein Vater mir ausgerechnet diese Suite hinterlassen hat. Ich nehme ein Buttermesser vom Servierwagen und gehe damit zum Schreibtisch.

»Äh, danke«, sagt Sterling hinter mir.

Ich spüre, dass beide mich anstarren, aber es ist mir ziemlich egal, ob Anthony mich für verrückt hält. Sterling kennt mich. Die Tür der Suite wird geschlossen, und Sterling erscheint neben mir. Ich versuche weiter, die Schublade zu öffnen, doch er legt seine Hand um meine. »Lass mich.«

Er nimmt mir das Messer ab und knackt das Schloss schneller, als ich gucken kann. Wir starren uns einen Moment lang an. Ich weiß nicht, was ich in dieser Schublade finden werde. Ich habe ihm gesagt, es gibt Dinge, die ich ihm erzählen muss, aber was, wenn er es auf diese Weise erfährt?

»Ich habe genug von Geheimnissen«, sage ich. »Ich will dir alles erzählen, aber einiges davon wird dir nicht gefallen.«

»Du bist nicht die Einzige mit schlechten Nachrichten«, sagt er. »Hör zu, ich verspreche, ruhig zuzuhören, und ganz gleich, was du mir erzählen musst, es wird nichts an meinen Gefühlen für dich ändern.«

»Das könnte es aber«, sage ich schwach.

»Vielleicht änderst du deine Meinung, wenn ich dir alle meine Geheimnisse anvertraut habe«, erinnert er mich.

»Das bezweifle ich.« Ich bezweifle es nicht nur, ich weiß, dass ich meine Meinung nicht ändern werde. Es ist mir ernst. Sterling mag in unmöglichen Situationen Schreckliches getan haben. Vielleicht hat er falsche Entscheidungen getroffen. Das habe ich auch. »Wir können keine Zukunft haben, wenn wir uns immer wieder von der Vergangenheit einholen lassen.«

»Dann öffnen wir jetzt diese Schublade, Lucky.«

Ich hole tief Luft und bereite mich auf das vor, was mein Vater für so wichtig hielt, dass er es in einer Hotelschublade eingeschlossen hat. Ich ziehe die Schublade auf, und zum Vorschein kommt ein Stapel vergilbtes Papier. Mein Blick springt zur obersten Seite.

Ohne Titel von Anne MacLaine

Ich nehme den Stapel, hebe die erste Seite an und lese auf der zweiten die Worte: Kapitel Eins.

»Meine Mutter hat ein Buch geschrieben«, sage ich ebenso zu mir wie zu ihm.

»Warum ist es hier?« Er tritt hinter mich, legt seine starken Arme um meine Taille und blickt über meine Schulter.

»Ich weiß es nicht.« Ich presse das Manuskript an meine

Brust, der Schmerz darin verstärkt sich mit jedem Atemzug. »Ich wusste noch nicht einmal, dass sie geschrieben hat. Soll ich es lesen?«

»Ich glaube, das würde sie wollen«, sagt er.

So etwas habe ich nicht erwartet. Was gibt es noch, was ich über meine Familie nicht weiß? Mein Klingelton durchbricht von Neuem die Stille, und ich lasse das Manuskript auf den Schreibtisch sinken, um das Telefon zu nehmen. »Tut mir leid«, sage ich zu Sterling, als ich zum dritten Mal den Namen meines Bruders sehe. Eine vertraute Panik erfasst mich. Das letzte Mal hat er so oft angerufen in der Nacht, in der unsere Mutter gestorben ist. »Schon wieder er. Ich sollte sichergehen, dass nichts Schlimmes passiert ist.«

Sterlings Gesicht bleibt ausdruckslos, aber ich weiß, was er denkt. Trotzdem, egal wie kaputt meine Beziehung zu Malcolm ist, ich darf ihn nicht ignorieren. »Was ist?«

»Dasselbe könnte ich dich fragen«, tobt Malcolm.

Habe ich gerade ein romantisches Beisammensein mit einem echten Sexgott – und der Liebe meines Lebens – unterbrochen, um mich von meinem Bruder beschimpfen zu lassen?

»Ich habe Besuch. Ich muss Schluss machen«, sage ich.

»Hast du die Nachrichten gesehen? Warst du auf Facebook?«, fragt er.

Mein Daumen schwebt über der Taste zum Auflegen. »Nein, warum?«

»Ist dein Besuch Sterling Ford?«, fragt er. »Dann frag doch ihn. Ich weiß nicht, wer unserer Familie sonst so etwas antun sollte. Aber wenn ich herausfinde, dass du irgendetwas damit zu tun hast, sorge ich dafür, dass du nicht nur niemals wieder einen Fuß in dieses Haus setzt, sondern auch niemals deine Familie wiedersiehst.«

»Ich habe keine verdammte Ahnung, wovon du sprichst«, zische ich, aber er hat bereits aufgelegt.

Sterling nimmt eine Pommes vom Servierwagen. »Ist alles in Ordnung?«

»Ich weiß nicht«, murmele ich und öffne die Nachrichten-App auf meinem Smartphone.

Sterling dringt nicht weiter in mich. Stattdessen nimmt er sich noch eine Pommes und *Der große Gatsby*. Er schlägt das Buch auf, während ich das erste Mal den Namen MacLaine in den Nachrichten entdecke.

»Oh, verdammt«, keuche ich und lese die Headline. »Hast du jemandem von der Nacht erzählt, in der meine Mutter gestorben ist?«

Ich blicke zu Sterling und warte auf eine Antwort, doch er hält ein Blatt Papier hoch. Es ist zerknittert, weil es jahrelang in dem Buch gesteckt hat, aber auch von hier erkenne ich das Wasserzeichen der Stadt Valmont, das auf die Rückseite gedruckt ist. Als er es schafft, den Blick davon loszureißen, sieht er mir in die Augen. Keiner von uns sagt ein Wort. Wir starren uns nur an, während die Vergangenheit uns erneut einholt, um uns zu vernichten.

Nachbemerkung und Dank der Autorin

Die Arbeit an diesem Buch war für mich von Anfang bis Ende sehr gefühlsintensiv. Ich habe mich gefragt, wie zwei Menschen, die einander tief verletzt haben, ihre Liebe wiederfinden können, und wie immer haben meine Charaktere zu mir gesprochen und es mir gezeigt. Ich bin voller Demut, dass ich meine Tage damit verbringen darf, Geschichten für euch zu schreiben, und danke euch, dass ihr euch die Zeit nehmt, sie zu lesen und meinen Roman zu rezensieren. Eure Unterstützung bedeutet mir alles.

Ich danke Louise, meiner guten Fee, und dem Team von The Bent Agency. Nicht nur für eure harte Arbeit, sondern auch dafür, wie seriös und einfallsreich ihr sie jeden Tag gestaltet.

Mein Dank gilt auch meinen Teams im Ausland für all die Arbeit, die sie leisten, um meine Bücher bei Lesern auf der ganzen Welt bekannt zu machen. Dank an Blanvalet für eure Begeisterung für dieses neue Projekt.

Ich danke meinen unendlich geduldigen Assistentinnen Natasha und Shelby. Ihr habt meinen Kram besser im Griff als ich!

Mein Dank gilt meinen Autorenfreunden, dies war ein verrücktes Jahr, und ich bin überwältigt von eurer Liebenswürdigkeit, eurer Motivation und eurem Humor.

Und meinen Leserinnen und Lesern – danke, dass ihr Sterling genauso sehr mögt wie ich!

Ich könnte nichts von alledem ohne meine Familie tun. Danke, dass ihr meine Cheerleader seid, meine zuverlässigen Partner, meine Flucht am Ende des Tages.

Und Josh, es ist mir ernst. Für immer.

Leseprobe

Geneva Lee

Black Hearts

Roman

Aus dem Amerikanischen von
Charlotte Seydel

Erscheinungstermin:
Mai 2022 im Blanvalet Verlag.

PROLOG

Das ergibt keinen Sinn. Noch einmal lese ich die Urkunde, die ich in den Händen halte, mein Blick springt über die ausgefüllten Kästchen. Vier Einträge stechen mir ins Auge:

Adair Anne MacLaine.

Die Frau, die mir gegenübersteht. Die Frau, die ich bis zu diesem Moment nicht gekannt habe. Die Frau, von der ich nicht weiß, ob ich sie jemals kennen werde.

1. November.

Der Tag nach ihrem Geburtstag. Vor vier Jahren. Ein Tag, an dem ich mit Jack und Luca betrunken im Urlaub war.

Elodie Anne MacLaine.

Ihre Nichte. Sie haben einen Club für Leute mit dem Sternzeichen Schütze. Sie mag heiße Schokolade.

Unbekannt.

Aber ich weiß, welcher Name in dieses Kästchen gehört. Adair weiß es auch. Und noch wichtiger ist, dass Adair *es* schon damals *wusste*. Mein Name hätte in das Kästchen neben Adairs Namen gehört – das Kästchen mit der Bezeichnung *Vater*.

1

ADAIR

DAMALS

Wir gehen über die dick mit Teppich ausgelegten Stufen des Valmont Country Club zurück nach unten. Wenn ich für einen Moment wegschaue und dann wieder zu Sterling hin, pocht mein Herz wie verrückt.

Zum Glück scheint niemand bemerkt zu haben, dass wir weg waren. Noch dankbarer bin ich, dass mein Schwips allmählich nachlässt. Wir schweben praktisch in den Ballsaal des Valmont Country Club und zur Tanzfläche. Sterlings Augen glitzern, in ihnen spiegelt sich die letzte Glut des Sonnenuntergangs, dessen Licht durch die großen Fenster hereinströmt.

Himmel, er sieht so gut aus. Ich liebe ihn.

»Willst du tanzen, Lucky?«, fragt er, doch bevor ich antworten kann, dreht er mich schon herum, fängt meine Hand mit seiner und legt die andere auf meinen Rücken.

»Wenn du deine Hand noch tiefer legst, müssen wir eine andere Wäschekammer finden«, necke ich.

Die Bewunderung auf seinem Gesicht verwandelt sich in etwas Dunkleres, und sofort träume ich von einem weiteren gestohlenen Moment, den wir allein sind. Er zieht mich noch dichter an sich, wirbelt uns zwischen zwei anderen Paaren hindurch und beugt sich herunter, um mich zu küssen.

Die Energie im Raum verändert sich, und ich spüre, dass die Leute um uns herum aufhören zu tanzen, als wären wir tatsächlich der Mittelpunkt der Welt und würden uns nicht nur so fühlen.

Lichtblitze erfüllen den Ballsaal, und dieses Mal bleibe auch ich stehen. Ich schaue mich in der Erwartung um, dass irgendein Kellner, der es gut gemeint hat, aber nun bald arbeitslos sein wird, ein Stroboskoplicht eingeschaltet hat.

Draußen über dem See explodiert ein Funkenregen, und einen Sekundenbruchteil später erfüllt ein weiterer lauter Knall den Raum. Blassrosa- und champagnerfarbene Himmelskörper erblühen am Nachthimmel und spiegeln sich im Wasser, was das Ganze noch eindrucksvoller macht. Die Lichter des Ballsaals über uns verdunkeln sich, als die nächste Rakete gezündet wird und alle Gäste in pastellfarbenes Licht taucht. Um uns herum jubeln die Leute, während immer neue Blitze über den Himmel schießen, nun lautlos.

Auf dem Klavier, das den ganzen Abend unbenutzt in der Ecke stand, wird auf einmal gespielt. Ich weiß alles über die Hochzeitspläne – und das hier gehört nicht dazu. Ich lasse den Blick über die Gästeschar gleiten und hoffe, Ginny zu entdecken. Dazu hat sie auf keinen Fall ihre Zustimmung gegeben. Das wüsste ich.

»Da«, sagt Sterling, der erraten hat, wen ich suche, und zeigt auf die Glaswand.

Ginnys Stirn ist in Falten gelegt, und ihr Mund steht offen. Einen Moment lang bin ich mir sicher, dass ihr die Unterbrechung zutiefst widerstrebt. Ihr Blick fliegt durch den Raum, vom DJ zum Hochzeitsplaner, und landet schließlich auf Malcolm neben ihr. Eine quälende Sekunde lang denke ich, dass sie sich gleich selbst zur Witwe macht, bis mein Bruder seiner Braut ein verschmitztes Grinsen schenkt. Sie wirkt verzückt, und er beugt sich hinunter, um ihr etwas ins Ohr zu flüstern. Ein paar Geigen und Celli stimmen in das Klavierspiel ein, woraufhin erneut ein fröhliches Raunen durch die Menge geht. Ich stehe nicht auf klassische Musik, darum kann ich das Stück nicht einordnen. Aber es ist wunderschön – zart und kraftvoll zugleich, mit Crescendi, die mir den Atem rauben.

»Debussy, glaube ich«, sagt Sterling, und sein Gesicht ist fast so bewegt wie das von Ginny.

Es ist pure Magie.

Ein ganz in Schwarz gekleideter Mann steht vor den Musikern und hält eine Hand über einen schwarzen Ohrhörer. Offenbar koordiniert er Musiker und Feuerwerk. Als das nächste Crescendo einsetzt, gibt es eine weitere Überraschung. Im hinteren Teil des Raumes hat sich ein richtiges kleines Orchester eingefunden, während alle auf das Feuerwerk konzentriert waren, und während ein unglaubliches Spektakel den Himmel fast taghell erleuchtet, beginnt es zu spielen.

Zwei riesige Feuerwerkskörper schweben über den anderen, und als sie explodieren, stockt mir der Atem und ich warte, dass der Klang zu uns herüberdringt. Krachende Becken untermalen den donnernden Hall des Feuerwerks, und der anbrandende Klang der Musik wird von den Zuhörern mit einem kollektiven »Aaaah« beantwortet.

Ich sehe, wie Ginny meinem Bruder voller Bewunderung in die Augen schaut.

»Dass ich hier mit dir bin – ich komme mir vor wie in einem Traum«, sagt Sterling leise. Er hat die Arme um mich geschlungen und das Kinn auf meine Schulter gestützt. So beobachten wir, wie zum Anschwellen und Abfallen der Musik die Lichter des Feuerwerks als Bögen zum Himmel aufsteigen, ehe sie der Spiegelung im Wasser entgegenstürzen. Es entspricht dem An- und Abschwellen meines Herzschlages, und mit jedem Schlag verliebe ich mich ein bisschen mehr in ihn, bis ich nicht mehr das eigentliche Feuerwerk sehen will – sondern nur noch dessen Spiegelung in seinen Augen.

»Auf meine Familie ist Verlass«, sage ich und bin ausnahmsweise fast stolz auf meinen Bruder. Soweit ich weiß, hat er sein Leben lang nicht mehr planen müssen, als, wo er sein Lunch einnehmen wird – und das hier hat eindeutig eine Menge Planung erfordert. Womöglich hat er es nur gemacht, um die Leute zu beeindrucken. So etwas würde unser Vater für eine Party machen. Aber ich glaube eher, dass er es aus Liebe getan hat.

»Allmählich verstehe ich, was du meintest, als du sagtest, du willst eine große Hochzeit«, sagt Sterling, und ein leichtes Lächeln stiehlt sich auf sein Gesicht.

»Ich wusste, dass du nachgeben würdest«, erwidere ich, ziehe sein Kinn zu mir und küsse ihn, wobei seine Bartstoppeln meine Haut in Brand setzen.

Das finale Crescendo ist leidenschaftlich, die Bläser spielen in voller Lautstärke, dazu werden immer wieder die Becken geschlagen. Zwei Schläge bilden den fulminanten Abschluss, während die Streicher ein letztes Mal schnell und leise die Melodie erklingen lassen, dann herrscht Stille.

Am Ende klingeln mir die Ohren von der Lautstärke. Ich sehe, wie sich Sterlings Mund bewegt, verstehe aber nicht, was er sagt. Seine Lippen scheinen jedoch das Wort *Champagner* zu formen, ehe er mich loslässt und in der applaudierenden Menge verschwindet.

»Und er hatte einen Riesenspaß«, sagt ein junger Mann, den ich als Schulfreund meines Bruders erkenne, ein paar Meter entfernt laut zu seiner Begleiterin.

»Sie hat sich erst vor ein paar Wochen für die Farben entschieden, und er musste Stoffproben nach China schicken, damit das Feuerwerk genau darauf abgestimmt werden konnte«, erklärt der Mann. Seine Begleiterin schaut ihn derart verzückt an, als würde sie auf der Stelle Kinder mit ihm haben wollen, wenn er ihr verspricht, so etwas auch für sie zu organisieren. »Er hat die Firma damit beauftragt, die letztes Jahr am vierten Juli das Feuerwerk über dem Weißen Haus gemacht hat. Wahrscheinlich hatte er Angst, Brautzilla mit dem falschen Farbschema zu verärgern.«

So viel zur Romantik. Ich frage mich, wie viele Minuten ihn die Organisation des Ganzen gekostet hat. Fünf? Ganze zehn? Nicht dass ihn das davon abgehalten hätte, vor seinen Kumpels zu prahlen. Es ist nur ein weiterer Wettbewerb unter Milliardären. Wenn er etwas nicht dazu nutzen kann, besser dazustehen, ist es eine schlechte Investition.

Der DJ spielt etwas deutlich Sanfteres, und mein Trommelfell weiß das zu schätzen. Als Sterling nach ein paar weiteren Minuten immer noch nicht zurückkommt, suche ich die Menge nach ihm ab. An dem eindrucksvoll beleuchteten drei

Meter hohen Champagnerbrunnen ist er nicht, ebenso wenig an dem Tisch mit den Resten der Hochzeitstorte.

In dem Moment höre ich etwas, das mir das Blut in den Adern gefrieren lässt. Niemand sonst scheint es bemerkt zu haben, nur ich. Irgendwie dringt die Bosheit in der Stimme meines Vaters – selbst aus der Ferne und durch dicke Wände und Teppiche gedämpft – bis zu mir. So ist es, solange ich denken kann. Mein Körper ist darauf konditioniert, darauf zu reagieren, es ist wie ein Überlebensinstinkt.

Ich fahre herum und suche verzweifelt nach Sterling.

Aber er ist nicht hier.

Sterling, der in mich verliebt ist. Sterling, der ganz von der Romantik des heutigen Abends gefangen ist. Sterling, der mich nicht verlassen wollte, ist nicht hier im Ballsaal.

Und mein Vater spuckt Gift und Galle.

2

STERLING

Ich möchte Adair eine Nacht wie diese schenken.

Der Gedanke geht mir nicht mehr aus dem Kopf. Sie verdient es, im Mittelpunkt zu stehen. Dass sich alles nur darum dreht, was sie denkt und was sie will – genau das, was ihre Familie ihr nie geben wird. Das Problem ist, dass ich nicht weiß, wie ich das machen soll. Ich habe ihr vorhin gesagt, dass ich mir eine kleine Hochzeit vorstelle, bei der nur die Menschen anwesend sind, die uns wichtig sind. Aber wie würde das tatsächlich aussehen?

Sie, ich… und Francie? Wer noch? Vielleicht Poppy und Cyrus? Im Freizeitzentrum um die Ecke von unserer Wohnung in Queens? Oder vielleicht könnten wir es im Central Park machen, und zwar *schnell*, damit niemand fragt, ob wir eine Genehmigung haben?

Sie sagt, es sei ihr egal, aber da macht sie sich etwas vor. Sie weiß nicht, wie es ist, wenn einem vor Hunger der Magen knurrt oder wenn man todmüde ist, einen die Geldsorgen aber nicht schlafen lassen. Ihr Herz meint es gut, und sie liebt mich, was einem Wunder gleichkommt, aber sie weiß nicht, was ich weiß.

Ich verschwinde in der Herrentoilette und überlege, welches Hauptfach ich wählen soll. VWL oder BWL? Damit würde ich das meiste Geld verdienen. Aber etwas Solides wie Medizin oder Jura könnte uns auch ein schönes Leben ermöglichen. Es ist meine einzige Chance, sie zu halten: Ich muss ein Mann werden, der sie verdient. Als ich mit der Schulter die Tür öffne, bin ich der Antwort noch nicht nähergekommen.

»Ich würde Sie gern sprechen«, sagt eine heisere Stimme hinter mir. Es ist Angus MacLaine.

Der Rollstuhl wirkt fast barock – Holz und ein grünes Samtpolster mit goldenen Quasten. Natürlich ist er motorisiert, und ich kann nicht umhin zu bemerken, dass der Alte darauf sitzt wie auf einem Thron. Er dreht an dem geschnitzten Marmor-Joystick, mit dem er den Stuhl steuert, wendet mir bereits den Rücken zu und macht sich auf den Weg zu einem Büro, das weiter den Flur hinunter liegt.

Dass er denkt, ich käme einfach mit, weil er es befohlen hat, widerstrebt mir. Aber noch mehr stört mich, dass ich ihm tatsächlich folge.

Ich habe immer gewusst, dass dies unvermeidlich ist. Irgendwann musste ich ihm unter vier Augen begegnen. Ich habe es bewusst vermieden, vor allem, weil ich nicht sicher war, ob ich nicht ausholen und ihn schlagen würde. Und jetzt? Ich bin nicht bereit. Ich weiß noch nicht, wie ich es angehen soll. Soll ich trotzig sein? Soll ich ihm ehrlich sagen, wie er seine Familie behandelt? Oder soll ich freundlich sein, um das Schlimmste zu verhindern? Ich weiß es einfach nicht. Wenn er mich nach meinen Absichten fragt, soll ich ihm dann die Wahrheit sagen?

Ich schlüpfe hinter ihm in den Raum, entschlossen, so ruhig wie möglich zu bleiben, bis ich besser einschätzen kann, wie er mich sieht.

Ein Schreibtisch mit Holzfurnier steht genau in der Mitte des Raumes, und Angus rollt dahinter und verzieht die Lippen zu einem höhnischen Grinsen, bis er mit dem Ellbogen an der scharfen Schreibtischkante hängen bleibt und sich fast den Anzug zerreißt.

»Scheiße!«, sagt er und sieht sich hektisch nach jemandem um, den er deswegen fertigmachen kann, doch da bin nur ich. Er verändert seine Haltung und starrt mich wütend an. »Hast du dich auf der Hochzeit amüsiert, Junge?«

Junge? Es sind noch keine fünf Sekunden vergangen, und schon träume ich davon, ihn zu schlagen.

»Es ist eine sehr schöne Hochzeit, Sir«, beginne ich mit einer neutralen respektvollen Bemerkung. Viel lieber würde ich ihm entgegenschleudern, dass er mich mit etwas Respekt behandeln sollte. Aber ich habe das Gefühl, wenn ich Respekt will, muss ich ihn durch Taten einfordern.

»Du verbringst viel Zeit mit meiner Tochter, stimmt's?«

»Ja, Sir. Sie ist etwas Besonderes.«

»Natürlich ist sie etwas Besonderes. Schließlich ist sie eine MacLaine.« Es klingt, als könne er nicht fassen, dass er mir erst erklären muss, dass der Himmel blau ist. »Richtig, ich …«

»Und was erhoffst du dir von den Treffen mit ihr?«, fragt er mit hochgezogener Augenbraue, ansonsten bleibt seine Miene neutral und geschäftsmäßig. Man könnte denken, es ist sein Pokerface, aber ein Mann wie er pokert nicht. Er kauft, verkauft und nimmt sich, was er haben will.

Also ist dies eine Verhandlung, geht mir auf.

»Nichts außer ihrer Gesellschaft«, sage ich, um seinen Verdacht zu zerstreuen, und gebe mich, als hätte ich keine Angst. Ein falscher Schritt, und der Gesprächsteil dieser Unterhaltung ist zu Ende.

»Blödsinn«, sagt er und schnieft.

Doch um mich aus dem Gleichgewicht zu bringen, muss er sich schon mehr anstrengen. »Ob Sie mir glauben, ist Ihnen überlassen.«

Er kneift die dunklen Augen zusammen und mustert mich wie eine Boa constrictor eine Maus. Zum ersten Mal habe ich seine ganze Aufmerksamkeit. Mit kritischem Blick prüft er meine Erscheinung, den teuren Smoking, die glänzenden italienischen Schuhe. Weiß er, was das alles gekostet hat, und fragt sich, wie ich es bezahlt habe? Weiß er, dass sie die Sachen für mich gekauft hat?

»Ich verstehe, warum sie dich mag«, sagt er schließlich und trommelt mit den Fingern auf den Schreibtisch. »Du bist gut angezogen, und es stört dich nicht, die dir zugewiesene Rolle zu spielen, oder?«

Es folgt eine bedeutungsschwangere Pause, in der keiner von uns den Blickkontakt unterbricht.

»Was wollen Sie damit sagen?«, frage ich.

»Du weißt *GENAU* …«, brüllt er, und mir stellen sich die Nackenhaare auf, *»… wovon* ich rede! Wer hat den Smoking bezahlt, den du da anhast?«

Ich habe Adair gesagt, dass es keine gute Idee ist. Und wie sich herausstellt, hatten wir beide recht. Ich hatte recht damit, dass ihr Vater – der jeden in Windfall zwingt, sich seinem Willen zu beugen – das nicht gutheißen würde. Aber sie hatte auch recht. Denn diese hässliche Kröte darf nicht mit ihren Launen alles bestimmen. Das dürfen *wir* nicht zulassen.

Ich beiße die Zähne zusammen und versuche, mein Temperament zu zügeln, indem ich an sie denke und mir sage, wie wichtig es ist, dass ich das Gespräch rette. Er kann mich nicht leiden. Vielleicht wird er mich niemals mögen. Aber er hat keinen Einfluss darauf, was sie für mich empfindet.

»Adair hat ihn bezahlt«, sage ich. Es hat keinen Sinn, deswegen zu lügen. Dann wäre ich so, wie er mich gern hätte: ein Goldgräber und ein Lügner.

»Plötzlich so dumm, Junge?« Wieder brüllt Angus. »Nein. Dumm bist du nicht, stimmt's? Wenn du mir eine reinhauen würdest – und ich spüre, dass du das willst –, wäre alles sofort vorbei. Besser du spielst die Rolle, die sie von dir erwartet: den missverstandenen Armen, den Rohdiamanten. Bleib dabei, denkst du, beherrsch dich, und die Tür zu all dem bleibt dir offen.« Er macht eine ausladende Geste und meint die Hochzeit, den Country Club, alles, was er hat und ich nicht.

»Ich will nichts von Ihnen.« Ich zucke mit den Schultern und hoffe, dass es ihn ärgert. Er will mich einschüchtern, aber das gelingt ihm nicht. Nicht nach allem, was ich im Leben durchgemacht habe.

»Du lügst. Du hast ein Auge auf das Kleinod meines Vermögens geworfen«, faucht er. Ich will protestieren, doch er unterbricht mich: »Du willst meine Tochter.«

Einen Moment lang bin ich so verblüfft, dass ich herausplatze: »Adair ist nicht Ihr Eigentum.«

Es klingt naiv, auch in meinen Ohren.

»Natürlich *IST* sie mein Eigentum, du dummer Junge.« Seine Brust ist ein Blasebalg, der Luft pumpt, um seinen Hass zu schüren, und er braucht einen Moment, um sich aufzurichten, atemlos von seiner eigenen Theatralik. »Ich kenne dich. Ich habe meine Leute auf dich angesetzt. Waise. Wurde im Pflegesystem herumgereicht. Ein gesperrtes Jugendstrafregister. Was hast du angestellt, Junge?«

Natürlich hat er in meiner Vergangenheit herumgeschnüffelt. Ich hatte mir eingeredet, dass seine Gleichgültigkeit gegenüber Adair auch mich einschlösse. Aber sie war über Weihnachten bei mir zu Hause. Sie ist an Thanksgiving zu mir gekommen. Er überwacht jeden ihrer Schritte. Warum sonst hätte er überall auf dem Grundstück Kameras installiert? Adair ist in seinen Augen ein Teil seines Besitzes, der bewacht werden muss. »Ich schulde Ihnen keine Antworten«, sage ich und ringe mit meiner Selbstbeherrschung. Wenn er glaubt, ich würde ihn nicht schlagen, weil er im Rollstuhl sitzt, irrt er sich gewaltig. Der einzige Grund, warum ich es noch nicht getan habe, ist Adair. Doch allmählich fange ich an zu glauben, dass sie der Grund ist, warum ich ihn schlagen *sollte.*

»Natürlich weiß ich inzwischen, was in den Akten steht«, fährt er fort, und kaum hat er es ausgesprochen, weiß ich, dass es nun hässlich wird. »Du hast deinen eigenen Vater erstochen …«

»Nachdem er meine Mutter erschlagen hat«, füge ich mit gefährlich leiser Stimme hinzu, »oder stand das nicht in dem Bericht?«

Er blinzelt mich aus seinen leblosen schwarzen Knopfaugen an. »Man beißt nicht die Hand, die einen füttert, egal aus welchem Grund.«

»Glück für Sie, was?«, sage ich bedeutungsvoll. Ich bin nicht der Einzige, der hier etwas zu verbergen hat.

»Mit Glück hat das nichts zu tun. Geld. Beziehungen. Adair beißt nicht, weil sie anständig erzogen wurde. Sie ist reinrassig, im Gegensatz zu dir.«

Das Einzige, was noch stärker ist als der Hass, den ich für diesen Mann empfinde, ist der Ekel, den er unablässig in mir hervorruft. Offenbar kennt Angus MacLaine keine Scham.

Er hebt einen krummen Finger. »Du hast keine Ahnung, was dieses Leben verlangt, welche Opfer unsere Familie bringen muss, um oben zu bleiben. Für eine solche Position bist du ungeeignet. Deshalb wirst du meine Tochter ab sofort nicht mehr treffen«, sagt er wie ein gelangweilter Richter, der zum tausendsten Mal den Geschworenen ihre Pflichten vorliest.

»Nein.«

Er wirkt nicht überrascht. Stattdessen stößt er einen müden Seufzer aus und greift in seine Brusttasche, um Scheckheft und Stift herauszuziehen. »Wie viel? Hunderttausend?«

Ich starre auf das Scheckbuch in seiner Hand, während ich verarbeite, was er mir da anbietet.

»Zweihundert«, sagt er in das Schweigen hinein und trägt meinen Namen in die Empfängerzeile ein.

Ich lehne mich über den Schreibtisch und schaue auf den großen Angus MacLaine herab. »Adair kann für sich selbst entscheiden.«

Er schluckt schwer, und Panik blitzt in seinen Augen auf, bevor er sich schnell wieder fängt. Er schnaubt, und an seiner Unterlippe hängt ein Fetzen Spucke. »Du kannst ihr nicht das Leben bieten, das ich ihr bieten kann. Das willst du wahrscheinlich nicht hören, aber im Grunde weißt du, dass es stimmt. Du hast ein Stipendium, also vielleicht hast du eine bessere Zukunft vor dir, aber wir wissen beide, was du bist.«

»Was soll das heißen? Sind Sie …«

Er winkt ab und fährt fort: »Ich will Klartext reden, denn du scheinst dich ein wenig zu überschätzen. DU. BIST. ABSCHAUM. Ein Streuner. Ein Straßenköter. Vielleicht bekommst du eine Ausbildung, vielleicht sogar einen anständigen Job, aber an dem Blut, das durch deine Adern fließt, kannst du nichts ändern.«

Plötzlich bin ich wieder in der Wohnung, in der ich aufgewachsen bin, und ziehe an der Decke, die den leblosen Körper meiner Mutter bedeckt. Ich sehe meinen Vater in seinem Unterhemd mit den Senfflecken, das von Grubenschweiß und schalem Bier getränkt ist, wie er aus der Küche herüberbrüllt. Ich sehe meine Schwester, deren Zehen durch die Löcher in ihren Schuhen hervorlugen, das Haar schmutzig und verfilzt.

Zugleich sehe ich Angus MacLaine vor mir, aber er ist von mir weggerückt, als würden wir beide mein junges Ich von den entgegengesetzten Enden eines Flurs aus beobachten. Ich fühle mich gedemütigt und krank. Und dann ergreift eine bodenlose Wut Besitz von mir.

Meine Wut kocht hoch und strömt wie Schweiß aus mir heraus. Ich möchte meine Hände um die faltige Haut an seinem Hals legen und zudrücken.

»Vielleicht bin ich ein Straßenköter«, sage ich, greife ohne den Blickkontakt zu unterbrechen die rechte Schreibtischkante und hebe sie mit aller Kraft an. Der Schreibtisch kippt um, und der entsetzte Ausdruck auf Angus MacLaines Gesicht ist Balsam für meine Wut. »Aber das ist immer noch besser, als ein reiches Monster zu sein, das seine Familie missbraucht. Ich scheiß auf dich, auf dein Geld, auf den traurigen, kleinen Käfig, den du für dein Königreich hältst.«

Er will etwas erwidern, doch seine Stimme versagt. Er räuspert sich wie eine kaputte Trompete und versucht, wieder die Oberhand zu gewinnen. Nachdem er noch einmal tief durchgeatmet hat, gelingt es ihm. Es ist, als habe er bereits vergessen, was gerade passiert ist. Angus trommelt mit den Fingern auf die Armlehne seines Rollstuhls, und ein selbstgefälliges gehässiges Grinsen erhellt sein zerfurchtes Gesicht. Ich sehe mein Spiegelbild in seinen schwarzen Augen und weiß, warum er lächelt. »Genieße den Rest der Feier, Sterling Ford.«

Ich stolpere in den Flur und komme mir vor wie in einem Albtraum, aus dem ich nicht aufwachen kann, weil ich genau das bin, was er gesagt hat. Der Straßenköter, den niemand haben will, weil er nie dazulernt, sondern immer angreift. Er hat mich nicht provoziert, um meine Chancen bei Adair zu ruinieren. Er hat es getan, um mir zu beweisen, dass er sich gar nicht einmischen muss. Ich werde die Sache ganz allein vor die Wand fahren. Ich weiß nicht, wohin ich gehen soll, aber ich muss Abstand zwischen mich und alle anderen bringen, sonst richte ich nur noch mehr Schaden an.

Im Flur steht das Personal des Country Club stocksteif in einer Reihe. Ich schätze, bei Meinungsverschiedenheiten über Golf geht es normalerweise nicht so hitzig zu.

»Mein Gott, Sterling. Ist alles in Ordnung?«

Das ist Cyrus, der gerade aus der Toilette kommt.

»Sterling?«

Ich will auch ihn schlagen, ich muss mich wieder in den Griff bekommen. Also schließe ich die Augen und atme tief durch, aber es hilft nicht.

»Diesen Blick kenne ich«, sagt er. »Komm mit.«

Ich lasse mich von ihm über eine Treppe und durch einen

Flur zu einer Doppeltür führen, über der ein großes Schild mit der Aufschrift *Das neunzehnte Loch* hängt. In dem Raum dahinter ist es dunkel. In dem wenigen Licht, das von draußen hereinfällt, sind nur die Umrisse von Stehtischen und Stühlen zu erkennen.

»Er hat Glück, dass ich ihn nicht umgebracht habe«, sage ich und setze mich auf einen Hocker an der Bar, die sich gleich neben der Tür befindet. Ich merke, dass ich die Hände zu Fäusten geballt habe und zwinge mich, sie zu lösen. »Ich sollte wieder nach oben gehen. Ihm genau sagen …«

»Immer mit der Ruhe, Mann. Das ist keine gute Idee.« Er bückt sich hinter die Bar und kramt dort herum. »Ich sage nicht, dass er es nicht verdient hat. Ich glaube, jeder hier hat sich schon mal vorgestellt, Angus MacLaine um die Ecke zu bringen. Das ist so eine Art Initiationsritus in Valmont.«

»Ist dir je in den Sinn gekommen, dass er so geworden ist, weil ihm nie jemand in den Arsch getreten hat?« Sie sind Feiglinge. Allesamt. Darum rollt er hier herum wie ein König auf seinem fahrbaren Thron. Weil niemand je seine Autorität infrage stellt.

»Ob es mir jemals *ernsthaft in den* Sinn gekommen ist, den mächtigsten Mann in Valmont anzugreifen und mich und meine Familie zu ruinieren? *Nein.*«

»Den Mut hat wohl keiner, hm?«

»So dumm ist keiner«, korrigiert er mich.

Das ist es, was er nicht versteht. Die Grenze zwischen Tapferkeit und Dummheit hängt vom Erfolg ab. Scheitert man, die Krone zu erobern, ist man dumm. Erobert man ein Königreich, ist man mutig. Vielleicht wagt man mehr, wenn man wie ich nichts zu verlieren hat.

»Normalerweise ist das hier nicht das Beste für dich«, sagt er und knallt eine Flasche Whiskey und ein Kristallglas auf den Tresen, »aber es immer noch besser, als den Vater deiner Freundin umzubringen.«

Einen Moment lang versuche ich, irgendwo anders hinzuschauen, nur nicht auf die Flasche. Der Ausdruck auf Cyrus' Gesicht ist nur schattenhaft zu erkennen, doch er wirkt wie eine Mischung aus Sorge und, wie ich finde, Herablassung. Ein Teil von mir weiß, dass er mir helfen will, dass meine Wut nur ein Ventil sucht und ich ungerecht bin. Doch ich ertrage es nicht, dass diese Leute mich ständig ansehen wie einen ungezogenen Welpen, der lernen muss, sich zu benehmen.

»Danke«, sage ich, stehe von meinem Hocker auf und schnappe mir die Whiskeyflasche. »Ich muss hier raus.«

Ich rechne damit, dass er mich zurückhalten will, doch zu meiner Überraschung nickt er. Andererseits habe ich gerade gedroht, den Vater des Bräutigams zu ermorden. »Ich sage Adair Bescheid, dass du gegangen bist.«

Ich weiß nicht wohin, aber das ist auch egal, ich brauche nur einen Ort, an dem ich mit meiner Flasche allein sein kann.

Wenn Sie wissen möchten,
wie es weitergeht, lesen Sie
Geneva Lee
Black Hearts